Direito do Trabalho Segundo o Princípio da Valorização do Trabalho Humano

Estudos dirigidos para alunos de graduação

Lourival José de Oliveira

Docente do Programa de Mestrado em Direito Negocial e do Curso de Graduação em Direito da Universidade Estadual de Londrina. Docente do Programa de Mestrado em Direito da Universidade de Marília. Docente do Curso de Direito da Faculdade Paranaense. Advogado.

Direito do Trabalho Segundo o Princípio da Valorização do Trabalho Humano

Estudos dirigidos para alunos de graduação

EDITORA LTDA.
© Todos os direitos reservados

Rua Jaguaribe, 571
CEP 01224-001
São Paulo, SP – Brasil
Fone: (11) 2167-1101

Produção Gráfica e Editoração Eletrônica: Peter Fritz Strotbek
Projeto de Capa: Fabio Giglio
Impressão: Cometa Gráfica e Editora
LTr 4381.2
Outubro, 2011

Visite nosso site:
www.ltr.com.br

Dados Internacionais de Catalogação na Publicação (CIP)
(Câmara Brasileira do Livro, SP, Brasil)

Oliveira, Lourival José de
   Direito do trabalho segundo o princípio da valorização do trabalho humano : estudos dirigidos para alunos de graduação / Lourival José de Oliveira. — São Paulo : LTr, 2011.

   Bibliografia.
   ISBN 978-85-361-1936-6

   1. Capitalismo 2. Dignidade humana 3. Direito do trabalho 4. Direito do trabalho — Hustória 5. Globalização 6. Inclusão social 7. Trabalho — História 8. Valorização do trabalho I. Título.

11-05180   CDU-34:331

Índice para catálogo sistemático:

1. Efetividade do princípio da valorização do trabalho humano : Direito do trabalho   34:331

Sumário

Notas explicativas em face das alterações da jurisprudência do Tribunal Superior do Trabalho (Súmulas editadas e revisadas), de acordo com a Resolução n. 174, de 24 de maio de 2011 do TST 9

Apresentação 11

Capítulo I
PARTE GERAL

1. Estudo crítico sobre o conceito e a localização do Direito do Trabalho 13
2. A história do Direito do Trabalho a partir de uma visão eurocentrista 17
3. Valorização do trabalho humano e o novo contexto do Direito do Trabalho 23
4. Surgimento de novas fontes do Direito do Trabalho 25
5. Princípios do Direito do Trabalho 27
6. Da reestruturação produtiva e os princípios do Direito do Trabalho 32
7. Dignidade do trabalhador e o novo cenário globalizado 36
8. A racionalidade no trabalho e a ordem econômica constitucional 39

Capítulo II
DIREITO INDIVIDUAL DO TRABALHO

1. O contrato de emprego e modernidade 43
   1.1. Pessoalidade 44
   1.2. Subordinação 46
   1.3. Continuidade do trabalho prestado 47
   1.4. Onerosidade 48
   1.5. Características do contrato de trabalho 48
   1.6. Responsabilidade civil do empregador e do empregado no contrato de trabalho 54
2. Espécies de trabalhadores 58
   2.1. Trabalhador autônomo 58
   2.2. Trabalhador eventual 59
   2.3. Trabalhador avulso 60
   2.4. Estagiário 61
   2.5. Empregado doméstico 68
   2.6. Empregado rural 69
   2.7. Trabalhador temporário 70

3. Do empregador 71
   3.1. Grupo de empresas ou grupo econômico 72
   3.2. Sucessão trabalhista 74
   3.3. Responsabilidade trabalhista sem vínculo empregatício 80
   3.4. Da desconsideração da personalidade jurídica do empregador 82
   3.5. Espécies de contrato de trabalho 84
        3.5.1. Contratos de trabalho por prazo indeterminado 84
        3.5.2. Contrato de trabalho por prazo determinado (art. 443, §§ 1º e 2º, da CLT) 85
            3.5.2.1. Contrato de experiência 87
            3.5.2.2. Contrato de aprendizagem 87
   3.6. Cláusulas especiais do contrato de trabalho 91
        3.6.1. Cláusula de não concorrência 91
        3.6.2. Cláusula de não divulgação 93
        3.6.3. Cláusula de não solicitação 94
        3.6.4. Cláusula de duração mínima 94
   3.7. Alterações do contrato de trabalho 96
   3.8. O contrato de trabalho diante das novas relações de trabalho 99
   3.9. Da terceirização nas relações de trabalho 101
4. Remuneração 104
   4.1. Conceito 105
   4.2. Regras de proteção aos salários 106
        4.2.1. A irredutibilidade do salário (art. 7º, VI, da CF), salvo acordo ou convenção coletiva de trabalho 107
        4.2.2. Proibição de alteração no pagamento (art. 465 da CLT) 109
        4.2.3. Proibição de descontos do salário 110
        4.2.4. Impenhorabilidade, salvo no caso de pensão alimentícia mediante sentença judicial (art. 649, IV, do CPC) 113
   4.3. Salário *in natura* ou salário-utilidade 114
   4.4. Gratificações 116
   4.5. Comissões 117
   4.6. Participação dos empregados nos lucros das empresas 119
   4.7. Adicionais em geral 120
        4.7.1. Adicional de insalubridade 120
        4.7.2. Adicional de periculosidade 125
        4.7.3. Adicional noturno 127
        4.7.4. Adicional de horas extras 128
   4.8. Equiparação salarial 130
        4.8.1. Hipóteses excepcionais de equiparação 134

5. Duração da jornada de trabalho 134
   5.1. Regime de compensação de jornada de trabalho 135
   5.2. Turnos ininterruptos de revezamento 138
   5.3. Períodos de descanso 140
      5.3.1. Períodos de descanso dentro da jornada ou intervalos intrajornadas 140
      5.3.2. Intervalo entre duas jornadas 142
      5.3.3. Repouso semanal remunerado 142
   5.4. Horas de sobreaviso 145
   5.5. Trabalho prestado após as 5 horas em sequência ao horário noturno 148
   5.6. Horas *in itinere* 148
   5.7. Jornadas de trabalho não controladas (hipótese do art. 62 da CLT) 150
6. Terminação do contrato de trabalho 154
   6.1. Demissão do empregado (sem justa causa) 155
   6.2. Saída espontânea do empregado 157
   6.3. Retorno da aposentadoria por invalidez (art. 475, § 1º, da CLT) 159
   6.4. Demissão por justa causa 160
      6.4.1. Ato de improbidade 163
      6.4.2. Incontinência de conduta ou mau procedimento 164
      6.4.3. Negociação habitual quando constituir ato de concorrência ao empregador ou for prejudicial ao serviço 168
      6.4.4. Condenação criminal do empregado 169
      6.4.5. Desídia no desempenho das respectivas funções 171
      6.4.6. Embriaguez habitual ou em serviço 173
      6.4.7. Violação de segredo da empresa 174
      6.4.8. Ato de indisciplina ou de insubordinação 175
      6.4.9. Abandono de emprego 177
      6.4.10. Ato lesivo da honra e da boa fama praticado no serviço, contra qualquer pessoa ou contra superior hierárquico, salvo legítima defesa própria ou de outrem (juntamos as alíneas *j* e *k* do art. 482 da CLT) 178
      6.4.11. Prática constante de jogos de azar 180
7. Rescisão indireta do contrato de trabalho (término do contrato de trabalho por não cumprimento das obrigações contratuais por parte do empregador) 180
   7.1. Hipóteses de rescisão indireta do contrato de trabalho e seus efeitos 181
8. Término do contrato de trabalho por culpa recíproca das partes 185
9. Estabilidade e estabilidades provisórias no emprego 185
   9.1. Estabilidades provisórias (garantias no emprego) 188
      9.1.1. Estabilidade sindical 188
      9.1.2. Dirigente de CIPA (Comissão Interna de Prevenção de Acidentes): Lei n. 6.514, de 22 de dezembro de 1977 191
      9.1.3. Gestante 193

9.1.4. Empregado acidentado (art. 118 da Lei n. 8.213/1991) 197
9.1.5. Membro do Conselho Curador do FGTS 200
9.1.6. Membro do CNPS (Conselho de Previdência Social) 200
9.1.7. Empregados eleitos para diretores de sociedade cooperativa 200
9.1.8. Membros da Comissão de Conciliação Prévia 201
9.1.9. Outras estabilidades decorrentes de acordos coletivos de trabalho e/ou convenções coletivas de trabalho 201
9.1.10. Empregados vitimados pelo vírus HIV 201
10. Fundo de Garantia do Tempo de Serviço 203
11. Aviso-prévio 205
12. Férias 207
13. Décimo terceiro salário 211

Capítulo III
DIREITO COLETIVO DO TRABALHO

1. Introdução ao estudo do Direito Coletivo do Trabalho 213
2. Organização sindical brasileira 216
   2.1. Fontes de receitas da organização sindical brasileira 221
   2.2. As modernas finalidades das entidades sindicais 223
3. Negociação coletiva de trabalho 225
   3.1. Fases da negociação 226
4. Instrumentos normativos 227
5. Direito de greve 230

Capítulo IV
DIREITO INTERNACIONAL DO TRABALHO

1. Direito Internacional do Trabalho: conceito e autonomia 235
2. Tratados, Convenções e Declarações Internacionais 236
3. Da Organização Internacional do Trabalho (OIT) 238
   3.1. Composição da Organização Internacional do Trabalho — OIT 239
   3.2. Objetivos da Organização Internacional do Trabalho — OIT 242
4. Da incorporação dos Tratados Internacionais sobre matéria de Direitos Humanos (Direitos Fundamentais) na ordem jurídica interna 243
   4.1. Direito do Trabalho e Direitos Humanos 243
   4.2. Regra geral ordinária de incorporação de Tratados Internacionais 244
   4.3. Sistema de incorporação de tratados com matéria relativa a Direitos Humanos 245
   4.4 Sistema de incorporação após a Emenda Constitucional n. 45/2004 247
5. Convenção n. 158 da OIT (Organização Internacional do Trabalho) 248
6. O Contrato Internacional de Trabalho 252

Referências Bibliográficas 259

Notas explicativas em face das alterações da jurisprudência do Tribunal Superior do Trabalho (Súmulas editadas e revisadas), de acordo com a Resolução n. 174, de 24 de maio de 2011 do TST

A presente obra foi elaborada antes da Edição da Resolução n. 174, de 24 de maio de 2011, devendo o leitor considerar as Revisões das Súmulas ns. 74, 85, 219, 291, 326, 327, 331, 364, 369 e 387, com o cancelamento da Súmula n. 349, bem como, considerar a edição das Súmulas ns. 426, 427, 428 e 429.

Cabe especial atenção, dentre os assuntos tratados na presente obra: **a)** a Súmula n. 428, que disciplinou o horário de sobreaviso, onde o uso do aparelho celular pelo empregado não caracteriza sobreaviso, muito embora tenha sido outra a posição defendida neste estudo; **b)** Súmula n. 429, que tratou do tempo à disposição do empregador, na forma do art. 4º da CLT, acrescentando o tempo gasto da portaria ao local de trabalho, desde que supere 10 minutos diários; **c)** questões ligadas à compensação do horário de trabalho também sofreram uniformização de entendimento, onde foi alterada a Súmula n. 85, acrescentando-se o item V, que de vez, definiu-se que o banco de horas somente poderá ser instituído por meio de negociação coletiva de trabalho (acordo ou convenção coletiva); **d)** a Súmula n. 291, que passou a admitir o direito à indenização quando da supressão parcial das horas extras habituais; **e)** Súmula n. 331, que deu nova redação ao item IV, inserindo os itens V e VI, onde os entes da Administração Pública direta e indireta somente passaram a responder, subsidiariamente, no caso de se evidenciar conduta culposa, em relação à empresa prestadora de serviço, apresentando-se de forma discordante com o conteúdo detendido nesta obra. Quanto ao item VI, entende-se que não haveria razão sequer de fazer parte de Súmula, por se tratar da responsabilidade subsidiária do tomador de serviços que abrange verbas decorrentes da condenação referentes ao período da prestação laboral (na presente obra, na maioria das vezes, defendeu-se a responsabilidade solidária); **f)** a Súmula n. 364, que disciplinou a questão do contato permanente com ambiente perigoso, em se tratando do direito do empregado em receber adicional de periculosidade; **g)** a limitação da estabilidade dos dirigentes sindicais em relação ao número de dirigentes, conforme nova redação da Súmula n. 369, que trouxe também clareza à questão do empregado de categoria diferenciada eleito dirigente sindical; **h)** quanto às orientações jurisprudenciais, cumpre também fazer menção à OJ n. 191, que tratou da responsabilidade do dono da obra, que, no caso, foi o mesmo absolvido de qualquer responsabilidade quanto às obrigações contratuais assumidas pelo empreiteiro em relação aos seus empregados; **i)** foi cancelada a OJ n. 273, que atribuía aos operadores de telemarketing a jornada de 6 horas. Em nossa obra, foi defendido posicionamento contrário, e, por último, a edição do Precedente Normativo n. 120, que tratou da produção de efeitos da sentença normativa, desde o seu início, até que outra sentença ou tratativa coletiva a revogue, substituindo-a, deixando assim de existir aquele vazio entre o termo final da sentença e a entrada em vigência de outro instrumento coletivo.

Apresentação

Após cumprir com vinte anos de atividade no magistério, lecionando para alunos de graduação e pós-graduação, acalentei a ideia de preparar um material acadêmico que fosse o resultado das construções feitas em sala de aula, contando sempre com a colaboração dos meus alunos. Um estudo composto por uma redação objetiva, utilizando-se de um linguajar simples, de fácil entendimento.

Um material que tomasse como parâmetro o próprio programa da disciplina de Direito do Trabalho, em nível de graduação, com a proposta de estudar os pontos básicos que envolvem o direito laboral. Dessa forma, seria possível preparar o aluno para a vida profissional, para a realização de concursos públicos e, ao mesmo tempo, apresentar reflexões críticas sobre outros conteúdos que em regra não são abordados por manuais acadêmicos, como, por exemplo, o processo de reestruturação produtiva e seus efeitos nos princípios que orientam o Direito do Trabalho, os efeitos da globalização nas relações de trabalho e as novas perspectivas para o mundo do trabalho, que conta com uma dinâmica sem precedentes a partir do momento em que são incluídas novas tecnologias no sistema produtivo, causando um reflexo nunca visto no mundo do trabalho.

Todo o estudo contido neste livro parte dos valores erigidos pela Constituição Federal, considerando-se principalmente o trabalho humano como o principal deles, por meio do qual se busca a conquista da dignidade da pessoa humana, aliando-se ao estudo das novas responsabilidades empresariais surgidas na atualidade, em que a empresa é colocada como corresponsável para o desenvolvimento social.

Com esse conjunto, espera-se contribuir para um estudo dinâmico do Direito do Trabalho, apropriando-se da construção crítica de posicionamentos consolidados pelos tribunais pátrios, de forma a gerar reflexoes sobre as novas crises surgidas nas relações de trabalho como corolário do processo de globalização, apontando-se para a necessidade de desenvolver institutos próprios no meio laboral, valendo citar a participação efetiva dos empregados nas organizações empresariais, a participação nos lucros corporativos ou ainda a defesa do meio ambiente do trabalho enquanto pressuposto de investigação para o desdobramento de propostas que visem ao aperfeiçoamento das relações sociais.

Por meio dos debates aqui apresentados, espera-se ter contribuído para o desenvolvimento do estudo das relações de trabalho de maneira interdisciplinar, sem, contudo, abandonar a estrutura positivada na Consolidação das Leis do Trabalho, o que o torna necessário e útil para um estudo acadêmico, por conta de que são visitados os principais institutos que compõem a citada Carta do Trabalho. Por outro lado, observaram-se os novos elementos que se despontam no plano finalístico das relações humanas, sustentáculo da República Federativa do Brasil, explicitados através da expressão valorização do trabalho humano, que é ao mesmo tempo um princípio, um meio e um fim que necessariamente deve ser atingido.

Capítulo I
Parte Geral

1. Estudo crítico sobre o conceito e a localização do Direito do Trabalho

Um conceito bem simplificado de Direito do Trabalho pode ser obtido enquanto sendo o conjunto de normas, de princípios e institutos que regulam a relação do trabalho subordinado. Porém, esse conceito não é mais suficiente.

Muito embora ainda presos à ideia de conceituar desta forma apriorística, é irreversível a amplitude que se alcançou nos estudos do Direito do Trabalho. Isso torna possível, na atualidade, afirmar que também fazem parte do seu campo de abrangência o estudo do desemprego, da economia enquanto voltada para o desenvolvimento social, da reengenharia do trabalho, explicitadas nas novas formas organizacionais empresariais, do trabalho no setor público, das normas de fiscalização das variadas relações de trabalho, da função social da empresa, dos movimentos sociais e organizacionais dos trabalhadores e das novas responsabilidades empresariais.

Assim, esses estudos localizam o homem como centro das atenções, ou seja, como sendo prioridade, e o trabalho, como o valor primeiro que tem como objetivo propiciar a dignidade para este homem, que pode revelar-se na construção de sua própria identidade.

Amarram-se aqui, de forma sistêmica, o conteúdo trazido especialmente nos arts. 1º, IV, 3º, III, 170, *caput*, e 193, todos do texto constitucional, que prioriza o trabalho digno, ou seja, aquele voltado à realização da pessoa humana, em que a ordem econômica deverá proporcionar o desenvolvimento econômico atrelado ao desenvolvimento social, razão pela qual um não pode existir sem o outro. De nada adianta resultados econômicos exuberantes se o crescimento social ou o implemento de políticas públicas efetivas para a redução da desigualdade e o acesso democrático às instituições não estiverem sendo promovidos.

Ainda antes de o Direito do Trabalho ter alcançado a evolução que hoje apresenta, travou-se grande discussão ao longo da história sobre a sua natureza jurídica. Seria ele de natureza pública ou privada? Caio Mário da Silva Pereira, após lecionar sobre o assunto, resumiu dizendo que a diferença entre público e privado neste contexto de nada serve no que toca à aplicação ou operacionalização do Direito, restando, portanto, sem muita importância esta discussão dicotômica, principalmente no campo prático.[1]

A melhor doutrina assenta-se no sentido de ser o Direito do Trabalho de natureza jurídica de direito privado, explicando-se esta assertiva no fato de que o núcleo central de uma relação de trabalho (no caso aqui de emprego) é o elemento volitivo (vontade),

---
(1) PEREIRA, Caio Mário da Silva. *Instituições de Direito Civil*. Rio de Janeiro: Forense, 1976. v. I.

sem o qual nenhum contrato se forma. Ainda que esteja nele contido normas de ordem pública, representadas por disposições cogente que visam à defesa mínima de determinadas condições de trabalho, justificadas pelo desnivelamento existente entre as partes em uma relação de emprego. Sem o elemento vontade o contrato não existirá.

Por falar em contrato, não pode ser esquecida a nova roupagem que ele ganhou com o vigente Código Civil. Está aqui se referindo o contido especialmente no art. 421 do diploma civil, que trata da função social do contrato, ponto alto da reformulação ocorrida no referido estatuto privado. Aquilo que está sendo contratado pelas partes deixou de ser assunto somente do interesse das partes, tornando-se de interesse de toda uma coletividade. Aquilo que passa a ser tratado não pode causar prejuízos a terceiros, não podendo conflitar com interesses públicos, em especial com os Direitos Fundamentais.

Inobstante à sua natureza especial, atualmente o contrato traz como princípio de sua formação, não importando a espécie, finalidades públicas gerais, que o caracterizam como um instrumento social, não mais atrelado aos princípios privatistas que o mantinha apenas entre as partes. O contrato em si deve cumprir com sua função social, o que o faz ser permeado de um "relativo" interesse público.

No plano econômico, não pode deixar de ser citado o contido no art. 173, § 4º, da Constituição Federal, que, de certa forma, impõe a função social aos contratos, quando estabelece que não pode existir negócio jurídico que possa dominar mercados, abusar economicamente, eliminar a concorrência e gerar o aumento arbitrário dos lucros. Devem ser, dentro deste contexto, interpretados os limites impostos às partes contratantes. Trata-se do princípio da socialidade limitando o poder de contratar.

De forma geral, considerando todas essas condicionantes que são aplicadas aos contratos, outras tantas específicas surgem no caso do contrato de trabalho. Trata-se de um pacto privado permeado por limites especiais, além dos que já se encontram nos contratos em geral, cujos limites são justificados em razão da diferença de poder das partes que se encontram nos polos desta relação (empregado e empregador).

Muito se discute se após o término de uma relação de trabalho as partes recuperariam a condição de voltarem a ser iguais, no que tange ao trato daquilo que ficou pendente do contrato extinto. Esta discussão está ligada diretamente à aprovação ou não de formas extrajudiciais para a solução de conflitos de interesses relacionados ao mundo do trabalho no Brasil, citando, como exemplo, a arbitragem. No Brasil ainda não são aceitas formas diferentes que a judicial para solucionar questões do trabalho no plano individual, salvo as Comissões de Conciliação Prévia, que também foram bombardeadas nos últimos anos; ou, arbitragem quando se trata de conflitos coletivos do trabalho, conforme prescreve o art. 114, § 1º, da Constituição Federal, que também não é colocada em prática, muito embora neste caso haja autorização específica.

A posição que fica, baseando-se em experiência prática, é que a desigualdade entre as partes em uma relação de trabalho, em especial uma relação de emprego, continua a existir mesmo depois do seu término, comprovado através do vínculo que ainda permanece no sentido da influência e da importância que se revelam para o trabalhador as informações que poderão ser prestadas pelo seu antigo empregador, no que tange a facilitar ou dificultar a obtenção de uma nova relação de emprego. É comum um determinado empregado não ser contratado porque no passado foi autor de reclamatória trabalhista contra antigo empregador, provando-se a existência de elemento discriminatório.

Não pode ser esquecido que outras teorias trabalham o mesmo assunto, como por exemplo, a teoria do Direito Social, do Direito Misto etc. Contudo, o contratualismo ou teoria contratual prepondera no caso, muito embora se saiba que o conceito de liberdade para o trabalho permanece como algo abstrato, ou seja, no campo teórico, visto que no campo prático essa noção de liberdade não existe. Aquele que trabalha, trabalha porque precisa trabalhar para prover o seu sustento e de seus dependentes. Trabalha por conta de que o único bem a ser "vendido" é a sua força de trabalho. E quanto aos contratos, não se pode esquecer a dimensão pública que o mesmo tomou, sem perder a sua natureza privada.

Em um modo de produção capitalista, como o que existe hoje na maior parte do planeta, em que ainda não há a prevalência do conceito de cidadania, mas sim de consumidor — com as realizações plasmando no ter e não no ser, com alto grau de patrimonialidade —, o trabalho não é assumido pelo homem como dádiva social, mas como um simples bem patrimonial, vendido de acordo com as leis de mercado. Ele é, sim, uma necessidade imposta para prover a existência e a revelação do homem enquanto consumidor, que acaba muitas vezes se confundindo com ser cidadão, muito embora, juridicamente, perpetue-se o conceito de liberdade. Ou seja, uma liberdade dentro apenas do plano jurídico, mas não de fato.

Necessitando-se do elemento vontade, tem-se um ponto basilar que é a necessidade do trabalho ser juridicamente livre. A liberdade passa, então, a ser um ponto fundamental para fins de distinguir o trabalho da servidão, da escravidão etc. Sem a liberdade, ainda que juridicamente falando, não se pode pensar na venda da força de trabalho pelo homem e consequentemente não é possível falar em Direito do Trabalho em um sentido estrito. Justifica-se, assim, o fato de a relação de emprego, na forma como é concebida, ter surgido a contar dos ideários de liberdade consubstanciados principalmente pela Revolução Francesa.

O trabalho, que deveria ser um meio voltado para a humanização, com os avanços tecnológicos (invenção das máquinas), passou a ser a forma de dominação, em que aqueles que detêm os meios de produção passaram a controlar aqueles que não possuem esses meios. A máquina, as variadas revoluções tecnológicas foram para o marxismo o grande ponto de transformação da sociedade, definindo inclusive a concentração de riquezas em detrimento de uma maioria. Essa é a própria expressão maior da coisificação do homem.

O modo de se vestir, a forma de o homem viver, de sentir, de gostar é construída a partir do trabalho. É neste sentido que o trabalho contribui para a alienação humana.[2]

Seguindo Engels, Marx escreve suas obras diferenciando o homem dos animais, por conta dos seus anseios ilimitados.

A alienação do homem é um processo histórico com sólidas relações com o trabalho. O produto do trabalho produzido pelo trabalhador lhe é estranho. Quando se tem a mercadoria, pronta e acabada, o valor do trabalho que a produziu desaparece, razão pela qual ela pode ser trocada por um valor determinado, que foi fabricado através do mercado.[3]

Não possuindo os meios de produção, os trabalhadores são obrigados a vender suas forças de trabalho, sem mesmo saber sobre aquilo que estão produzindo e o valor que este produto detém. Desta maneira, os trabalhadores tornaram-se indiferentes em relação àquilo que produzem, desde que, com a venda de sua força de trabalho, consigam o necessário para a sua sobrevivência. Esse talvez seja o significado maior para a terminologia "alienação através do trabalho".

Em uma relação de emprego, na forma clássica como é conhecida, o trabalhador vende o único bem que possui, que é a sua força de trabalho, em troca de um pagamento. O resultado final, o produto final em que está incorporada a sua força de trabalho não se encontra no mundo de sua criação.

Em outras palavras, o lucro obtido pelo empresário, partindo do pressuposto que somente foi possível por conta do emprego da sua força de trabalho, não lhe pertence. Neste momento e sobre este entendimento ocorre a alienação do homem através do trabalho.

A espécie relação de emprego foi construída como forma de venda do trabalho humano, sem que o trabalhador pudesse dar conta do valor da sua força de trabalho. Porém, o seu estudo não pode mais ficar isolado, como se o Direito do Trabalho gravitasse exclusivamente sobre esta relação, justificando-se através da construção de normas específicas para a proteção daquele que trabalha.

Por esta razão, exige-se do Direito do Trabalho também o estudo do novo papel da empresa no contexto social e a busca da compatibilidade entre o eixo econômico empresarial e os objetivos jurídicos perseguidos, passando pela responsabilidade social, de forma a estabelecer um aprofundamento do estudo do desenvolvimento econômico e do desenvolvimento social, levando-se em conta também o desenvolvimento tecnológico, que faz parte de toda esta dinâmica.

E por falar em inovações tecnológicas, o trabalho humano continuará necessário para a produção capitalista? Talvez seja o caso de se questionar até que ponto a tecnologia

---

(2) MARX, Karl; ENGELS, Friedrich. *A ideologia alemã*. São Paulo: Martins Fontes, 1989. p. 13 e 14.

(3) *Idem*.

poderá avançar, a ponto de não mais necessitar da mão de obra humana. Será isso possível? Será possível viver em um mundo em que a mão de obra humana seja dispensável ou utilizada de forma mínima, considerando-se a existência de uma grande massa de trabalhadores, qualificados ou não, que podem ser dispensáveis?

Caso esta situação já exista ou venha a existir, que outro fator será apreendido para aquilatar a importância do ser humano? Parâmetros ou elementos humanitários serão suficientes para socorrer aqueles que se encontram ou se encontrarão no desabrigo dessa estrutura produtiva, por conta de que o valor do homem acaba sendo a sua importância no sistema produtivo? São questões que suscitam debates que precisam ser aprofundados e que podem ser estudadas a partir das relações de trabalho. E o Direito do Trabalho precisa alcançar um grau de desenvolvimento que consiga lidar com todas as situações aqui apresentadas. Talvez, esse seja o imediato desafio para o novo Direito do Trabalho.

2. A história do Direito do Trabalho a partir de uma visão eurocentrista

De várias maneiras é possível estudar didaticamente a história do Direito do Trabalho. Alguns autores fazem um estudo evolutivo partindo da idade antiga, desde a civilização egípcia, passando pela antiga Grécia, Roma e chegando até os dias atuais.

Outros acabam por dividir os estudos históricos em duas partes: a fase agrícola e a industrial. Acredita-se que é realmente importante situar o Direito do Trabalho a partir do modo de produção capitalista, posto que somente com os requisitos existentes neste modo de produção é que se torna possível pensar em Direito do Trabalho. Acontece que, juridicamente, pressupõe-se a chamada liberdade jurídica para o trabalho, ou seja, a possibilidade da venda da força de trabalho para apreender o conceito clássico de Direito do Trabalho. E esta liberdade para o trabalho somente vai existir no modo de produção capitalista.

Os principais requisitos defendidos para que pense em uma relação de emprego dentro do contexto jurídico são os seguintes: a) trabalho livre, que impõe a liberdade do homem para o trabalho, dando uma noção de que o trabalho é uma decisão livre a ser tomada; b) igualdade jurídica, sem a qual o homem, que é livre, não poderá estabelecer um contrato; e c) um mercado que necessita, para a sua produção e reprodução, da mão de obra humana em escala comercial, pressupondo aí a necessidade do lucro. Inclusive, é uma contradição pensar que o trabalho assalariado somente pode existir em sendo considerada a existência do lucro, que em parte é retirada do próprio trabalhador na medida em que o comprador da sua força de trabalho deve se beneficiar de proveitos (lucro) sem os quais não lhe interessará comprar aquela "mercadoria" (a força de trabalho), extraindo-se deste contexto, de forma simplista e não técnica, a chamada mais valia.

Deve ser notado que dos requisitos acima elaborados podem ser alinhados os ideários da Revolução Francesa (1789), que são: liberdade, igualdade e fraternidade. Talvez a fraternidade possa ser explicada através de políticas públicas que visem à manutenção do mínimo de subsistência para que o trabalhador possa conseguir continuar a vender a sua força de trabalho, mas que, no entanto, ideologicamente é apresentada com espírito de cristandade ou de respeito ao próximo.

A igualdade é apresentada dentro do plano jurídico, em que todos, ideologicamente falando, são iguais porque são livres, e a liberdade, como condição primeira para a venda da força de trabalho. Todos sabem que os ideários defendidos na famosa Revolução foram os burgueses da época, que já pensavam em expandir o seu comércio, livrar-se do absolutismo real e promover a busca do lucro de forma ilimitada. O povo foi a grande marionete que contribuiu defendendo aquilo que, para ele (povo), representava algo novo, que poderia produzir uma melhor condição de vida, muito embora a referida mudança dissesse respeito principalmente à alteração da titularidade do seu mandatário.

Portanto, não se pode mencionar relação de trabalho e consequentemente Direito do Trabalho em período anterior à grande Revolução Francesa (1789), passando pela Revolução Industrial inglesa (1845), considerando aqui o mundo europeu, contaminado pelo chamado eurocentrismo. Não se está aqui nem de longe com o propósito de fazer um estudo antropológico do trabalho humano, mas apenas situar o leitor e demonstrar que o nascimento do capitalismo e as suas regras mercadológicas impunham no mesmo compasso de espera a existência de um trabalhador juridicamente livre e consumidor dos bens produzidos, tendo como resultado a extração da mais valia.

A crescente mecanização e a evolução tecnológica industrial na Inglaterra (toma-se aqui a Inglaterra como centro do início da industrialização) resultaram em um grande deslocamento de trabalhadores da zona rural para a cidade, em um processo migratório desmedido, contribuindo para o excesso de mão de obra na cidade, eclodindo na redução do valor do trabalho.[4] Mas é importante que seja afirmado que a história contada do Direito do Trabalho é nada mais que a história europeia, o que faz parecer que em outras localidades não se desenvolveram modos de trabalho diferenciados. Embora o estudo aqui feito seja também tomado pelo eurocentrismo, não é demais deixar ressalvado este aspecto norteador do prelúdio do Direito do Trabalho, que peca por narrar as mudanças ocorridas no mundo europeu em relação ao trabalho humano, referindo-se apenas às relações de trabalho desenvolvidas na Europa daquela época.

Neste período, final do século XVIII, na Inglaterra, por detrás das escuras nuvens de fuligens das fábricas, escondia-se a miséria dos que nela trabalhavam, apesar de representarem na época a ostentação do progresso, da beleza e do centro de poder. Ao contrário desta visão, o trabalhador era um sujeito pobre, contando com a sorte dos tempos para sua sobrevivência. Segundo Amauri Mascaro Nascimento, o trabalhador, que trabalhava em jornadas que variavam de 14 a 16 horas, não tinha qualquer oportunidade, morava em condições subumanas, em geral no próprio local de trabalho, tinha muitos filhos e vivia em uma condição miserável, posto que o que ganhava, nem de longe atendia às suas necessidades básicas.[5]

---

(4) HOBSBAWM, Eric. *Da Revolução Industrial inglesa ao imperialismo*. São Paulo: Forense Universitária, 2000.
(5) NASCIMENTO, Amauri Mascaro. *Curso de Direito do Trabalho*. 19. ed. São Paulo: Saraiva, 2004.

A toda essa desgraça que acontecia no final do século XVIII para o trabalhador europeu, o Estado assistia de braços cruzados, esperando que o mercado se autorregulasse, de forma a estabelecer uma dignidade no trabalho, caracterizando-se aí um das características fundamentais do chamado Estado Liberal, que tinha como uma de suas finalidades garantir o direito de propriedade e com ele o direito de herança, combatendo com suas forças tudo aquilo que pudesse colocar em risco a ordem estabelecida, em especial, movimentos de trabalhadores.

O papel do Estado deveria ser passivo, o qual, de certa forma, deitava raízes nos princípios do contratualismo (John Locke, Rousseau, Montesquieu), sem levar em conta que os sujeitos participantes dessa relação contratual (empregado e empregador) se encontravam em uma posição de desigualdade. Portanto, a liberdade pregada era inexistente para o empregado, na medida em que não detinha poder de barganha. Surgiram dois mundos na Inglaterra, a cidade desenvolvida ou civilizada, que pertencia aos donos das indústrias, e a cidade da pobreza, que pertencia aos trabalhadores. O trabalhador continuava pobre, sem condições de se alimentar (mesmo diante do desenvolvimento das fábricas).

Os acidentes de trabalho, em razão das precárias situações de trabalho, ocorriam em números alarmantes na Europa do século XIX, levando os empresários ingleses a pensar nas consequências desastrosas causadas por esses acidentes para o seu negócio. A questão não era a preservação da vida humana, mas sim a preservação da atividade empresarial, que se via ameaçada por conta do número de acidentados.[6]

Nessa esteira, a partir de 1883, na Alemanha principalmente, instituiu-se os chamados seguros sociais, resolvendo tornar coisa pública a responsabilidade pelos acidentes que ocorriam dentro das fábricas em face das precárias condições do ambiente de trabalho. Quer dizer, toda a sociedade, e não só o empresário que era diretamente responsável, passou a arcar com a manutenção daquilo que pode ser chamado de início do sistema previdenciário. Os trabalhadores, o empresário e o Estado — este último deve ser entendido como toda a sociedade — passaram a arcar com os riscos do trabalho.

Foi a chamada socialização dos riscos sem a socialização dos bens e resultados desses riscos (no caso, os lucros empresariais). Os prejuízos causados pelas jornadas excessivas de trabalho, pela falta de mecanismos de proteção, e as incapacidades psicológicas e físicas causadas pelo trabalho desumano foram socializadas através de um seguro previdenciário. Talvez as limitações à idade para o trabalho ou da própria jornada de trabalho tenham contado mais com o apoio dos prejuízos causados pelo elevado número de acidentes de trabalho do que por movimentos de reivindicação do exército desordenado de trabalhadores.

O conceito de liberdade social começou a ser transformado para justiça social. O individualismo contratual começou a experimentar outros gostos, como a intervenção estatal. Desta feita (segunda metade do séc. XIX) tem-se, por assim dizer, o início de

---

(6) MENDES, René. *Medicina do trabalho:* doenças profissionais. São Paulo: Sarvier, 1980.

uma legislação trabalhista, que deitava raízes no fato que do liberalismo nada podia ser esperado, quer seja para o trabalhador, quer seja para os empresários da época.

Não é possível que a mudança de posição do Estado, de liberal para regulamentador, tenha se dado por obra do acaso. Essa transformação foi influenciada pelas lutas de classe havidas no período. Pelas influências das ideias marxistas e cristãs, dentre outras. Mas não se pode esquecer de que havia também interesse em que o risco empresarial, traduzido nas despesas que acabavam recaindo sobre as empresas por conta das crescentes indenizações, pesando sobre o empresário, fossem socializados. Melhor explicando, através dos programas de previdência social surgidos, era interessante que o Estado, leia-se toda a sociedade, participasse com o pagamento de benefícios previdenciários muitas vezes resultados de acidentes que ocorriam por falta de uma política empresarial de proteção.

Tratava-se, portanto, da privatização do lucro e da socialização dos riscos. Atualmente, no Brasil, não é diferente, o que significa que pouca coisa neste sentido evoluiu, considerando que a Previdência Social, que, de certa forma, assegura os riscos da atividade empresarial, não é mantida somente por essa atividade, mas sim por toda a sociedade.

Desta forma, conclui-se que a história do Direito do Trabalho se confunde com a história daquilo que no futuro tornou-se Direito Previdenciário ou talvez que o Direito Previdenciário tenha, por assim dizer, surgido antes do próprio Direito do Trabalho ou que não deva haver academicamente uma compartimentação histórica entre estes dois ramos.

Retornando ao estudo do processo evolutivo em termos de construção legislativa, somente para fins acadêmicos, destaca-se aqui os principais institutos na evolução do Direito do Trabalho, partindo-se de uma linha histórico-evolutiva: a) Lei de Moral and *Health Act* de 1802, na Inglaterra: proteção das crianças e aprendizes nos moinhos; b) *Conseils de prud'hommes*, criado por Napoleão na França em 1806, apontando para um conselho precursor da justiça do trabalho; c) na França, em 1813, foi proibido o trabalho de menores; d) Voltando à Inglaterra, em 1819 foi proibido o trabalho de menores; e) em 1839, na Alemanha, teve início a edição de normas que proibia o trabalho feminino; f) na França, em 1841, proibiu-se o trabalho de menores de 8 anos; g) na Itália, em 1843, proibiu-se o trabalho de menores de 9 anos e o trabalho noturno para menores de 12 anos; h) Na Inglaterra, em 1849, foi limitada a jornada de trabalho para o trabalho masculino, que passou a ser de 10 horas diárias; i) nos EUA, em 1867, começaram a aparecer as primeiras Secretarias de Trabalho; j) na França, em 1884, passou a ser reconhecido o direito de associações de trabalhadores e de greve; k) em 1919, na Europa, depois de terminada a 1ª Grande Guerra Mundial, foi assinado o Tratado de Versailles, que instituiu, em seu capítulo V, a Organização Internacional do Trabalho — OIT; l) em 1919 foi promulgada a famosa Constituição de Weimar, instituidora da Primeira República alemã, como paradigma de ser também a primeira Constituição europeia que realçava matéria de direitos sociais (capítulo próprio contendo "Vida Econômica e Social — em seu art. 427 trazia os princípios fundamentais do Direito do Trabalho").

No Brasil, os autores usam dividir a parte histórica jurídica do Direito do Trabalho em três fases[7]:

a) a primeira, que começa na Independência e vai até à Abolição da Escravatura (em 1837 foi editada a Lei n. 108, que tratava sobre os contratos de locação de serviços dos colonos e na sequência veio o Código Comercial de 1850, que cuidou das justas causas para ruptura dos contratos de locação e o aviso-prévio); b) a segunda fase vai da Abolição da Escravatura até a Revolução de 1930, distinguindo esta fase pelos ajustes firmados para regular o trabalho dos menores nas fábricas, fiscalização do trabalho do menor, liberdade de associação sindical e criação de um Tribunal Rural; c) a contar da Revolução de 1930 até os dias atuais, com a criação das chamadas caixas de pensão (mais de cunho previdenciário), Comissões Mistas de Conciliação, Juntas de Conciliação e Julgamento e a Carteira de Trabalho e Previdência Social.

Com o Golpe de Estado de 1937, no Brasil, foi outorgada à nação uma nova Carta Constitucional (corporativista), que alterou a ordem econômica e social do país, criando o sindicato único, o então chamado imposto sindical, sendo proibida a greve e mantendo-se a Justiça do Trabalho com a restrição de liberdades para os movimentos sindicais, sendo que, com a Constituição de 1946, a Justiça do Trabalho foi inserida no Poder Judiciário.

Neste período, outras questões podem ser trazidas como a criação do salário mínimo, regulamentação de profissões, dentre outras coisas. Com a Constituição de 1946, rompe-se em parte com alguns princípios da Carta anterior e volta-se para a social democracia, definindo-se a competência da Justiça do Trabalho e a sua inclusão enquanto pertencente ao Poder Judiciário, da participação dos empregados nos lucros das empresas, a proibição do trabalho noturno para o menor, dentre outras coisas.

A questão sindical não passa por sensíveis mudanças, permanecendo os ideários corporativistas. Com a Constituição de 1967, tem-se o repouso semanal remunerado, adicional de periculosidade, regulamentação do exercício de outras profissões, benefícios previdenciários aos trabalhadores rurais, dentre outros. Com a Constituição de 1988, vieram a relação de emprego protegida contra despedida arbitrária (art. 7º, I), sendo que, atualmente, no Brasil, destaca-se prevista na Constituição Federal (art. 7º, XI) a participação dos empregados nos lucros da empresa e na gestão empresarial, regulamentada a primeira parte através da Lei n. 10.101/2000, de forma tímida, ou seja, sem impor ao empregador que efetivamente proporcione ao empregado a sua participação nos lucros empresariais.

Quanto à sua participação na gestão da empresa, apesar de ainda não estar regulamentada, acredita-se que no Brasil muito tempo ainda deverá passar a fim de que a cultura empresarial, sindical e dos próprios trabalhadores possa assimilar com efetividade este importante instituto, o qual de fato daria um salto no que diz respeito ao aperfeiçoamento

---

(7) VIANNA, Segadas. Antecedentes históricos. In: MARANHÃO, Délio; SÜSSEKIND, Arnaldo; TEIXEIRA, Lima; VIANNA, Segadas. *Instituições de Direito do Trabalho*. 16. ed. São Paulo: LTr, 1996. p. 28.

das relações sociais, muito embora grandes empresas já estejam adotando, diga-se, muitas vezes questionada se não se trataria de uma forma de burlar os direitos dos trabalhadores, mascarando com outras nomenclaturas aquilo que de fato é salário.

A participação efetiva dos trabalhadores nos lucros e gestão da empresa poderia contribuir para que o trabalhador pudesse tomar consciência do real valor da sua força de trabalho. Seria quebrada a forma clássica de compreender o valor do trabalho humano.

O Estado se contrai e as políticas públicas se desfazem sob o mito de que o público não presta. Nesse sentido, especialmente no Brasil, em meados da década de 1990, criou-se um discurso de que a coisa pública deve ser vendida para que se construa algo melhor a partir de processos de privatização, devendo o Estado deixar setores estratégicos, de primeira importância para toda a sociedade. O que ninguém esperava é que a crise inaugurada de forma concreta a partir de setembro de 2008 tenha ocorrido pela liberdade que se deu ao mercado financeiro de se auto-organizar, a ponto de hoje ser pacífico que o mercado financeiro deva ser regulado, e que o Estado intervenha neste mesmo mercado. Inclusive esta é a política que está sendo conduzida especialmente nos países desenvolvidos, em especial nos Estados Unidos da América do Norte, que busca uma crescente regulamentação e limitação das ações para o mercado econômico.

Criaram-se procedimentos econômicos que conduzem a uma competitividade sem precedentes, a qual tende a concentrar cada vez mais capital, a ponto de eliminar os competidores e caminhar para a construção de monopólio. Para que ocorra esta concentração, devem ser atingidos os seguintes objetivos: 1. desregulamentação e liberdade de mercado sem interferência do Estado, salvo naquilo que interessa, como por exemplo, dificuldade de cumprir os pressupostos legais para a realização da greve ou a liberação da exploração das jazidas de petróleo e outros minerais, desde que as empresas que se habilitem a explorá-las cumpram certos requisitos só possíveis de serem cumpridos pelas líderes de mercado; 2. liberdade de mercado com reservas de proteção alfandegárias para determinados produtos; 3. destruição de armamento nuclear com exceção dos Estados que estão ampliando seu arsenal bélico (EUA e Inglaterra); 4. incorporação ou fusão de grandes empresas do mesmo setor; 5. incentivos fiscais para setores que gozam de força política; e 6. desregulamentação das proteções construídas para os trabalhadores.

E como se encontra a organização do trabalho (ou divisão do trabalho) no mundo globalizado neste momento? As empresas se redimensionaram, alterações são feitas todos os dias, sempre em busca de melhorar a produtividade e aumentar a competitividade. O trabalho imaterial e criativo ganha peso por conta de que a máquina já está podendo fazer o resto. Reduz-se em termos globais a massa salarial, o que está apontando para uma precarização do trabalho humano, com a redução das condições mínimas de trabalho, aparecimento ou intensificação de doenças profissionais com proporções nunca sentidas, o individualismo nas atividades, a não construção de uma organização sindical que possa fazer frente a acompanhar todo este processo.

Não existe volta ou retrocesso na história, como se estivesse em uma estrada onde se pudesse voltar atrás. Porém, uma coisa é certa: padrões próximos como aqueles que existiam no século XVIII em termos de condições do ambiente de trabalho, em alguns setores produtivos, em dadas regiões, parecem estar existindo em pleno século XXI.

O trabalho tido como formal, assim entendido como aquele que proporciona conquistas sociais, a permanência do trabalhador por um longo período na mesma empresa, parece a cada dia enfraquecer, por conta de que está dando lugar ao trabalho de curta duração e à rotatividade crescente da mão de obra. Os processos de terceirização e quarteirização parecem fazer desaparecer a própria identidade ou localização de quem é o empregador. Modalidades como a parassubordinação fazem com que sejam redefinidos os limites mínimos de proteção àquele que trabalha. Tudo isto é consequência das novas formas de relações surgidas a partir da dinâmica empregada no modo de se produzir.

3. Valorização do trabalho humano e o novo contexto do Direito do Trabalho

Um leitor desavisado, ao ler o texto constitucional, pode ter a ideia de que todos os preceitos referentes à ordem econômica encontram-se contidos no Capítulo I do Título VIII da CF, mas não é bem assim. Por outro lado, o mesmo pode ocorrer quando se refere à proteção ao trabalho humano, quando se concentra o estudo nos arts. 6º e 7º da Constituição Federal. Observa-se que o art. 170 da Constituição Federal está diretamente ligado ao art. 3º do mesmo texto e aos arts. 6º e 7º, muito embora esteja contido no título referente à "Ordem Econômica e Financeira" da Carta Magna. Conclui-se, logo de início, que a proteção ao trabalho humano encontra-se diluída por toda a Constituição Federal, principalmente quando se refere aos princípios perseguidos pelo desenvolvimento econômico.

Discute-se a moderna relação de trabalho, que apresenta: a) de um lado o mundo globalizado, exigindo redução de custos e aumento da produtividade, fazendo com que se busquem novas formas de relações laborais (que, em regra, são mais fragilizadas em termos de direitos para os trabalhadores); b) também se encontram as empresas menores, que se acham tão fragilizadas quanto se acham os trabalhadores; e c) os sistemas públicos de proteção previdenciária, acumulando-se crescentes déficits.

Dentro deste diálogo, muitas vezes contrapostos, surge a seguinte indagação: como se valoriza o trabalho humano? Para responder de forma didática e com a maior objetividade, usou-se aqui apropriar dos seguintes parâmetros: a) que o trabalho seja livre, liberdade aqui no sentido de o ser humano ter várias oportunidades e possibilidades de trabalho; b) que o trabalho seja de qualidade, entendendo-se como tal aquele em que o ser trabalhador possa se expressar através dele. Trata-se de um trabalho que mostra a importância do seu agente trabalhador perante a sociedade.

Esta concepção está voltada para a centralização do trabalho, que, de certa forma, apropria-se de conceitos marxistas, porém, buscando ações que possam revelar o trabalhador, a fim de que o mesmo se situe dentro do fluxo da produção enquanto ser valorado. Trata-se do trabalho a partir de um novo conceito de vida ou da vida a partir do trabalho valorado.

Ao mesmo tempo não se pode perder de vista no plano normativo o art. 1º, IV, e o art. 193, ambos da Constituição Federal. A partir dessa ótica conclui-se que: constitucionalmente não é possível apreender o conceito de trabalho dentro de uma visão meramente patrimonialista. Também significa que o trabalho não é somente um fator de produção.

Por essa razão é que o trabalho está estruturado sob a forma de contrato, sem, contudo, ser um simples contrato. Por ter como objeto a força de trabalho, e por ser uma expressão social, protegida enquanto direito fundamental, já lhe é garantido um tratamento especial. Através do trabalho, expressa-se a vida e produz-se o homem.

Voltando-se à mesma indagação: como se valoriza o trabalho? Em um primeiro momento, através da geração de mais postos de trabalho; havendo um melhor trabalho com mais satisfação, com menos riscos, com mais criatividade, com a participação de quem trabalha no gerenciamento empresarial, sem discriminação; por meio de uma melhor retribuição, com a efetivação dos direitos sociais consubstanciados nos arts. 6º a 11 da CF; e, uma efetiva política pública de qualificação da mão de obra, capacitando criativamente o ser humano.

Outra questão que importa no estudo dos princípios e que se encontra contida no art. 170 da Constituição Federal é o princípio da livre-iniciativa. A livre-iniciativa se constitui em um dos fundamentos da ordem econômica, como o direito que todos possuem de investirem no mercado de produção de bens ou serviços por sua conta e risco.

Nesta esteira, novamente se faz necessária a presença do Estado para garantir esta livre-iniciativa? A livre-iniciativa trata-se da principal marca do Estado capitalista. Prende-se também ao direito de propriedade.

Para se estudar a livre-iniciativa não pode ser perdida a finalidade da ordem econômica, da forma como foi estabelecida pela Constituição Federal. Ou seja, que tenha por finalidade a existência digna. Desta feita, cria-se uma grande condicionante da autonomia privada, que é a de respeitar os valores substanciais ligados à pessoa humana.

Na parte final do art. 170 da Constituição Federal tem-se: "conforme os ditames da justiça social". Em outras palavras, a justiça social como fim da ordem econômica. E o que é justiça social? Sem querer ser repetitivo, evitar que os ricos se tornem mais ricos e os pobres mais pobres, buscar o aperfeiçoamento do Estado de Direito, e que o verdadeiro desenvolvimento deva implicar melhores condições de vida.

Sendo assim, não cabe qualquer assertiva sobre a eventual possibilidade de confronto de princípios constitucionais, no caso a livre-iniciativa e a valorização do trabalho humano. A Constituição Federal consagra o princípio básico da ordem capitalista, que é a iniciativa privada, e, ao mesmo tempo, da prioridade ao valor trabalho humano sobre os demais valores. Conjugando os dois princípios, a liberdade econômica só deve existir e ser exercida quando do interesse da justiça social. O que implica necessariamente a presença do Estado regulador e em alguns casos interventor.

Cabe citar neste momento do trabalho os ensinamentos de Eros Grau. A Constituição Federal consagra um regime de Estado organizado, com a defesa da livre-iniciativa, admitindo-se a sua intervenção para: a) coibir abusos; b) preservar a livre concorrência; c) evitar a formação de monopólios; d) evitar o abuso do poder econômico. A Constituição Federal contempla a economia de mercado: a) repudia o dirigismo estatal; b) a Constituição é capitalista, sendo que a liberdade de mercado só é admitida enquanto exercida no interesse da justiça social.[8]

Em outras palavras, existe a necessidade de serem transplantados os princípios contidos nos arts. 1º, 3º, 5º, do 7º ao 11, 24, I, 37, XIX, todos da Constituição Federal para a interpretação do conteúdo transcrito no art. 170 também da Constituição Federal, sob pena de resultar em entendimentos casuísticos.

Caso não haja essa organização e junção de valores, não se tem como conseguir externar a importância do trabalho humano e muito menos a necessidade do poder regulatório do Estado, e, sendo necessário, também intervencionista, para que os objetivos perseguidos pelo Estado Democrático de Direito sejam realmente atingidos.

Dessa forma, fica demonstrada aqui, através da tentativa de conceituar o significado de valorização do trabalho humano, e com ele a interdisciplinaridade que deve existir quando se fala em Direito do Trabalho, que não comporta mais aquela formação clássica que lhe foi imposta quando de sua conquista da autonomia acadêmica.

4. Surgimento de novas fontes do Direito do Trabalho

É comum que os doutrinadores dividam o estudo das fontes em grupos, sob vários aspectos que vão desde a origem, os fundamentos de validade das normas e da exteriorização do Direito.

No tocante à forma de exteriorização tem-se as fontes materiais e as fontes formais. Particularmente entende-se que só exista a fonte material que é a própria sociedade, ou seja, aquilo que provém diretamente da sociedade (da realidade fática), dos extratos sociais, a expressão fiel dos anseios, a origem do poder, que está contida no próprio povo, na nação.

Contudo, também são apresentadas didaticamente as seguintes fontes formais: a Constituição, a Consolidação das Leis do Trabalho, usos e costumes, normas internacionais e, para alguns autores, também os contratos, enquadrando-se aqui as Convenções Coletivas de Trabalho e os Acordos Coletivos de Trabalho, a jurisprudência e o regulamento interno da empresa. Tem-se criticado o contrato enquanto fonte de Direito, haja vista que no conceito de fonte deve estar embutido o requisito abrangência geral (*erga*

---

(8) GRAU, Eros Roberto. *A ordem econômica na Constituição de 1988*. 10. ed. São Paulo: Malheiros, 2005. p. 201 e seguintes.

ominis), o que não acontece para o contrato. Da mesma forma o regulamento da empresa, que também acaba por aderir-se aos contratos particulares de trabalho, com aplicação restrita aos participantes.

Quanto à origem, têm-se as fontes heterônomas ou autônomas: as heterônomas são as impostas por comandos estatais (Constituição, leis etc.), como os exemplos já aqui apresentados; as autônomas são as elaboradas pelos próprios interessados (acordo ou convenção coletiva, regulamentos empresariais etc.). Em uma relação de trabalho, caso não ocorra um amadurecimento, crescimento, em especial das organizações de trabalhadores, fica difícil confiar nas fontes autônomas como capazes de produzirem bons resultados.

No entanto, já foi verificado neste estudo a amplitude que o Direito do Trabalho assumiu especialmente neste início de século e os seus novos vínculos de estudo. Esta ampliação do seu objeto acaba por influir também no estudo de suas fontes. A partir do momento em que os seus limites ganham novos marcos, outras fontes que não eram tomadas de valor acabam ganhando valor neste novo contexto, agregando-se àquelas fontes já existentes.

Observa-se que se encontra compreendida no Direito do Trabalho uma relação contratual especial ocorrida entre empregado e empregador, que foi ampliada para uma relação não mais somente com o empregado, mas com o trabalhador, sem falar na conduta empresarial (função social da empresa), que está ligada diretamente à valorização do trabalho humano. Em meio a todo este emaranhado de relações, que podem se constituir de natureza privada e pública, fica difícil trabalhar com as fontes tradicionais do Direito do Trabalho.

Sendo assim, a tendência é que as Convenções Internacionais do Trabalho, as decisões prolatadas por Órgãos Supranacionais, como, por exemplo, a Comunidade Econômico-Europeia, que estabelece a livre circulação de trabalhadores, e outras mais que estão se desenvolvendo acabem por ganhar mais importância, afetando diretamente as relações de trabalho no mundo e construindo uma nova hierarquia em termos de fontes do Direito do Trabalho, com a ampliação das formas internacionais de regulação das relações de trabalho.

Mesmo as Convenções da Organização Internacional do Trabalho (OIT) não ratificadas pelo Brasil se constituem em fontes do Direito do Trabalho, em não havendo norma de direito interno regulando aquela determinada matéria. Vale citar o Enunciado n. 3, aprovado na 1ª Jornada de Direito Material e Processual do Trabalho.[9]

> 3. FONTES DO DIREITO — NORMAS INTERNACIONAIS. I – FONTES DO DIREITO DO TRABALHO. DIREITO COMPARADO. CONVENÇÕES DA OIT NÃO RATIFICADAS PELO BRASIL. O Direito Comparado, segundo o art. 8º da Consolidação das Leis do

---

(9) ENUNCIADOS aprovados na 1ª Jornada de Direito Material e Processual na Justiça do Trabalho em 23.11.2007. Disponível em: <http://www.anamatra.org.br/jornada/enunciados/enunciados_aprovados.cfm> Acesso em: 10 fev. 2010.

Trabalho, é fonte subsidiária do Direito do Trabalho. Assim, as Convenções da Organização Internacional do Trabalho não ratificadas pelo Brasil podem ser aplicadas como fontes do Direito do Trabalho, caso não haja norma de direito interno pátrio regulando a matéria. II – FONTES DO DIREITO DO TRABALHO. DIREITO COMPARADO. CONVENÇÕES E RECOMENDAÇÕES DA OIT. O uso das normas internacionais, emanadas da Organização Internacional do Trabalho, constitui-se em importante ferramenta de efetivação do Direito Social e não se restringe à aplicação direta das Convenções ratificadas pelo país. As demais normas da OIT, como as Convenções não ratificadas e as Recomendações, assim como os relatórios dos seus peritos, devem servir como fonte de interpretação da lei nacional e como referência a reforçar decisões judiciais baseadas na legislação doméstica. Embora os Enunciados acima tenham sido produto de uma Jornada de Direito, no caso a 1ª Jornada de Direito realizada pela Anamatra (Associação Nacional dos Magistrados da Justiça do Trabalho), o que significa que não possuem força impositiva, tratando-se de um "conjunto orgânico de orientações", visando a subsidiar a construção jurisprudencial, o que significa a busca de um entendimento capaz de expressar concretamente o vetor maior da Constituição Federal, que é a efetiva proteção ao trabalho humano. Trata-se da incorporação dos Direitos Internacionais Fundamentais de proteção ao trabalho sem necessariamente passar por um processo de aprovação legislativa[10].

Observa-se no transcrito acima o respeito que deve ser dado aos pronunciamentos internacionais calcados na efetividade dos Direitos Sociais, em especial na busca da completitude do ordenamento jurídico interno.

5. Princípios do Direito do Trabalho

Em primeiro lugar é preciso compreender claramente o significado de princípio. Por princípio pode-se entender o fundamento, os mandamentos, as proposições, a seiva que alimenta o Direito, a essência. A segunda indagação é: para que servem os princípios? Para a criação do direito positivado, para a interpretação da norma já criada e com vida própria, ocupando aqui a função de integradora do ordenamento jurídico, que é incompleto, lacunoso, mas que, no entanto, mantém dentro de si os instrumentos necessários para a sua completude.

No caso, têm-se os princípios gerais do Direito, que são apresentados doutrinariamente compondo uma hierarquia, valendo citar o princípio da igualdade. Em relação aos princípios específicos do Direito do Trabalho, vale relacionar os seguintes:

a) Princípio da proteção: este princípio traduz todos os demais, podendo ser considerado como um superprincípio. Ele está fundado no desequilíbrio existente entre empregado e empregador, por conta de que em uma relação de emprego, o primeiro é a parte mais fraca, razão pela qual o Direito do Trabalho visa à sua proteção (do empregado). Desse princípio, fluem determinadas presunções, dentre as quais a da continuidade do contrato de trabalho, a da não prejudicialidade das alterações contratuais em relação ao empregado, ainda que feitas mediante o consentimento do mesmo, dentre outras.

---
(10) *Idem.*

b) *In dubio pro operario*: que significa na dúvida em favor do empregado. Na dúvida sobre o quê? Na dúvida quanto à interpretação da norma jurídica ou na interpretação de algum preceito legal, em que, por exemplo, sobrando dúvida para o juiz, deverá o magistrado fazer sua interpretação favoravelmente ao empregado. Não pode aqui aplicar tal princípio em matéria de ônus da prova, por exemplo: em uma audiência trabalhista são ouvidas quatro testemunhas, duas delas arroladas pelo empregado e duas delas arroladas pelo empregador. Na dúvida quanto aos depoimentos prestados, os quais foram contraditórios, o juiz decide em favor do empregado. Nada disso. Matéria probatória diz respeito ao valor dado pelo juiz à prova, e este valor está ligado ao seu convencimento. Por esta razão, reafirma-se, não é possível confundir a aplicação deste princípio em matéria de ônus da prova. A regra geral a este respeito é aquela em que a prova cabe àquele que alega, ressalvando-se aqui as exceções, que são situações específicas do Direito do Trabalho, que também não podem ser confundidas com a chamada inversão do ônus da prova (em outro momento explicaremos esta situação).

c) Da norma mais favorável: em primeiro lugar, deve-se explicar que estão errados aqueles que afirmam que no Direito do Trabalho não existe hierarquia de normas. O sistema jurídico, como o próprio nome já indica, está organizado como uma pirâmide, onde no seu ápice encontra-se a Constituição Federal e nada está — positivamente falando — acima da Constituição Federal. Sendo assim, o que significa o citado princípio? A própria Constituição Federal apresenta, em seu art. 7º *caput*, que são direitos dos trabalhadores urbanos e rurais, além de outros que visem à melhoria da sua condição social. Interpreta-se aqui que a própria Constituição Federal reconheceu e, diga-se, estimulou que outros direitos venham a ser firmados através de qualquer instrumento reconhecido por lei, como o contrato particular, acordos coletivos, convenções coletivas, regimento interno da empresa, dentre outros, desde que fixem condições melhores para o trabalho, no sentido de sua valorização, além do que se encontra minimamente fixado no texto constitucional.

Neste sentido, aquilo que for mais favorável ao trabalhador deve ser aplicado. Esse conceito deve ser alterado para aquilo que for melhor valorativamente para o trabalho, colocando em sintonia os arts. 170 e 193 da Constituição Federal.

Ocorre que, aquilo que parece razoavelmente simples, muitas vezes não o é. Por exemplo, resolver qual norma deve ser aplicada, em se deparando com a situação a seguir, não é coisa fácil: uma convenção coletiva e um acordo coletivo, firmado o primeiro entre determinada categoria econômica e profissional e o segundo entre a mesma categoria profissional que o primeiro e uma empresa determinada, inclusa na mesma categoria econômica, sendo que na Convenção apresenta-se uma cláusula que traz horas extras remuneradas à base mínima de 60% e no Acordo, que não apresenta qualquer destaque ao percentual de horas extras, se apresenta uma cláusula sobre concessão de ajuda de alimentação mensal aos seus trabalhadores. Neste caso, aplica-se a teoria do conglobamento, ou seja, deverá ser analisada cada uma das tratativas coletivas no seu conjunto. No conjunto, qual delas é melhor para o trabalho ou para o trabalhador? Não é possível pincelar determinadas cláusulas da Convenção e outras do Acordo, de forma a fazer um *mix* para o empregado.

E é nesse sentido que se apresenta a dificuldade imposta, o que quer dizer que, no conjunto do contido em cada um dos instrumentos (na convenção e no acordo), deve-se eleger qual deles é melhor para as regras das relações individuais de trabalho.

d) Da condição mais benéfica: para a maioria dos doutrinadores, entende-se por este princípio que, em havendo vantagens concedidas ao trabalhador, as mesmas não poderão ser modificadas em seu detrimento. Na verdade, seria como que um direito líquido e certo do trabalhador, na medida em que as vantagens concedidas espontaneamente pelo empregador a ele ou por força de contrato, não possam mais dele ser retiradas por terem se incorporado ao patrimônio do empregado. Pode ser aqui ampliado o entendimento acerca deste princípio, na medida em que condição mais benéfica deve significar também condição mais benéfica do ambiente de trabalho. Cabe ao empregador oferecer ao empregado as melhores condições possíveis de trabalho, inclusive se autolimitando em seu poder diretivo. Deve ser tomado bastante cuidado quando se está diante de vantagens estabelecidas por conta de Convenção Coletiva ou Acordo Coletivo, que, neste caso, terão aplicação por prazo determinado pela própria natureza contratual destes instrumentos, não podendo falar em incorporação. O mesmo ocorrendo com as chamadas sentenças normativas (Súmula n. 277 do TST, interpretada de forma ampliativa, abrangendo também o acordo e a convenção coletiva).

O mesmo não acontece com as vantagens incorporadas aos contratos individuais de trabalho por força de regimento interno da empresa (Súmula n. 51, I, do TST). Neste caso, ainda que alterado o regimento e retiradas as vantagens, somente os empregados que forem contratados após a mudança ocorrida no regimento é que não contarão com aquelas vantagens anteriormente suprimidas.

e) Princípio da irrenunciabilidade de direitos: os direitos trabalhistas são irrenunciáveis, na forma disposta no art. 9º da CLT. Não obstante, discute-se no caso de um acordo feito perante a Justiça do Trabalho, em que o empregado concorda em receber quantia bastante inferior àquela que teria direito, se, no caso, não seria uma forma de renúncia. Formalmente não. A renúncia é um ato unilateral e somente se renuncia aquilo que já está incorporado ao patrimônio. Não cabe renúncia de expectativa de direito. O exemplo dado se enquadraria como transação de direitos.

E se tivesse o empregado uma sentença judicial transitada em julgado, com liquidação feita e na fase executória aceitasse o recebimento de quantia correspondente a 50% do valor firmado em liquidação? Neste caso seria renúncia? Formalmente, ainda estar-se-ia diante de uma transação, em que pese os modelos formais estabelecidos muitas vezes não se enquadrarem ao caso.

f) Princípio da continuidade: sob regra geral, o contrato de trabalho deve ser por prazo indeterminado, admitindo-se excepcionalmente o contrato por prazo determinado. As necessidades do trabalhador perduram por toda a sua sobrevivência, justificando-se, assim, a existência de políticas públicas que buscam a empregabilidade. No caso, parece que o Estado brasileiro ainda não percebeu a sua missão, na medida em que o trabalho formal no Brasil é fortemente tributado.

Já foi afirmado neste estudo que a precariedade no trabalho está levando a se estabelecer como regra o contrato por prazo determinado considerando a alta rotatividade da mão de obra. Trata-se de uma situação de contrariedade ao referido princípio.

g) Princípio da primazia da realidade: o que importa são os fatos, aquilo que acontece no plano real, ainda que os documentos apresentem outra realidade. Como já diziam, os documentos aceitam tudo o que neles são escritos. Para o Direito do Trabalho, um contrato de arrendamento rural, cumprindo todos os requisitos formais, demonstrando factualmente que o arrendatário é na verdade dependente do arrendante, recebendo dele ordens, financiamentos, provavelmente poderá caracterizar um contrato de emprego. Os acontecimentos da vida falam mais que os documentos.

h) Princípio da irredutibilidade salarial: o salário não pode ser reduzido, salvo as hipóteses previstas em lei ou mediante acordo ou convenção coletiva de trabalho. Não esquecer da possibilidade de flexibilização, estampada no art. 7º, VI, da CF, em que, pelo processo de negociação coletiva, o salário ou a remuneração poderá ser reduzida.

Aqui vale frisar que se trata de processo de negociação coletiva, no qual ambas as partes perdem e ambas as partes ganham. Não se admite constitucionalmente que simplesmente uma empresa proponha a redução salarial dos seus empregados, faça-se um termo aditivo à Convenção ou ao Acordo Coletivo e se reduza salários. Deve-se ter algo em troca para os empregados e, no caso, não se trata apenas de garantir-lhes a não perda do emprego. Isto não é troca.

Deve haver vantagens geradas desta negociação para os empregados. Diga-se também que a redução deve estar fundada em um fato real, existente, capaz de ser verificado e comprovado. Lembra-se aqui a chamada cláusula de transparência, que se trata de uma cláusula implícita em toda negociação coletiva, que permite ao ente sindical representante dos empregados e aos empregados individualmente considerados a condição de verificarem *in loco* a veracidade das arguições apresentadas pela empresa como fundamento para a redução salarial.

Caso a negociação não se dê dessa forma, não se estará diante de um processo de negociação coletiva e, consequentemente, a redução deverá ser declarada inconstitucional. No entanto, este não tem sido o entendimento das cortes de Justiça do Trabalho, que não se preocupam em examinar o real significado do termo negociação. Basta haver um acordo coletivo ou convenção com cláusula de redução salarial e já será suficiente[11].

Deste princípio se decompõem três outros: h.1) da pontualidade; que diz respeito à data do pagamento dos salários; h.2) da certeza: que diz respeito à segurança de que o salário será pago, e; h.3) da forma: que o salário deve ser pago ao empregado da forma mais cômoda possível e com a maior segurança possível.

i) Princípio da impenhorabilidade do salário: a impenhorabilidade do salário já ganhou inúmeros estudos, inclusive foi alvo de aprovação pelo Congresso Nacional, projeto de reforma do Código de Processo Civil que permitia a penhora de parte do salário do empregado para pagamento de dívida (até 40% daquilo que ultrapasse o valor de 20 salários mínimos). Porém, foi vetada pelo presidente da República, mantendo-se a sua impenhorabilidade por completo, na forma do art. 649, IV, do Código de Processo Civil, ou seja, o da impenhorabilidade absoluta, salvo nos casos ressalvados em lei. Contudo, outro projeto já tramita pelo Congresso Nacional (Projeto de Lei n. 2.139/2007) para fins de permitir que parte do salário possa ser penhorado para pagamento de dívida.

Parte da doutrina defende posição diferente, sustentando o princípio da proporcionalidade.

> Indiscutível a necessidade de se respeitar à dignidade da pessoa humana do executado, mas do outro lado, o do credor, há uma pessoa, que também precisa se sustentar e aos seus, que tem sua dignidade, e que, para mantê-la, vê-la respeitada, necessita e tem o direito de receber o que já foi reconhecido judicialmente como lhe sendo devido, e mais: uma pessoa à qual não pode ser jogado o peso de uma iniciativa empresarial que não logrou êxito, porquanto, claro é, se todos podem tentar vencer na vida, os escolhos que então se apresentarem, não podem ser contornados, colocando-se os mesmos no caminho de quem, útil quando se tentou uma atividade empresarial, incomoda quando o prosseguimento da mesma não se afigurou mais como possível, isso me parece óbvio!
>
> Sinto que essa tela não pode receber cores de aprovação da Justiça do Trabalho, o que caminharia para a própria negação de sua razão de ser, e para obstar seja emoldurada, reproduzindo a triste cena de um trabalhador desesperado, que teve seus direitos reconhecidos, mas frustrados por ulterior falta de quitação, pelos motivos aqui expostos, com seus filhos, chorando, esfomeados, e sua mulher, amargurada, decepcionada e já sem forças, há de ser aplicado o princípio da proporcionalidade, por meio do qual, sem agredir o art. 649, IV, do Estatuto processual, dar-se-á resposta ao direito e à necessidade do credor/trabalhador/certamente desempregado.[12]

---

(11) Este tema será melhor tratado na parte referente ao Direito Coletivo do Trabalho.

(12) GIORDANI, Francisco Alberto da Motta Peixoto. O princípio da proporcionalidade e a penhora de salário. *Revista do TRT da 15ª Região*, n. 27, 2005. p. 78.

O Judiciário trabalhista já se manifestou a respeito, sendo que em alguns julgados encontra-se a penhora de parte do salário para saldar dívida trabalhista. Vale aqui citar alguns escólios:

> Salário. Impenhorabilidade. Possibilidade. A norma contida no art. 649, IV, do CPC, tem o condão de proteger o trabalhador, impedindo que se avilte o seu direito ao salário. Entretanto, a natureza prospectiva das normas permite ao julgador reavaliar seu entendimento para melhor adequação da norma frente ao contexto social. Não havendo dúvida sobre a natureza jurídica do crédito trabalhista, possível é a penhora de parcela do salário para pagamento de crédito trabalhista, desde que observado o respeito a um mínimo que garanta a subsistência do devedor. Recurso conhecido e ao qual se nega provimento (TRT – 10ª R. – 2ª T. – Proc. n. 1400/1997.001. 10.00-6 – Rel. Mário Macedo F. Caron – DJ 12.5.2006 – p. 23).

> Penhora sobre salário. Possibilidade. A impenhorabilidade absoluta dos salários prescrita no art. 649, IV, do CPC encontra exceção exclusivamente nas prestações alimentícias. Sendo incontestável o caráter alimentício do crédito do exequente, correto o enquadramento desse na exceção prevista na citada norma. Agravo de petição conhecido e desprovido (TRT – 10ª R. – 3ª T. – Proc. n. 941/1998.018.10.00-0 – Rel. Braz Henriques de Oliveira – DJ 17.3.2006 – p. 27).

> Penhora em conta corrente destinada ao recebimento de aposentadoria. Crédito de natureza alimentar. Exceção à regra. A impenhorabilidade dos vencimentos e pensões dos servidores públicos é excepcionada pela própria lei quando o crédito for de natureza alimentar, neste incluído o decorrente de sentença trabalhista, como preconizado no § 1º-A do art. 100 da Constituição da República (TRT – 15ª R. – 1ª T. – Proc. n. 499.199.019.15.00-1 – Rel. Eduardo B. de O. Zanella – DJSP 6.5.2005 – p. 12).

No entanto, o que está valendo é a impenhorabilidade do salário, não sendo ainda concebida a penhora proporcional, salvo nos casos de pensão alimentícia ou nos expressos em lei, muito embora existam projetos de reforma do Código de Processo Civil que buscam a penhora proporcional dos salários. A tendência futura é no sentido de que se conceba a penhora proporcional dos salários.

6. Da reestruturação produtiva e os princípios do Direito do Trabalho

A terminologia reestruturação produtiva está ligada diretamente à busca pelas empresas de uma maior competitividade. Em outras palavras, as empresas se reestruturam de maneira a reduzir custos operacionais com o objetivo de se tornarem mais competitivas nos cenários nacional e internacional.

Sendo assim, é possível afirmar-se que o processo de reestruturação produtiva pode ser identificado por dois elementos, que na verdade são componentes dessa reestruturação. O primeiro deles trata-se do avanço tecnológico, que é buscado a todo custo pelas empresas como sinônimo de necessidade inadiável, que, se não for atendido, pode significar a falência da própria empresa. O segundo elemento é a mudança na organização empresarial, que aqui pode ser chamado de reengenharia do trabalho, conceituando-a de forma simples como sendo mudanças operadas na empresa no que diz respeito à sua produção, envolvendo o todo organizacional.

No atual momento, a reengenharia do trabalho está presa a alguns itens explicativos que, de certa forma, podem trazer a compreensão do seu significado para as mudanças que estão se operando no ambiente de trabalho. Vale aqui citar somente para fins exemplificativos os seguintes: uma nova divisão do trabalho, que questiona a atual estrutura de hierarquia do trabalho existente; a não padronização dos produtos fabricados pela empresa ou dos serviços por ela prestados; a eliminação do desperdício não somente no que tange à matéria-prima gasta com a fabricação de um determinado produto, como também em relação ao tempo gasto, de forma a otimizar o uso da mão de obra; a produtividade como sendo um dos principais fatores a ser levado em conta quando se relaciona com os trabalhadores; e o estabelecimento de metas a serem alcançadas, dentro de um planejamento voltado diretamente a obter êxito em relação às demais empresas concorrentes naquele setor empresarial.

Parece que fica mais fácil compreender agora a chamada reestruturação produtiva, partindo-se desses dois elementos, inovação ou avanço tecnológico e nova estrutura organizacional, considerando-se a dependência que um tem com o outro. A divisão que aqui é feita tem como finalidade tornar mais simples a explicação, uma vez que se constituem em algo único.

Pode ser afirmado então que a reestruturação produtiva é impulsionada pela necessidade criada pela competitividade. A empresa que continua sendo gerida da mesma forma que antes não terá condição de sobrevivência, exigindo-se a sua "modernização". Ao mesmo tempo, ela se constitui no fim buscado pelo processo, que é se tornar vencedora junto às suas competidoras que atuam no mesmo setor do mercado. Fecha-se um círculo e a questão que se coloca neste trabalho é: como se encontra o ambiente de trabalho neste processo, partindo-se dos parâmetros constitucionais estabelecidos? Está se gerando um ambiente de trabalho sadio?

Alguns autores chegam a afirmar que esse processo chamado de reestruturação produtiva está ligado principalmente à falência do Estado enquanto bem social. Dessa forma, ganham força as argumentações em torno dos processos de privatização, com a redução da intervenção do Estado nas relações sociais, a necessidade de atração do capital financeiro internacional, dentre outras relações que podem ser traçadas. Sendo assim, torna-se possível concluir que esses processos de mudanças nas organizações empresariais se dão em um ambiente altamente recessivo, que, em relação ao mercado de trabalho, caminham no sentido de flexibilização das relações de trabalho, podendo ser este o início de um processo de desregulamentação.[13]

A flexibilização das relações do trabalho, que na maioria das vezes repercute na perda de direitos sociais conquistados, é a materialização da reestruturação organizacional empresarial. As perdas sociais são canalizadas para a principal finalidade empresarial, que é a busca do lucro e a forma como se opera, principalmente pesando sobre o trabalhador o medo do desemprego, explicando-se em parte a sua resistência a essas

---

(13) ANTUNES, Ricardo. *Adeus ao trabalho? Ensaio sobre as metamorfoses e a centralidade do mundo do trabalho*. Campinas: Cortez, 2003.

mudanças, o que por sua vez repercute na situação como se encontra hoje as organizações sindicais que, guardadas as particularidades existentes, necessitam de uma reorganização.

A entidade sindical regional não é mais possível existir. Um plano sindical globalizado é necessário a fim de que as ações sindicais sejam sentidas. A facilidade da transferência de capitais e de parques industriais desta para outra região do planeta, que não possui proteções mínimas para as relações de trabalho (isto quer dizer um Estado que não interfira nas relações de trabalho), fez com que os sindicatos regionais ou com ações regionais se enfraquecessem.

Esses motivos tornaram necessário, a um bom tempo, pensar uma forma diferente de organização sindical, em relação a que hoje está constituída. Não se trata aqui de defender a pluralidade ou unicidade sindical ou formas de representação, sob pena de cair em discussões simplistas. Trata-se de pensar o sindicalismo dentro deste novo contexto, no caso, globalizado, com estruturas sindicais também globalizadas, de forma a perseguir as ações empresariais onde quer que se encontrem.

Diante desse contexto, observa-se que ocorre a construção cíclica. A busca do lucro, competição, reestruturação empresarial com a flexibilização das relações de trabalho, enfraquecimento das entidades sindicais e, por último, o Estado adotando um novo posicionamento diante das novas relações surgidas. Esses elementos se constituem no eixo principal que pode transformar os princípios do Direito do Trabalho ou criar novos princípios que possam se contrapor aos existentes.

Com o atual avanço tecnológico que se faz presente nos dias atuais, está havendo, de acordo com o setor produtivo, a substituição da mão de obra humana pelas máquinas, trazendo em parte a redução do número de empregos. A mão de obra tornou-se abundante, as funções são desempenhadas por máquinas e o emprego tornou-se cada vez mais escasso e precioso, principalmente nos países chamados de periféricos, incluindo-se nessa classificação o Brasil.

Consequentemente, os trabalhadores, em busca da sobrevivência, acabam por fazer qualquer acordo e a força de trabalho passa a ser tratada como qualquer outra mercadoria, cuja lei do mercado (lei da oferta e da procura) acaba regulando o preço e as próprias condições de trabalho. Outras formas de trabalho surgem ao mesmo tempo e o trabalho sob o crivo do "vínculo de emprego" foi sendo tratado como algo que não responde mais aos anseios e necessidades do novo mundo do trabalho.

Percebe-se, então, uma mudança de paradigmas nas formas de relação de trabalho, sendo que, com a produção automatizada e reestruturada, outro tipo de trabalhador passou a existir. Trava-se uma dura batalha, com a globalização sendo colocada como uma afronta ao Direito do Trabalho ao eliminar o emprego através da automação ou de uma nova divisão dos empregos ao redor do planeta.

Busca-se grandemente a disponibilidade de mão de obra qualificada para se ajustar aos novos requisitos de flexibilização do trabalho, sofisticação no atendimento à demanda e à existência de uma infraestrutura de serviços de apoio ao processo de manutenção das empresas. O grande princípio norteador do Direito do Trabalho, que é o princípio tutelar do trabalhador, é apresentado como tendo caducado com o novo modelo de produção da segunda metade do século XX. A isto chama-se aqui de contraposição de princípios.

O Direito do Trabalho, que foi criado como forma de manter a harmonia social, por causa do avanço tecnológico e da globalização da economia, é apresentado como protetor ao extremo, a ponto de servir como um empecilho ao próprio trabalhador. Em nome da manutenção do emprego, defende-se a quebra de qualquer forma de intervenção do Estado nas relações de trabalho. A fim de salvaguardar a população, tenta-se retirar um dos seus instrumentos de proteção. Na busca da sobrevivência, a realidade gritante da substituição do homem pela máquina, é defendida a tese da necessidade do enfraquecimento dos seus princípios e bases a fim de ajudar efetivamente os trabalhadores a sobreviver nessa economia globalizada.

Isso se deve ao fato de que a exclusão social agrava-se na medida em que avança o processo econômico, com profundos reflexos tanto em países que estão plenamente inseridos no processo de globalização, como naqueles que são meros espectadores da montagem da Nova Ordem Mundial[14].

Atualmente o trabalho humano vem sendo sistematicamente reduzido pelas transformações que estão ocorrendo no processo produtivo. Ao analisar esse contexto, depara-se com um mundo do trabalho marcado pela heterogeneidade, surgindo teses no sentido de a legislação trabalhista no Brasil não mais se ajustar à realidade que se apresenta. Há um choque entre o avanço tecnológico e os princípios do Direito do Trabalho, que para se tornarem compatíveis devem passar por um processo de flexibilização. Agora, seria possível flexibilizar também princípios? O princípio da dignidade humana poderá ser flexibilizado, do direito ao trabalho, da proteção do trabalhador em face de sua situação de desigualdade, que agora é mais desigualdade ainda? A resposta é não, sob pena de se desconstituir toda a estrutura que busca finalisticamente dignificar o homem.

Os princípios gerais se justificaram na era moderna em face da própria insuficiência das normas jurídicas, seja como meio de preencher lacunas, seja como meio interpretativo da própria norma[15]. Trata-se de um critério integrativo das normas que compõem um dado sistema jurídico. Sem os princípios não existe sistema ou ordenamento jurídico sistematizável nem suscetível de valoração, fazendo com que as normas jurídicas sejam reduzidas a um amontoado de normas positivas desarticuladas.[16]

---

(14) É necessário afirmar que os efeitos da globalização não são sentidos em todas as partes do globo da mesma forma. Da mesma maneira, as condições do trabalhador não são as mesmas em toda a parte do mundo. Regra geral, pode ser afirmado que os trabalhadores, de maneira geral, perderam com a globalização. Contudo, os trabalhadores que se encontram nos países periféricos perderam mais. Portanto, os efeitos da globalização variam de acordo com a localização geográfica.

(15) DINIZ, Maria Helena. *As lacunas no Direito*. 4. ed. São Paulo: Saraiva, 1997. p. 212.

(16) *Ibidem*, p. 213.

Desta feita, nota-se que os princípios são na verdade uma das maiores expressões de valor, de finalidade, de integração, razão pela qual fica difícil, por exemplo, trabalhar com uma determinada variação normativa que acabe por produzir a redução ou desqualificação do trabalho frente ao capital. Estar-se-ia criando um descompasso em se adotando a regra da sobreposição dos fins econômicos sobre os fins sociais, de forma a acabar por gerar uma desarmonia sistêmica.

Princípios são as bases norteadoras de um sistema, são os alicerces, os fundamentos da ciência. A Constituição Federal estabelece em seu art. 1º o princípio dos valores sociais do trabalho. Sendo assim, os instrumentos normativos relativos às relações de trabalho devem objetivar a prevalência desse princípio constitucional. Além disso, há uma gama de princípios que a Carta Magna ratifica em seu conteúdo, havendo a dignidade do trabalhador, a valorização do trabalho humano, a justiça social, a função social da empresa, a busca do pleno emprego, dentre outros que são realmente valiosíssimos e que já foram mencionados neste trabalho.

7. Dignidade do trabalhador e o novo cenário globalizado

Primeiramente é necessário conceituar globalização, que se diga, trata-se de uma tarefa bastante difícil. Contudo, rapidamente conceituando, para servir para o momento, globalização é um misto de realidade e ideologia. Parece que o homem é globalizante em seu instinto (no sentido de uniformizar comportamentos).

Através desta onda globalizante, o Estado se contrai e as políticas públicas se desfazem sob o mito de que o público não presta. A economia é privada e através dela monta-se o estudo de uma competitividade sem precedentes, a qual tende a concentrar capital a ponto de eliminar os competidores e de caminhar para a construção de monopólio.

Neste último caso, com o referendo do Estado nacional, que na maioria das vezes apoia estas fusões, com a justificativa de constituir grandes empresas, se possível nacionais para enfrentar o mercado externo, a liberdade de trabalho acaba também por sofrer restrições. Ocorre que, na maioria das vezes, a questão da liberdade de mercado é esquecida. Por conta disso, acabam formando grandes monopólios em determinados setores da produção, controlando preços e tornando praticamente indefesos os consumidores e trabalhadores, que acabam tendo a sua força de trabalho remunerada através de preços que são construídos artificialmente por esse mesmo monopólio.

Resta saber quantos trabalhadores criativos serão necessários para atender às necessidades deste novo modo de produção. Isso porque, através de outro processo, que é a concentração de atividades sobre a mesma pessoa, está se tornando possível afirmar que haverá desemprego também para os qualificados criativos. Em conclusão, ser qualificado não significa garantia de trabalho ou de emprego e, com a monopolização da produção, os valores da mão de obra humana acabam por sofrer diminuição.

Sobre a questão flexibilização das relações de trabalho, que se agrega às outras situações já expostas, Claude Javillier consagrou a expressão "flexibilização de adaptação", que não pode ser confundida com a flexibilização e desregulamentação da forma como muitas vezes é colocada, quase como sinônimo do contratualismo que imperou na Inglaterra pós-Revolução Industrial. A questão da flexibilização, proposta neoliberal, muitas vezes, em se tratando de relações de trabalho, pode ser a porta de entrada da desregulamentação.[17] A concentração de capital ou a monopolização da produção obtém resultados interessantes com a construção, através de tratativas coletivas, de um verdadeiro processo de "desconstrução" de avanços historicamente obtidos nas relações de trabalho.

A dignidade da pessoa humana é a base da República (art. 1º da CF). O Estado Democrático de Direito está assentado na limitação do Estado pelo Direito e na legitimação do poder político pelo povo. Os direitos sociais, caso sejam fundamentais, também são inalteráveis. Para Martins Filho, a Constituição apenas declara os direitos fundamentais, ela não os constitui (preexistem à própria Constituição).[18] Torna-se possível afirmar que os direitos fundamentais e econômicos compõem o que se convencionou chamar de cidadania social e econômica, que nada mais é que uma nova concepção do conceito de cidadania. Depois, o mesmo autor apresenta a chamada "teoria da justiça", que nada mais é que o art. 6º da Constituição Federal complementado com o art. 170 da mesma Carta, que seriam os resultados a serem alcançados.

Para Bobbio, os direitos individuais traduzem-se em liberdades, exigindo-se obrigações negativas dos órgãos públicos, ao passo que os sociais se constituem em poderes, somente sendo realizados por ações positivas.[19] Desta feita, seguindo as lições de Canotilho, ainda que através de um poder constituinte originário, não se pode construir uma Constituição num vácuo histórico-cultural.[20]

A construção de uma Constituição está vinculada a valores e princípios internacionais, que se contrapõe ao que era pregado quando da Revolução Francesa, na qual o poder de constituir tinha uma espécie de atributo divino (que era a ideia da onipotência constituinte). Daí surge a necessidade da observância dos princípios de justiça suprapositivos ou supralegais como limitadores da liberdade de constituir. Um poder constituinte não pode se dissociar da observância dos direitos humanos.

Segundo Oscar Vilhena Vieira, só é possível pensar a Constituição levando-se em consideração o seu valor ético. Sendo assim, até cláusulas *petreas* seriam modificáveis quando em desacordo com os princípios da dignidade da pessoa humana.[21]

Conforme já afirmado anteriormente, a economia baseia-se em fatores privados, na qual o que conta é a lógica do lucro e não a satisfação das necessidades sociais.

---

(17) JAVILLIER, Jean-Claude. *Manual de direito do trabalho*. São Paulo: LTr, 1988.

(18) MARTINS FILHO, Ives Gandra da Silva. *Os direitos sociais na Constituição (síntese de palestra)*. Disponível em: <http://www.neofito.com.br/artigos/art01/const23.html> Acesso em: 15 dez. 2008.

(19) BOBBIO, Norberto. *A era dos direitos*. 9. ed. Rio de Janeiro: Campus, 1992.

(20) CANOTILHO, José Joaquim Gomes. *Direito Constitucional*. Lisboa: Almedina, 2007.

(21) VIEIRA, Oscar Vilhena. *A Constituição e sua reserva de justiça*. São Paulo: Malheiros, 1999.

Segundo Keynes, citado por Avelãs Nunes, o volume de emprego é que determina o nível dos salários reais. O que significa que o Estado deve coordenar os investimentos porque os juízos privados estão exclusivamente voltados para o "lucro privado". E esse pensamento reinou na Europa até o início da década de 1970. Ou seja, se se queria combater o desemprego e promover o emprego, bastava ter inflação; se se quisesse baixar a inflação, deveria sujeitar-se ao crescimento do desemprego.[22]

Ocorre que, a contar da década de 1970 na Europa, teve-se uma subida dos preços (elevação da inflação), com a taxa de desemprego elevando-se também. Daí em diante, a inflação foi eleita como a inimiga número um do emprego, que devia ser combatida com vistas ao pleno emprego. Essa nova teoria, chamada de monetarista, explicava o desemprego enquanto sendo algo voluntário. Ou seja, o trabalhador está desempregado por uma opção sua, ainda que diante da existência de empregos cujos salários não atendam às suas necessidades. Para a teoria monetarista, o trabalhador é visto individualmente, o que explica o combate às organizações sindicais.

Para os monetaristas, os sindicatos são os responsáveis pela queda do número de empregos. E o crescente desemprego, quando questionado, explica-se pelo aumento natural do desemprego, resultado da evolução demográfica, da derrota das economias, como se a pobreza fosse algo natural e que pode ser combatida através da redução salarial, compatibilizando os custos de produção a fim de viabilizar a continuação do empreendimento privado. O que vale é a continuação do empreendimento privado, ainda com desemprego, a fim de que ele se recupere, recuperando assim também o fluxo de emprego. Este raciocínio, com algumas variações, é o que está hoje sendo empregado no Brasil e nas propostas econômicas internacionais, com investimentos públicos para salvar empreendimentos privados e com a autorização do Estado para a formação de grandes monopólios.

Para alguns fisiocratas (Dupont de Nemours principalmente), o aumento das riquezas traz necessariamente o aumento das desigualdades sociais. A aquisição da propriedade exclusiva de uma coisa gera uma exclusão em relação às demais pessoas (François Quesnay). A desigualdade econômica é considerada uma característica inerente às sociedades burguesas, apesar de terem vindo proclamar que todos os homens são livres e iguais perante a lei.[23]

A economia política, surgida com o capitalismo, justifica a miséria como algo natural, legítimo, inerente às coisas, como que uma lei natural e absoluta. Keynes se opunha ao fato de que a miséria deve ser encarada como algo natural. As economias precisam ser equilibradas, devendo o Estado assumir referida tarefa. Daí por que devem ser preservados os consumos de massas, o subsídio às doenças e a previdência estatal, que se traduz no chamado Estado Providência (1930).[24]

---

(22) NUNES, António José Avelãs. *Neoliberalismo e direitos humanos*. Rio de Janeiro: Renovar, 2003.
(23) *Idem*.
(24) NUNES, António José Avelãs. *Teoria econômica e desenvolvimento econômico*. Lisboa: Editorial Caminho, 1988.

O próprio Adam Smith, em suas reflexões, afirma que o contrato de trabalho não é um contrato como os outros porque ao trabalhador falta a liberdade para contratar. O maior dos liberais pressupunha a diferença fática para contratar quando o objeto era o trabalho, transcendendo, assim, a igualdade puramente jurídica.

Desta feita, o evoluir tecnologicamente não está fazendo com que, na mesma proporção, seja diminuída a pobreza. É preciso uma reorganização social. Torna-se necessária a construção da crítica ao desenvolvimento disforme, o surgimento de novas formas de relações sociais de produção que possam determinar o valor da força de trabalho. Deve haver a negação da ciência do progresso, a não ser que esteja ela voltada ao crescimento do ser humano. O progresso econômico não significa necessariamente avanço social e, a partir desta premissa, reorientar as formas de prestação de trabalho, que acaba passando necessariamente pela livre concorrência.

Isso significa que a concentração de capital não se coaduna com a valorização do trabalho humano e muito menos com a busca do pleno emprego, por se tratarem de dois princípios, ao mesmo tempo objetivos, em que um carece da realização do outro para a efetiva valoração do trabalho humano.

Caso assim não faça, a lógica da produção atual mais imporá a cada dia a redução de custos operacionais, trazendo grandes sacrifícios sociais para aqueles que verdadeiramente produzem, no caso, os trabalhadores. O processo de automação extingue postos de trabalho, as representações sindicais são esfaceladas pela crise, sobrando para o trabalhador arcar com o restante dos custos empresariais.

8. A racionalidade no trabalho e a ordem econômica constitucional

Resta por último indagar sobre a incoerência do atual modo de vida, criado a partir da exploração do trabalho humano, e os princípios que norteiam a Constituição Federal, passando pela crítica às inovações tecnológicas, segundo o modelo imposto internacionalmente a partir do final do século XX. Em outras palavras, unir o que até aqui foi dito, de forma crítica e construtiva, para tentar entender o que está acontecendo com o trabalho humano no mundo e no Brasil.

Como falar em dignidade no trabalho a partir dos paradigmas que são construídos para o trabalho humano? As premissas existentes para o trabalho humano são o máximo de exploração com o emprego do menor número possível de trabalhadores, conseguindo-se o máximo de produtividade. Trata-se do pensamento econômico sem ética. Como estabelecer o diálogo entre o econômico e os objetivos perseguidos pelo Direito?

As defesas que se fazia de que a tecnologia poderia libertar o homem do trabalho, dando a ele condições de ter um maior tempo para o lazer e para a sua família, acabou se perdendo em face da dura realidade atualmente vivida. Em outras palavras e parafraseando a historiadora Marilena Chauí, "o sonho acabou".[25]

---

(25) CHAUÍ, Marilena. Introdução. In: LAFARGUE, P. *O direito à preguiça*. São Paulo: Hucitec, 2000.

Com o progresso tecnológico, tornou-se mais distinto, principalmente após a II Grande Guerra Mundial (1950), a diferença entre empregar a tecnologia de forma criativa e empregá-la de forma destrutiva. Também começou a despontar o significado de avanço científico, tecnológico, aumento do consumo e felicidade social ou desenvolvimento humano. Para o consumo de determinado aparelho doméstico, por exemplo, em um primeiro momento criou-se a utopia da felicidade ou da realização pessoal, que aos poucos desaparecia, talvez pela facilidade que foi sendo construída do acesso àquele mesmo aparelho, ou pelas inovações que se apresentavam, criando novas ansiedades e novos desejos.

Desta feita, a "manipulação" sofrida a partir do trabalho se estende para a manipulação quanto ao objeto de consumo, dando, por assim dizer, início a uma sociedade de massa, criando uma espécie de tentativa de uniformização contínua, vencendo diferenças culturais, históricas e expandindo-se sem limites de fronteiras, o que se traduz a expressão imposição de modo de vida.

Tem-se uma construção que já vinha do século XIX em torno do trabalho assalariado, crescendo para uma paixão desmedida pelo trabalho, como se esse representasse a própria essência do ser humano, que não pode existir sem que esteja trabalhando. Tal concepção contou em grande parte com doutrinas religiosas, sem aqui entrar a fundo no estudo dessas variadas doutrinas.

Dessa paixão pelo trabalho nasceram as seguintes situações concretas: a necessidade da dupla jornada, que foi crescendo no mesmo compasso em que os salários foram reduzidos; a participação da mulher de forma maciça no mercado de trabalho, como que com isso houvesse a sua libertação, inclusive de ordem sexual; a polivalência do trabalhador como sinônimo de algo moderno e qualificado, sem falar aqui de outros exemplos clássicos que se seguiram, a partir do momento em que o trabalho passou a ser o principal objetivo a ser alcançado.

Ocorre que a própria noção de trabalho tem sua classificação. Em um primeiro plano vem o trabalho permanente, aquele trabalho estável que pode promover a tranquilidade de sobrevivência. E o trabalho fragilizado, que no caso se encontram aqueles que se sujeitam à iniciativa privada no Brasil, no qual incessantes processos de adaptação e de reengenharia consomem ou modificam postos de trabalho, tornando-o fragmentado, de curta duração e mal remunerado.

O homem do século XXI quer ter um trabalho de qualidade, considerado como tal aquele cuja fonte é estável, exemplificado como o trabalho advindo do setor público em determinadas carreiras para o caso brasileiro.

Acontece que, impregnado por todo este culto ao trabalho, hoje, muito mais do que nos séculos XIX e XX, o ser trabalhador se aliena, individualiza-se, consome-se e se torna ignorante do próprio ser social que representa. Ao mesmo tempo em que a busca do trabalho de boa qualidade guarda no seu interior a busca pela melhoria das condições de vida do trabalhador. Esse não percebe que já se encontra, na maioria das vezes, exercendo um trabalho que lhe rende a miséria, o sofrimento, não lhe produzindo qualquer reconhecimento social ou bem-estar.

A expectativa de uma melhor condição de vida, para a grande massa de trabalhadores, acaba ficando só na expectativa, posto que através do trabalho, cada vez mais se afere somente o necessário para uma subvida.

É a racionalização extrema do trabalho que pode ser sentida quando se abate as chamadas crises econômicas financeiras. Nelas, os primeiros resultados concretos foram a extinção de postos de trabalho ou a redução da qualidade no trabalho, intensificando a precariedade das suas condições.

A teoria marxista, já citada neste estudo, compreende que o poder libertador advirá do trabalho, na medida em que a classe trabalhadora é o sujeito que detém o poder de transformar a sociedade. O proletariado seria, por assim dizer, o sujeito para criar uma nova sociedade, uma nova forma de se prover a vida. Agora, a questão que se coloca é: como alcançar este intento dentro das condições em que hoje se encontra o trabalho, em especial pela crescente substituição do trabalhador pelas máquinas?

Estas máquinas conseguem produzir por menores custos, contribuindo fortemente para um crescimento quantitativo do número de mercadorias e bens que são encontrados no mercado. A superprodução acaba por influenciar ainda mais o mercado de trabalho, que de certa forma torna-se a viga mestra que embala um novo sonho: somente com muita produção e acelerando-se o consumo é que se constrói uma sociedade menos desigual e mais livre. Em outras palavras, o crescimento econômico é o fator necessário para a liberdade humana.

Ocorre que este crescimento econômico é acolhido e realizado através de processos que estabelecem uma lógica despida de valor ético, produto de uma economia racionalizada e voltada apenas para o lucro.

Na verdade, o que se desperta com essas afirmativas é a pura intenção do lucro, da maior concentração de capital, das antigas recomendações feitas por economistas, agora presos e transmudados para conceitos voltados à era da modernidade. Talvez possa ser afirmado, sem qualquer cientificidade, que se está para atingir o maior nível de exploração nunca visto na história da humanidade. Até que ponto a crise econômica atual (2008-2009) não foi construída como parte dessa articulação de superexploração do trabalho humano? O resultado maior desta chamada crise financeira já ocorreu e afetou em demasia as condições em que o trabalho humano é prestado. Assim, o trabalho que passou a ser produzido perdeu ainda mais a sua condição de valorizar o trabalhador.

O tipo de trabalho produzido atualmente vem em descompasso aos principais princípios que nutrem a Constituição Federal, em especial a respeito da organização econômica (art. 170). Referidos princípios são contrários à obsessão pelo trabalho. O homem não vive para trabalhar.

Da forma como o trabalho se encontra colocado, não dá espaço para qualquer outra atividade humana a não ser o trabalho em tempo integral, não restrito às 8 horas diárias, considerando as duplas jornadas, o duplo emprego, as rotinas *free-lancer* e outros modos de prestação de serviços. Como então produzir a consciência social partindo-se dessa situação de abnegação total ao trabalho? Como pensar, como criar, como interagir socialmente de forma criativa, de acordo com os novos métodos ou padrões de produzir que são colocados?

Parece que agora sim está se vivendo de fato a alienação humana de forma completa, se é que aqui pode ser empregado este termo. O trabalho pela sobrevivência e o medo do desemprego castram qualquer perspectiva do trabalhador de promover os seus anseios enquanto ser humano, se é que vai lhe sobrar algum outro anseio a não ser a sua sobrevivência para continuar podendo vender a sua força de trabalho. Como falar em humanização em um tempo em que o esforço pela sobrevivência é cada vez mais cobrado?

Fala-se em busca ou preservação da liberdade no trabalho dentro do modo de produção atual. Primeiramente, talvez não se deva deixar que todo o esforço do ser humano seja empreendido no trabalho para sua sobrevivência. A ele seja reservado um tempo, o que implica na redução das jornadas de trabalho. Sem que haja tempo, como produzir algo? Como refletir socialmente? Os gregos antigos presumiam a necessidade de abolir o trabalho daqueles que pensam para que pudessem pensar.

É o sentido contrário daquilo que se está construindo atualmente no mundo do trabalho. Primar pela valorização da arte, da música, da filosofia, mudar o trato que se dá às informações que são recebidas. Estes são os primeiros passos para a libertação do homem do julgo do trabalho.

Existem aqueles que ainda defendem a possibilidade de associar o trabalho, só que não qualquer tipo de trabalho, a algo prazeroso e criativo, com a consequente geração de um tempo livre, em face do incremento da tecnologia. Porém, o tempo livre é a base para a geração deste trabalho criativo que, diante da rotina empresarial empregada, está cada vez menor. Ou misturar o trabalho com o lazer, com o estudo, de tal maneira que não se saiba quando começa um ou termina o outro.[26] A grande questão é que não é mais possível que a vida fique contida somente no trabalho. Para tanto, deve-se buscar a reorganização do que hoje é apresentado, como um novo modelo de vida, que possui como premissa a existência de um tempo livre, podendo ser chamado de um trabalho inteligente.

O trabalho constitucionalmente apreendido pressupõe este tempo livre a partir do momento que através dele deve-se, por exemplo, prover o lazer, na forma como se encontra no art. 7º, IV, da Constituição Federal. Ou ainda quando, no art. 226, estabelece a família como base da sociedade, sob a proteção do Estado. Como manter laços familiares sem a existência de um tempo livre? Como realizar a assistência à criança sem a existência de um tempo livre?

Tem-se nos dias atuais um verdadeiro culto ao trabalho, sendo tomado como o único espaço existente na vida, impedindo outras manifestações sociais e sendo, desta forma, inconstitucional. O trabalho somente como fator de produção é inconstitucional, o que significa que deve haver uma mudança urgente na atual lógica da produção. Quer dizer, a realização concreta do contido no art. 170 da Constituição Federal.

---

(26) DE MASI, Domenico. *O ócio criativo*. Tradução de: Lea Manzi. Rio de Janeiro: Sextante, 2000.

Capítulo II
Direito Individual do Trabalho

No capítulo anterior deste estudo, procurou-se localizar o Direito do Trabalho no novo contexto em termos de relações econômicas, de forma a demonstrar a necessidade de um estudo interdisciplinar do Direito. Apresentou-se também o valor trabalho humano como algo a ser preservado no novo mundo do trabalho que se encontra em permanente construção, e os resultados maléficos que estão sendo produzidos para aquele que trabalha. Ao mesmo tempo, apropriou-se como paradigma dos valores constitucionais, com o objetivo de traçar limites jurídicos para estas transformações.

Neste novo capítulo, será feito um estudo centrado no contrato de trabalho, com um maior apego à linha clássica, permeada por intervenções que seguem as diretrizes tratadas no primeiro capítulo, na tentativa de renovar os pontos de apoio do estudo do contrato de trabalho.

1. O contrato de emprego e modernidade

Quando se fala em contrato de trabalho, espera-se um contrato "permanente", com uma relação duradoura, estável, com um âmbito organizacional que assegure ao empregado uma condição social que lhe permita a dignidade. No entanto, este tipo de contrato de trabalho está passando por profundos desgastes ou transformações, crescendo em volume às precárias relações de trabalho.

A cada dia cresce o número de contratos por prazo determinado, contratos a domicílio, muito embora a legislação continue reafirmando o contrato de longa duração como regra geral, que está principiologicamente ligado à continuidade da relação de trabalho. E, não poderia ser diferente, considerando a necessidade do trabalho para satisfazer as necessidades humanas.

Ocorre, porém, que este mecanismo, de apoio normativo apenas, não é suficiente para que se prepondere quantitativa e qualitativamente o modelo contrato de trabalho de longa duração com um ambiente de trabalho sadio. Desta feita, primeiramente procurar-se-á situar o contrato de trabalho no ordenamento jurídico brasileiro e localizar-se-á o contrato de trabalho dentro do contexto desenvolvimentista erigido por uma sociedade que tende para a massificação.

O art. 442 da CLT, de início, já apresenta uma profunda discussão, envolvendo as teorias contratualista e institucionalista (redação do art. 442 da CLT: Contrato individual de trabalho é o acordo tácito ou expresso, correspondente à relação de emprego). Relação de emprego é a mesma coisa que contrato de trabalho? Se o contrato de trabalho corresponde à relação de emprego, então a relação de emprego vem antes do contrato de trabalho?

Na verdade, tem-se uma forte influência da teoria institucionalista ou acontratualista e da teoria contratualista na composição do art. 442 da CLT.

O importante é saber que, ainda que o trabalhador tenha começado a prestar serviços sem a anuência expressa do beneficiário do serviço, poderá ser configurada uma relação de emprego, desde que existentes os elementos integrantes desta relação. No caso, ainda que, expressamente, nada tenha sido ajustado, poderá ter se formado um vínculo de emprego. Daí vem o elemento tácito, contido na redação do art. 442 da CLT. Ocorre que contrato de trabalho e relação de emprego para a CLT acaba dando na mesma coisa.

Outra questão que se coloca é quanto a sua própria natureza jurídica. O contrato de trabalho é de direito privado, ainda que as partes (contratante empregador e contratado empregado) sofram limitações em suas vontades, não podendo livremente dispor no contrato da forma como bem entendem. Inclusive existem autores que já fizeram comparativos do contrato de trabalho enquanto sendo um verdadeiro contrato de adesão, embora não seja possível concordar com referido posicionamento.

As limitações de vontade estabelecidas por normas de ordem pública é justamente o marco protetor do Direito do Trabalho. Quando o empregado se expressar em pontos do contrato em que não cabia a sua expressão, de nada valerá o acordo nestes pontos firmados. Em linhas gerais, pode ser dito que se trata da busca da proteção da dignidade no trabalho.

Faz-se importante estabelecer a diferença, quanto à sua formação, entre o contrato de trabalho (no sentido de relação de emprego) na forma expressa, que pode ser oral ou escrita, e do contrato de trabalho na forma tácita, que se origina de uma relação fática.

No contrato de trabalho está compreendida uma obrigação do elemento subordinação. Por esta razão, diferencia-se um contrato de trabalho sem o elemento subordinação, como, por exemplo, o contrato feito com um autônomo e o contrato de trabalho com o elemento subordinação em que se tem um contrato de emprego ou contrato de trabalho estrito senso. Realça-se que o contrato de trabalho, por excelência, é informal. E, não poderia ser diferente, sob pena de se acobertar uma realidade que se pretende ver protegida.

Para que não ocorram maiores confusões, serão relacionados os requisitos necessários para a formação da relação de emprego (art. 3º da CLT), iniciando-se pela pessoa do empregado, que necessariamente deve ser pessoa física, para após caminhar para o estudo dos outros requisitos. Para fins de sua individualização, parece mais lógico que se estude os requisitos de formação do vínculo de emprego.

1.1. Pessoalidade

No caso do empregado contratado, ele, e não outra pessoa através dele, deverá prestar serviço. O empregado sempre será pessoa física, não se admitindo relação de emprego entre pessoas jurídicas. Discute-se, neste caso, como fica a situação do trabalho a domicílio (art. 6º da CLT), no qual não existe um controle pessoal por parte do contratante empregador sobre quem efetivamente está realizando o trabalho, a não ser através de controle de gastos de matéria-prima, resultados obtidos, o que não deixa de ser formas de controle. Outro exemplo é o teletrabalho, que também corresponde a uma espécie de trabalho a domicílio, mas ainda com as formas tecnológicas de controle; é possível que longe do estabelecimento empresarial outrem e não o empregado efetivamente esteja realizando aquelas atividades.

Por esses motivos, em alguns países, a exemplo da França, já existem normas próprias para regular o trabalho a domicílio, o que por enquanto não é o caso do Brasil. No trabalho a domicílio é fácil identificar o elemento subordinação, exteriorizado no controle que o empregador exerce sobre o empregado, estabelecendo metas e definindo o material que deverá ser utilizado e os prazos para realização das tarefas previamente estabelecidas. No caso da pessoalidade, conforme foi dito acima, ela deve ser entendida de forma um pouco diferente da tradicional.

A pessoalidade no trabalho a domicílio ou na sua espécie, no caso o teletrabalho, deve ser apreendida em um contexto mais amplo. Ou seja, o que deve garantir a qualidade do trabalho prestado, pessoalmente, com o seu empregador. Estes serviços poderão ser executados por terceiros sem sombra de dúvidas; contudo, neste caso, aquele que é em um primeiro momento empregado poderá se tornar empresário e empregado será este terceiro, ou correr o risco de formar uma relação de emprego do terceiro com o empregador propriamente dito, respondendo regressivamente pelas consequências dessa relação.

Portanto, deve-se analisar o caso concreto e ver os instrumentos que o empregador tem em seu poder para fiscalizar, exigir, controlar o trabalho prestado, ainda que longe da empresa. Nessa situação, nenhum problema existirá para a decretação do vínculo de emprego, muito embora o trabalhador não esteja pessoalmente no local onde a empresa se situa.

Uma questão que geralmente é discutida é o direito dessa modalidade de trabalhador nas horas extras. Para responder a tal pergunta, volta-se para a mesma indagação de antes. Ou seja, qual instrumento o contratante possui para fazer o controle do horário de trabalho? Em havendo, também não será afastado o direito das horas extras, mesmo para aqueles que não trabalham na sede da empresa. E este controle pode admitir várias formas, que vão desde os objetivos em termos de produção a serem alcançados pelos empregados, até o controle feito por meio dos próprios instrumentos de trabalho, que são capazes de detectar com exatidão qual o tempo que o empregado permaneceu em sua labuta.

Esta questão inclusive já se faz presente nos tribunais pátrios, especialmente quando se busca estabelecer os meios de prova a serem admitidos para o trabalho que é prestado sob vínculo de emprego fora da empresa. Emissão de e-mails já foram recusados como prova de que o empregado trabalhava em excesso de jornada ou o uso de equipamentos celulares que apontam chamadas feitas pelo patrão ao empregado fora de hora. Em sentido favorável, gravações de reuniões, chamadas de teleconferências, em dias de sábado já foram aproveitadas para comprovar a jornada excedente.

Algumas empresas, no sentido de evitar possível condenação em horas extras, têm expedido ordens para os seus empregados que prestam trabalho a domicílio, proibindo-os de fazer qualquer tipo de conexão com a empresa fora do horário laboral.

São as novas situações promovidas pelas transformações sofridas nas relações de trabalho, que, por certo, acabarão eclodindo nos tribunais, em especial, no caso de pedidos de horas extras. A partir dessa nova realidade de trabalho, uma nova compreensão sobre jornada de trabalho terá de ser elaborada. O que não pode é se prender a velhas amarras para se definir as novas situações, como está acontecendo, por exemplo, com o contido na Orientação Jurisprudencial n. 49 do TST (SDI-I), muito embora vários julgados, principalmente dos tribunais regionais, já estejam dando nova interpretação aos casos em que, a mando da empresa, o empregado fica aguardando chamadas via telefone celular.

É importante acrescentar que, de acordo com proposta apresentada no Congresso Nacional, a título de Projeto de Lei, busca-se retirar do trabalhador virtual a possibilidade do recebimento de horas extras.

1.2. Subordinação

O empregado não possui liberdade de se autodeterminar em relação à prestação de serviços, devendo obedecer ao comando do seu empregador. Esse detém o poder de dirigir a sua atividade empresarial, trazendo como consequência a impossibilidade de o empregado correr os riscos do empreendimento (observem que uma coisa puxa a outra).

Muitas vezes a subordinação pode se tornar de difícil identificação, principalmente quando o empregado é altamente qualificado ou realiza atividades complexas. Nesse caso, torna-se exigível uma elevada qualificação, ou ainda quando o trabalho é prestado a distância. Questões interessantes surgem nas hipóteses de empregados exercentes de cargos de confiança, posicionando-se na mais alta hierarquia empresarial ou tomando decisões, ou quando o empregado realiza atividades fora da empresa, como, por exemplo, o trabalho a domicílio ou então através do teletrabalho (já examinados no item anterior).

Primeiramente, é importante frisar que o estudioso do Direito do Trabalho deve-se ater ao conceito objetivo de subordinação. Não se trata de observar se alguém está dando ordens diretas ou indiretas a outrem para caracterizar a subordinação, mas saber se aquele que presta serviços, ainda que não esteja recebendo ordens diretas, está cumprindo metas, se dele são cobrados resultados com base em um programa previamente estabelecido, revelando aí o dirigismo contratual.

Pode coexistir a subordinação com campos de liberdades que são próprias para o empregado em decorrência da atividade que exerce. Vale citar o caso do advogado que é empregado de determinada empresa, sendo que ele vai possuir um campo de autonomia em que o seu empregador não poderá interferir, como no caso do conteúdo, na forma como deve, por exemplo, elaborar um determinado recurso contra sentença proferida em desacordo com os interesses do empregador a quem presta seus serviços.

Com os processos de reorganização produtiva é importante frisar que outros critérios, aqui chamados de complementares, devem ser considerados para estudar o tema subordinação, como por exemplo: se a atividade pessoal é desenvolvida com matéria-prima fornecida pela empresa; se a empresa é quem assume os riscos do negócio; se existe uma retribuição mensurada de acordo com o tempo gasto para a realização da tarefa; se existe a fixação de horário de trabalho; e se existe uma continuidade na forma de prestação do trabalho.

Outros componentes estarão surgindo na medida em que se desenvolvem novas formas de prestação de trabalho.

1.3. Continuidade do trabalho prestado

Deve-se deixar claro para o estudioso que continuidade do trabalho prestado não se trata de o serviço ser prestado diariamente, mas sim com habitualidade, de forma rotineira, possibilitando uma estabilidade no trabalho, uma necessidade da empresa ou do contratante, que é constante. Trata-se de uma atividade habitual, que deve ser rotineira. Surge quase sempre a pergunta, em torno daquela senhora que duas vezes por semana presta serviços de limpeza em casa de família, quanto à existência do elemento continuidade ou não eventualidade.

Não há dúvida em afirmar que existe vínculo de emprego, ainda que somente três vezes por semana, por conta de que é uma atividade rotineira, que faz parte das necessidades habituais da família, que é ter a casa limpa. No entanto, têm surgido decisões proferidas pelo Tribunal Superior do Trabalho no sentido contrário, ou seja, que duas vezes trabalhando na mesma casa não forma vínculo de emprego, ainda que dure dezenas de anos.

Trata-se de uma situação complicada que acaba colocando em xeque a própria segurança jurídica, muito embora estudiosos do assunto defendam a tese de que se trata da própria dinâmica do Direito, acompanhando as mudanças que passam as relações de trabalho.

O Projeto de Lei n. 160/2009 pretende estabelecer como diarista o trabalhador ou trabalhadora que labora até dois dias na semana para a mesma família ou residência. O referido projeto está gerando muitas discussões e críticas por parte das entidades que representam tal categoria, por conta de que muitas empregadas com registro em CTPS e que trabalham três dias na semana deixariam de ser empregadas e passariam a ser diaristas. Nesta situação, a obrigação do recolhimento do INSS passaria a ser de sua responsabilidade.

Embora se torne necessária a fixação de parâmetros, para pôr fim às discordâncias constantes que ocorrem hoje na Justiça do Trabalho quanto à definição do que é empregada doméstica e o que é diarista, ficou para um futuro próximo a aprovação final do projeto ou a sua modificação. A indagação que se apresenta é quanto à necessidade de ter uma lei que defina tal situação. Seria efetivamente necessária?

1.4. Onerosidade

Todo trabalho deve ser remunerado, podendo ser convencionado por unidade de hora ou por obra, por comissão ou por produtividade. Não é possível nem sequer mencionar em uma relação de emprego a existência do trabalho gratuito. Uma coisa é o pagamento ser devido e o empregador não o pagar, encobrindo-se sob a manta do trabalho voluntário que, no caso, muitas vezes pode ser utilizada a referida nomenclatura para o cometimento de fraude.

A Lei n. 9.608 de 18 de fevereiro de 1998 conceituou o trabalho voluntário como sendo a atividade não remunerada, prestada por pessoa física à entidade pública ou a instituições privadas sem fins lucrativos, que tenha objetivos cívicos, culturais, educacionais, científicos, recreativos ou de assistência social, inclusive mutualidade. O serviço voluntário não gera vínculo empregatício, exigindo-se um termo de adesão entre a entidade pública ou privada e o prestador de serviço voluntário, devendo constar neste documento o objeto e as condições de seu exercício.

O serviço voluntário é gratuito, existindo, todavia, a pessoalidade, a continuidade e, inclusive, a subordinação. Assim, o prestador deve obedecer às diretivas traçadas pela entidade pública ou privada.

1.5. Características do contrato de trabalho

Complementando o estudo acima, passa-se para as características do contrato de trabalho (emprego), podendo ser enumeradas da seguinte forma: a) ser de direito privado; b) *intuitu personae*, ou pessoalidade; c) caráter sinalagmático, que diz respeito à reciprocidade existente, verificando-se um equilíbrio em termos de prestação; d) oneroso; e) de trato sucessivo, a satisfação não ocorre em um ato, prolongando-se no tempo; f) da possibilidade de existir contratos acessórios, como, por exemplo, um contrato de comodato.

Em todos os contratos, e não poderia ser diferente com o contrato de trabalho (emprego), existem requisitos ou elementos que devem ser cumpridos, valendo um estudo breve acerca deles:

a) Partes: vale citar aqui o art. 7º, XXXIII, da Constituição Federal: "(...) proibição de qualquer trabalho noturno, perigoso ou insalubre a menores de *dezoito e de qualquer trabalho a menores de dezesseis anos*, salvo na condição de aprendiz, a partir de quatorze anos...)". Por conta disso, pode ser afirmado que o cidadão somente poderá figurar na relação de emprego quando tiver atingido os 16 anos de idade. Abaixo desse limite o trabalho será tido como proibido, salvo na condição de aprendiz.

Desta feita, deve-se saber claramente o significado de trabalho proibido. Trabalho proibido é aquele realizado por sujeito incapaz ou em situações vedadas por lei, como, por exemplo, o trabalho do menor de 18 anos e acima de 16 em horário noturno ou em locais ou serviços prejudiciais à sua moralidade ou serviços perigosos ou insalubres (art. 405 da CLT). Deve ser ressaltado que, nestes casos, suponha-se que aconteça a prestação de trabalho por um menor com 14 anos. O trabalho é proibido e, sendo, não poderia acontecer. Ou então o trabalho por um menor de 14 anos em ambiente insalubre, que também não poderia acontecer, mas que aconteceu. Como ficam essas situações?

Observa-se que o trabalho foi prestado, e ainda que proibido este menor terá todos os direitos trabalhistas de um trabalhador capaz, ou seja, ainda que incapaz na primeira hipótese, receberá pelo serviço prestado todos os direitos devidos por força de lei, do contrato individual expresso ou tácito que se formou, por força de acordo ou convenção coletiva de trabalho, regimento interno da empresa e demais estatutos aplicáveis. Na hipótese acima, terá o empregado direito de receber os adicionais devidos, como o caso do adicional de insalubridade por ter trabalhado em ambiente insalubre.

A pergunta que se faz é: então o que muda? Sendo que ao mesmo tempo em que o trabalho é proibido, haverá produção de efeitos jurídicos? Ocorre que, em primeiro lugar, não poderá o trabalho deixar de ser pago só porque o agente (empregado) era incapaz, sob pena de produzir o enriquecimento ilícito da empresa, levando as empresas mal intencionadas a contratar somente crianças para não terem de responder com os encargos trabalhistas. Em segundo lugar, sendo o objeto do contrato de trabalho obrigação de fazer, todo trabalho prestado não tem como ser devolvido, o que significa que terá ele de ser reconhecido e pago.

Observem que surge aí uma diferença com o Direito Civil genericamente falando, por conta de que é possível afirmar que em um contrato de trabalho, o sujeito, ainda que incapaz, desde que trabalhe, produzirá os seus efeitos jurídicos. Em ocorrendo estas hipóteses, sobrará para a empresa, através do Ministério do Trabalho, a possibilidade de vir a ser autuada, sofrendo sanções administrativas por parte daquele órgão (ser multada), podendo incorrer até em outras sanções (ver Instrução Normativa n. 54, de 20 de dezembro de 2004).

O estudo sobre as partes no contrato de trabalho pode ser decomposto ainda em legitimidade para ser parte. Quer dizer, ainda quanto à parte existe a questão da legitimidade ou legitimação da parte. No Direito do Trabalho, a legitimação traduz-se na habilitação formal da lei para a prática de certos atos. Diz respeito ao exercício de certa profissão.

O estrangeiro turista que trabalha no Brasil, apesar de não ser legítimo, produzirá efeitos jurídicos (terá os direitos trabalhistas garantidos). O mesmo não ocorre, por exemplo, no caso do exercício da Medicina por quem não é médico. Neste último caso, além de ser considerado crime, não produzirá efeitos jurídicos, alcançando o objeto do próprio contrato, que é ilícito.

O Tribunal Superior do Trabalho já se pronunciou sobre o tema, principalmente quando analisou diversos julgados diante dos quais se pretendia ver a equiparação salarial entre o atendente de enfermagem e o auxiliar de enfermagem, valendo transcrever abaixo partes da decisão.

> EQUIPARAÇÃO SALARIAL. ATENDENTE E AUXILIAR DE ENFERMAGEM. PARADIGMA PORTADOR DE DIPLOMA. Pacificou-se nesta Corte o entendimento de que: Sendo regulamentada a profissão de auxiliar de enfermagem, cujo exercício pressupõe habilitação técnica, realizada pelo Conselho Regional de Enfermagem, impossível a equiparação salarial do simples atendente com o auxiliar de enfermagem. (Orientação Jurisprudencial n. 296 da SDI-1 do TST). Recurso de embargos não conhecido. Vistos, relatados e discutidos estes autos de Embargos em Recurso de Revista n. TST-E-RR-457.532/98.3, em que são embargantes ANTÔNIA DAS GRAÇAS CASSIANO MENDES e OUTRA e é embargada SANTA CASA DE MISERICÓRDIA DE BELO HORIZONTE.[27]
>
> Sendo regulamentada a profissão de auxiliar de enfermagem, cujo exercício pressupõe habilitação técnica, realizada pelo Conselho Regional de Enfermagem, impossível a equiparação salarial do simples atendente com o auxiliar de enfermagem. (Orientação Jurisprudencial da SDI-1 n. 296: ERR n. 394.878/1997, Min. Rider de Brito, DJ 27.9.2002; ERR n. 411.155/1997, Min. Rider de Brito, DJ 29.11.2002; ERR n. 411.231/1997, Min. Rider de Brito, DJ29. 11.2002; RR n. 441.152/1998, 2ª T, Min. Luciano de Castilho, DJ 2.8.2002; RR 3n. 62.010/1997, 4ª T, Min. Ives Gandra, DJ 17.11.2000; RR n. 380.885/1997, 4ªT, Min. Barros Levenhagen, DJ 7.12.2000; RR n. 457.532/1998, 5ª T, Min. Rider de Brito, DJ 5.4.2002).[28]

Pode parecer até uma injustiça ou mesmo uma contradição com o princípio da primazia da realidade. Acontece que a legitimidade que aqui está sendo tratada diz respeito à imposição decorrente de lei para o exercício de determinada profissão, que na verdade também visa a coibir sua ocupação por aquele que não detém habilidade técnica para tanto.

b) Objeto: o objeto do contrato de trabalho constitui-se em uma obrigação de fazer, como já foi dito no decorrer dos estudos, podendo consistir nos variados tipos de prestação. Decorre:

b.1) Objeto proibido: em que há incidência de falta administrativa, mas que, entretanto, serão produzidos todos os efeitos jurídicos, como, por exemplo, o menor de 18 anos e maior de 16 que trabalha em horário noturno. Conforme já demonstrado, no caso, o objeto trabalho em horário noturno é proibido por lei, não pode acontecer, só que, em acontecendo, este menor terá direito de receber o adicional noturno referente ao trabalho executado.

b.2) Objeto ilícito: diferente do trabalho proibido, em ocorrendo, não haverá a produção de efeitos jurídicos. É aquela obrigação de fazer repudiada pela ordem jurídica,

---

(27) PUBLICAÇÃO: DJ – 26.9.2003, PROC. N. TST-E-RR-457.532/98.3.

(28) TRIBUNAL SUPERIOR DO TRABALHO. Disponível em: <http://www.tst.jus.br/iframe.php?url=http://www.tst. jus.br/jurisprudencia/brs/genep.html> Acesso em: 20 jun. 2008.

valendo citar o caso do trabalho de contrabando, de prostíbulos, em que pese ser necessário estabelecer diferenças importantes.

Quando o serviço é prestado pelo trabalhador, não se enquadrando diretamente com a atividade ilícita, como o servente ou camareira de um prostíbulo, tratando-se de um trabalho meio e não fim, haverá a produção de todos os efeitos jurídicos. Isso ocorre também quando o trabalhador ignorar a ilicitude do objeto. Não se trata de desconhecer a lei que trata sobre a ilicitude, e sim desconhecer o objeto enquanto sendo ilícito, que se traduz na tese do terceiro de boa-fé. O TRT de São Paulo (capital), em decisão proferida, estabeleceu com clareza a distinção entre trabalho ilícito e proibido, valendo citá-lo.

> POLICIAL MILITAR. RECONHECIMENTO DE VÍNCULO EMPREGATÍCIO. TRABALHO ILÍCITO E PROIBIDO. DISTINÇÃO. EFEITOS. Trabalho ilícito é aquele não permitido porque seu objeto consiste na prestação de atividades criminosas e/ou contravencionais. Trabalho proibido é aquele cuja vedação deriva de circunstâncias especiais vinculadas à pessoa do trabalhador, mas seu objeto não se reveste de ilicitude. No primeiro caso não se cogita em vinculação empregatícia, pois o respectivo negócio jurídico é destituído de validade, conforme dispõe o art. 104, II, do Código Civil. No segundo caso, entretanto, nada impede a configuração do contrato de emprego, se na relação jurídica estão presentes seus requisitos caracterizadores, pois por força do estipulado no art. 105, do Código Civil, o beneficiário da mão de obra não pode se locupletar com sua própria torpeza, opondo a vedação legal a fim de se eximir do cumprimento de obrigações trabalhistas. O policial militar, proibido do exercício de outras atividades pela Lei Orgânica Estadual aplicável, se insere nesta segunda hipótese. Assim, não há óbice ao reconhecimento de vínculo empregatício na hipótese, devendo ser resolvida na esfera própria a questão envolvendo o trabalhador e sua Corporação.[29]

Reconheceu o Tribunal paulista que o policial militar não podia trabalhar para terceiro (trabalho proibido), mas por ter trabalhado, deve ser reconhecido o vínculo de emprego. Outra coisa, que é diferente, trata-se das sanções que poderá receber pela violação de Lei Orgânica Estadual.

c) Quanto à forma: o contrato de trabalho é por excelência informal. O contrato de trabalho somente estará preso a uma forma quando a lei assim determinar, em casos específicos. Tanto que se aceita a formação do vínculo de emprego na forma tácita.

Uma questao bastante interessante que vem sendo examinada é quanto à contratação de trabalhador pela administração pública sem o cumprimento da realização do concurso público. A ausência do concurso público importa na não validade do contrato, e para outros, na sua nulidade. No caso, a Súmula n. 363 do TST tratou da matéria. No entanto, restaram dúvidas quando, por exemplo, o trabalhador permanece por vários anos trabalhando para a administração pública sem concurso, com registro em CTPS e procedendo

---

(29) PROCESSO: 01015.2007.005.14.00-5 – Classe: Recurso Ordinário, Relatora: Juíza Vania Maria da Rocha Abensur — Revisora: Juíza Elana Cardoso Lopes Leiva de Faria. Disponível em: <http://www.trt14.gov.br/acordao/2008/Agosto_08/Data13_08_08/01015.2007.005.14.00-_RO.pdf>. Acesso em: 22 out. 2009.

com os recolhimentos obrigatórios em favor do INSS. Neste caso contará o referido tempo para aquisição de benefícios previdenciários, considerando que o contrato era inválido?

Segundo o TST, nesta hipótese, com a decretação da nulidade do contrato pela ausência do concurso público, retroagem-se os efeitos ao início, atingindo também o registro em carteira, o que significa que não terá direitos previdenciários. No caso, defende-se aqui que o TST está confundindo nulidade com invalidade. O contrato existiu, o serviço foi prestado, não cumprindo com os requisitos legais para aquele caso, ou seja, não cumpriu com o plano da validade. Note-se também que, neste caso específico — não produzir efeitos previdenciários —, outras pessoas, como os dependentes do trabalhador, serão atingidas. Dessa forma, discorda-se do entendimento do TST sobre essa matéria (sobre a questão previdenciária).

> RECURSO DE EMBARGOS. CONTRATO NULO. EFEITOS. AUSÊNCIA DE CONCURSO PÚBLICO. DEPÓSITOS DO FGTS. Declarada a nulidade do contrato de trabalho, os efeitos daí advindos não possibilitam o pagamento de parcelas decorrentes do contrato havido, a não ser aquelas referentes à contraprestação pactuada, em relação ao número de horas trabalhadas, respeitado o valor hora do salário mínimo, e dos valores relativos aos depósitos do FGTS, sendo indevida a anotação na CTPS, conforme já pacificado nesta C. Corte. Súmula n. 363 do C. TST. Recurso de embargos parcialmente conhecido e provido.[30]
>
> CONTRATO NULO. EFEITOS. I – Esta Corte, por meio da Súmula n. 363, já sedimentou o entendimento jurisprudencial de que a contratação de servidor público após a Constituição da República de 1988, sem prévia aprovação em concurso público, encontra óbice no respectivo art. 37, II, e § 2º, somente lhe conferindo direito ao pagamento da contraprestação pactuada, em relação ao número de horas trabalhadas, respeitado o valor da hora do salário mínimo e dos valores referentes aos depósitos do FGTS. II – Quanto à anotação na CTPS, Súmula n. 363/TST, teve sua redação ratificada em 10.11.2005 pelo julgamento do Incidente de Uniformização de Jurisprudência n. ERR-665159/2000, que versava sobre anotação na CTPS em caso de nulidade contratual, motivo pelo qual se impõe a exclusão da condenação em anotar a CTPS dos reclamantes...[31].

Estes e outros pontos que envolvem a validade do contrato de trabalho podem ser discutidos, cabendo à doutrina e à jurisprudência, com o tempo, elucidá-las, sempre atendendo aos princípios que protegem e dignificam o trabalho humano. Não se quer com isso dar validade ao contrato que carece de concurso público. O que se quer aqui é não penalizar o trabalhador por um ilícito administrativo cometido pelo administrador público.

---

(30) Proc. n.TST-E-ED-RR-792.593/2001.8, rel. Min. Aloysio Corrêa da Veiga, publ. em 4.5.2007. Disponível em: < http://www.prt22.mpt.gov.br/artigos/trabevan40.pdf> Acesso em: 4 jan. 2010.

(31) Retirado do artigo intitulado "Contrato de trabalho nulo por falta de concurso público e registro na CTPS" — autoria de Evanna Soares. Proc. n.TST-RR-2077/2004-051-11-00.9, rel. Min. Barros Levenhagen, publ. em 4.5.2007. Disponível em: <http://www.prt22.mpt.gov.br/artigos/trabevan40.pdf> Acesso em: 19 jan. 2010.

Neste sentido, vale ser citada a decisão do Tribunal de Justiça do Paraná, que considerou, em face de ação civil pública promovida pelo Ministério Público do mesmo Estado, considerar responsável o administrador público pelo ato ilegal de contratação, ao mesmo tempo que reconheceu o direito do trabalhador no recebimento daquilo que lhe era de direito em razão do trabalho prestado.

> AÇÃO CIVIL PÚBLICA — ATO DE IMPROBIDADE ADMINISTRATIVA — CONTRATAÇÃO DE SERVIDOR SEM PRESTAÇÃO DE CONCURSO PÚBLICO — LEGITIMIDADE ATIVA *AD CAUSAM* DO MINISTÉRIO PÚBLICO — CF, ART. 129, INC. III — LEI N. 7.347/1985, ART. 1º, INC. IV — LEI N. 8.429/1992, ART. 17 — CONTRATAÇÃO NULA — VIOLAÇÃO DO ART. 37, *CAPUT*, E INC. II, DA CF — PUNIÇÃO DA AUTORIDADE RESPONSÁVEL — ART. 37, § 2º, DA CF — PRESUNÇÃO DE LESIVIDADE DO ATO ILEGAL — NECESSIDADE DE RESSARCIMENTO DOS DANOS DECORRENTES DO PAGAMENTO DAS VERBAS SALARIAIS — LEI N. 8.429/1992, INC. III — IMPROVIMENTO DO APELO DO RÉU — PROVIMENTO DA APELAÇÃO DO AUTOR — 1. O Ministério Público tem legitimidade para ajuizar ação civil pública com o intuito de proteger o patrimônio público e a probidade administrativa, que são interesses difusos, nos precisos termos do art. 129, inc. III, da Constituição Federal. 2. A contratação de servidor pelo município, sem concurso público, viola o art. 37, *caput*, e inc. II, da Lei Fundamental, implicando a nulidade do ato e a punição da autoridade responsável, nos termos da Lei, conforme estabelece o seu § 2º. 3. Embora se admita que este servidor, quando de boa-fé, deva receber pelos serviços realizados, cabe ao administrador que o contratou ilegalmente arcar com os custos que a fazenda teve com essa contratação, sendo certo que as sanções previstas na Lei n. 8.429/1992 independem da efetiva ocorrência de dano ao patrimônio público, conforme lição de Hugo Nigro Mazilli. Livrar o administrador público de tal responsabilidade, sob o pretexto de que o empregado, em contraprestação, prestou serviços, será construir um estranho indene de impunidade em favor do agente político que praticou ato manifestamente contra a Lei. Nexo causal das obrigações da relação de trabalho nascida de ato ilegal. Criando-se inusitada convalidação dos efeitos do ato nulo. Será estimular o ímprobo a agir porque, afinal, aquela contraprestação o resguardará contra ação de responsabilidade civil, consoante advertência do ilustre ministro Milton Luiz Pereira, do colendo STJ, lembrada por Mazilli, in: *A defesa dos direitos difusos em juízo*, Saraiva, 7. ed., p. 156.[32]

Neste caso, restaram equilibrados diversos princípios e valores constitucionais. Estão aqui se referindo aos princípios que guarnecem a administração pública, como o da publicidade, moralidade, aprovação em concurso público e a eficiência. Não obstante, não é possível, em face destes princípios, desconsiderar os princípios da dignidade da pessoa humana, do valor social do trabalho, não se tratando de um choque de princípios, que faça sucumbir os princípios de proteção àquele que efetivamente trabalhou. Trata-se de buscar um equilíbrio de modo a serem sustentados todos os princípios de forma harmonizada. E, neste caso, a Súmula n. 363 do TST parece estar em descompasso, por penalizar aquele que efetivamente trabalhou, ainda que sem concurso, para a administração pública.

---

(32) TJPR – AC 0094007-2 – (6181) – 6ª C. Cív. – Rel. Des. Leonardo Lustosa – DJPR 5.3.2001.

Orlando Gomes e Elson Gottschalk já discorreram sobre o tema, focando a teoria das nulidades do Direito Civil. Em síntese, os autores declaram que, se considerado que o contrato de trabalho resultou nulo pela ausência do concurso público, tem-se então a retroatividade dos efeitos da decretação, própria dos atos nulos no Direito Civil, retornando-se ao *status quo ante* da feitura do contrato.

Porém, como o objeto do contrato de trabalho, a força despendida pelo empregado não tem como ser devolvida, caberia a ele ser indenizado. E, desta forma, ser-lhe-ia devido na forma indenizada tudo o que é devido pelo serviço prestado e não apenas parte do que lhe é devido, como preceitua a Súmula n. 363 do TST, com as consequências maléficas produzidas no campo previdenciário.[33]

1.6. Responsabilidade civil do empregador e do empregado no contrato de trabalho

O Direito do Trabalho nasceu para proteger o hipossuficiente. Em uma relação de emprego, por certo, o empregado é a parte mais fraca. O elemento subordinação, que caracteriza e dá forma à relação de emprego, ao mesmo tempo atribui responsabilidades ao empregador, por conta que a sustentação deste poder está no fato de o empregador correr os riscos do empreendimento, buscando alcançar o seu lucro.

Unindo-se aos fatores acima, tem-se também a moderna teoria da função social da empresa, da responsabilidade empresarial, das finalidades sociais do contrato, que se encontram consubstanciadas no art. 421 do CC. Todos esses elementos reunidos acabam por descrever a responsabilidade do empregador, principalmente no que diz respeito aos atos cometidos por seus empregados.

Uma das questões que se coloca é quanto à delimitação do poder de direção do empregador, por conta de que sem calibrar esse poder, não se sabe até onde vai o seu poder de ordenar. Esta é uma dura questão para ser enfrentada, por conta de que o empregador não pode exceder os seus limites em relação aos seus empregados, sob pena até de cometimento de assédio moral ou outras ilicitudes previamente dispostas principalmente no art. 483 da CLT.

Autores que já debateram o tema acabam depositando seus experimentos no estudo dos direitos personalíssimos ou nos direitos da personalidade, defendendo a tese de que os limites do poder hierárquico ou de subordinação na relação de emprego estão restritos pelos direitos da personalidade dos empregados. Embora plausível esta explicação, a mesma não é suficiente, por conta de que, antes mesmo de verificar estes direitos fundamentais, existem limites contratuais colocados ao poder hierárquico. E, antes dos limites contratuais, existem as obrigações empresariais, principalmente aquelas

---

(33) GOMES, Orlando; GOTTSCHALK, Élson. *Contrato Individual de Trabalho*. 16. ed. Rio de Janeiro: 2002. p. 114.

descritas por normas de ordem pública, como, por exemplo, matérias relativas à Medicina e proteção ao trabalho. Neste último caso, extrai-se parte da chamada função social empresarial.

E o que é a função social empresarial? A função social pressupõe um comportamento ético na forma de tratar o seu público interno e externo. Questões como participação nos lucros empresariais e na gestão empresarial desponta-se como indicadores para a sua avaliação.

A função social empresarial e a responsabilidade social são coisas diferentes? De acordo com o instituto Ethos, a empresa socialmente responsável deve considerar os seus trabalhadores como sócios, desenvolvendo uma política de investimento para os seus funcionários.[34] Procurar aliar padrões de excelência na condução do seu ambiente de trabalho não deixa de ser um fator importante para o próprio desenvolvimento empresarial. A questão que se coloca hoje, nos círculos de discussão, é o poder e a capacidade de prevenção do empresário, no sentido principalmente de prevenir danos.

É por essa razão que este poder de direção deve atualmente ser entendido como poder de organização e não de mando simplesmente. Na medida em que os empresários empregadores mantêm consigo este poder de organização, que deve ser preventivamente exercido, cresce, aumenta o espaço de sua responsabilidade empresarial, em especial em relação aos seus empregados e a terceiros. Está se tratando aqui do chamado ambiente empresarial. E como compreender o ambiente empresarial dentro deste contexto?

O art. 225 da CF é muito claro neste sentido: todos têm direito ao meio ambiente ecologicamente equilibrado, bem de uso comum do povo e essencial à sadia qualidade de vida, impondo-se ao poder público e à coletividade o dever de defendê-lo e preservá-lo para as presentes e futuras gerações.

O art. 200, VIII, da CF diz: colaborar na proteção ao meio ambiente, nele compreendido o do trabalho. Continuando, no art. 7º, XXII e XXIII, da CF tem-se: redução dos riscos inerentes ao trabalho, por meio de normas de saúde, higiene e segurança; XXIII — adicional de remuneração para as atividades penosas, insalubres ou perigosas, na forma da lei. Valem ser citados outros dispositivos relacionados ao meio ambiente do trabalho, como, por exemplo, o art. 170 e o art. 196, ambos da Constituição Federal.

Concluindo, o direito ao meio ambiente deve ser localizado como a espécie de direito pertencente ao direito da pessoa humana, considerado doutrinariamente como meio ambiente artificial especial.

Feitas as colocações acima, resta agora estudar a responsabilidade civil na relação de trabalho, iniciando-se pela responsabilidade do empregador para com o seu empregado, que, via de regra geral, assenta-se na teoria da responsabilidade subjetiva, na forma do

---

(34) Disponível em: <http://www1.ethos.org.br/EthosWeb/pt/1342/destaque_home/participe/preencha_os_indicadores_ethos.aspx> Acesso em: 20 nov. 2009.

art. 7º, XXVIII, da Constituição Federal. Melhor explicando, o seguro contra acidente de trabalho está a cargo do empregador, sem excluir a indenização a que este está obrigado, quando incorrer em dolo ou culpa. São pressupostos para caracterização da responsabilidade civil a ação ou omissão, o dano e o nexo de causalidade.

Voltando ao estudo do Código Civil, em seu art. 186, tem-se a seguinte redação: aquele que, por ação ou omissão voluntária, negligência ou imprudência, violar direito e causar dano a outrem, ainda que exclusivamente moral, comete ato ilícito. Desta feita, há uma coincidência neste aspecto entre a responsabilidade civil e a penal, por conta de que ambas repousam na ilicitude jurídica. Porém, a diferença reside no fato de que o ilícito penal acarreta uma violação da ordem jurídica, que, por sua gravidade, cabe a imposição de uma pena (prisão, restritiva de direitos, pecuniária). No caso do ilícito civil, por ser menor a extensão da perturbação à ordem jurídica, são suficientes as sanções civis (indenizações, anulação do ato, execução).[35]

Embora exista a compreensão anteriormente exposta, cuja regra geral para que o empregado responsabilize o seu empregador por prejuízos sofridos repouse na teoria da responsabilidade subjetiva, faz-se necessária uma complementação ao estudo da responsabilidade. Trata-se daquela responsabilidade cujo fato gerador é a imposição legal que se dá em virtude da responsabilidade empresarial, que, embora não se trate de um verdadeiro ato ilícito, pode gerar responsabilização. É da responsabilidade assumida pelo empregador empresário na medida em que detém o poder diretivo organizacional.

Dessa discussão nasce a teoria do risco, a qual se convencionou chamar Teoria da Responsabilidade Objetiva, em que a culpa ou o dolo por parte do agente causador do dano é irrelevante. Na responsabilidade civil reconhecida por imposição legal, o que se tem é o reconhecimento em potencial do dano ou a sua previsibilidade em face da atividade empresarial exercida.

Sendo assim, no art. 7º, XXVIII, da Constituição Federal tem-se a existência das duas regras distintas sobre responsabilidade: 1ª regra (objetiva), do agente previdenciário — primeira parte (seguro contra acidente de trabalho), e 2ª regra (subjetiva), do empregador em relação ao seu empregado — segunda parte (sem excluir a indenização a que este está obrigado, quando incorrer em dolo ou culpa). Na responsabilidade civil do empregador por danos causados aos seus empregados na primeira situação, como acontece no caso de acidente de trabalho, a teoria aplicável é a subjetiva. Agora, e quando o empregador empresário desenvolver atividade de risco? Neste caso, deve ser observado o art. 927, parágrafo único, do CC: "Haverá obrigação de reparar o dano, independentemente de culpa, nos casos especificados em lei, ou quando a atividade pelo autor do dano implicar, por sua natureza, risco para os direitos de outrem".

Voltando aos questionamentos, quais seriam os exemplos de situações especificadas em lei? No caso podem ser citados: art. 20 da Lei n. 11.105/2005, organismos geneticamente modificados; art. 938 do CC (aquele que habitar prédio, ou parte dele,

---

(35) HUNGRIA, Nélson. *Comentários ao Código Penal*. 3. ed. Rio de Janeiro: Forense, 1956. v. I.

responde pelo dano proveniente das coisas que dele caírem ou forem lançadas em lugar indevido); art. 37, § 6º, da CF; responsabilidade civil por dano ao meio ambiente (Lei n. 6.453/1977); Código de Defesa do Consumidor; operações nucleares (art. 21, XXIII, *d,* da CF); Lei n. 7.565/1986, Código Brasileiro de Aeronáutica e outros. Em muitos destes casos, nem precisa da existência do ilícito. Há uma presunção legal. Porém, não se encerra em um elenco taxativo o parágrafo único do art. 927 do CC, por conta do complemento que aparece ao final do referido dispositivo, ou seja, "... risco para os direitos de outrem".

Compreende-se então a necessidade de uma construção doutrinária e jurisprudencial em torno de serem verificados outros casos em que, diante da atividade de risco empresarial encontrada, ter-se-á a aplicação da teoria do risco no que se refere à responsabilização do empregador causada ao empregado em virtude da sua própria atividade empresarial, a qual, na sua essência, é considerada de risco.

Neste sentido, já existem decisões de tribunais pátrios que adotaram esta compreensão, como, por exemplo:

> 5.10.2007 — Empregador tem responsabilidade objetiva por acidente de trabalho em atividade de risco (Notícias TRT — 3ª Região) A 2ª Turma do TRT de Minas Gerais reconheceu a responsabilidade objetiva da empresa, pela presunção de culpa da empresa em acidente que vitimou empregado que atuava como motorista de testes, conduzindo veículos recém-fabricados em rodovias para verificação de possíveis defeitos. O reclamante alegou em seu recurso que exercia atividade de risco e que a empresa seria culpada pelo acidente que lhe causou sequelas, além da redução da capacidade para qualquer tipo de trabalho. O perito oficial também concluiu pela sua total incapacidade para a função de motorista de teste, em decorrência da redução da acuidade visual do olho esquerdo, traumatismo craniano com posterior meningite, fratura na coluna lombar e outros traumatismos. De acordo com o Desembargador Sebastião Geraldo de Oliveira, relator do recurso, em atividades classificadas como de risco, tem aplicação a teoria da responsabilidade objetiva. Ou seja, o dever de indenizar surge quando a atividade normalmente desenvolvida pelo autor do dano implicar, por sua natureza, riscos para os direitos de outros. "Ainda que se resista à aplicação da responsabilidade objetiva com base no parágrafo único do *art. 927* do CCB/2002, deve-se, ao menos, presumir a culpa do empregador em face da atividade desenvolvida, invertendo-se o encargo probatório, sem abandonar o intérprete, neste caso, a literalidade do inciso XXVIII da *Constituição da República*, que se refere expressamente à indenização nos casos de dolo ou culpa do empregador. (como no original).[36]

O entendimento acima baseou-se nos riscos provocados pelo ambiente de trabalho, levando-se em conta a atividade empresarial desenvolvida, que afastou a necessidade de ser demonstrada a culpa ou o dolo do empregador. Observa-se que não se trata de fazer um breve exame na atividade fim da empresa, mas levando em consideração o cargo ocupado pelo empregado na empresa, as atividades que ali estão compreendidas e após aferir a existência de um risco manifesto, em face da atividade efetivamente desenvolvida.

---

(36) *EMPREGADOR tem responsabilidade objetiva por acidente de trabalho em atividade de risco* (Notícias TRT — 3ª Região). Disponível em: <http://www.fiscosoft.com.br/indexsearch.php?PID=3002835> Acesso em: 20 jun. 2009.

Em relação à responsabilidade civil do empregador por danos causados por seus empregados a terceiros ou a outros empregados, aplica-se a teoria da responsabilidade objetiva. Mais propriamente o contido no art. 932, III, do CC, que apresenta a seguinte redação: "III – o empregador ou comitente, por seus empregados, serviçais e prepostos no exercício do trabalho que lhes competir, ou em razão dele". Por sua vez, o art. 933 do CC estabelece: "As pessoas indicadas nos incisos I a V do artigo antecedente, ainda que não haja culpa de sua parte, responderão pelos atos praticados pelos terceiros ali referidos".

No caso da responsabilidade civil do empregador nas hipóteses de terceirização, aplica-se o mesmo dispositivo citado (art. 932, III, do CC), e Súmula n. 331 do TST, IV, que trata da responsabilidade subsidiária do tomador de serviço, que no caso eclodirá também na responsabilidade objetiva.

Quanto à responsabilidade civil do empregado em face do empregador (quando o empregado indenizará o seu empregador), será aplicada a teoria subjetiva, na forma do art. 462 da CLT, que trata sobre os descontos de salários, valendo citar: "Ao empregador é vedado efetuar qualquer desconto nos salários do empregado, salvo quando este resultar de adiantamentos, de dispositivos de lei ou de contrato coletivo".

2. Espécies de trabalhadores

Nesta parte do trabalho estarão sendo enfocadas as principais espécies de trabalhadores, não se esquecendo de que trabalhador é o gênero, que doutrinariamente acaba se decompondo em várias espécies.

2.1. Trabalhador autônomo

De plano, é possível afirmar que o trabalhador autônomo é aquele que não está subordinado ao seu prestador de serviços, podendo ser distinguidas duas principais modalidades clássicas de trabalhadores autônomos: aquele em que não existe o elemento pessoalidade e o que existe o elemento pessoalidade.

Na relação de trabalho autônomo, o risco da prestação de serviço é do próprio trabalhador. Muitas vezes, a distinção entre uma relação de trabalho autônomo e de vínculo de emprego não se faz tão fácil como se insinua. Principalmente quando diante dos tribunais do trabalho é apresentada uma situação em que se persegue o vínculo de emprego e não se apresenta de forma clara os elementos que configuram o vínculo de emprego. Nota-se que os juízes buscam elementos alternativos para ajudar a solucionar o problema, dentre os quais, a exclusividade dos riscos do negócio.

Situações usuais que visam a camuflar a relação de emprego são: obrigar que o trabalhador constitua empresa própria, para através dela prestar serviços, estar inscrito no Conselho Regional de trabalhadores autônomos, na condição de sócio minoritário da empresa, para dar a aparência de que não é empregado e outras tantas. Vale citar aqui decisão do Tribunal paulista neste sentido.

> REPRESENTAÇÃO COMERCIAL E VÍNCULO DE EMPREGO. A distinção entre vendedor empregado e representante comercial é sutil, situando-se, no dizer da doutrina moderna, em "zona gris", ou seja, de difícil diferenciação. A situação fática será essencial

para o deslinde da controvérsia, não sendo a existência, ou não, de contrato de representação comercial, acompanhada do registro no respectivo Conselho Regional, elemento suficiente para caracterizar o vínculo de emprego, ou a representação comercial. O representante comercial, exatamente porque seguirá as orientações postas pelo representado na contratação, decerto realizará seu mister sem que o diretor da reclamada precise avaliar "se o produto e a venda eram viáveis ou não", pois, do contrário, tal avaliação configurará a submissão do trabalhador aos métodos de venda da ré, elemento de certeza da existência do vínculo de emprego em detrimento da figura do vendedor autônomo. Ademais, o uso de talonário da reclamada e o pagamento de ajuda de custo são elementos de indício reveladores da situação de dependência do Autor na prestação de serviços.[37]

Cada caso concreto deve ser verificado a fim de constatar ou não a existência de todos os elementos fáticos necessários, aplicando-se os princípios que norteiam o Direito do Trabalho para direcionar situações fronteiriças.

2.2. Trabalhador eventual

O trabalhador eventual atua como se empregado fosse, prestando serviços com pessoalidade, subordinado, mediante pagamento. Não é empregado porque lhe falta o caráter de permanência. A doutrina tem adotado quatro critérios para saber se o trabalhador é empregado ou trabalhador avulso. Vale citá-los: a) critério dos fins da empresa: será o empregado chamado a realizar tarefa não inserida nos fins normais da empresa, que será esporádica e de estreita duração; b) critério da descontinuidade: é o trabalhador ocasional, que labora sem caráter de permanência para um tomador de serviços; c) critério da fixação jurídica ao tomador dos serviços: não se fixa a uma fonte de trabalho. O eventual não é fixo. É o aparente empregado sem empregador.

O chapa (aquele que fica nas entradas das grandes cidades auxiliando os motoristas de caminhão com indicação de fretes e pontos de carga e descarga de mercadorias) seria um exemplo, embora deva se ter muito cuidado em face da zona cinzenta que divide o trabalhador avulso do empregado. Vale citar aresto do Tribunal de Rondônia sobre o tema:

> PROCESSO: 00203.2008.401.14.00-4 CLASSE: RECURSO ORDINÁRIO ÓRGÃO JULGADOR: 1ª TURMA ORIGEM: 1ª VARA DO TRABALHO DE RIO BRANCO — AC RECORRENTE: ROMÁRIO DA SILVA FREITAS ADVOGADO: JUAREZ DIAS DE OLIVEIRA RECORRIDA: DARSÔNIA GOMES DE FREITAS ADVOGADOS: RODRIGO MAFRA BIANCÃO E OUTROS RELATORA: JUÍZA ELANA CARDOSO LOPES LEIVA DE FARIA REVISORA: JUÍZA VANIA MARIA DA ROCHA ABENSUR. VÍNCULO EMPREGATÍCIO. INEXISTÊNCIA DOS REQUISITOS DOS ARTS. 2º E 3º DA CLT. Não há como reconhecer a figura do empregado no "chapa" que, para executar os seus serviços, ajusta preço com clientes, não possui fiscalização de horário, labora para quem "aparecer" no ponto em que aguarda chamados, demonstrando a ausência nessa relação da subordinação jurídica, elemento essencial do vínculo empregatício. Recurso conhecido, porém, não provido.[38]

---

(37) Recurso Ordinário, data de julgamento: 14.4.2003. Relator(a): Yone Fredian n. 07672-2003-902-02-00-2, ano: 2003, turma: 7ª, data de publicação: 9.5.2003; TRT-SP.

(38) Processo: 00203.2008.401.14.00-4, classe: recurso ordinário, órgão julgador: 1ª turma, Relatora: juíza Elana Cardoso Lopes Leiva de Faria. Disponível em: <http://www.trt14.gov.br/acordao/2008/Setembro_08/Data22_09_08/00203.2008.401.14.004_RO.pdf> Acesso em: 15 maio 2009.

O critério acima apontado deve servir como ponto de referência, como orientação e não como algo absoluto para se identificar quando é um e quando é outro.

2.3. Trabalhador avulso

Trata-se de uma modalidade de trabalho eventual, qualificado pela interposição da entidade sindical profissional. A Constituição Federal equiparou o trabalhador avulso, em direitos, ao empregado (art. 7º, XXXIV, da CF). São características do trabalhador avulso: a) intermediação pelo sindicato; b) curta duração dos serviços prestados; c) pagamento de remuneração; d) trabalhador por conta alheia. Exemplo: estivadores (trabalhadores em zonas portuárias), carregadores. Vale fazer referência à responsabilidade do tomador pelos créditos do trabalhador avulso.

> EMENTA: Trabalhador portuário avulso. Responsabilidade do operador portuário, tomador dos serviços avulsos, pela remuneração devida ao trabalhador avulso e encargos correspondentes, nos termos do art. 11, IV, da Lei n. 8.630/1993. Os termos normativos firmados entre as Reclamadas, no que se refere à alegada e exclusiva responsabilidade do Sintraport pelos créditos pleiteados, não têm o condão de afastar a responsabilidade da Codesp, porquanto esta decorre de preceito de lei imperativa que, acima de tudo, visa garantir o adimplemento. TIPO: RECURSO ORDINÁRIO. DATA DE JULGAMENTO: 23.2.2006 RELATOR (A): PLINIO BOLIVAR DE ALMEIDA. REVISOR (A): MARIA INES MOURA SANTOS ALVES DA CUNHA o das obrigações naqueles créditos consubstanciadas. Ilegitimidade *ad causam* que se rejeita. Recurso não provido. TRT-SP". EMENTA: Vale-transporte. Trabalhador avulso. Igualdade de direitos ao trabalhador com vínculo empregatício. Proibição de norma, disposição contratual ou coletiva que imponha discriminação. A igualdade de direitos entre o trabalhador avulso e o com vínculo empregatício, prevista na Constituição Federal (art. 7º, XXXIV), é norma de eficácia plena e que não permite limitação pelo legislador infraconstitucional. A singularidade da prestação do trabalho avulso, notadamente, sazonalidade e intermediação de mão de obra, não é fator que justifique o indeferimento do vale-transporte, cujo objetivo é propiciar subsídios para locomoção do trabalhador. A peculiaridade do trabalho avulso, portanto, não comporta fonte obrigacional discriminadora quanto ao transporte e o marco inicial de exigibilidade é a Constituição Federal, a qual não carece de qualquer regulamentação, seja legal, seja de norma coletiva. II) OGMO e operadores portuários. Responsabilidade solidária. Obrigação de operacionalizar a escala de trabalho. O questionamento recorrente do Órgão Gestor de Mão de obra quanto à responsabilidade, ou limites desta quanto aos débitos referentes aos trabalhadores portuários avulsos traduz pretensão contrária aos termos expressos no art. 2º, § 4º, da Lei n. 9.718/1998. O direito de concorrer à escala diária (art. 4º) está vinculado à obrigação do OGMO em implementar o rodízio de trabalhadores (art. 5º), sendo essa a causa eficiente do pagamento de vale-transporte para o comparecimento à concorrência do turno anterior.[39]

Com o surgimento da figura do agenciador portuário, produto da Lei n. 8.603/1993, muito se discutiu sobre a possibilidade de se ter ou não o trabalhador avulso longe das zonas portuárias. Até mesmo porque o trabalhador avulso guarda praticamente todos os requisitos do empregado comum. Sobre o assunto, Aluisio Rodrigues o tratou da seguinte forma:

---

(39) Tipo: Agravo de Instrumento. Data de Julgamento: 19.5.2005. Relator(a): Rovirso Aparecido Boldo. Revisor(a): Lilian Lygia Ortega Mazzeu. TRT-SP. Acórdão n.: 20050311306.

Em todas as manifestações do trabalho avulso, há sempre presentes alguns requisitos da relação de emprego definidora da figura do empregado. O trabalho é executado por pessoa física, o serviço é de natureza não eventual, a contraprestação salarial é satisfeita e o elemento dependência está consubstanciado no acatamento das ordens ou determinação do beneficiário da prestação. Aprofundando-se na análise, o contrato é de atividade, e não de resultado, e a remuneração é por unidade de peça ou produção. Ocorre que, apesar de conter todas essas características do trabalho tutelado pelo art. 3º da Consolidação das Leis do Trabalho, falta-lhe a ligação direta entre o prestador do serviço e o tomador da mão de obra. Há um intermediário entre ambos: ou o sindicato da categoria ou o órgão de gestão de mão de obra do trabalho portuário, figura introduzida pela Lei n. 8.630/1993.[40]

Outra questão bastante importante diz respeito à responsabilidade pelo pagamento das verbas trabalhistas no caso do trabalhador avulso, a qual recai sobre a entidade sindical, incluindo férias, 12º salário, considerando que ele foi equiparado em direito aos empregados em geral. Ao tomador cabe o recolhimento dos encargos previdenciários obrigatórios sobre as atividades a ele prestadas.

> TRABALHADOR AVULSO — RESPONSABILIDADE PELO PAGAMENTO DAS PARCELAS TRABALHISTAS — APLICAÇÃO DA LEI N. 5.085/1966. A Constituição Federal, em seu art. 7º, inciso XXXIV, concedeu igualdade de direitos entre os empregados com vínculo empregatício e o trabalhador avulso, porém, a responsabilidade pela quitação das parcelas trabalhistas daí decorrentes é da entidade sindical, como preceitua a Lei n. 5.085/1966.[41]

Resta saber da condição econômica da entidade sindical para responder por este ônus, que pode desaguar na responsabilidade subsidiária do tomador. Talvez, por conta de buscar uma maior responsabilização do tomador em relação ao trabalhador avulso, foi editada a Lei n. 12.023 de 27 de agosto de 2009, estabelecendo o dever do tomador pelos serviços prestados pelos trabalhadores, acrescidos dos percentuais devidos a título de férias, 13º salário e adicionais outros. Também foi a ele imposta a obrigação de efetuar o recolhimento dos valores devidos ao FGTS (art. 6º da lei citada).

Também, a Lei n. 12.023/2009, em seu art. 8º, estabeleceu a responsabilidade solidária da empresa tomadora pela efetiva remuneração do trabalhador avulso. Da mesma forma, coube ao tomador fornecer aos trabalhadores avulsos os equipamentos de proteção individual e zelar diretamente por sua proteção.

2.4. Estagiário

Considera-se estagiário aquele que desenvolve atividade de aprendizagem social, profissional e cultural, proporcionadas ao estudante para participação em situações reais de vida e trabalho, sob a responsabilidade e coordenação da instituição de ensino.

Aspectos formais do estágio: a) termo de compromisso; b) interveniência da instituição de ensino; c) a parte concedente do estágio terá de fazer seguro pessoal em favor

---

(40) RODRIGUES, Aluisio. In: PINTO, José Augusto Rodrigues (Coord.). *Noções atuais de Direito do Trabalho:* estudos em homenagem ao professor Elson Gottschalk. São Paulo: LTr, 1995. p. 100 e 101.

(41) TRT 24ª R. — Ac. 0002697/97 – Rel. Juiz Abdalla Jallad — DJ 16.12.1997.

do estagiário; d) o pagamento será efetuado, quando contratado, através de bolsa. Aspectos materiais: a) somente aluno matriculado fará estágio; b) somente onde houver possibilidade de estágio é que ele deverá acontecer; c) deverá o estágio proporcionar a complementação do ensino.

Vale ressaltar ainda que o estágio é feito a partir de um contrato solene. Primeiro ter-se-á um convênio assinado entre a instituição de ensino e a entidade que oferece o campo de estágio. Um segundo documento, que será o contrato de estágio entre a entidade cedente do estágio e o estagiário, com a interveniência da instituição de ensino, o qual terá a responsabilidade de exercer a fiscalização sobre o campo do estágio para garantir se o estágio de fato está acontecendo ou se, em seu lugar, está ocorrendo o aproveitamento da mão de obra barata.

O Ministério Público do Trabalho está firmando termos de conduta com as instituições de ensino no sentido de tê-las enquanto colaboradoras para que o estágio não seja desvirtuado. Nos termos de condutas firmados no Paraná, tem-se estabelecido o limite máximo de 6 horas de estágio por dia.

> EMENTA: Vínculo de emprego. Estágio. Contrato de estágio que perdurou por quase dois anos, cuja participação da instituição de ensino ficou limitada a assinar o termo de compromisso no início sem nunca ter tomado conhecimento sobre o desenvolvimento do trabalho. Ausência do requisito de acompanhamento, avaliação e coordenação da instituição de ensino (Lei n. 6.494/1977, art. 1º). Vínculo de emprego reconhecido.[42]

> EMENTA: A inserção do estudante, regularmente matriculado em curso disciplinado pela Lei n. 6.494/1977, na unidade empresarial concedente exige, para atribuir eficácia ao estágio, que a obrigação assumida oportunize de maneira efetiva a complementação e aperfeiçoamento empírico da formação profissional. À instituição de ensino cabe a supervisão e coordenação dessas atividades (arts. 2º e 4º, do Decreto n. 87.497/1992), desde o ato de assinatura do instrumento jurídico (termo de compromisso), até as avaliações periódicas, e a observância dos programas acadêmicos e calendários escolares. Ausentes tais formalidades, aflora o desvirtuamento da relação havida, dando lugar à fraude aos preceitos trabalhistas (art. 9º, da CLT). Configurado o liame empregatício[43].

De forma prática, é importante traçar comentários sobre a lei do estágio (Lei n. 11.788, de 25 de setembro de 2008). Comparando-a com a antiga Lei n. 6.494, de 7 de dezembro de 1977, que foi revogada, percebe-se, no entanto, que seus traços principais foram seguidos pela nova legislação, contando com alguns acréscimos.

Por se tratar de um importante instrumento para a formação profissional, o estágio deve ser encarado com maior cuidado e importância. Inclusive, a necessidade do fortalecimento do estágio no Brasil vem ao encontro das necessidades das instituições de ensino, também do estudante brasileiro, em buscar maior sintonia com as exigências do mercado de trabalho.

---

(42) Tipo: Recurso Ordinário. Data de Julgamento: 6.12.2005. Relator(a): Rafael E. Pugliese Ribeiro. Revisor(a): Valdir Florindo, Acórdão n. 20050919800; TRT-SP. Ementa: Estágio Profissionalizante x Vínculo Empregatício — Pressupostos — Desvirtuamento — Fraude à Lei.

(43) Tipo: Recurso Ordinário. Data de Julgamento: 6.10.2005. Relator(a): Rovirso Aparecido Boldo. Revisor(a): Leila Aparecida Chevtchuk O. do Carmo, Acórdão n. 20050696887 – TRT-SP.

Primeiramente é bom que se conceitue estágio, inclusive diferenciando-o do contrato de aprendizagem por conta das grandes confusões que já foram feitas sobre estes dois temas, que, embora convirjam para finalidades semelhantes, são portadores de uma estrutura diferenciada.

O contrato de aprendizagem, na forma do art. 428 da CLT, que sofreu alteração através da Lei n. 11.180/2005 e do Decreto n. 5.598/2005, deixou claro que se trata de um contrato especial de emprego, por prazo determinado, devendo ser feito por escrito, em que o empregador se obriga a assegurar ao maior de 14 anos e menor de 24 anos, desde que este esteja inscrito em programa de formação profissional, aprendizagem, compatível com o seu desenvolvimento físico, psicológico e moral, a execução de tarefas necessárias à sua formação profissional.

No contrato de aprendizagem tem-se uma verdadeira relação de emprego, embora o seu objetivo principal também seja o de fornecer ao aprendiz formação técnico-profissional, tornando-o um profissional qualificado e capacitado para as necessidades do mercado de trabalho.

No caso do estagiário, não se trata de empregado, salvo quando a relação de estágio é desrespeitada ou utilizada para esconder uma verdadeira relação de emprego, constituindo-se em um meio fraudulento que deve ser desfeito. Segundo o art. 1º da Lei n. 11.788/2008: "Estagiário é ato educativo escolar supervisionado, desenvolvido no ambiente de trabalho, que visa à preparação para o trabalho produtivo de educandos que estejam frequentando o ensino regular em instituições de educação superior, de educação profissional, de ensino médio, da educação especial e dos anos finais do ensino fundamental, na modalidade profissional da educação de jovens e adultos".

Nesse aspecto, tanto em uma autêntica relação de estágio como a que se forma a partir de um verdadeiro contrato de aprendizagem, possuem como semelhança o objetivo principal de fornecer formação profissional ao estudante estagiário ou ao estudante aprendiz, embora instrumentalmente diferenciadas.

Também, tanto para o estagiário como para o aprendiz, é possível encontrar alguns dos elementos ou requisitos que constituem a relação de emprego, como, por exemplo, a subordinação, a não eventualidade, a onerosidade (inovação da nova lei de estágio), deixando de ser encontrado o elemento dependência econômica. Observe-se que são figuras muito próximas, cujas diferenças são difíceis de serem visualizadas, principalmente com a nova lei de estágio.

Primeiramente é importante observar que, embora o empenho aqui seja o de mostrar o que mudou na relação de estágio, também se torna importante deixar clara a estrutura do contrato de estágio.

Seguindo a antiga legislação sobre o assunto, o estudo sobre o contrato de estágio, no que diz respeito às suas duas espécies, continuou sendo dividido em: obrigatório e não obrigatório, embora em ambos deva haver a previsão de suas existências no projeto pedagógico do curso. A sua falta de previsão pode, inclusive, afetar a relação de estágio, chegando até a descaracterizá-lo como estágio, visto que o contrato de estágio é por excelência dotado de formalidades que, se não cumpridas, poderão levar à sua desfiguração.

Desta feita, a nova lei de estágio adentrou na competência das instituições de ensino, na medida em que prescreveu comportamentos para os seus planos pedagógicos, sob pena de inviabilizar o próprio estágio (art. 2º da lei).

Outra questão que também já existia, mas que agora ficou realçada, foi a necessidade das instituições de ensino em destacar um professor do curso, com atribuições específicas de monitorar os trabalhos prestados pelos estagiários, que seria o supervisor de estágio, devendo haver também um outro supervisor de estágio por parte do concedente do estágio. Sendo assim, obrigatoriamente são dois os supervisores (art. 3º, III). E observa-se novamente que, por causa da rigidez no tocante ao aspecto formal da relação de estágio, a falta deles poderá também descaracterizar a relação de estágio.

Ainda sobre a questão da supervisão, restou prazo definido de prestação de relatórios por parte dos supervisores, que não poderá ultrapassar o período de 6 meses (art. 7º, IV), que em um primeiro momento foi apresentado como uma das obrigações para a instituição de ensino, mas que pode ser entendido como abrangente também ao concedente de estágio.

A relação de estágio se estabelece a partir de três sujeitos. O primeiro é o estagiário, matriculado em curso regular de formação superior ou curso fundamental. O segundo é o concedente de estágio, que agora, de acordo com a nova lei, também pode ser pessoa física (art. 9º) e, por último, a instituição de ensino, onde o aluno estagiário está regularmente matriculado e com frequência escolar, não bastando só estar matriculado (art. 3º, I).

O primeiro passo é a formação de uma relação jurídica entre a instituição de ensino e a entidade ou pessoa física concedente de estágio, chamado em várias localidades como convênio de estágio ou termo de estágio. Neste convênio devem constar os parâmetros básicos da prestação de estágio, ou seja, como ele se dará, valendo citar de forma genérica, as condições como o estágio se desenvolverá, prazo de duração, horário de prestação de estágio em compatibilidade com o calendário escolar, indicação do professor supervisor, instrumentos de avaliação que serão aplicados, as atividades que poderão ser desenvolvidas no estágio, que deverão estar em compatibilidade com o projeto pedagógico do curso do aluno estagiário, dentre outros requisitos.

O segundo passo é o chamado termo de compromisso de estágio firmado entre o aluno estagiário e o concedente de estágio, que deverá apresentar, dentre vários requisitos, o prazo de duração (que não poderá ser superior a dois anos), o supervisor ou orientador do estágio nomeado pela empresa, as atividades a serem desenvolvidas, horário de trabalho, seguro-acidente, pagamento da bolsa ou outra forma de contraprestação, os instrumentos de avaliação, cujas cópias também deverão ser encaminhados à instituição de ensino.

Esta relação jurídica será necessariamente intermediada pela instituição de ensino onde o aluno está matriculado. Em outras palavras, assinarão o termo de estágio a entidade ou pessoa concedente do estágio, o estagiário e a instituição de ensino, aqui se ocupando principalmente da função fiscalizadora e de apoio permanente ao estagiário, por conta de que é o seu aluno e se encontra em formação.

Vale aqui asseverar que a instituição de ensino, muito mais agora, fica obrigada a avaliar, fiscalizar, colher informações, ou seja, zelar pelo fiel cumprimento do estágio, seja material ou formalmente. Havendo desvio de finalidade, poderá a instituição de ensino ser também responsabilizada, embora a nova lei não tenha trazido isso de forma expressa.

A título de esclarecimento, é importante afirmar que os requisitos da relação de estágio podem ser divididos em dois grupos. Os requisitos formais, que tratam do modo como deve ser feita a contratação (devendo ser contrato escrito, conforme exposto prazo máximo de dois anos, devendo haver a triangulação acima exposta), e o requisito material, que diz respeito ao cumprimento da finalidade do estágio. Sendo assim, caso se cumpra todos os requisitos formais e na prática o estagiário esteja desenvolvendo outras atividades que não aquelas compatíveis com a sua formação teórico-profissional (requisito material), vinculado ao programa pedagógico do curso, ter-se-á a descaracterização do estágio. Forma-se, então, um vínculo empregatício com a empresa concedente, valendo questionar a possibilidade até de uma responsabilidade subsidiária da instituição de ensino, por não ter cumprido as suas obrigações.

E é justamente no requisito material que mora o perigo, por conta de que, na prática, tem-se constatado que o trabalho do estagiário, muitas vezes, embora guarde uma aparência de correção (cumprimento dos requisitos formais), acaba o estagiário desempenhando atividades não compatíveis com a sua relação de estágio. O trabalho torna-se, assim, mão de obra barata e, por consequência, forma-se uma relação de emprego com a empresa ou pessoa física concedente do estágio.

A primeira mudança — que talvez não seja possível chamar de mudança — é o fato de o estágio, obrigatório ou não, dever constar no projeto pedagógico do curso da instituição onde o aluno estagiário está matriculado e frequentando o curso. Havia dúvidas se o estágio não obrigatório também devesse fazer parte do programa pedagógico do curso. Não só deve fazer parte como é obrigatório que esteja incluído no programa, devendo a instituição de ensino, através de atos internos, regulamentar o estágio. Isso pode ser feito através de resoluções ou portarias, dependendo do *status* da instituição de ensino e do seu regulamento interno (faculdade, universidade).

A própria lei, em seu art. 20, com a nova redação dada ao art. 82 da Lei n. 9.394/1996, atribuiu aos sistemas de ensino a responsabilidade de fixar as normas de realização do estágio. Deve-se aqui levar em conta a autonomia universitária fixada no art. 207 da Constituição Federal.

Mesmo não se tratando de alteração, agora ficou cristalina a necessidade de ter um professor supervisor de estágio para cada curso, principalmente no caso das instituições de ensino superior. Esse supervisor deve fiscalizar, avaliar, ir até o local onde o estágio está sendo realizado e desenvolver outras atividades voltadas para o aperfeiçoamento do mesmo. Da mesma forma, o supervisor de estágio da empresa concedente do estágio, que é a pessoa a qual fisicamente o estudante estagiário estará vinculado, recebendo orientações no seu campo de estágio. Entre os dois supervisores deve haver uma interação para que haja o máximo de aproveitamento do trabalho desenvolvido.

Observa-se, então, que não pode ser qualquer professor supervisor do estágio. Assim como não pode ser qualquer pessoa o supervisor do ente concedente do estágio. Devem ser pessoas com formação teórico-prática suficiente para, de forma verdadeira, supervisionar, avaliar e corrigir possíveis desvios na prática de estágio.

A Lei n. 11.788/2008 fixou inclusive prazo de seis meses (art. 7º, IV) para a elaboração dos relatórios dos supervisores sobre o estágio desenvolvido. É bom que se afirme, para não restar dúvidas, que tudo isto, a existência de supervisão, os relatórios e a existência do plano pedagógico que preveja a possibilidade de estágio são requisitos que, se não cumpridos, poderão levar à descaracterização do estágio. Sendo assim, o ente concedente do estágio deverá tomar cuidado e saber de forma comprovada se a instituição de ensino também atende a estes requisitos, sob pena de descaracterizar o estágio e caracterizar uma relação de emprego. Vale dizer mais uma vez que tudo isso fará parte do convênio de estágio realizado entre instituição de ensino e concedente do estágio.

Uma outra questão que veio na hora certa foi quanto aos agentes de integração, que são aqueles entes que fazem a ligação entre a instituição de ensino e a empresa ou pessoa física que se habilita em ter estagiário. São os agentes de integração elementos importantes para que se realize o estágio. Agora, o que não se pode é deixá-los sem responsabilidade expressa perante a relação de estágio. Neste sentido, a nova lei de estágio, em seu art. 5º, § 3º, veio ao encontro, fazendo com que estas entidades respondam civilmente, na hipótese de não zelar também pelo cumprimento fiel da lei de estágio, nas relações onde elas participam como interventoras.

De maneira geral, caso os agentes de integração também não cuidem do fiel cumprimento do estágio, seja no tocante aos requisitos formais ou materiais, estarão respondendo por tudo, abrangendo-se também o campo trabalhista, por aquilo que eclodir da relação fraudulenta ou não cumpridora dos objetivos do estágio.

E não poderia ser diferente. Sendo assim, tem-se nos casos de participação dos agentes de integração a responsabilidade da instituição de ensino, do agente de integração e do concedente do estágio. Observe que o estagiário estará triplamente assegurado de acordo com a nova lei.

Já foi dito neste estudo, porém não custa mais uma vez afirmar, que os profissionais liberais, pessoas físicas, poderão ser concedentes de estágio, o que não ocorria na antiga legislação (art. 9º), pesando sobre a pessoa física todas as responsabilidades e obrigações.

Não se pode esquecer de que, no caso dos escritórios de advocacia, devem os mesmos cumprir e serem reconhecidos como campo de estágio pela Ordem dos Advogados do Brasil, sob pena de descaracterização, de acordo com o estatuto próprio, não havendo qualquer incompatibilidade entre a nova lei de estágio e o estatuto da OAB. Neste caso, recomenda-se que a instituição de ensino busque saber, antes de firmar o convênio, se o concedente do estágio, no caso o escritório de advocacia, é reconhecido pela OAB como campo de estágio. Sendo assim, neste caso existe a necessidade de o escritório ser reconhecido pela Ordem como campo de estágio para receber estagiários de Direito e a instituição de ensino aprovar como tendo as condições de o mesmo ser realizado.

Pode acontecer de o escritório estar apto segundo a Ordem dos Advogados do Brasil para ser campo de estágio e não atender aos requisitos estabelecidos no projeto pedagógico da instituição de ensino. Ou acontecer o inverso. Nos dois casos, não poderá haver estágio.

A jornada máxima de trabalho que um estagiário poderá ter por dia é de 6 horas. Antes não existia em lei a fixação de uma jornada máxima. O Ministério Público do Trabalho já vinha estabelecendo, através de termo de ajuste de conduta firmado com as instituições de ensino, a jornada máxima de 6 horas com 30 horas semanais. Há uma diferença no caso dos cursos não presenciais, podendo, neste último caso, chegar a 40 horas semanais.

Agora é regra: nenhum estagiário poderá prestar seu estágio por período superior a seis horas. No caso de o estudante ser do ensino fundamental ou portador de necessidades especiais, a jornada máxima será de quatro horas diárias (art. 10).

O estagiário tem o direito de receber bolsa ou outro tipo de contraprestação na hipótese de estágio não obrigatório. Não existe mais estágio gratuito (art. 12). Embora a nova legislação tenha empregado o verbo "poderá", logo na frente diz o dispositivo de lei que é compulsória a concessão. Isso significa que a parte concedente de estágio terá a escolha entre bolsa e outra forma de concessão. Ou seja, deverá haver alguma contraprestação, incluindo-se o auxílio transporte no caso de estágio não obrigatório.

Este auxílio transporte não poderá ser qualquer valor, mas sim um valor mínimo que seja suficiente para o estudante estagiário locomover-se de casa para o local do estágio e voltar para sua casa ou se dirigir diretamente para a instituição de ensino onde está matriculado. Não se trata da aplicação da lei do vale-transporte (Lei n. 7.418/1985).

Quanto ao valor da bolsa, não ficou fixado parâmetros de valor. Fica difícil sustentar o pagamento do valor-hora do estágio de acordo com o salário mínimo, porque não se trata de relação de emprego. Porém, não pode ser um valor simbólico. Talvez houvesse, neste caso, a necessidade de o decreto regulamentador vir de forma clara a fixar um valor mínimo.

Ficou assegurado ao estagiário o direito a um recesso de 30 dias por ano de estágio, em que o mesmo continuará recebendo (como se fossem férias, não podendo ser chamado de férias), que deverá coincidir com o recesso escolar. Caso o estágio não dure um ano, será a ele concedido dias de recesso proporcional ao tempo de estágio. Trata-se de um período de interrupção do contrato de estágio, contados para todos os efeitos no tempo de estágio contratado.

E por último, no art. 17 da nova lei de estágio, ficou estabelecido um limite máximo de estagiários, levando-se em conta o número de empregados. As empresas que possuem de um a cinco empregados, no máximo poderão ter um estagiário; de 6 a 10 empregados, até 2 estagiários; de 11 a 25 empregados, até 5 estagiários; acima de 25 empregados, até 20% de estagiários. Tentou-se acabar com a "farra do boi" de a empresa ser "tocada por estagiário". São muitas as empresas em que o número de estagiários supera em muito o número de empregados, embora tal limitação devesse ser feita por conta de fiscalização a cargo tanto do Ministério do Trabalho como dos órgãos de classe e sindicatos.

Agora a empresa terá de respeitar uma proporção no que diz respeito ao número de estagiários, que levará em conta o número de empregados que possuir. Desrespeitando tal proporcionalidade, poderá ter caracterizada a relação de emprego.

Poderia ter ficado assim a limitação. No entanto, na forma do art. 17, § 4º, da lei, não se aplica tal proporcionalidade como fator limitador numérico, nas hipóteses de os estagiários serem pertencentes ao nível superior e ao nível médio profissional. Pareceu neste caso que o legislador acabou se contradizendo, tornando-se letra morta o art. 17, por conta de que realmente aí poderia ter havido um pequeno avanço, no sentido de ser um ingrediente a mais na luta contra a precarização do trabalho.

2.5. Empregado doméstico

Neste caso, trata-se de empregado, que acabou sendo regido por legislação específica, aplicando-se genericamente a CLT naquilo que não é tratado por legislação especial. No caso, a Lei n. 5.859/1972 é a que regula o trabalho do empregado doméstico. O empregado é aquele que presta serviços sob vínculo de emprego, sem finalidade lucrativa, a uma pessoa ou família, no âmbito residencial, sem finalidade lucrativa.

Todos os elementos que constituem a relação de emprego estarão presentes no caso do doméstico, individualizando-se pela finalidade não lucrativa. Quando se refere ao âmbito familiar, recaem muitas críticas, por conta de que o motorista particular da família também é doméstico, assim como o empregado de chácara destinada exclusivamente para o lazer.

A Constituição Federal, de forma descabida, em seu art. 7º, parágrafo único, estabeleceu quais os direitos constantes do mesmo artigo que são atribuídos ao doméstico, o que significa, segundo a melhor corrente doutrinária (da qual discordamos), que se trata de um elenco taxativo. Defende-se a tese de que, neste caso, haveria discriminação entre os demais empregados e o doméstico, contrariando os ditames dispostos no art. 7º, XXX, XXXI e XXXIII da CF. As decisões judiciais, em sua maioria, não têm atribuído ao doméstico o direito a: horas extras, FGTS (ainda opcional) e estabilidade provisória decorrente de gravidez. Ultimamente tem-se conferido ao doméstico 30 dias corridos de férias com acréscimo de 1/3.

Vale estudar os seguintes acórdãos:

> EMENTA: AS SANÇÕES PREVISTAS NOS ARTS. 467 E 477, § 8º DA CLT NÃO SE APLICAM À CATEGORIA DOS EMPREGADOS DOMÉSTICOS. O empregado doméstico

está regido por legislação específica, qual seja, a Lei n. 5.859/1972, bem como pelas disposições contidas no parágrafo único do art. 7º da Carta Magna. Os preceitos legais mencionados não asseguram o direito ao pagamento das multas previstas nos arts. 467 e 477, § 8º, da CLT. A alínea *a* do art. 7º da CLT, por sua vez, expressamente exclui os empregados domésticos dos preceitos contidos na norma consolidada. Portanto, ao explicitar o legislador constituinte que os direitos sociais outorgados aos domésticos seriam aqueles declinados no parágrafo único do art. 7º, deixou claro o propósito de excluir a categoria em questão das vantagens asseguradas aos empregados celetistas, a não ser aquelas expressamente ali ressalvadas.[44]

EMENTA: Recolhimentos previdenciários. Empregada doméstica. Salário-maternidade. Compete ao empregador efetuar os recolhimentos previdenciários do empregado doméstico, nos exatos termos do previsto no inciso V, do art. 30, da Lei n. 8.212/1991. Assim não procedendo, impede que a empregada doméstica, na hipótese de dispensa imotivada, receba o benefício do salário-maternidade, de natureza previdenciária, o qual tem garantido constitucionalmente (Constituição Federal, art. 7º, parágrafo único). Deve o empregador, assim, satisfazer o benefício diretamente, quando postulado via judicial.[45]

Contudo, foi editada a Lei n. 11.324, de 19 de julho de 2006, que alterou o art. 12 da Lei n. 9.250, de 26 de dezembro de 1995, em seu art. 4º-A trouxe a seguinte redação: "É vedada a dispensa arbitrária ou sem justa causa da empregada doméstica gestante desde a confirmação da gravidez até 5 meses após o parto".

Com isso, foi colocado fim à discussão quanto à estabilidade da empregada doméstica grávida. Da mesma forma, ficou vedado através do art. 4º, *caput* o desconto pelo empregador do salário do empregado doméstico por alimentação, vestuário, higiene e moradia. No tocante às férias, deixou de haver, por força da mesma lei, qualquer diferença de tratamento entre o empregado doméstico e os empregados em geral, tendo direito a 30 dias de férias, com 1/3 de acréscimo, a cada 12 meses de trabalho.

Defende-se aqui a tese de que pelo princípio da igualdade ou da não discriminação do trabalho, ainda que não expressamente disposto em lei, seja reconhecido ao doméstico todos os direitos conferidos aos trabalhadores em geral. Não pode ser diferente, considerando-se o princípio da valorização do trabalho humano.

2.6. Empregado rural

A Lei n. 5.889, de 8.6.1973, tratou sobre o empregado rural. A Constituição Federal vigente praticamente igualou os direitos do rurícola ao do empregado urbano. As questões ligadas ao horário noturno, salário utilidade (em alguns aspectos), podem ser citadas como exemplo para as poucas diferenças encontradas. A Emenda Constitucional n. 28 de 25.5.2000 fez com que o prazo prescricional se tornasse o mesmo para o urbano e rural no que tange à propositura de ação trabalhista.

---

(44) Tipo: Recurso Ordinário. Data de Julgamento: 31.5.2005. Relator(a): Paulo Augusto Câmara. Revisor(a): Ricardo Artur Costa e Trigueiros. Acórdão n. 20050332397 – TRT-SP.

(45) Tipo: Recurso Ordinário em Rito Sumaríssimo. Data de Julgamento: 29.10.2002. Relator(a): Mercia Tomazinho. Número do Processo: 20020366676, disponível em: <trtcons.trtsp.jus.br/dwp/consultas/acordaos/consacordaos_turmas_aconet.php> acesso em: 25 abr. 2011. Acórdão n. 20020708437 – TRT-SP.

Deve-se ter em mira que trabalhador rural não é aquele que trabalha na zona rural e urbano o que trabalha na zona urbana. O que interessa é a destinação do estabelecimento do empregador rural. Daí vem a necessidade de ser conceituada a atividade rural, como sendo aquela atividade agrícola ou pastoril voltada para a economia de mercado.

Por indústria rural compreende-se aquela que recebe a matéria-prima em estado natural, seja um produto agrário ou uma coisa do campo e que tenha origem vegetal ou animal. No produto da indústria rural, mesmo que sofrendo uma transformação, a matéria-prima não deve perder a sua natureza. Sendo assim, seja um lavrador, carpinteiro, tratorista ou até datilógrafo, será empregado rural se trabalhar para empregador rural, em propriedade rural ou prédio rústico. Ressaltam-se as hipóteses em que o empregado está sujeito à legislação própria.

O empregador rural que tiver a seu serviço, nos limites de sua propriedade, mais de 50 trabalhadores de qualquer natureza com família, é obrigado a possuir e conservar em funcionamento escola primária, inteiramente gratuita, para os menores dependentes, com tantas classes quantos sejam os grupos de 40 crianças em idade escolar.

Observa-se nos últimos anos, em especial a começar pelo norte do Estado do Paraná, algumas iniciativas para o fim de regularizar os trabalhadores rurais, em especial aqueles que trabalham poucos dias em cada propriedade rural, a qual, por ser pequena, não comporta uma contratação por longo período. Trata-se do chamado "Consórcio de empregadores rurais".

Esta iniciativa se deu através da Portaria n. 1.964/1999 expedida pelo Ministério do Trabalho, que em síntese passou a reconhecer uma pluralidade de empregadores. Não se trata da criação de uma pessoa jurídica, até porque não é esta a intenção, mas sim de uma união de empregadores que estarão contratando e que responderão solidariamente na hipótese do cumprimento com os empregados rurais dos direitos trabalhistas. Teria sido mais fácil se nesta hipótese tivesse sido criado o chamado contrato de equipe, figura esta que ainda não foi admitida no direito pátrio.

2.7. Trabalhador temporário

A Lei n. 6.019 de 3 de janeiro de 1974 trata especificamente sobre o temporário. Essa espécie de trabalhador será empregado da empresa de trabalho temporário. A subordinação jurídica será com a empresa de trabalho temporário, sendo que essa é quem responderá com os direitos do trabalhador, em face do vínculo de emprego que com ela mantém. São sujeitos dessa relação a empresa de trabalho temporário, o tomador e o trabalhador temporário.

Em que pese ainda existirem autores que defendem a tese de que aos trabalhadores temporários não foram estendidos todos os direitos trabalhistas dos trabalhadores normais. Após a CF/1988, não é mais possível sustentar este posicionamento. Trabalho temporário é aquele prestado por pessoa física a uma empresa (empresa de trabalho temporário) para atender a necessidades transitórias de substituição de pessoal regular e permanente de outra empresa (tomadora), ou a acréscimo extraordinário de serviço.

A duração do contrato não poderá exceder três meses (art. 10), salvo autorização expressa pelo órgão local do Ministério do Trabalho (DRT). A empresa tomadora elabora um contrato de mão de obra temporária com a empresa prestadora, tendo-se o limite máximo de três meses, que podem ser prorrogados por mais 90 dias, mediante justificação no Ministério do Trabalho, e deve especificar qual a finalidade da contratação (substituição ou acréscimo). Não havendo a justificativa da finalidade da contratação, poderá ocorrer a nulidade do contrato temporário, formando-se um vínculo direto entre o trabalhador e a empresa tomadora.

Fica proibida a prorrogação por mais de uma vez, mediante justificativa prévia perante o Ministério do Trabalho, o que significa que não pode haver a sucessão de contratos temporários com o mesmo trabalhador, sendo considerado procedimento fraudulento. Somente no caso de atividades transitórias, que fogem aos parâmetros normais, é que se justifica a utilização dessa modalidade de contrato. Inclusive, caso a empresa resolva contratar definitivamente o empregado que antes tenha sido contratado como temporário, desde que para a mesma função, não poderá fazê-lo por contrato de experiência.

Na maioria das vezes observa-se um desvirtuamento na utilização desta modalidade de contratação, que quando levada a juízo tem-se a descaracterização da contratação especial, fazendo com que o vínculo de emprego se forme diretamente com a tomadora da mão de obra.

3. Do empregador

De acordo com a CLT (art. 2º), empregador poderá ser tanto a pessoa física como a pessoa jurídica, que assume os riscos da atividade econômica, admite, assalaria e dirige a prestação pessoal de serviços. Todo aquele que admite empregado será tido como empregador. Observe que ao empregador caberá correr os riscos do empreendimento, justificando-se, assim, a subordinação que deve existir entre empregado para com o empregador (já estudada quando da relação de emprego). No caso da relação de emprego doméstico, o empregador sempre será pessoa física, não se admitindo pessoa jurídica.

Ocorre que na forma literal apresentada pelo art. 2º da CLT, empregador é "a empresa, individual ou coletiva". Alguns autores criticaram essa forma encontrada pela CLT para situar a pessoa do empregador porque, segundo a melhor doutrina do antigo Direito Comercial, por empresa devia se entender o conjunto de bens materiais e imateriais, organizados, compondo a pessoa jurídica. A empresa assim considerada não seria o empregador propriamente dito. No entanto, a importância que deve ser dada a essa expressão terminológica (empresa) será revelada no estudo da sucessão de empregadores, haja vista que nesta ocasião é que verdadeiramente será demonstrado o acerto da conceituação aqui apresentada, ou o fim a que ela se destinou.

Isto não quer dizer que aqui esteja sendo defendido que a empresa, tecnicamente falando, de acordo com o Direito Empresarial, se confunda com a sociedade. Apenas quer-se aqui defender, pressupondo que o texto contido na CLT não nasceu a partir de grandes exigências técnicas, que a finalidade perseguida foi preservar os direitos dos empregados.

Resta esclarecer também, seguindo o contido no § 1º do mesmo artigo, que os profissionais liberais, as instituições beneficentes, associações recreativas e outras instituições e entes, como, por exemplo, a massa falida e o espólio, poderão se constituir como empregadores.

É interessante apreender que o ser ou não empregador dependerá daquele que se encontra no polo passivo da relação, ou seja, será empregador aquele que se relacionar com um empregado. Empregador seria, então, aquele sujeito que tomou serviços em uma relação empregatícia.

Alguns autores, fazendo um estudo mais aprofundado da figura do empregador, acabam chegando a algumas conclusões que podem ser apontadas como características da figura do empregador. Vale aqui serem citadas: a) a despersonalização do empregador, através do qual se permite a continuidade do contrato de trabalho, não permitindo que o contrato de trabalho termine com a simples venda da empresa para outro proprietário; b) o compromisso com os riscos da atividade que exerce; c) o comando da atividade empresarial que exerce, podendo ser lucrativa ou não.

Deve-se deixar claro que o fato de o empregador objetivar ou não o lucro em nada altera a relação de trabalho que manterá com os seus empregados, o que quer dizer que não existem diferenças ou efeitos a serem produzidos neste tocante em relação aos vínculos de empregos estabelecidos.

3.1. Grupo de empresas ou grupo econômico

Para fins de assegurar ao empregado o recebimento dos seus direitos trabalhistas, a legislação pátria criou o instituto do grupo de empresas ou grupo econômico, que se acha descrito no mesmo art. 2º, § 2º, da CLT.

Este instituto, quando existente na situação de grupo de empresas, faz com que haja uma responsabilidade ampliada entre as empresas participantes do grupo. A estrutura do grupo de empresas se dá da seguinte forma: a) participantes (empresas); b) autonomia dos participantes; c) relação entre os participantes, através da direção, controle, administração da empresa principal em relação às demais, independente da forma societária. Segundo a CLT, a relação entre as empresas do grupo será sempre de dominação, o que se supõe uma empresa principal ou controladora e várias empresas controladas.

A forma mais rotineira de se estabelecer o controle é através da preponderância acionária, valendo citar outros fatores como: identidade nas empresas das pessoas dos sócios; empresas ocuparem o mesmo lugar e terem a mesma finalidade econômica; várias empresas estarem sob o domínio do mesmo grupo familiar; quando duas empresas têm o mesmo administrador e a administração de uma e de outra converge para a exploração do mesmo negócio; quando uma empresa, por força do contrato, obriga outra a negociar consigo, com exclusividade; quando entre várias empresas forma-se uma verdadeira linha de montagem, entre outros casos.

A lei do trabalhador rural (Lei n. 5.889/1973, art. 3º, § 2º) inovou em relação à CLT, porque criou a figura do grupo de empresas, formando-se pelo critério da horizontalidade. Neste caso, não haveria uma empresa preponderante, coordenadora das demais empresas. Pode-se ter várias empresas que dividam entre si etapas da produção, cada uma se responsabilizando por uma etapa ou fase, de forma a terem os lucros obtidos com a venda final do produto fabricado ou do serviço prestado. Neste caso, também será possível caracterizar o grupo de empresas, inclusive, com os novos processos de produção que se renovam a cada dia. Isto possibilitaria a criação de verdadeiras linhas de empresas ou redes empresariais, com vários entes se associando para o alcance da mesma finalidade econômica ou comercial. São as chamadas empresas redes ou redes empresariais, ou seja, as várias empresas que se organizam, cada uma cumprindo uma determinada etapa da produção.

Muitos autores advogam a tese do empregador único quando se referem ao grupo de empresas, como se todas as empresas que pertencem ao grupo constituíssem um único empregador. Esse fato daria inclusive a possibilidade de se ter equiparações salariais entre empregados de empresas diferentes, pertencentes ao mesmo grupo, desde que cumpridos os requisitos contidos no art. 461 da CLT.

Vale aqui citar algumas decisões judiciais sobre grupo de empresas:

> EMENTA: Grupo econômico configurado. Art. 2º, § 2º da CLT. Solidariedade devida. É certo que o art. 2º, § 2º da CLT dispõe que sempre que uma ou mais empresas, tendo, cada uma delas personalidade jurídica própria, estiverem sob direção, controle ou administração de outra, constituindo grupo industrial, comercial ou de qualquer outra atividade econômica, serão, para os efeitos da relação de emprego, solidariamente responsáveis, a empresa principal e cada uma das subordinadas. A utilização de papéis impressos contendo as logomarcas das empresas interligadas revela interesse comum, ou seja, administração coordenada. Por sua vez, a identidade de alguns sócios na composição societária das empresas demonstra a direção e atrai a aplicação do art. 2º, § 2º da CLT. Solidariedade devida em razão da configuração do grupo econômico.[46]

> EMENTA: Grupo Econômico. Não somente as empresas que se encontram subordinadas a uma única outra (*holding*) são passíveis de formarem a figura do grupo econômico, porquanto permite tanto o Direito Comercial, quanto o Direito Econômico e o Direito Empresarial, a formação do grupo por coordenação, ou seja, na linha horizontal. A solidariedade prevista no art. 2º, § 2º, consolidado, visa resguardar o efetivo recebimento dos direitos sociais por parte do empregado, dada a natureza alimentar dos mesmos, independentemente de maiores formalidades.[47]

Existem autores que defendem a tese da formação de grupo econômico entre empresas que não explorem atividades lucrativas, como, por exemplo, as chamadas

---

(46) Tipo: Recurso Ordinário. Data de Julgamento: 29.11.2005. Relator(a): Paulo Augusto Camara. Revisor(a): Ricardo Artur Costa e Trigueiros. Acórdão n. 20050863910. Processo n. 00724-2001-077-02-00-7, ano: 2003, Turma: 4ª. Data de Publicação: 13.12.2005. TRT-SP.

(47) Tipo: Recurso Ordinário. Data de julgamento: 24.3.2003. Relator(a): Jane Granzoto Torres da Silva.Revisor(a): Laura Rossi. Acórdão n. 20030132376. Processo n. 49666-2002-902-02-00-1, ano: 2002, Turma: 9ª. Data de Publicação: 11.4.2003. TRT-SP.

filantrópicas. Há decisões judiciais, inclusive que já contemplaram a possibilidade da existência do grupo de empresas nesta hipótese.

A tendência é cada vez mais surgirem novos grupos de empresas, fato que é explicado pela constituição de conglomerados empresariais, resultado da concentração de capital.

3.2. Sucessão trabalhista

Outra questão que deve ser tratada no mesmo tópico sobre o empregador é a sucessão trabalhista, que se encontra configurada no art. 10 e art. 448, ambos da CLT.

A palavra sucessão trabalhista não parece ter sido de boa escolha, por conta de que a sucessão propriamente dita é a substituição de uma pessoa por outra na mesma relação jurídica. Neste caso, deve-se entender que o contrato de trabalho é personalíssimo no que tange à pessoa do empregado e não do empregador, razão pela qual o art. 2º da CLT dispõe que a empresa é considerada como o próprio empregador.

A mudança na propriedade da empresa, a mudança na sua razão social, no nome fantasia da pessoa dos sócios ou qualquer outra mudança em nada afetará os contratos de trabalhos existentes. Por exemplo, ainda que existam ações trabalhistas propostas quando do período do empregador anterior, serão da responsabilidade do novo proprietário. O sucessor responderá por todas as obrigações trabalhistas do sucedido, não podendo existir qualquer tipo de contratação que exclua, em relação aos empregados, a responsabilidade do sucedido.

Quando se diz que a palavra sucessão foi utilizada impropriamente, é por conta de que a empresa (os bens que a guarnecem) responde pela dívida com os empregados e não a pessoa física do proprietário da empresa, salvo nos casos de desconsideração da personalidade jurídica.

> EMENTA: TRT-PR-21-11-2003 SUCESSÃO — Para efeito do crédito trabalhista, ensina Délio Maranhão, a existência de sucessão de empregadores requer apenas dois requisitos: a) que um estabelecimento, como unidade econômica jurídica, passe de um para outro titular, no todo ou em parte; b) que a prestação de serviços pelos empregadores não sofra solução de continuidade. A prova da sucessão não exige formalidade especial, cuidando-se de levar em consideração os elementos que integram a atividade empresarial: ramo de negócio, ponto, clientela, móveis, máquinas, organização e empregados. Assim, sobressaindo a transferência do estabelecimento, ou seja, a transmissão da organização produtiva, através de arrendamento, robustece a caracterização da apregoada sucessão. Tendo a agravante estabelecido as mesmas atividades no local da empresa arrendatária, utilizando as máquinas e, inclusive, permanecendo empregados, resta caracterizada a sucessão havida entre elas (arts. 10 e 448 da CLT).[48]
>
> EMENTA: TRT-PR-28-05-2004 SUCESSÃO TRABALHISTA. ALTERAÇÃO NA ESTRUTURA JURÍDICA DA EMPRESA. É sabido que vários são os tipos de sucessão de empregadores, podendo resultar de fusão, transformação, cisão, dentre outras figuras. Com efeito, dispõe o art. 10 da CLT: "Qualquer alteração na estrutura jurídica da empresa

---

(48) Recurso Ordinário n. 00812-2000-093-09-00-9-ACO-25423-2003. Relator(a): Rosemarie Diedrichs Pimpao. Publicado no DJPR em: 21.11.2003.

não afetará os direitos adquiridos por seus empregados". Reza o art. 448 do mesmo diploma legal: "A mudança na propriedade ou na estrutura jurídica da empresa não afetará os contratos de trabalho dos respectivos empregados". Logo, a cisão operada, por expressa disposição legal, não pode vir em prejuízo do crédito do trabalhador. O preposto confirmou a continuidade do negócio e a manutenção da atividade desenvolvida pela empresa sucedida, elementos que caracterizam a sucessão trabalhista. Também confirmou a aquisição de bens e contratação dos mesmos empregados que continuaram laborando normalmente para a Reclamada. Assim, não se justifica a pretensão do Recorrente, de que seja excluída sua responsabilidade pelos créditos trabalhistas, pois é do sucessor a responsabilidade pelas obrigações decorrentes da relação de trabalho estabelecida com a parte autora, na forma dos arts. 10 e 448 da CLT.[49]

Não existe na legislação pátria a responsabilidade solidária do alienante/sucedido, excetuada a hipótese de sucessão simulada com objetivos fraudulentos. Feita a sucessão, torna-se responsável pelas verbas trabalhistas apenas o sucessor. A sucessão prevê a transferência de um para outro titular de uma organização produtiva e não de máquinas ou coisas singulares. A transferência é de uma universalidade.

Enquanto efeitos, sem querer ser repetitivo, procedida a sucessão, o novo proprietário sub-roga-se em todas as obrigações trabalhistas do titular precedente, independentemente do ajuste firmado entre as partes. Desse modo, tudo permanece como antes em relação aos empregados, não se alterando tempo de serviço, direitos adquiridos, sendo que todos os efeitos jurídicos iniciados ou não no período anterior mantêm-se ou se produzem no novo período. Não existem exceções legais. A hipótese é de garantia legal plena.

Contudo, o sucedido poderá continuar a responder em situações em que o empregado foi colocado em situação de não poder receber os seus direitos. Na hipótese de o sucessor não deter mais condições de arcar com as obrigações patrimoniais, é possível defender a tese da responsabilidade do sucedido, com amparo nos arts. 1º, IV, 170 e 193, todos da Constituição Federal, considerando o valor social do trabalho, desde que o sucedido tenha também se integrado na relação jurídica processual, a fim de lhe assegurar o direito à ampla defesa. É difícil afirmar que poderia o sucedido integrar-se à lide apenas na fase executória. Porém, diante da dinâmica que deve ter o processo, parece provável tal assertiva. Resta dizer que o sucedido responderá em casos excepcionais, sendo que a regra é o sucessor responder.

É importante frisar que já existem casos em que o TST desconsiderou a existência de sucessão de empregadores na hipótese de processos de privatizações. Essa atitude é contrária a toda produção jurisprudencial e doutrinária sobre o tema sucessão, devendo tais decisões serem criticadas. Vale como exemplo a citação que segue:

> Fernando Teixeira de Brasília. Uma decisão do Tribunal Superior do Trabalho (TST) publicada na sexta-feira trouxe um bom precedente para empresas com passivos trabalhistas herdados depois de processos de cisão e aquisição. Em um entendimento incomum na Justiça trabalhista, o TST livrou a distribuidora gaúcha Rio Grande Energia (RGE) da responsabilidade por uma ação trabalhista movida contra a Companhia

---

(49) TRT-PR-02742-2002-513-09-00-8-ACO-10379-2004. Relator: Arnor Lima Neto. Publicado no DJPR em: 28 maio 2004.

Estadual de Energia Elétrica (CEEE), estatal que originou a Rio Grande em 1997 depois da privatização de parte de sua área de distribuição. A decisão declarou válida a cláusula contratual prevista no edital de licitação sobre o assunto e afastou a responsabilidade da empresa sucessora com o passivo acumulado até 1997. Proferida pela Subseção de Dissídios Individuais 1 (SDI-1) do TST, a decisão reverteu a posição adotada pelo tribunal trabalhista gaúcho e declarou que, no caso, não cabe a aplicação dos artigos da Consolidação das Leis do Trabalho (CLT) que asseguram a responsabilidade integral da empresa sucessora com as pendências trabalhistas da empresa adquirida. Assim, prevaleceu a cláusula contratual do edital que deixou expressa a divisão da responsabilidade das empresas pelo passivo acumulado. Segundo o relator do processo no Tribunal Superior, o ministro João Batista Brito Pereira, a decisão foi possível porque há ausência de configuração de grupo econômico entre as empresas cindidas, com manutenção do patrimônio próprio da sucedida, e não houve nenhuma ação de fraude contra o processo de licitação. A ressalva indica que a brecha aberta no posicionamento até hoje preponderante na Justiça do Trabalho deverá ser explorada em certos casos. De acordo com o advogado do Rio Grande no TST, Alde da Costa Santos Júnior, do escritório Tozzini, Freire, Teixeira e Silva Advogados, uma decisão deste tipo só é possível se não houver indícios de fraude na cisão das empresas — com objetivo de esconder patrimônio dos credores — e também não ocorrer prejuízo para o trabalhador. No caso da RGE, diz o advogado, o trabalhador fica ainda mais protegido cobrando da CEEE, que é uma estatal em operação até hoje em grande parte do Estado. Para o advogado Luiz Marcelo Figueiras de Góes, do escritório Barbosa Müssnich e Aragão Advogados, trata-se de um precedente raro na Justiça trabalhista, que costuma valorizar o princípio protetivo, dando o máximo de garantias aos trabalhadores. Mas no caso da Rio Grande Energia, em tese, não haveria realmente nenhum prejuízo financeiro para o empregado, dado que o empregador sucedido é o próprio Estado. Para Góes, a questão agora será obter um precedente semelhante em uma cisão no setor privado, que deverá demonstrar que a empresa cindida também é solvente. Mas a tese bem-sucedida no TST pode ser levada também a casos de aquisição de ativos sem cisão, afirma a advogada Vívian Brenna Castro Dias Mainardi, sócia do escritório Manhães Moreira Advogados. Para ela, o caso da cisão pode ser levado por analogia para situações em que a compra de ativos é equiparada a uma cisão. Segundo a advogada, na maior parte das vezes a Justiça trabalhista manda executar as duas empresas — e a disputa entre as duas acaba tendo de ser resolvida entre elas mesmas, na área cível.[(50)]

Uma questão bastante interessante vem ocorrendo naquelas hipóteses em que há um empregado trabalhando para uma empresa estatal sem concurso público e depois ocorre a privatização e o mesmo continua trabalhando. Nesse caso, o TST tem admitido a sucessão, quando o empregado continua trabalhando, apesar de julgar pela nulidade da contratação, desde a edição da Constituição Federal vigente até a ocorrência da privatização e considerando todos os direitos desse momento decorrentes (a partir da privatização) até o seu término. Trata-se de uma situação singular.

O tema ainda é tormentoso quanto à existência ou não de sucessão trabalhista no caso das privatizações ou no caso de arrendamentos, como os que ocorreram com a Rede Ferroviária Federal. Segundo posicionamentos firmados pelo Tribunal Superior

---

(50) TST. *TST desconsidera sucessão em privatização de estatal*. Disponível em: <http://www.eletrosul.gov.br/gdi/gdi/cl_pesquisa.php?pg=cl_abre&cd=knifbY7;/Xjh)> Acesso em: 2 ago. 2008.

do Trabalho, empresas que assinaram contratos de concessão de serviços ferroviários não respondem por empregados que, antes da assinatura do mesmo contrato, foram demitidos, no caso concreto analisado, pela Rede Ferroviária Federal.[51]

Pode ser extraído, incluindo o posicionamento do Tribunal Superior do Trabalho, que não ocorrerá sucessão quando as rescisões contratuais dos empregados que trabalhavam para a empresa pública ocorreram antes da privatização, não tendo o empregado trabalhado para a sucessora.

Com este posicionamento, pode a empresa que ganhou, por exemplo, um processo licitatório para prestação de serviços a um determinado ente público, exigir que aquele ente ou a empresa que estava anteriormente operando o serviço demita os empregados que ali trabalhavam, a fim de que os mesmos sejam contratados pela nova empresa que foi vitoriosa no processo licitatório e que assumirá os serviços. Neste caso, pode acontecer de a nova empresa, por comodidade funcional, querer contratar os mesmos empregados, estabelecendo novos contratos de trabalho, com salários menores inclusive. Porém, é lógico que neste caso estará se operando uma fraude, e não é possível deixar de entender que, mesmo adotando esse posicionamento reducionista sobre sucessão nos processos de privatizações, não se compreenda que no caso se operou a sucessão de empresas, levando-se, por exemplo, a não possibilidade de contratação dos mesmos empregados com salários reduzidos pela nova empresa.

O que houve no caso anteriormente citado (arrendamento da RFF) foi a valorização de cláusula constante em contrato administrativo de concessão, anteriormente constante em Edital de Privatização, excluindo de responsabilidade as empresas que viessem a assumir a concessão de serviços ferroviários, salvo se os empregados continuaram trabalhando após o processo de privatização.

Deve-se ressaltar que o arrendamento é uma forma de sucessão, o que significa que os últimos posicionamentos do Tribunal Superior do Trabalho sobre esta matéria não foram acertados, por conta de que restringiu a amplitude do instituto da sucessão de empregadores. Resta saber se o entendimento contrário à ocorrência de sucessão no caso de processos de privatizações também será aplicado nos casos de desaparecimento das estatais privatizadas. Caso seja, por certo os empregados serão prejudicados.

Em resumo, vale transcrever posição do Tribunal Superior do Trabalho, no caso dos contratos de concessão de serviços públicos, que não deixa de ser uma forma de privatização, contido na Orientação Jurisprudencial n. 225 da SDI-I do TST:

> Contrato de concessão de sérico público. Responsabilidade trabalhista. Celebrado contrato de concessão de serviço público em que uma empresa (primeira concessionária) outorga a outra (segunda concessionária), no todo ou em parte, mediante arrendamento ou qualquer outra forma contratual, a título transitório, bens de sua propriedade: "I – em caso de rescisão do contrato de trabalho após a entrada em vigor da concessão, a segunda concessionária, na condição de sucessora, responde pelos direitos decorrentes do

---

(51) Acórdão Inteiro Teor n. RO-22191/1997-000-03.00 da 4ª Turma, 19 de setembro de 2001 — Proc. n. TST-RR-575647/99.9.

contrato de trabalho, sem prejuízo da responsabilidade subsidiária da primeira concessionária pelos débitos trabalhistas contraídos até a concessão; II – no tocante ao contrato de trabalho extinto antes da vigência da concessão, a responsabilidade pelos direitos dos trabalhadores será exclusivamente da antecessora".

No que diz respeito à compra de bancos públicos (sociedades de economia mista), o TST tem decidido pela sucessão, desde que o empregado continue trabalhando, após a privatização, para a mesma empresa.

> BANCO ITAÚ S/A, BANCO BANERJ S/A E BANCO DO ESTADO DO RIO DE JANEIRO S/A SUCESSÃO TRABALHISTA. É fato público que o Banco Itaú S/A, por meio do processo de privatização do Banerj, assumiu o acervo patrimonial rentável do Banco do Estado do Rio de Janeiro S/A, antigo empregador do reclamante, e, sem solução de continuidade passou a operar seus estabelecimentos e agências bancárias, com o aproveitamento de toda a infraestrutura e corpo funcional. Nesse contexto, verifica-se típica sucessão e, por força do disposto nos arts. 10 e 448 da CLT, os direitos adquiridos pelos empregados, perante o antigo empregador, permanecem íntegros, independentemente da transformação que possa ocorrer com a pessoa física ou jurídica detentora da empresa ou de sua organização produtiva, de forma que o novo explorador da atividade econômica torna-se responsável por todos os encargos decorrentes da relação de emprego. Trata-se, na verdade, da aplicação do princípio da despersonalização do empregador, em que a empresa, como objeto de direito, representa a garantia de cumprimento das obrigações trabalhistas, independentemente de qualquer alteração ou modificação que possa ocorrer em sua propriedade ou estrutura orgânica. Nesse sentido posicionou-se a SDI, por meio da Orientação Jurisprudencial n. 261: As obrigações trabalhistas, inclusive as contraídas à época em que os empregados trabalhavam para o banco sucedido, são de responsabilidade do sucessor, uma vez que a este foram transferidos os ativos, as agências, os direitos e deveres contratuais, caracterizando típica sucessão trabalhista. Recurso de revista não conhecido.[52]

Esta questão ainda se faz tormentosa, por conta do contido no art. 141, § 2º, da Lei n. 11.101/2005 (Lei de Falência). No caso de o empregado da empresa, o qual teve sua falência decretada, continuar trabalhando agora para a empresa que arrematou os bens, na forma judicial ou extrajudicial, terá com o adquirente um novo contrato de trabalho, o que significa a sua não responsabilização em relação ao tempo anterior à arrematação dos bens. A mesma coisa se aplica no processo de recuperação judicial.

A questão acima pode ser sintetizada através do estudo dos efeitos da Falência (Lei n. 11.101/2005) no caso da sucessão trabalhista ou no caso de recuperação judicial. A arrematação dos bens não acarretará sucessão trabalhista, inclusive de créditos tributários e previdenciários. A impressão que se tem é que a lei de falência transferiu aos empregados os riscos empresariais. Situação esta que acaba desrespeitando regras mais comezinhas do Direito do Trabalho, muito embora muitos defendam que com essa limitação se estaria gerando maiores condições de os empregados receberem seus direitos trabalhistas, já que a empresa arrematada teria seus bens mais valorados e o produto da arrematação serviria para pagamento de créditos trabalhistas, que são créditos privilegiadíssimos, o que significa que seriam os primeiros a serem solvidos.

---

(52) Disponível em: <http://br.vlex.com/vid/41175660> Acesso em: 20 nov. 2009.

Todavia, tudo indica que na prática o que pregou a teoria não vem acontecendo. No final de 2009, o TST deixou de reconhecer a sucessão no caso Varig e VarigLog, ficando esta última excluída do polo passivo da relação jurídica processual. Isso significa que naquela decisão — que não se referia diretamente ao caso VarigLog, mas sim à declaração ou não de inconstitucionalidade de parte, da então nova lei de falência — já havia ficado firmada a não responsabilidade da Gol pelos créditos trabalhistas anteriores à arrematação.

Na prática, o que fez o TST foi repetir decisão já tomada pelo Supremo Tribunal Federal quando em maio de 2009 julgou Ação Direta de Inconstitucionalidade, declarando constitucional o texto contido no art. 60 da Lei de Falência (ADI 3934, rel. Ministro Ricardo Levadowiski, em 27.5.2009)[53]. Em termos objetivos, com aquela decisão, a Gol, caso mais mencionado (Gol Varig), que havia adquirido a VarigLog, deixaria de suceder a adquirente em qualquer tipo de dívida, inclusive a trabalhista, visto que aquela deixava de suceder a Varig.

Sobre a Ação Direta de Inconstitucionalidade contra dispositivos da Lei de Falência, vale transcrever a ementa do julgado proferido pelo Supremo Tribunal Federal, considerando as repercussões que trouxe para o instituto da sucessão trabalhista.

> ADI n. 3.934/DF — DISTRITO FEDERAL. AÇÃO DIRETA DE INCONSTITUCIONALIDADE. Relator(a): Min. RICARDO LEWANDOWSKI. Julgamento: 27.5.2009. Órgão Julgador: Tribunal Pleno. Publicação DJe-208 DIVULG 5.11.2009 PUBLIC 6.11.2009. EMENT VOL-02381-02 PP-00374 Parte(s) REQTE.(S): PARTIDO DEMOCRÁTICO TRABALHISTA ADV.(A/S): SEBASTIÃO JOSÉ DA MOTTA E OUTRO(A/S) REQDO.(A/S): PRESIDENTE DA REPÚBLICA ADV.(A/S): ADVOGADO-GERAL DA UNIÃO;REQDO.(A/S): CONGRESSO NACIONAL. INTDO.(A/S): SINDICATO NACIONAL DOS AEROVIÁRIOS. ADV.(A/S): ELIASIBE DE CARVALHO SIMÕES E OUTROS. ADV.(A/S): DAMARES MEDINA. INTDO.(A/S): CONFEDERAÇÃO NACIONAL DA INDÚSTRIA — CNI ADV.(A/S): SÉRGIO MURILO SANTOS CAMPINHO E OUTRO(A/S) ADV.(A/S): CASSIO AUGUSTO MUNIZ BORGES. EMENTA: AÇÃO DIRETA DE INCONSTITUCIONALIDADE. ARTS. 60, PARÁGRAFO ÚNICO, 83, I E IV, *c*, E 141, II, DA LEI N. 11.101/2005. FALÊNCIA E RECUPERAÇÃO JUDICIAL. INEXISTÊNCIA DE OFENSA AOS ARTS. 1º, III E IV, 6º, 7º, I, E 170, DA CONSTITUIÇÃO FEDERAL de 1988. ADI JULGADA IMPROCEDENTE. I – Inexiste reserva constitucional de lei complementar para a execução dos créditos trabalhistas decorrente de falência ou recuperação judicial. II – Não há, também, inconstitucionalidade quanto à ausência de sucessão de créditos trabalhistas. III – Igualmente não existe ofensa à Constituição no tocante ao limite de conversão de créditos trabalhistas em quirografários. IV – Diploma legal que objetiva prestigiar a função social da empresa e assegurar, tanto quanto possível, a preservação dos postos de trabalho. V – Ação direta julgada improcedente.
>
> Decisão:
>
> O Tribunal, por maioria e nos termos do voto do Relator, julgou improcedente a *ação direta de inconstitucionalidade,* vencidos os Senhores Ministros Carlos Britto e Marco

---

(53) RR-1260/2006-04-00.9. *Revista Consultor Jurídico*. Disponível em: <htttp://www.conjur.com.br/2009-nov-09/variglog-excluida-acao-trabalhista-varig> Acesso em: 22 jan. 2010.

Aurélio, que a julgavam parcialmente procedente nos termos *de* seus votos. Votou o Presidente, Ministro Gilmar Mendes. Ausente, licenciado, o Senhor Ministro Menezes Direito. Falaram, pelo requerente, Partido Democrático Trabalhista, o Dr. Otávio Bezerra Neves; pelo *amicus curiae*, Sindicato Nacional dos Aeroviários, a Dra. Eliasibe *de* Carvalho Simões; pelo requerido, Presidente da República, o Advogado-Geral da União, Ministro José Antônio Dias Toffoli; pelo requerido, Congresso Nacional, o Dr. Luiz Fernando Bandeira *de* Mello, Advogado-Geral do Senado e, pelo *amicus curiae*, Confederação Nacional da Indústria — CNI, o Dr. Sérgio Murilo Santos Campinho. Plenário, 27.5.2009 (grifos do original)[54].

Várias questões que envolveram a Lei de Falência foram decididas pelo respeitável julgado, valendo citar: a prioridade dos créditos trabalhistas, a preservação da atividade econômica ante os valores sociais do trabalho, a facilidade e ou valorização das empresas públicas em processos de privatização, sucessão de empregadores, dentre outros que aqui não se torna possível citar. Fica difícil neste momento querer analisar com profundidade todos os efeitos produzidos pelo referido aresto, porém, cumpre aqui perquirir sobre os dois pontos que merecem equilíbrio. Ou seja, a manutenção da atividade empresarial ou econômica, com sua função social, e a garantia dos valores sociais.

Dependendo do caso concreto, como acontece com os processos de privatizações, parece que saíram perdendo os valores sociais do trabalho, ante previsões contidas em editais licitatórios, que não podem produzir efeitos para aqueles que são protegidos por normas de ordem pública. Porém, trata-se de um assunto, repita-se, que deve ser discutido com o máximo de profundidade. Aqui, foi dada ênfase apenas à questão da sucessão de empregadores.

3.3. Responsabilidade trabalhista sem vínculo empregatício

Existem também as chamadas hipóteses de responsabilidade trabalhista sem vínculo empregatício, como é o caso citado no art. 455 da CLT. Trata-se de uma típica terceirização.

A terceirização ocorre na hipótese de uma descentralização de atividades da empresa. Antigamente, a empresa se sentia bem-sucedida quando conseguia ser autossuficiente, realizando quase que por completo todos os estágios de produção. Existiram empresas de ônibus que podiam quase que fabricar um ônibus em suas oficinas. Faziam a limpeza dos seus carros, processos de higienização, aperfeiçoamentos de chassis e outras coisas mais. Observa-se atualmente que grande parte desses trabalhos foram repassados para outras empresas, que se importarão especificamente com suas frações.

Embora não exista um tratamento genérico normativo, o TST acabou editando a Súmula n. 331, que trata em parte sobre o disciplinamento da terceirização no Brasil. Um dos aspectos principais diz respeito à questão daquilo que pode ser terceirizado, no caso, as atividades secundárias da empresa. Hoje se observa, porém, que está se terceirizando a atividade primária, secundária e inclusive fala-se em quarteirização,

---

(54) Disponível em: <http://www.stf.jus.br/portal/jurisprudencia/listarJurisprudencia.asp?s1=ação direta de inconstitucionalidade lei de falência&base=baseAcordaos> Acesso em: 2 fev. 2010.

fazendo com que o trabalhador perca até a sua própria identidade, na medida em que nem sabe ele localizar quem é o seu verdadeiro empregador.

As fábricas pulverizaram a sua produção, não mais se fazendo por uma única fábrica ou em um único local. Segundo Jorge Souto Maior:

> A terceirização apresenta-se, assim, como uma técnica administrativa, que provoca o enxugamento da grande empresa, transferindo parte de seus serviços para outras empresas.[55]

Segundo o mesmo autor, a terceirização, da forma como ocorre no Brasil, pode levar à precarização do próprio trabalho, uma vez que visa apenas e tão somente às empresas que encampam a terceirização como forma para a redução de custos. Em princípio, a terceirização tem como principal objetivo não simplesmente a redução de custos, mas dar condições para que a empresa possa, com o processo de repasse de suas atividades secundárias para outras empresas, ter mais tempo para se dedicar à atividade principal.

O que importa para este ponto do estudo é a questão referente ao art. 445 da CLT, da qual não é possível fugir. De acordo com uma interpretação literal, a responsabilidade incide apenas na hipótese de subempreitada, não de empreitada simples, aplicando-se somente sobre o empreiteiro principal, sobre o dono da obra, contratante original e beneficiário do trabalho realizado. Embora existam posicionamentos contrários, defende-se aqui a tese da responsabilidade solidária, o que significa que não é necessário provar que o subempreiteiro não detém condições para responder com a dívida perante o seu empregado, para que depois possa se responsabilizar o empreiteiro principal.

É desnecessária a prova da fraude ou insolvência do subempreiteiro para responsabilizar o empreiteiro principal. A respeito do tema ensina Délio Maranhão:

> Na subempreitada, tanto o empreiteiro principal como o subempreiteiro desenvolvem uma atividade econômica cujos riscos assumem, e para a qual se utilizam do trabalho alheio, que assalariam e dirigem: são empregadores. Procurando resguardar os empregados contratados pelo subempreiteiro do perigo que para eles poderia decorrer da subempreitada, nem sempre possuindo os subempreiteiros idoneidade econômica ou financeira para arcar com as responsabilidades dos contratos de trabalho, dispôs o art. 445 da Consolidação que lhes cabe reclamar diretamente do empreiteiro principal o que lhes for devido pelo subempreiteiro inadimplente. Não precisam provar, como se tem pretendido, a insolvência do subempreiteiro. A lei se refere, claramente, à inadimplência: descumprimento das obrigações a seu cargo. É um caso típico de solidariedade passiva por força de lei.[56]

No caso do dono da obra, vale citar a Orientação Jurisprudencial n. 191 (SDI-1) do TST, sendo que, em regra, o dono da obra não responde pelos direitos trabalhistas

---

(55) MAIOR, Jorge Luiz Souto. A terceirização sob uma perspectiva humanista. *Revista do TST*, Brasília, v. 70, n. 1, jan./jun. 2004. p. 119.

(56) MARANHÃO, Délio. *Direito do Trabalho*. 17. ed. Rio de Janeiro: Fundação Getúlio Vargas, 1993. p. 186-187.

dos empregados do empreiteiro, salvo no caso de fraude ou em se tratando de empresa construtora ou incorporadora.

3.4. Da desconsideração da personalidade jurídica do empregador

É importante frisar que o instituto da desconsideração não significou um retrocesso para a pessoa jurídica. Na verdade, o que se tentou é não deixar que a pessoa jurídica sirva de escudo para que os seus proprietários cometam fraudes. Nô art. 50 do Código Civil serão encontrados requisitos que necessitam ver cumpridos para a aplicação pelo juiz do referido instituto, que são a confusão patrimonial e o desvio de finalidade.

Em regra, é autorizada a desconsideração da personalidade jurídica na hipótese de fraude, de desvio das finalidades da pessoa jurídica, podendo, nesse caso, ser alcançados os patrimônios dos sócios. No entanto, a questão torna-se mais tormentosa ainda quando se pretende aplicar tal instituto no Direito do Trabalho, por conta de que nesta seara tem-se o princípio da proteção dos créditos do trabalhador. Isso faz com que, em muitas decisões, não seja levado em conta o cumprimento ou não dos requisitos estabelecidos no estatuto civil.

De uma forma mais direta, se o patrimônio da empresa for insuficiente, a Justiça do Trabalho, com base no art. 10 da CLT e no instituto da desconsideração da personalidade jurídica da empresa, tendo em vista a proteção do hipossuficiente e baseando-se também no fato de que o empregado não pode correr os riscos empresariais, vem autorizando a constrição dos bens particulares dos sócios, mesmo que não provada objetivamente a fraude na condução das atividades empresariais. A pergunta que se faz é no sentido de se saber se verdadeiramente se trata da desconsideração da personalidade jurídica.

Na verdade, o que acontece nestes casos é que a inexistência de bens em nome da empresa presume a má gestão empresarial, levando ao alcance dos bens dos sócios (pessoas físicas) que formam a união societária. Nesse caso é levado em conta qual dos sócios foi o administrador ou a participação de cada um na sociedade constituída de forma limitada. Não importando inclusive, em alguns casos, se o sócio a ser alcançado já deixou de pertencer à sociedade. A responsabilidade acaba sendo solidária entre os sócios.

Muitas críticas são construídas no sentido de também na esfera trabalhista serem estabelecidos limites para a despersonalização, ou seja, para a quebra das barreiras que separam o patrimônio da pessoa jurídica do patrimônio das pessoas dos sócios. Contudo, conforme já afirmado, não é este o caminho que está sendo trilhado pela maioria dos tribunais trabalhistas. Muito embora deva prevalecer o apego à valorização do trabalho humano, por outro lado deve-se também promover critérios para não gerar uma solidariedade injusta e desmedida sob pena de elevar os custos empresariais e, com isso, prejudicar indiretamente a formação das relações de trabalho no Brasil.

A questão da desconsideração da personalidade jurídica surge quando expedido o mandado de citação na execução. O devedor não nomeia bens à penhora e também não são encontrados em nome da pessoa jurídica bens suficientes para satisfazer a execução. O que ocorrerá neste caso? Penhoram-se bens dos sócios da empresa?

Deve-se deixar claro que a teoria da desconsideração da personalidade jurídica somente veio a ser positivada no Brasil a partir da Lei n. 10.406/2002, em seu art. 50 (novo Código Civil), que apresenta a seguinte redação:

> Em caso de abuso da personalidade jurídica, caracterizado pelo desvio da finalidade, ou pela confusão patrimonial, pode o juiz decidir, a requerimento da parte, ou do Ministério Público quando lhe couber intervir no processo, que os efeitos de certas e determinadas relações de obrigações sejam estendidos aos bens particulares dos administradores ou sócios da pessoa jurídica.

Na verdade, embora muitos autores ainda afirmem que na hipótese de buscar o patrimônio pessoal dos sócios para satisfazer a dívida da empresa seja um caso de desconsideração da personalidade jurídica, não é bem isso que se sucede no processo do trabalho. Segundo o contido nos arts. 592 e 596 do CPC, esgotados os bens da empresa, o patrimônio dos sócios poderá responder por aquela dívida. Unindo-se a estes dispositivos legais, os arts. 4º, § 3º, e 29 da Lei n. 6.830/1980, que é aplicado ao Direito Processual do Trabalho por força do art. 899 da CLT, tem-se uma situação que merece maior estudo.

No caso, não se exige os requisitos contidos no art. 50 do CC para que o patrimônio dos sócios seja atingido. Esgotadas as possibilidades de localização de bens em nome da pessoa jurídica, a penhora recairá sobre os bens dos sócios, porque os riscos da atividade empresarial não podem ser transferidos às pessoas dos empregados.

A questão, todavia, não pode se prender a nomenclaturas. Segundo estudos feitos nas decisões que estão sendo tomadas pelos tribunais especializados sobre esta matéria, o que vale é o empregado poder efetivamente receber aquilo que lhe é de direito. Basta a devedora, empresa, não deter bens que já é possível haver a penhora do patrimônio dos sócios, principalmente em razão do privilégio que detém os créditos trabalhistas.

Algumas correntes doutrinárias defendem que, na hipótese de sociedades anônimas e nas de responsabilidade limitada, para que os bens dos sócios venham a responder, dependerá da comprovação de excesso de poder, fraude à execução, violação literal de dispositivo de lei ou insuficiência de capital social para desenvolver a atividade empresarial. Nesse caso, dependeria da prova sobre o desvio da função da empresa.

Não parece recomendável ao empregado, mesmo nesses casos, ter de fazer a prova do abuso no gerenciamento da empresa, principalmente em razão da situação em que ele se encontra na empresa. Ou seja, em muitas situações, ele não tem conhecimento do destino empresarial e, na maioria das vezes, sem qualquer possibilidade de produzir tal prova. Não pode ser esquecido que o empregado se encontra sob a direção do empregador, atendendo a suas ordens e seguindo aquilo que foi programado em termos de organização empresarial.

No campo da justiça comum, a situação pode ser outra, principalmente quanto à responsabilidade do sócio minoritário. Quais sócios que responderão na aplicação da desconsideração da personalidade jurídica em se tratando de processo do trabalho? Somente os majoritários ou o sócio gerente que possui efetivamente poderes de comando da empresa ou também os sócios minoritários? A questão por enquanto está da seguinte forma: tem-se estabelecido uma espécie de solidariedade passiva entre os sócios, toda vez que se decreta a desconsideração da personalidade jurídica. Esta questão merece ser melhor debatida.

Diante de tais situações, as seguintes conclusões parciais podem ser extraídas: 1. que todos os sócios respondem, na hipótese de a empresa não estar guarnecida de bens para atender aos créditos trabalhistas; 2. existe certa solidariedade entre os sócios, pouco importando o que cada um exerce ou qual posição ocupa na empresa; 3. a forma que vem sendo adotada para atingir o patrimônio dos sócios independe da prova a ser feita pelo empregado de fraude ou desvio de patrimônio, importando a garantia dos créditos dos empregados.

3.5. Espécies de contrato de trabalho

Já foi explicado em páginas anteriores que para se formar um contrato de emprego, deve haver a vontade de ambas as partes neste sentido. Sem o elemento volitivo não há que se falar em relação de trabalho subordinado. No entanto, a lei divide o contrato de trabalho em dois grandes grupos, sendo o primeiro grupo os contratos por prazo indeterminado e o segundo os contratos por prazo determinado.

3.5.1. Contratos de trabalho por prazo indeterminado

O primeiro diz respeito ao contrato por prazo indeterminado, que é a regra geral, em que as partes, quando da contratação, não estabelecem o termo final do contrato. Ele terá um fim que será colocado ou pelo empregador ou pelo empregado. É a forma de contratação genérica, pressupondo-se que todo trabalhador tenha um emprego para suprir as suas necessidades enquanto durar a sua vida produtiva. A segunda espécie, que diz respeito à exceção, é o contrato por prazo determinado, sendo aquele que, já na contratação, tem um prazo de vigência estabelecido pelas partes, com um termo final estabelecido (art. 443, §§ 1º e 2º da CLT).

Segundo Amauri Mascaro do Nascimento, se for concluído que todo vínculo entre empregado e empregador tem como causa eficiente a vontade, não há que se falar em "empregados sem contrato". A palavra contrato valeria para designar o trato do emprego, sempre existente, de modo claro ou subentendido.

O contrato de trabalho, por excelência, é informal, salvo quando a lei prescreve uma forma a ele, sendo esta necessária para a sua própria validade. São situações excepcionais, valendo dizer, por exemplo, o contrato de atleta profissional de futebol, onde é exigida a forma escrita, muito embora ainda que não atenda à forma exigida, não significará que o atleta profissional não fluirá dos seus direitos trabalhistas (Lei n. 6.354/1976).

O contrato por prazo indeterminado, como já referido neste estudo, é a exteriorização do princípio da continuidade do contrato de trabalho, que por sua vez advém do princípio da valorização do trabalho humano. De tudo o que foi estudado até o momento, dispensa-se maiores comentários para afirmar que este tipo de contratação deve ser a regra geral.

3.5.2. Contrato de trabalho por prazo determinado (art. 443, §§ 1º e 2º, da CLT)

Está se tornando regra geral o contrato que foi concebido para ser exceção. Isso se dá principalmente por conta da alta rotatividade de mão de obra, a exemplo dos contratos de curta duração. Há também empresas que se organizam de forma a ter trabalhadores por curta duração de tempo de serviço. No entanto, segundo regra contida no art. 443, § 2º, da CLT, por ser exceção, somente será válido enquanto contrato por prazo determinado quando atendidos os requisitos para a sua formação, conforme abaixo passam a ser estudados.

Os requisitos para a validade do contrato por prazo determinado são: a) transitoriedade (art. 443, § 2º, *a*, da CLT): aquela atividade que se limita no tempo, não precisando ser diversa daquela que a empresa permanentemente venha a desenvolver. Não precisa ser diversa daquela a que a empresa se dedica. Ex.: empresa que, ao final do ano, recebe um pedido que, pela quantidade, foge a sua rotina, autorizando, assim, a contratação de mais funcionários por contrato por prazo determinado; b) atividade empresarial transitória (art. 443, § 2º, *b*, da CLT): aqui a transitoriedade é da empresa, cuja existência limitar-se-á no tempo, pelos próprios fins a que se destina. Ex.: uma empresa que é constituída para o fim específico de construir uma ponte, ou casa de venda de fogos de artifício, que existirá durante o mês de junho.

O outro requisito é quanto ao prazo de duração. Não pode ser esquecido que o contrato por prazo determinado tem duração máxima de dois anos, se persistir a causa que lhe deu origem, poderá ser renovada uma única vez, desde que somados o tempo originário e o prorrogado não ultrapassem dois anos (arts. 445 e 451, ambos da CLT). O art. 452 da CLT proíbe que um contrato por prazo determinado seja sucedido por outro dentro de um período de seis meses. Em ocorrendo terá como consequência a transformação em contrato por prazo determinado.

Deve ser ressaltado que o termo final do contrato não precisa estar vinculado a um dia determinado, podendo também estar vinculado a um acontecimento, como, por exemplo, o fim da safra de algodão ou o retorno do empregado João da Silva. Nesta última hipótese, o contrato ocorrerá em se tratando de contratação para fins de substituição temporária de pessoal.

No que diz respeito à suspensão ou interrupção desse tipo de contrato, a posição doutrinária é no sentido de que não há prorrogação do contrato por prazo determinado além do termo final previamente estabelecido. E não poderia ser diferente, em considerando que efetivamente o contrato por prazo determinado é a exceção, razão pela qual ele se justifica por uma certa periodicidade, ainda que o motivo de sua suspensão tenha sido sem que o empregado tenha agido por culpa ou dolo.

Sendo assim, ainda que o empregado contratado por prazo determinado sofra acidente de trabalho e fique com o seu contrato suspenso por 60 dias, por exemplo, quando voltar à ativa, cumprirá o restante do tempo que faltar para o término do contrato. Ou seja, o tempo em que o contrato manteve-se suspenso conta no período estabelecido. Melhor explicando, o empregado foi contratado por oito meses através de contrato por prazo determinado para atender à necessidade inadiável relacionada a acúmulo de serviço; no terceiro mês sofre acidente de trabalho, afastando-se por dois meses do trabalho; quando retornar, cumprirá o que falta para completar o tempo de contrato, ou seja, os três meses restantes. Os dois meses que ficou fora do trabalho não serão repostos.

Existem algumas consequências com repercussão econômica ao término do contrato de trabalho por prazo determinado, se comparado com o contrato por prazo indeterminado, valendo citá-las: a) não há aviso-prévio para o contrato por prazo determinado; b) não cabe a multa dos 40% do FGTS; c) não há estabilidade provisória no emprego (dirigente sindical, gestante, acidente de trabalho etc.). É lógico que as consequências jurídicas acima somente se aplicarão quando diante de um autêntico contrato por prazo determinado, isto porque em muitos casos, embora figure o nome contrato por prazo determinado, efetivamente ter-se-á um contrato por prazo indeterminado.

Entende-se que em ocorrendo, essa transformação se operará desde o início, salvo se a expiração deste dependeu da execução de serviços especializados ou da realização de certos acontecimentos.

Convém salientar que "A sucessão de contratos por obra certa, porém, não modifica os referidos pactos para contrato por prazo indeterminado, pois é possível que haja a contratação por obra certa". Terminada esta, o empregado é contratado para outra obra certa, havendo uma sucessão de contratos de obra certa." (*Op. cit.* p. 107), isto porque tal modalidade de contrato encontra amparo na exceção da regra contida no art. 452 da CLT, *in verbis*.[57]

Uma outra questão que se coloca é quanto à rescisão antecipada do contrato por prazo determinado, ou seja, antes que alcance o termo final. Neste caso, cabe a aplicação dos arts. 479 e 481 da CLT, devendo identificar se no contrato existe ou não a chamada cláusula assecuratória do direito recíproco de rescisão antecipada. Se não existiu, a parte que der causa à rescisão antecipada deverá indenizar a outra pela metade do tempo que ficou faltando para se chegar ao término do contrato. Caso exista, a rescisão se dará da mesma forma que a rescisão para os contratos por prazo indeterminado.

Esta modalidade de contratação não pode ser confundida com aquela prevista na Lei n. 9.601/1998, que também apresenta o nome de contrato por prazo determinado e que possui como finalidade incentivar a empresa a admitir empregados. Neste caso (o da lei), Convenção e Acordo Coletivo poderão instituir contratação por prazo determinado independentemente do cumprimento dos requisitos dispostos no art. 443, § 2º, da

---

(57) TRT-RO 1597/201. Relator: Tarcísio Valente; Revisor: João Carlos. Disponível em: <http://www.trt23.gov.br/acordaos/2001/Pb01037/RO011597.htm> Acesso em: 3 maio 2008.

CLT, desde que não seja para a substituição de pessoal permanente. Para esta modalidade de contrato não se aplica a mesma regra sobre prorrogação acima estudada, no que tange à sua transformação em contrato por prazo indeterminado.

3.5.2.1. Contrato de experiência

Trata-se de uma modalidade ou espécie de contrato por prazo determinado, destinado à avaliação do empregado para o desempenho da função dentro de uma organização empresarial. Para alguns autores, porém, trata-se de uma cláusula autônoma com valor de contrato, incidindo sobre qualquer tipo de qualificação de mão de obra, sendo que a lei não fixa um momento certo para a avaliação do empregado, ocorrendo ao longo de todo o contrato, que não poderá ser superior a 90 dias (note que o prazo está fixado em dias e não em meses) (art. 445, parágrafo único, da CLT). Aplica-se quando de sua rescisão os mesmos efeitos gerais do contrato por prazo determinado aqui já estudado.

Discute-se se o contrato de experiência deve ser feito necessariamente por escrito. Não há disposição legal que imponha tal obrigação, razão pela qual não se constitui a forma escrita em requisito de validade. O que pode ser afirmado é que, considerando que a regra geral do contrato de trabalho é a forma indeterminada, na hipótese de ter havido um contrato de experiência (modalidade de contrato por prazo determinado), a prova da existência desta modalidade de contrato pertencerá ao empregador, sendo que, tendo ele sido feito na forma verbal, ficará mais difícil fazer a sua prova.

Sendo assim, ultrapassado o período de 90 dias, ainda que em um ou dois dias, ter-se-á um contrato por prazo indeterminado ou ainda uma segunda prorrogação, independentemente de se estar ou não dentro do prazo de 90 dias.

Quanto à hipótese de existir um período de experiência em contrato por obra certa, cumpre esclarecer que o contrato por obra certa não admite período de experiência, uma vez que se assim o fizer, o contrato por prazo determinado passará a ser indeterminado, consoante art. 451, da CLT, já acima transcrito. Regra geral: um contrato por prazo determinado não pode suceder a outro por prazo determinado, sob pena de o segundo contrato ser considerado por prazo indeterminado.

3.5.2.2. Contrato de aprendizagem

O art. 428 da CLT, que sofreu alteração através da Lei n. 11.180/2005, e pelo Decreto n. 5.598/2005, trouxe esclarecimentos quanto à responsabilidade do empregador nesta forma de contratação. Como resultado, teve-se o aumento do número de vagas para experiência, uma vez que se aumentou o percentual, levando-se em conta o que antes estava estabelecido, bem como deu uma correta aplicação ao Estatuto da Criança e do Adolescente.

O contrato de aprendizagem, conforme já anteriormente estudado, é um contrato especial. Ele deve ser feito por escrito (veja a exigência da forma), por prazo determinado, em que o empregador se obriga a assegurar ao maior de 14 anos e menos de 24 (houve aqui alteração do limite máximo por força da nova lei), desde que este esteja inscrito em programa de formação profissional, aprendizagem, compatível com o seu desenvolvimento físico, psicológico, moral, a executar tarefas necessárias à sua formação.

É muito importante que fique claro que o objetivo principal desta modalidade de contratação é estar fornecendo ao menor a formação técnica profissional, tornando-o um profissional qualificado e capacitado para as necessidades do mercado de trabalho, bem como formação moral e espírito de grupo, contribuindo, assim, não somente com a questão profissional.

No caso do limite de idade máximo, a maioria dos estudiosos do assunto viu com bons olhos tal mudança, especialmente no que diz respeito ao portador de necessidades especiais (não recomendamos o uso do termo deficiência), que neste caso não existe limite de idade (art. 428, § 5º, da CLT). Note-se que o contrato de aprendizagem, sob esta nova sistemática, não abrange somente os menores de 18 anos, especialmente no que se refere aos portadores de necessidades especiais.

Outra questão de grande importância diz respeito ao prazo deste contrato, que na forma do art. 428, § 3º, é de no máximo dois anos, razão pela qual ao término deste prazo ter-se-á a sua extinção. Na hipótese de o contratado continuar trabalhando, por certo se transformará em contrato por prazo indeterminado.

Existem várias discussões quanto às diversas formas de extinção antecipada desta modalidade de contrato, cabendo aqui a citação do contido no art. 433 da CLT, que em seus incisos apresenta as seguintes hipóteses: I – desempenho insuficiente ou inadaptação do aprendiz; II – falta disciplinar grave; III – ausência injustificada à escola que implique perda do ano letivo; e IV – a pedido do aprendiz.

Algumas questões devem ser levadas em conta para o estudo destas hipóteses. A primeira delas trata-se do desempenho insuficiente. Como considerar o desempenho insuficiente? Trata-se da insuficiência no trabalho ou na escola? Parece que se trata das duas coisas, não necessariamente juntas. Ou uma ou outra.

A falta disciplinar grave deve ser considerada com algumas atenuantes, se comparada à falta grave na forma como se aplica em se tratando do contrato de emprego propriamente dito, por considerar a questão aprendizagem, formação moral e profissional que são o norte do contrato de aprendizagem. Desta feita, o requisito proporcionalidade e contextualização (que mais adiante serão estudados), para fins de mensurar a gravidade da falta, devem ser analisados levando-se em conta o aspecto finalístico desta espécie de contrato.

No caso da ausência injustificada à escola, deve-se deixar claro que não é a ausência pela ausência que leva ao encerramento antecipado do contrato e sim a perda do ano letivo, que pode se dar pela ausência ou pelo péssimo aproveitamento em virtude das ausências. É bom que se esclareça esta hipótese, por conta de que a ausência pela ausência não leva ao fim antecipado do contrato de aprendizagem.

Agora, será que caberia a demissão sem justa causa do aprendiz? Parece que esta é uma hipótese que contrariaria a finalidade do contrato. Assim, não é admissível, por conta da obrigação legal dos percentuais estabelecidos por lei para a empresa, ou por conta de se tratar de um contrato especial em que não se admite formalmente a rescisão antecipada (ver art. 433, § 2º, da CLT).

No último caso, a pedido do próprio aprendiz. Resta saber se, no caso, este pedido deve estar acompanhado dos seus representantes legais. Sem dúvida que, em se tratando de menor de 18 anos, vai ser necessária a assistência do seu representante legal. O mesmo não acontece quando o aprendiz é capaz. A questão aí é falta de capacidade e não de se tratar ou não de contrato especial.

Outra questão que merece ser lembrada é quanto à não aplicação do contido nos arts. 479 e 480, quando a rescisão ocorre na forma antecipada (art. 433, § 2º, da CLT). E não podia ser diferente, haja vista que quem deu causa foi o aprendiz. Também não se comete qualquer injustiça para a empresa empregadora, em razão da especialidade do contrato, que no caso é um contrato de aprendizagem. Caso fosse diferente, a antecipação levaria a determinadas perdas econômicas para o empregado, como, por exemplo, o pagamento de aviso-prévio, ou metade do tempo restante para completar o contrato, de acordo com a hipótese de haver ou não cláusula de direito recíproco de rescisão antecipada.

Então, como ficará a questão do recebimento de suas verbas rescisórias quando o empregado aprendiz der causa? Ele receberá os dias trabalhados e os demais direitos trabalhistas proporcionais ao tempo de trabalho. E o FGTS, como ficará? Considerando que o contrato de aprendizagem é regulado pela Lei n. 8.960/1991, com exceção daquilo que vem disposto especificamente no Decreto n. 5.598/2005 (art. 24), não caberá o seu saque, por ter ele dado motivo à rescisão. Da mesma forma como funciona para os contratos por prazo determinado em geral, o contrato de aprendizagem não deixa de ser uma modalidade de contrato por prazo determinado.

Ao aprendiz a jornada de trabalho foi limitada em seis horas, proibida a prorrogação ou compensação (art. 432 da CLT). Poderá ser de até oito horas se computado o tempo gasto à aprendizagem teórica, desde que completado o ensino fundamental.

O empregado aprendiz receberá salário levando-se em conta o valor mínimo da hora trabalhada, considerando-se o salário mínimo. Com a finalidade de reduzir os custos para a empresa empregadora, diminuiu-se o valor a ser depositado a título de FGTS, que de 8% para as situações normais passou para 2% (art. 24 do Decreto n. 5.598/2005). Não pode ser esquecido que, embora tenha sido fixado o valor-hora do salário mínimo, em havendo piso da categoria firmado em convenção ou acordo coletivo de trabalho, aplicar-se-á o que estiver na tratativa coletiva, pelo princípio da condição mais benéfica. Não restam dúvidas de que a convenção ou o acordo coletivo repercutirá os seus efeitos benéficos no contrato de aprendizagem.

As empresas estão obrigadas a contratar aprendizes, no percentual mínimo de 5% e no máximo de 15%, dos trabalhadores existentes em cada estabelecimento (art. 9º do Decreto n. 5.598/2005), excluindo-se para o cálculo aquelas funções que exijam habilitação técnica específica ou os cargos de diretores, supervisores, ou seja, as funções que estejam caracterizadas como cargos de confiança. Deve ser levado em conta também que, embora o contrato de aprendizagem tenha estendido a contratação até os 24 anos, no entanto, em havendo disputa por vaga, deverá ser dada prioridade para aqueles interessados que estejam situados entre 16 a 18 anos (art. 11 do citado Decreto).

Não pareceu decisão acertada o critério idade, da forma como foi estabelecido, razão pela qual, neste caso, entende-se que houve discriminação, até porque, em regra, aquele que já está com idade avançada talvez seja o que mais necessite da oportunidade de aprender um ofício e tenha mais dificuldade de conseguir do que o mais jovem. Contudo, trata-se aqui de um posicionamento que deve ser amadurecido.

Entidades beneficentes poderão contratar aprendizes para fins de colocá-los para servir à outra entidade, no caso, empresas (art. 15, § 2º, do Decreto n. 5.598/2005). Aqui, o empregador será a entidade sem fins lucrativos, que estará de certa forma ocupando o papel de ente de terceirização, assumindo a empresa "tomadora" a responsabilidade por proporcionar ao aprendiz a formação prática e teórica.

Na hipótese de contratação de aprendiz por ente público, deve-se observar a necessidade de processo seletivo, que é uma espécie de concurso público. Esse deve atender aos requisitos mínimos necessários, sob pena de nulidade, fundamentando tal afirmativa na necessidade do cumprimento do princípio da igualdade, de tal forma a proporcionar as mesmas oportunidades a todos os interessados na vaga de aprendizagem.

Outra questão de grande importância refere-se ao fato de que os contratados aprendizes deverão estar matriculados nos cursos de serviços nacionais de aprendizagem (SESI, SENAI, SENAC etc.). Tratando-se de um requisito material importantíssimo, se não estiverem matriculados, não se configura o contrato de aprendizagem.

O contrato de aprendizagem não deve ser confundido com o contrato de estágio. A diferença principal é o fato de que no contrato de aprendizagem tem-se o vínculo de emprego, o que não acontece com o contrato de estágio.

O contrato de aprendizagem deve estar anotado na Carteira de Trabalho e Previdência Social, demandando o recolhimento em favor da Previdência Social, contando o tempo de aprendiz para todos os efeitos legais.

> EMENTA: CONTRATO DE APRENDIZAGEM. AUSÊNCIA DO TRINÔMIO EMPRESA-
> -INSTITUIÇÃO-APRENDIZADO. VÍNCULO EMPREGATÍCIO CONFIGURADO.
> É empregado, e não aprendiz, o trabalhador que no âmbito da empresa, presta serviços pessoais, não eventuais, subordinados e remunerados, em situação idêntica à dos colegas registrados, sem qualquer prova por parte da reclamada (art. 818, CLT e 333, II, CPC), da sujeição do reclamante a formação técnico-profissional, com atividades teóricas e práticas metodicamente organizadas em tarefas de complexidade progressiva (§ 4º do art. 428 da CLT), e tampouco a inscrição do demandante em programa de aprendizagem desenvolvido sob a orientação de entidade qualificada em formação técnico-profissional

metódica (§ 1º do art. 428 da CLT). Ausente a trinômia empresa-entidade qualificada--aprendizado, é inevitável o reconhecimento do vínculo empregatício disfarçado sob um falso contrato de aprendizagem.[58]

EMENTA: CONTRATO DE APRENDIZAGEM E ESTABILIDADE PROVISÓRIA. O contrato de aprendizagem é, por sua própria natureza, transitório e, por isso mesmo, um contrato a termo, sendo, por via de consequência, incompatível com o instituto da estabilidade provisória.[59]

Neste momento político e econômico que o Brasil atravessa, existe uma certa euforia em torno do crescimento econômico que poderá ocorrer a partir de 2010. Caso efetivamente isto ocorra e não seja apenas uma propaganda política, os analistas de recursos humanos já apresentam preocupações com a falta de mão de obra especializada. Em linhas gerais, fala-se em desemprego e, ao mesmo tempo, fala-se na possibilidade de criação de vagas de trabalho que não serão preenchidas por conta de uma falta de qualificação.

Neste sentido, o contrato de aprendizagem, caso fosse realmente incentivado, poderia dar grandes contribuições para atender a essa necessidade. Quer dizer aqui políticas públicas de incentivos fiscais para que as empresas queiram de forma espontânea e não compulsória contratar aprendizes.

Todavia, parece que isso ainda está longe de acontecer, sendo que a falta de políticas públicas que efetivamente impulsionem o contrato de aprendizagem acaba por inviabilizar em parte a aplicação na prática do princípio do pleno emprego, na forma preconizada pelo art. 170, VIII, da Constituição Federal.

3.6. Cláusulas especiais do contrato de trabalho

Alguns autores tratam como condições especiais e outros como cláusulas especiais inseridas nos contratos de trabalho (usando como sinônimo de contrato de emprego). O importante aqui é analisar as variadas cláusulas que podem aparecer nos contratos de trabalho e saber se elas possuem ou não validade, em especial frente aos princípios que guarnecem o Direito do Trabalho e toda a construção protetiva dirigida ao trabalho humano, encontrada na Constituição Federal e na legislação infraconstitucional.

3.6.1. Cláusula de não concorrência

Trata-se de uma cláusula que possui como origem o Direito norte-americano. Não foi incorporada às relações de trabalho no Brasil (podendo ser encontrada em poucos casos). Nos Estados Unidos da América do Norte, quando um empregado

---

(58) Acórdão n. 20080482362. Processo n. 01153-2007-492-02-00-9, ano: 2008, turma: 4ª, data de publicação: 13.6.2008, partes: recorrente(s): JUCIP — Juventude Cívica Poraense Comercial de Gêneros Alimentícios. Torre, recorrido(s): Alisson Alves de Lima.

(59) Tipo: Recurso Ordinário, data de julgamento: 20.8.1996. Relator(a): Amador Paes de Almeida. Revisor(a): Sergio Prado de Mello, acórdão n.: 02960419515, processo n. 02950095717, ano: 1995, turma: 6ª, data de publicação: 4.9.1996, partes: recorrente(s): Fabiano Trajano da Silva, recorrido(s): Cia. Municipal de Transportes Coletivos.

assina um contrato contendo cláusula de não concorrência, ele se compromete a não competir com o seu empregador, devendo a palavra concorrência ser interpretada no sentido mais amplo possível.

Essa cláusula, no Direito americano, pode impedir o empregado até de trabalhar para um concorrente indireto do seu empregador, podendo abranger limites de ordem temporal e espacial. Significa que, mesmo quando o empregado deixa de trabalhar para o seu empregador, pode permanecer proibido por um determinado tempo, no caso o período que pactuou, de trabalhar para um concorrente.

Em geral, acaba sendo inserida nos contratos de altos empregados. Aqueles que de certa forma possuem uma posição estratégica dentro da estrutura da empresa e que podem comprometer os projetos estabelecidos.

Sabe-se que na forma do art. 482, *c*, da CLT, que trata sobre a demissão por justa causa, aparece a palavra concorrência. Porém, não pode ser confundida com o que ali está sendo tratado. Naquele dispositivo a concorrência se dará na constância do contrato e observar-se-á que não se trata de impedir o empregado de trabalhar para um concorrente do seu empregador, considerando que nada proíbe que o empregado tenha mais de uma relação de emprego (contrato) ao mesmo tempo.

A hipótese do art. 482 da CLT trata-se da proibição de o empregado negociar no seu local de trabalho ou utilizando-se do cargo que ocupa em determinada empresa, a fim de angariar clientes para outra empresa ou ainda realizar negociação habitual por conta própria, de forma a produzir prejuízos materiais ou imateriais para o seu empregador.

Aqui, a situação é diferente. No Brasil, com base na doutrina predominante e em decisões que estão sendo proferidas sobre a matéria (são poucas as decisões encontradas), o sentido é de uma aceitação limitada da cláusula de não concorrência, desde que respeitados os seguintes limites: a) que seja por um prazo determinado; b) que se limite a uma área determinada (plano espacial); e c) que haja uma recomposição financeira para o empregado.

Mesmo assim, quando essa cláusula extrapola os limites do contrato de trabalho, ou seja, quando ultrapassa o período de seu término, é vista com restrições, fundamentando-se principalmente no art. 170, VIII, da Constituição Federal.

> Cláusula de não concorrência. Cumprimento após a rescisão contratual. Ilegalidade. A ordem econômica é fundada, também, na valorização do trabalho, tendo por fim assegurar a todos existência digna, observando dentre outros princípios a busca do pleno emprego. Pelo menos, assim está escrito no art. 170, inciso VIII da Constituição. O art. 6º do diploma deu ao trabalho grandeza fundamental. A força de trabalho é o bem retribuído com o salário e assim meio indispensável ao sustento próprio e familiar, tanto que a ordem social tem nele o primado para alcançar o bem-estar e a justiça sociais. Finalmente, o contrato de trabalho contempla direitos e obrigações que se encerram com a sua extinção. Por tudo, cláusula de não concorrência que se projeta para após a rescisão contratual é nula de pleno direito, a teor do que estabelece o art. 9º da Consolidação das Leis do Trabalho.[60]

---

(60) TRT da 2ª Região – Proc. 20010487101 – Ac. 20020079847 – 8ª T. – Rel. Juiz José Carlos da Silva Arouca – DOE 5.3.2002.

As decisões que podem ser encontradas no sentido de serem válidas cláusulas de não concorrência dentro destas dimensões apontam como fundamento de validade a existência de indenizações em favor do empregado. Valores que possam efetivamente compensar a restrição sofrida pelo empregado. Porém, mesmo assim, por certo, ainda poderão ser consideradas inválidas.

Não parece ser a decisão mais acertada promover a sua validade com base no valor estabelecido indenizatoriamente. Parece que devem ser claramente distinguidas as duas coisas. A primeira é quanto ao dever de lealdade do empregado, que perdura por todo o contrato de trabalho, extrapolando o seu término, que pode implicar alguns casos o dever de sigilo, o dever de segredo quanto ao uso de determinadas fórmulas ou estratégias empresariais (trata-se de procedimentos de fabricação de produtos) que teve conhecimento na empresa em que trabalhava. Outra coisa é impedir o empregado de trabalhar, após o encerramento do seu contrato de trabalho, em outra empresa que possa ser considerada concorrente da que antes trabalhava.

No entanto, referida cláusula torna-se incompatível no sistema pátrio, seja em virtude da forma como se encontra constituída a proteção ao trabalho humano no Brasil, seja por conta do ordenamento jurídico positivado ou dos princípios especiais de proteção ao trabalho humano que apontam principalmente para o pleno emprego.

3.6.2. Cláusula de não divulgação

Esta cláusula também leva o nome de cláusula de sigilo. Trata-se de obrigação aceita pelo empregado de não divulgar determinadas informações em relação ao antigo empregador. Alguns autores defendem a tese de que essa cláusula faz parte de todos os contratos de trabalho, por estar inserida no dever de lealdade, não precisando ser expressa.

Pode ter efeitos no sentido de evitar que determinado empregado venha a ser admitido em outra empresa, em determinada função, correspondente àquela que antes exercia, por desempenhar praticamente as mesmas atividades que antes.

Ficou conhecido o caso que ocorreu na Corte de Illinois, nos Estados Unidos, onde foi mantida liminar que proibia um alto empregado da Pepsi, com acesso a informações sigilosas sobre bebidas energéticas, de exercer um cargo similar na empresa Quaker, fabricante de bebidas semelhantes.

Tudo caminha no sentido da não validade de tal cláusula no Brasil, salvo se o empregado, quando do outro emprego, se comprometeu formalmente a não divulgar o segredo da empresa em que trabalhava. E mesmo assim, não chega ao ponto de proibir o empregado de trabalhar em uma empresa similar. O que pode ocorrer, em existindo tal cláusula, é resultar para o empregado o dever de indenizar a antiga empresa pela quebra de referido compromisso. O que não pode ocorrer é a restrição do direito do empregado em buscar um novo emprego.

3.6.3. Cláusula de não solicitação

Esta cláusula aparenta-se de forma mais branda para o empregado. Trata-se daquela situação em que o empregado, na sua rotina de trabalho, fica conhecendo vários clientes, que estão ligados à empresa onde trabalha. Após rescindido o seu contrato, acaba indo trabalhar em outra, exercendo a mesma função ou função similar e acaba apanhando as listas de clientes da empresa que antes trabalhava e começa a fazer contatos com os mesmos, de forma a "desviá-los" para a nova empresa onde está trabalhando.

Tudo indica que não existe problema em ser tal cláusula admitida no Brasil, desde que a mesma traga, após findo o contrato de trabalho que antes possuía, a previsão de um tempo determinado. Não existe restrição de empregabilidade no caso, razão pela qual torna-se admissível.

3.6.4. Cláusula de duração mínima

Essa cláusula corresponde a uma garantia de emprego, não se confundindo com contratos por prazo determinado. Ela é válida em um contrato por prazo indeterminado, onde o empregador fica proibido de demitir o empregado naquele prazo estabelecido no contrato de trabalho, salvo se o mesmo cometer falta grave.

Observa-se que se trata de uma cláusula que beneficiará o empregado. O que se questiona é se tal cláusula valeria também para o empregador. Caso seja fixada uma cláusula de duração mínima do contrato em dois anos, poderia o empregado deixar o emprego em um período inferior ao pactuado?

Suponha-se que uma determinada empresa ofereça para o empregado um curso de especialização, investindo grande soma financeira para o preparo e treinamento do seu empregado. Que a empresa tenha firmado no contrato de emprego a obrigação do empregado em permanecer na empresa, após o término do curso, por um período de um ano, a fim de que o mesmo retribua para a empresa o investimento nele feito. Como ficaria neste caso, teria a empresa condições de obrigá-lo a permanecer?

É importante observar, não só especificamente para esta cláusula como para as demais, que o art. 444 da CLT permite às partes estabelecerem cláusulas contratuais desde que não contravenham as disposições de proteção ao trabalho. Acresça-se o contido no art. 421 do Código Civil, onde os contratos devem observar a sua função social.

Primeiramente, é bom salientar, nesse caso específico da cláusula de duração mínima, quando se trata de situação em que o empregado é patrocinado pela empresa em cursos de especialização ou qualificação profissional, que referida condição exista desde o início do contrato de trabalho. Ou seja, situação diferente é quando o empregado já está trabalhando e depois, em razão de uma decisão empresarial, ingressa em um determinado curso e pactua-se a referida cláusula de permanência do empregado. Resta, neste último caso, saber se referida cláusula não foi imposta ao empregado, considerando a desigualdade fática existente entre ambos.

Tem-se então dois lados da mesma moeda. De um lado, a empresa acaba atendendo ao seu interesse, por conta de que nenhuma empresa investirá no seu empregado se não tiver carência de qualificação daquela mão de obra. De outro, o empregado agregará à sua força de trabalho maior valor, considerando a qualificação que recebeu.

Alguns estudiosos do assunto chegam a afirmar que valeria a pena limitar o tempo de permanência, levando-se em conta o caso concreto. Outros defendem a tese da validade da referida cláusula desde que tenha a concordância do empregado e que o período de permanência do empregado seja no máximo de dois anos.

Sobre o tema decidiu o Tribunal Regional do Trabalho da Segunda Região:

> PACTO DE PERMANÊNCIA — CONTRAPARTIDA AO SUBSÍDIO PARCIAL (50%), PATROCINADO PELO EMPREGADOR, AO CURSO DE *WEB DESIGNER* — ADENDO CONTRATUAL QUE FIXA PRAZO DE 2 ANOS DE PERMANÊNCIA, SOB PENA DE REEMBOLSO DOBRADO DO SUBSÍDIO, NÃO INIBE O PODER POTESTATIVO DE RESILIR, NEM A CESSAÇÃO, A QUALQUER TEMPO, DO SUBSÍDIO CUSTEADO. Hipótese em que a cláusula seria válida, se a permanência de dois anos fosse contada do início da pactuação. A limitação ao direito de resilir do empregado por mais dois anos, a partir do término do curso, sem estar ligado a um projeto em marcha ou a um trabalho específico ou sem a garantia de melhoria de condição de trabalho na empresa, é abusiva, e, neste sentido, viola os arts. 187 do NCC e o 468 da CLT. Como reforço exegético, podem ser citados o princípio do antropocentrismo (Convenção n. 142 e Recomendação n. 150 da OIT) segundo o qual, por decorrer da dignidade da pessoa humana, o eixo de todo o sistema de formação técnico-profissional é o trabalhador, e o Direito comparado Espanhol (art. 8º, CLT), afora os princípios da razoabilidade e da proporcionalidade.[61]

Foi importante tal julgado, por conta de que na ausência de uma construção doutrinária capaz de solidificar este ou aquele posicionamento, o citado acórdão balizou o início de um posicionamento, que poderá ser futuramente o dominante. Ou seja, a proteção do empregado, mesmo diante deste tipo de cláusula, através do respeito a alguns parâmetros, como, por exemplo, ter o empregado uma progressão dentro da empresa em virtude da melhoria da sua qualificação, a limitação ao direito de resilir no máximo em dois anos, ou levando-se em conta o contexto da formação fornecida ao empregado para fins de fixação de prazo de permanência.

Outra questão que salta aos olhos é a fixação de multa no caso de descumprimento por parte do empregado. Considerando lícita tal cláusula, que somente ocorrerá em se respeitando os parâmetros descritos, parece que o valor da multa não poderá ultrapassar o investimento feito pela empresa. Outra questão é poder compensar a multa nos valores da rescisão contratual do empregado. As empresas que trabalham com tal cláusula têm fixado o valor da multa no dobro do valor gasto pelo empregador na qualificação do seu empregado. Não parece que tal importância seria aceita em se tratando de um pacto laboral.

---

(61) Acórdão n. 20070639226 – Processo TRT/SP n. 02071200506202005. Recurso ordinário — 62 vt de São Paulo — Recorrente: Servline Serviços Limitada. Recorrido: Gustavo Shionato Vezoni. Disponível em: <http://www.trtsp.jus.br> Acesso em: 20 jan. 2010.

Portanto, tal cláusula pode ser válida, desde que apoiada nos estritos contornos aqui estudados, muito embora seja ainda um pouco prematuro fixar um posicionamento dominante.

3.7. Alterações do contrato de trabalho

O art. 468 da CLT inaugura o Capítulo III, que trata da alteração do contrato de trabalho. É justamente neste dispositivo legal que se encontra a diferença marcante entre o Direito Civil e o Direito do Trabalho, fazendo aparecer de maneira expressa o princípio protecionista, que é de onde deriva os demais princípios do Direito do Trabalho. E, ao mesmo tempo, caracteriza de vez o Direito do Trabalho enquanto sendo de natureza privada, por conta da necessidade de se ter a vontade das partes para que exista um pacto laboral, bem como comprova de fato e de direito a sua autonomia.

Por alteração aqui deve ser entendida da forma mais abrangente possível, podendo representar qualquer alteração do contrato de trabalho, como, por exemplo, alteração no horário de trabalho, na função, no salário, no local de prestação de serviços e outras formas aqui não elencadas.

O dispositivo legal supracitado apresenta duas partes. A primeira diz que: "Nos contratos individuais de trabalho, só é lícita alteração das respectivas condições por mútuo consentimento (...)". Até este momento não existe qualquer divergência entre o Direito Civil e o do Trabalho. Somente a vontade das partes é que poderá mudar o que ficou estabelecido bilateralmente no contrato. A segunda parte estampa o princípio protetor quando estabelece, "(...) e ainda assim desde que não resultem, direta ou indiretamente, prejuízos ao empregado, sob pena de nulidade da cláusula infringente desta garantia". Observa-se que ainda que as partes, de livre e espontânea vontade, tenham combinado alterar o contrato, esta alteração somente será válida desde que não cause prejuízos diretos ou indiretos aos empregados.

Chama-se aqui a atenção para as expressões prejuízos diretos ou indiretos, demonstrando-se que pode ser qualquer prejuízo, desde que guarde relação com a mudança que fora efetuada.

Outra questão de importância é quanto a não se referir a ato nulo ou anulável no Direito do Trabalho. Para o Direito do Trabalho somente existe o ato nulo.

O parágrafo único do art. 468 da CLT é incisivo no tocante a firmar que: "Não se considera alteração unilateral a determinação do empregador para que o respectivo empregado reverta ao cargo efetivo, anteriormente ocupado, deixando o exercício de função de confiança". Neste caso, deve-se lembrar do conceito de cargo ou função de confiança, que se trata daquele em que o empregado ocupante terá "poder discricionário", ou seja, poder de tomar decisões.

O conceito geralmente remete-se a cargo de alto escalão empresarial, independentemente de seu ocupante ser pertencente aos quadros da empresa. O ocupante de cargo de confiança poderá ser a qualquer tempo retirado do cargo que ocupa, sem que haja a necessidade de qualquer justificativa por parte do empregador. Imagine a hipótese de um empregado que exerce a função de motorista de uma grande empresa e que passa a ocupar o cargo de confiança de supervisor geral da Divisão de Transporte.

Este motorista, sendo retirado do cargo de confiança para o qual foi elevado e retornando ao cargo que anteriormente ocupava, ou seja, o de motorista, além de perder a função gratificada percebida enquanto ocupante do cargo de supervisor, o seu retorno à função de motorista não representará alteração do seu contrato de trabalho. Agora resta saber se efetivamente ele passou a ocupar cargo de confiança ou se foi uma forma de a empresa tentar se livrar do pagamento de horas extras (isto será visto posteriormente). Caso não seja, poderá até configurar uma promoção e aquilo que era tido como gratificação em razão da suposta função de confiança passa a representar aumento salarial.

O art. 469 da CLT proíbe a transferência do empregado para outro local de trabalho, diferente daquele para o qual foi contratado. Esta é a regra geral, salvo concordância das partes e seguindo o art. 468 da CLT, desde que não acarrete prejuízos diretos ou indiretos ao empregado. Ao mesmo tempo, o texto de lei também conceitua o que é transferência, ou seja, aquela que acarreta mudança no domicílio do empregado. O que significa, por uma questão óbvia, que a mudança que não acarretar alteração no domicílio do empregado não é transferência.

O empregado que viaja, indo e vindo todos os dias até o seu local de trabalho, sem alterar o seu domicílio (entenda-se aqui também residência), não é transferência, no sentido empregado pela CLT. Porém, deve-se ver com cuidado tal colocação, a partir do momento que em grandes cidades poderá significar nas transferências, mesmo sem mudança de domicílio do empregado, crescentes dificuldades e maior custo para que o empregado continue cumprindo com suas obrigações. Neste caso, caberá a empresa pagar esses custos, sob pena de acarretar prejuízos ao empregado ou inviabilizar a sua própria prestação de serviços.

O texto celetário, que está longe de guardar alguma preciosidade terminológica, dispõe a respeito da exceção quanto a haver ou não mudança na localidade de prestação de trabalho de forma unilateral. São os casos de ocupante de cargo de confiança e as duas outras hipóteses em que os contratos de trabalho tenham como condição implícita ou explícita a possibilidade de poder haver mudança no local de trabalho.

Na primeira hipótese é quando a própria função desempenhada pelo empregado implica em mudanças constantes na prestação de trabalho, e a segunda é quando, no contrato propriamente dito, no ato de contratação, fica firmada a autorização do empregado para a mudança. Não deve ser admitida que tal cláusula autorizadora seja incluída na constância do contrato.

Ressalta-se que se torna necessário, no caso concreto, analisar as reais condições em que tal cláusula foi colocada no contrato. Ou seja, se ela é compatível com o desenvolvimento do contrato.

Não deve ser esquecido que em qualquer uma das hipóteses acima, em que é autorizada a alteração unilateral do empregado de localidade de prestação de serviços, deva a mesma vir acompanhada do requisito da real necessidade. E o que deve ser entendido por real necessidade? Não se trata de mera conveniência do empregador e sim da necessidade verdadeira do empregado para realizar uma atividade em outro local que não aquele para o qual foi contratado, sob pena da necessidade empresarial não ser atendida, conforme Súmula n. 43 do TST.

Não confundir promoção com remoção do empregado de um lugar para outro com transferência pura e simples. A primeira faz parte da própria promoção, enquanto a segunda não implica alteração da função desempenhada pelo empregado. Também não confundir mobilidade da função com transferência, como é o caso, por exemplo, do aeroviário, cuja prestação de serviços ocorre nos mais diversos lugares, sem que aconteça a mudança do seu domicílio ou residência, fazendo parte da sua rotina de trabalho.

Segundo o art. 469, § 3º, da CLT, é lícita a transferência quando houver a extinção do estabelecimento empresarial na localidade onde o empregado trabalha. Discute-se aqui a hipótese do dirigente sindical, que por ter estabilidade no emprego em razão do desempenho de atividade de direção sindical, acaba, com a transferência obrigatória em face da extinção do estabelecimento, tendo de se mudar, por exemplo, para a matriz da empresa, localizada em outro Estado, deixando de ter, assim, condições de desempenhar o seu múnus sindical. Neste caso, mesmo que diante da estabilidade sindical, o empregado terá de atender o empregador e transferir-se. Vale lembrar que, deixando a base territorial do sindicato que foi eleito, perderá ele também a estabilidade sindical. Contudo, observe-se que neste caso deverá haver a extinção da empresa naquela localidade, segundo preceitua a Súmula n. 369 do TST, no seu inciso IV.

O § 3º também do art. 469 da CLT permite a transferência unilateral nos casos em que a mesma é provisória, ressalvando-se a necessidade de também ter de existir a real necessidade do serviço, que diga-se, terá de existir em qualquer tipo de transferência. Neste caso, presa à provisoriedade da transferência, tem-se a obrigação do empregador no pagamento do adicional de 25%, o que não acontece quando a transferência é definitiva. O art. 470 da CLT resume-se somente ao pagamento das despesas com o transporte da mudança, não podendo a ele dar interpretação ampliativa.

Outra questão que não pode ser esquecida, e que faz parte deste tópico, é o chamado *ius variandi* do empregador, que se trata de mudanças unilaterais autorizadas ao empregador em determinadas circunstâncias. A doutrina divide-o em normal (quando se trata de mudanças que vem ao encontro dos anseios do empregado, de forma objetiva, no sentido de proteção do empregado) e em extraordinária (quando o empregador tem a necessidade imperiosa de valer-se temporariamente de determinada mudança, como acontece na necessidade de conclusão de serviços inadiáveis).

> Contrato de trabalho — alteração — promoção — necessidade de concessão de reajuste salarial — a promoção não implica, necessariamente, reajuste salarial, podendo acarretar, em determinados casos, tão somente mudanças nas condições de trabalho, elevação

do *status* profissional dentro da empresa ou outras vantagens indiretas, desde que respeitadas a anuência das partes e as vedações legais impostas a alterações no contrato de trabalho, *v. g.*, alterações prejudiciais, redução salarial etc.[62]

TRANSFERÊNCIA. A simples inserção da cláusula de transferência explícita no contrato de trabalho, como todas as que constituam previsão de alterações prejudiciais ao empregado, não autorizam o uso irregular do direito de transferência como arma ameaçadora de transtornos ou provocadora de pedido de demissão.[63]

ADICIONAL DE TRANSFERÊNCIA — A regra geral é a de que o empregado não poderá ser transferido, salvo demonstrada a necessidade do serviço em outra localidade. O § 1º do art. 469 da CLT excepciona para o detentor de cargo de confiança e para aquele trabalhador cujo contrato já prevê a transferência como condição implícita ou explícita. Todavia, a exceção não significa que também esteja o empregador liberado do pagamento do adicional de transferência, pois entendimento nesse sentido levaria ao *bis in idem*, com real desprestígio da lei. A lei é uma construção cultural para prover para uma realidade e não para levar ao impasse ou ao injusto (art. 5º, LICC).[64]

Redução do número de aulas — "janelas" a possibilidade de redução do número de aulas, na passagem de um ano letivo para outro, decorre do *ius variandi* do empregador que, tendo em vista os objetivos do estabelecimento de ensino, adapta a necessidade da escola aos horários dos professores, em face do interesse coletivo que não pode ser relegado, pelo interesse particular. Recurso negado.[65]

O que se apresenta neste momento, considerando a precariedade por que tem passado as relações de trabalho, é o trabalhador submetendo-se a tudo, inclusive a imposição de transferências desajustadas. Na medida em que a precariedade do trabalho aumenta, cresce o poder impositivo desmedido do empregador sobre o empregado, resultando em consequências desastrosas para o ambiente de trabalho.

3.8. O contrato de trabalho diante das novas relações de trabalho

Não é difícil mensurar a grave situação pela qual o contrato de trabalho está passando, em especial por conta do trabalho informal, que tem se alastrado até mesmo nos países que fazem parte do chamado primeiro mundo, com economias desenvolvidas. A impressão que se tem é que o "velho" contrato de trabalho necessita ser revitalizado,

---

(62) Tipo: Recurso ordinário. Data de julgamento: 28.9.1998. Relator(a): Wilma Nogueira de Araujo Vaz da Silva. Revisor(a): Jane Granzoto Torres da Silva. Acórdão n. 02980531264. Processo n. 02970459307, ano: 1997, turma: 8ª, data de publicação: 27.10.1998. Disponível em: <http://www.trt02.gov.br> Acesso em: 20 fev. 2006.

(63) Tipo: Recurso ordinário. Data de julgamento: 26.5.1997. Relator(a): Wilma Nogueira de Araujo Vaz da Silva. Revisor(a): Lizete Belido Barreto Rocha. Acórdão n. 02970264158. Processo n. 02960028400, ano: 1996, turma: 8ª, data de publicação: 12.6.1997.

(64) Tipo: Recurso ordinário. Data de julgamento: 28.9.1999. Relator(a): Francisco Antonio de Oliveira. Revisor(a): Pedro Paulo Teixeira Manus. Acórdão n. 19990517420. Processo n. 02980528271, ano: 1998, turma: 5ª, data de publicação: 15.10.1999.

(65) Tipo: Recurso ordinário. Data de julgamento: 28.6.1994. Relator(a): Maria Aparecida Duenhas. Revisor(a): Julio Cesar de Carvalho. Acórdão n. 02940354221. Processo n. 02930026108, ano: 1993, turma: 6ª, data de publicação: 7.7.1994.

considerando os novos processos de produção e, com eles, as novas formas de trabalho que estão sendo criadas.

Já foram estudados na primeira parte deste trabalho os princípios que informam o Direito do Trabalho, bem como foi feito um breve estudo sobre a reestruturação produtiva e os princípios específicos do Direito do Trabalho. Somados àquelas considerações, resta neste tópico reafirmar as considerações que naquele item já foram feitas, em especial quanto ao princípio protetor.

Não obstante, também não é possível negar o fato de que o contrato de trabalho protetivo, na forma aqui estudada, já não alcança a maioria dos trabalhadores. Isto não quer parecer que a desregulamentação e/ou a flexibilização, estando esta última em desacordo aos princípios básicos do Direito do Trabalho, possam ser a melhor saída.

Ocorre que a forma como o contrato de trabalho foi concebido, mesmo se tratando de um contrato "especial" — aqui no sentido de ser guardado por normas de ordem pública —, ainda se aplicam sobre ele antigos princípios, como, por exemplo, que o pactuado somente produzirá efeitos em relação aos contratantes.

No atual momento, os fundamentos de uma relação contratual passaram por sensíveis desgastes, provenientes de uma sociedade de massa, justificadores de uma nova ordem contratual. O contrato, por assim dizer, está perdendo suas principais características, valendo também para o contrato de trabalho, podendo citar aqui o próprio individualismo que se dava nas relações contratuais, por ser um pacto que produz efeitos entre as partes. O contrato tratava-se de uma relação entre dois sujeitos, que acabava se consubstanciando em um instrumento de livre pacto, salvo no que toca às restrições impostas pela lei.

Agora, vale ressaltar: todas as relações contratuais devem ser balizadas pela boa-fé e pela função social do contrato, o que demonstra todos os outros efeitos que ele poderá produzir na sociedade, retirando-o da condição privatística que marcava o direito privado (regulando somente as partes) e caminhando para a esfera pública. Torna-se assim de interesse de todos os pactos que são feitos, seja entre empresas para a exploração de um setor econômico, seja nos contratos firmados ou não firmados com trabalhadores.

Em meio às relações virtuais, às vezes (desmaterializadas ou globalizadas, com várias culturas buscando um nivelamento e a tecnologia impondo novos processos de produção) torna-se mais relevante estabelecer como paradigma para a formação do contrato os direitos fundamentais, utilizando-se dos mesmos como vetor hermenêutico para a interpretação das novas situações surgidas e não previstas ou não possíveis de serem previsíveis em lei. Com isto, em todas as relações de trabalho e não somente nas relações de emprego, poderão existir "cláusulas de adesão" que venham ao encontro do princípio da proteção do trabalho humano.

O contrato acaba de assumir uma importância coletiva até mesmo para aqueles que não possuem trabalho, caracterizando-se como um contrato coletivo *lato sensu*. Com esta nova localização do Direito do Trabalho, é possível também o uso de instrumentos processuais coletivos para a sua proteção, surgindo novos sujeitos legitimados para promover uma regulação coletiva das relações contratuais, com o objetivo de fomentar a distribuição de renda, para se obter a resultante redução das desigualdades sociais.

Com esta nova conotação, não fica difícil regular as diversas relações ou formas novas de prestação de trabalho. Isso porque, ainda que inexistente uma legislação própria que trate sobre determinada forma nova de relação de trabalho, o parâmetro de interpretação desta nova relação deve continuar sedimentada na proteção dos direitos fundamentais, o que dispensa a necessidade de um legalismo exacerbado.

3.9. Da terceirização nas relações de trabalho[66]

As mudanças econômicas, as inovações tecnológicas, os métodos de produção diferenciados, a utilização de mão de obra e as transformações ocorridas nos relacionamentos pessoais e no ambiente de trabalho trouxeram mudanças significativas no que se refere às relações de trabalho.

O fenômeno da terceirização consiste em transferir para outrem atividades secundárias, para que a empresa se concentre na atividade-fim.[67]

Noutras palavras, é "o liame que liga uma empresa tomadora à empresa prestadora de serviços, [...], com a finalidade de realizar serviços coadjuvantes da atividade-fim", sendo que pela realização desses serviços responde somente a prestadora de serviços e que a "empresa tomadora não tem qualquer possibilidade de ingerência na mão de obra da empresa prestadora".[68]

Ocorre, porém, que tem havido um desvirtuamento desse instituto, tornando-se alvo de constantes preocupações no campo do Direito do Trabalho. Toda vez que, com intuito de terceirizar, as empresas utilizarem-se de mecanismos que visam apenas a fugir dos encargos trabalhistas e fiscais, estarão prejudicando as relações de trabalho, o que não pode ser mascarado pelo processo de terceirização.

Necessário será, portanto, que a terceirização atenda ao novo modelo organizacional e que preserve a busca pela dignidade no trabalho.

Ao tratar-se de terceirização, devem ser analisados vários aspectos, não só do ponto de vista econômico, mas principalmente do ponto de vista jurídico.

O empregado da empresa de terceirização pode vir a responsabilizar a empresa tomadora, ainda que não haja vínculo de emprego com esta última, na hipótese de não cumprimento por parte da empresa de terceirização de obrigações trabalhistas

---

(66) BRISOLA, Simone Esteves; OLIVEIRA, Lourival José de. Trabalho terceirizado no Direito Brasileiro: sinônimo de modernidade? *Revista Unopar Científica*, v. 9, mar. 2008. p. 25 a 31. Transcrição de parte do artigo.

(67) BARROS, Alice Monteiro de. *Curso de Direito do Trabalho*. São Paulo: LTr, 2005. p. 424.

(68) OLIVEIRA, F. A. de. Da terceirização e da flexibilização como estágio para a globalização. *Gênesis Revista do Direito do Trabalho*, Curitiba, n. 61, jan. 1998. p. 48.

para com ele. Discute-se se trataria de responsabilidade solidária ou subsidiária da empresa tomadora, quando houver inadimplência por parte da empresa de terceirização.

Sob certa ótica, pode-se até defender o entendimento de que a terceirização teria a função de diminuir custos, melhorando a qualidade do produto ou do serviço e, assim, ter-se-ia a solução para os problemas empresariais.

Não acreditamos possa a terceirização constituir uma solução para todos os problemas empresariais. E terceirização requer cautela do ponto de vista econômico, pois implica planejamento de produtividade, qualidade e custos. Os cuidados devem ser redobrados do ponto de vista jurídico, porquanto a adoção de mão de obra terceirizada poderá implicar reconhecimento direto de vínculo empregatício com a tomadora dos serviços, na hipótese de fraude, ou responsabilidade subsidiária dessa última, quando inadimplente a prestadora de serviço.[69]

Os contratos de terceirização de mão de obra têm características próprias, apontando-se elementos como a especialização do trabalho, direção da atividade pelo prestador, idoneidade econômica do prestador e inexistência de fraude. Tais elementos são fundamentais e precisam ser respeitados e cumpridos, entendendo-se que o bem maior em questão são os direitos do trabalhador.

Há necessidade de acompanhar o progresso e a modernidade, e a terceirização já está nesse contexto. Porém, esta não precisa ocorrer de tal forma que o trabalhador perca valores primordiais como a dignidade e a sua própria identidade, enquanto trabalhador.

O conteúdo especialmente prescrito no art. 170 da Constituição Federal aplica-se também ao empregado de empresa de terceirização, razão pela qual este valor deve ser mantido, não importando a existência ou não de empresa interposta. A atividade econômica deve estar fundada na valorização do trabalho humano, caracterizando-se como discriminação no trabalho a existência de tratamentos diferenciados entre os empregados de empresas de terceirização e o restante dos empregados em geral.

No Brasil, no que se refere à legislação, sabe-se que não há regulamentação específica sobre a terceirização, no seu aspecto geral, e sim construções doutrinárias e jurisprudenciais sobre o assunto, a exemplo da Súmula n. 331 do TST. No que diz respeito ao cumprimento de condições relativas ao trabalho terceirizado junto às concessionárias, cita-se a Lei n. 9.472/1997, art. 94, II.

Observa-se que, através desse dispositivo legal, é permitida às concessionárias de serviços de telecomunicações a contratação de terceiros para o desenvolvimento de atividades acessórias ou complementares, regulando, ainda que de forma incompleta, o desenvolvimento ou a realização de determinadas atividades no setor.

A Súmula n. 331 do TST impôs limitações à terceirização, com o objetivo de que a atividade-fim da empresa não fosse atingida, preservando a responsabilidade subsidiária da empresa tomadora dos serviços. Uma empresa pode ofertar mão de obra à outra

---

(69) BARROS, Alice Monteiro de. *Curso de Direito do Trabalho*. São Paulo: LTr, 2005. p. 424.

empresa, para executar serviços, desde que não vincule a atividade-fim da contratada, e não haja subordinação dos trabalhadores com a tomadora. Os créditos trabalhistas desses trabalhadores seriam considerados de responsabilidade subsidiária da empresa tomadora.

O critério jurídico adotado, no entanto, não foi feliz. Primeiro porque, para diferenciar atividade lícita da ilícita, partiu-se de um pressuposto muitas vezes não demonstrável, qual seja, a diferença entre atividade-fim e atividade-meio. É plenamente inseguro tentar definir o que vem a ser uma da outra. O serviço de limpeza, por exemplo, normalmente apontado como atividade-meio, em se tratando de um hospital, seria realmente uma atividade-meio? Mas o mais grave é a definição jurídica, estabelecida no Enunciado n. 331 do TST, que se afastou da própria realidade produtiva.[70]

Inexistindo legislação específica e suficiente para regular o processo de terceirização de mão de obra, esse instituto deve ser utilizado de forma coerente, nos casos de efetiva necessidade, para que não se precarize ainda mais os direitos do trabalhador.

A atividade-meio, considerando-se o grau de especialização pelos novos métodos e tecnologias, nem sempre é de fácil conceituação. "Há atividades-fim que, ao mesmo tempo que dependem da orientação tecnológica, podem converter-se em atividades-meio e vice-versa [...]".[71]

A atividade-fim está ligada diretamente ao núcleo de atividade empresarial, ou seja, é objeto principal, ou possui característica essencial que, deixando de existir, pode-se perder a razão de ser. Já a atividade-meio não se concentra no núcleo de empreendimento, ela é o caminho para se concluir o seu objetivo final.

Em muitos casos, as empresas têm terceirizado tarefas que não são passíveis de terceirização, e que em algumas hipóteses assumem o risco, extrapolando a área em que é possível ser terceirizada, que é da atividade-meio.

Deverá o órgão jurisprudencial levar em conta os detalhes de cada processo, considerando a atual realidade social, conceitos e abusos do direito e principalmente a fraude.

O modelo de relação de emprego verificado na terceirização tem características peculiares, diferenciando-se daquele modelo de relação de empregado conccituado pela CLT. Nesse modelo organizacional das empresas, ocorreria o desmembramento da figura do empregador, sendo que quem contrata, paga o salário e dirige a prestação de serviço é a empresa contratada. Esse sistema poderia até mesmo comprometer a razão de ser dos princípios fundamentais do Direito do Trabalho, como o da continuidade do emprego, o da liberdade de trabalho e inclusive o princípio constitucional da valorização e da dignidade da pessoa humana.

---

(70) MAIOR, Jorge Luiz Souto. A terceirização sob uma perspectiva humanista. *Revista do TST*, Brasília, v. 70, n. 1, jan./jul. 2004. p. 119.

(71) ROBORTELLA, Luiz Carlos Amorim. Terceirização. Tendências em doutrina e jurisprudência. *Gênesis Revista do Direito do Trabalho,* Curitiba, n. 69, set. 1998. p. 365.

Nota-se, assim, que existe a responsabilidade objetiva de quem fez uso dos serviços, através da terceirização, devendo este responder pelo inadimplemento da obrigação, sem restrições. Defendendo-se aqui uma responsabilidade solidária do tomador, diferentemente daquilo que atualmente vem sendo defendido nos tribunais.

A terceirização cresce nos dias atuais em vários setores da economia. Da mesma forma, crescem os conflitos de natureza trabalhista entre os trabalhadores terceirizados com as empresas prestadoras dos serviços terceirizados e as tomadoras. Tais trabalhadores carecem de proteção legislada quanto aos seus direitos trabalhistas.

Destaca-se a importância do princípio da igualdade, não somente no aspecto filosófico, político ou sociológico, mas como instrumento no ordenamento jurídico. Para que se aborde a igualdade, torna-se necessário reconhecer que a desigualdade e a comparação existem.[72]

A igualdade sempre foi princípio constitucional e a Constituição vigente é ainda mais ampla do que as Constituições anteriores, vedando inclusive diferenças salariais no que se refere ao exercício de funções, destacando entre outros motivos a idade, sexo e estado civil.

Desta forma, não deve ser outra a ideia, se não a de que o trabalhador pertencente ao sistema de terceirização tem os mesmos direitos que os demais empregados.

Sob o novo prisma constitucional tem-se um novo paradigma para equiparação entre o empregado da empresa de terceirização e o empregado da empresa tomadora. Ou seja, o fato de desempenharem funções idênticas, que apesar de o vínculo laboral ser distinto, as prestações de serviço caminham para a mesma finalidade, seja o empregado da empresa de terceirização, seja o empregado da tomadora. Neste sentido, foi editada a Orientação Jurisprudencial n. 383 do TST (SDI-I), onde a contratação irregular de trabalhadores, mediante empresa de terceirização, apesar de não gerar vínculo de emprego com a administração pública, garante aos empregados terceirizados as mesmas "verbas" trabalhistas em relação àqueles contratados pelo tomador, desde que presentes a igualdade de funções.

Deixa-se assim uma interpretação no plano da infraconstitucionalidade, presa ao ranço da formalidade exagerada, e direciona-se para o plano do valor, partindo-se para uma interpretação sistêmica da Carta Constitucional.

4. Remuneração

Esta talvez seja a parte mais importante da relação de emprego, pelo menos para o empregado que, não possuindo os meios de produção, se vê obrigado a vender sua força de trabalho para conseguir a sua sobrevivência em troca de um valor que se determinou chamar de remuneração.

---

(72) NASCIMENTO, Amauri Mascaro do. O direito do trabalho analisado sob a perspectiva do princípio da igualdade. *Revista LTr*, jul. 2004. p. 377.

Em uma relação de emprego clássica, é como se o empregado renunciasse o produto final do seu trabalho em troca da sua remuneração. É sobre essa tese que se sustenta a afirmativa no sentido de o empregado não correr os riscos do empreendimento. No entanto, sabe-se que na hipótese de a empresa não ir bem, os primeiros a sofrerem as consequências são os empregados, que acabam sendo demitidos sem qualquer justificativa, como forma de reduzir custos empresariais.

Embora este entendimento, que é clássico, prima por proteger o empregado, na medida em que se o retira, teoricamente falando, do risco empresarial, também coloca-o como não integrado aos destinos empresariais. Melhor explicando, o empregado é apresentado como uma peça da organização empresarial, enquanto sujeito não participativo, preocupado somente com o recebimento da sua remuneração para a manutenção de suas necessidades básicas. É sobre este enfoque que se situava a teoria individualista, que regrou no último século a teoria contratual, e que é um dos objetos de crítica deste estudo.

O trabalho humano é um bem social, que deve ser protegido e não uma simples mercadoria merecedora apenas de um pagamento. Outros compromissos e um novo comportamento devem ser assumidos por parte do Poder Público, da sociedade e daqueles que empregam.

4.1. Conceito

Remuneração é a totalidade dos pagamentos habitualmente efetuados ao empregado, incluindo aquilo que é pago diretamente ou indiretamente pelo empregador. Enquanto que salário é apenas aquilo que é pago diretamente pelo empregador (ver art. 457 da CLT). As gorjetas, por sua vez, não são pagas pelo empregador, mas por terceiros, seja a importância por iniciativa própria, seja por força de cláusula contratual.

Isso não significa que precisa haver atividade efetiva, concreta para que surja o salário correspondente. O fato de o empregado estar à disposição do empregador já é suficiente para fazer jus ao pagamento. Exemplo: o que ocorre no período de gozo de férias ou nos primeiros 15 dias de doença. Há o salário sem qualquer prestação de trabalho. Em síntese, pode ser dito que salário é aquilo que: a) é pago pelo empregador; b) tenha o trabalho como causa; c) traduza uma obrigação; d) tenha o caráter de retribuição; e) não seja eventual; e f) não se inclua entre as exceções legais.

O salário pode ser pago por unidade de tempo, no caso por hora, ou por produção, ou ainda combinando-se as duas coisas. No caso do salário por produção, deve-se respeitar o valor mínimo do salário mínimo ou do piso da categoria profissional.

O salário deve ser pago em dinheiro, sendo que a lei autoriza que parte do salário possa ser pago *in natura*, sendo que pelo menos 30% do salário deve necessariamente ser pago em dinheiro (art. 82 da CLT), em se tratando do salário mínimo. Existem autores que acabam aplicando também, para o caso de o salário ser superior ao salário mínimo, o mesmo percentual para ser pago em espécie, fazendo com que surjam grandes discussões sobre qual a importância que obrigatoriamente deve ser paga em espécie (moeda corrente).

Caso sejam considerados os percentuais autorizados no art. 458, § 3º, da CLT, que trata dos percentuais máximos que o empregador poderá descontar para fins de habitação e alimentação para o empregado urbano, ter-se-á as importâncias de 25% e 20% do salário contratual. Isso significaria que, necessariamente para aqueles que ganham acima do salário mínimo, estaria obrigado o empregador a pagar pelo menos 55% do valor total recebido pelo empregado como contraprestação dos serviços prestados em espécie.

Muitas vezes o empregador fornece os meios de trabalho para que o empregado cumpra a sua obrigação. As diárias para viagens não se confundem com o reembolso de despesas de viagens, podendo ser consideradas como um exemplo desta situação. As diárias para viagens são pagas por viagem. Visam a ressarcir despesas pessoais do empregado, enquanto ele viaja. Tem natureza indenizatória.

Para situações incertas, a lei adotou critério aritmético no sentido de facilitar a distinção entre aquilo que efetivamente é diária para viagem e aquilo que vem disfarçado de diárias para viagens. O art. 457, § 2º, da CLT estabeleceu que diárias para viagens pagas acima de 50% do valor do salário acabam por se descaracterizarem, tornando-se verba de natureza remuneratória.

Contudo, trata-se de uma presunção relativa, por conta de que pode ocorrer de o empregador utilizar-se da denominação diárias para viagens, pagando valores que não ultrapassam o teto máximo estabelecido (50% do salário naquele mês), e ainda assim não ser diária, quando, por exemplo, usa formalmente o nome de diária no recibo de pagamento, não havendo viagens, o que significa que é salário. Outra questão bastante relevante é a de que não se trata apenas da fração que ultrapassar o percentual de 50% que será descaracterizado, mas, sim, o todo. Não existe descaracterização parcial (somente a importância que ultrapassou).

A ajuda de custo, quando é ajuda de custo efetivamente, também não integra a remuneração do empregado. É diferente das diárias para viagens porque, neste caso, destina-se a ressarcir despesas forçadas e ocasionais do empregado. As diárias para viagens cobrem despesas gerais, sendo que é o empregado quem decide o que pagar. A ajuda de custo tem sempre o sentido de pagamento de um gasto específico, tratando-se de indenizações apuradas que não comportam sobras. Estão presas à comprovação pelo empregado através de notas fiscais. Aqui também devem ser excluídas as falsas ajudas de custo que, da mesma forma que as diárias, podem servir para acobertar salários.

Observa-se que tanto as diárias como as ajudas de custo possuem como objetivo tornar inalterável o valor dos salários, desde que não sejam usadas para disfarçar, camuflar determinada situação em completa fraude à lei. É muito comum a prática de pagar valores aos empregados a título de ajuda de custo ou de diárias quando na verdade é salário disfarçado.

4.2. Regras de proteção aos salários

Cabe aqui tratar também das principais regras que visam à proteção dos salários, enquanto um conjunto protetivo que busca, de forma mais ampla, proteger o resultado material do trabalho prestado.

4.2.1. A irredutibilidade do salário (art. 7º, VI, da CF), salvo acordo ou convenção coletiva de trabalho

Deve-se ressaltar aqui que também a irredutibilidade do salário é algo relativo, razão pela qual comporta a redução através de acordo coletivo ou de convenção coletiva. Isso implica necessariamente a participação do sindicato representante da categoria profissional. No Brasil, este procedimento tem muito a evoluir, por conta de que, na verdade, não se estabelece uma autêntica negociação, que pressupõe que ambas as partes ganhem e percam conjuntamente.

No caso do Brasil, as negociações coletivas que visam à redução salarial dificilmente permitem que os trabalhadores, através da sua entidade sindical, conheçam a real situação da empresa, bem como que haja algo em troca da redução salarial em favor dos empregados.

O que se coloca é que os empregados já estariam recebendo algo em troca a partir do momento que conseguem manter os seus empregos (o que não pode ser aceito).

> SALÁRIO — Possibilidade de REDUÇÃO SALARIAL através de CONVENÇÃO COLETIVA — Impossibilidade por REDUÇÃO DE JORNADA sem aquiescência do SINDICATO — ART. 7º/CF — Somente é permitida a redução salarial mediante "convenção ou acordo coletivo" (Constituição Federal, art. 7º, incisos VI e XIII). Inválida e inoperante diminuição salarial por redução de jornada sem a aquiescência sindical. A Lei n. 4.923, de 23 de dezembro de 1965, em seu art. 2º regulamenta a redução salarial prevista em instrumentos coletivos de trabalho, assim prevendo: "art. 2º — A empresa que, em face de conjuntura econômica, devidamente comprovada, se encontrar em condições que recomendem, transitoriamente, a redução da jornada normal ou do número de dias do trabalho, poderá fazê-lo, mediante prévio acordo com a entidade sindical representativa dos seus empregados, homologado pela Delegacia Regional do Trabalho, por prazo certo, não excedente de 3 (três) meses, prorrogável, nas mesmas condições, se ainda indispensável, e sempre de modo que a redução do salário mensal resultante não seja superior a 25% (vinte e cinco por cento) do salário contratual, respeitado o salário mínimo regional e reduzidas proporcionalmente a remuneração e as gratificações de gerentes e diretores. § 1º: Para o fim de deliberar sobre o acordo, a entidade sindical profissional convocará assembleia geral dos empregados diretamente interessados, sindicalizados ou não, que decidirão por maioria de votos, obedecidas as normas estatutárias." Neste sentido, temos que a exceção ao princípio da irredutibilidade salarial — previsão em ACT ou CCT — está limitada pela lei acima citada. Em resumo: a redução convencionada deverá ser no máximo de 25% sobre o salário contratual, mediante proporcional diminuição da jornada de trabalho; — As condições pactuadas deverão ser estipuladas por prazo determinado; — A redução deverá ser prevista em instrumentos coletivos de trabalho — Acordo ou Convenção Coletiva —, assinado pelo respectivo sindicato representativo da categoria profissional, bem como ser registrado no Ministério do Trabalho.[73]

---

(73) TRT — 9ª Reg. — RO-15795/93 — JCJ de Curitiba — Ac. 3ª T. — 17740/94 — maioria — Rel.: Juiz João Oreste Dalazen — Recte: Sistemas e Computadores S/A SISCO e Dário Costa Martins (Rec. Adesivo) — Recdos: os mesmos — Adv.: José Antônio Garcia Joaquim, Maurício Pereira da Silva e outros — Fonte: DJPR, 3.11.94, p. 127/128.

Resta a insegurança quanto ao fato de a referida lei ainda se encontrar em vigência, embora defenda-se aqui a sua plena vigência.

Outra questão bastante interessante diz respeito ao fato de quando existir previsão convencional para a redução e o pedido da redução partir do empregado para o empregador, com a redução da jornada e do salário na mesma proporção, mediante instrumento particular.

Em casos como o desta hipótese, pronunciou o TST:

> A Quinta Turma do Tribunal Superior do Trabalho decidiu, por unanimidade, manter pronunciamento regional que considerou válida a redução salarial efetuada a pedido de um auxiliar de administração escolar. Conforme os autos, a diminuição dos valores pagos decorreu de redução na carga horária de trabalho, conforme previsão específica contida em cláusula de convenção coletiva. O julgamento do TST negou recurso de revista ao profissional, conforme voto do ministro Brito Pereira (relator).
>
> Após ter sido demitido pelo Centro de Ensino Tecnológico de Brasília (CETEB), o auxiliar de administração ingressou na Justiça do Trabalho a fim de obter as diferenças salariais correspondentes à redução ocorrida em seu contracheque. Alegou que a alteração do salário ocorreu de forma unilateral durante o período de julho de 2000 a abril de 2002. Afirmou não ter firmado qualquer acordo para a efetivação da medida.
>
> O pedido formulado pelo trabalhador foi negado pela 7ª Vara do Trabalho de Brasília. A sentença foi mantida pelo Tribunal Regional do Trabalho da 10ª Região (Distrito Federal e Tocantins). As duas instâncias confirmaram, conforme documento apresentado pelo empregador, que o trabalhador pediu a remuneração menor em troca de uma jornada de trabalho igualmente menor, hipótese autorizada em convenção coletiva.
>
> Segundo a previsão da cláusula 9ª da norma coletiva em vigor à época, "ocorrendo diminuição de carga horária por solicitação por escrito do empregado ou devido à redução de turma ou ainda por mudança de grade curricular, o auxiliar de administração escolar poderá optar por permanecer no estabelecimento de ensino com remuneração correspondente à nova carga horária resultante, não se configurando nestes casos modificação unilateral do contrato de trabalho".
>
> O julgamento do tema pelo TST levou à confirmação do entendimento regional firmado no sentido de que "não é ilícita a redução proporcional do salário do empregado quando este formula requerimento, por escrito, de redução de carga horária, sobretudo quando tal possibilidade esteja prevista em norma coletiva".
>
> O relator do recurso no TST também frisou que não houve qualquer comprovação de que o trabalhador houvesse sido coagido a assinar o documento que resultou na redução salarial. "O vício de vontade não ficou provado", observou o ministro Brito Pereira em seu voto pela manutenção da decisão do TRT.[74]

É importante ressaltar que previsão convencional para redução salarial mediante instrumento particular é um absurdo. Tal cláusula convencional coletiva deve ser considerada nula.

---

(74) TST. *TST confirma redução salarial pedida por empregado de escola* (Notícias TST). RR 805/2003-007-10-00.4. Disponível em: <http://www.fiscosoft.com.br/main_radar_fiscosoft.php?PID=3000867> Acesso em: 10 jul. 2007.

Outra questão que por muitas vezes vem à tona para discussão diz respeito ao empregado readaptado para nova função em razão de ter sofrido acidente de trabalho que reduziu a sua capacidade laboral, sendo que a nova função por ele exercida implica em uma remuneração inferior àquela que antes ocupava. Neste caso, não cabe redução salarial, devendo manter o mesmo salário que antes recebia, ainda que esteja percebendo auxílio-acidente ou outro benefício previdenciário que não aposentadoria. Vale citar o que segue:

> O empregado readaptado em nova função, devido à redução da sua capacidade de trabalho por doença profissional, tem direito à manutenção de seu salário, garantida em princípio constitucional (irredutibilidade). A posição foi adotada pela Primeira Turma do Tribunal Superior do Trabalho na concessão de recurso de revista a um empregado da Viação Grande Vitória Ltda.. Com a decisão, o trabalhador teve assegurado seu direito às diferenças salariais entre sua remuneração inicial e a percebida após sua reintegração, apesar de percepção de auxílio-acidente pago pelo INSS. Ao empregado readaptado em nova função, por redução de sua capacidade laborativa, é assegurada a irredutibilidade salarial. A percepção do auxílio-acidente não impede o recebimento concomitante de salários, conforme se infere do disposto nos §§ 2º e 3º do art. 86 da Lei n. 8.213/1991", afirmou o juiz convocado Aloysio da Veiga (relator), ao votar pela concessão do recurso de revista interposto pelo trabalhador contra decisão anterior do Tribunal Regional do Trabalho do Espírito Santo (TRT-ES).[75]

Questão que já foi alvo de debates é quanto àquela situação, por exemplo, da transferência da empregada grávida do local de trabalho, por ser necessária a preservação da sua saúde, para outro local ou turno, sendo que, diante da transferência, acaba por cessar o pagamento de algumas verbas a título de adicional de periculosidade ou adicional noturno. Nesse caso, não há ofensa ao princípio da irredutibilidade, por conta de que se trata de uma alteração que veio em benefício da empregada. Quanto aos adicionais citados, que estão vinculados ao local de trabalho da empregada, deixando de haver os motivos ensejadores do pagamento dos referidos adicionais, cessam imediatamente os pagamentos.

Assim, a sistemática legal anteriormente adotada pela CLT, de albergar a diminuição salarial para os casos de força maior, prejuízos ou situações excepcionais enfrentados pela empresa, está totalmente superada, devendo-se, para a hipótese, observar o mandamento constitucional referido (ver art. 503 da CLT). Nao se trata aqui de tentar aplicar a teoria da imprevisão, por não se harmonizar com os princípios do Direito do Trabalho, bem como em face do art. 7º, VI e X, da Constituição Federal, encontrando-se os mesmos revogados.

4.2.2. Proibição de alteração no pagamento (art. 465 da CLT)

É importante salientar neste ponto que o salário mensal deve ser pago no máximo até o quinto dia útil do mês subsequente ao vencido, salvo critérios que venham a

---

(75) Disponível em: <http://ext02.tst.gov.br/pls/no01/no_noticias.Exibe_Noticia?p_cod_noticia= 3447&p_cod_area_noticia=ASCS> Acesso em: 6 ago. 2008.

favorecer o trabalhador, ou seja, que leve o pagamento a ser antecipado. Não se admite norma convencional que procrastine a data do pagamento do salário.

A contagem dos dias para este fim inclui o dia do sábado (trata-se de dia útil, independente de a empresa trabalhar ou não) e exclui o domingo e feriados nacionais, estaduais e municipais. Os atrasos sucessivos no pagamento dos salários podem até levar à rescisão indireta do contrato, com a acumulação de danos morais em favor do empregado.

Uma questão interessante de ser ressaltada é quanto ao fato de o pagamento do salário ser obrigatoriamente em moeda corrente, não se admitindo em moeda estrangeira. Isto não quer dizer que no contrato de trabalho não possa ter convencionado o pagamento, por exemplo, em dólares. O que acontece é que no ato do pagamento terá de se operar a conversão para a moeda nacional.

Tem sido admitido que o pagamento possa ser feito em cheque, desde que o empregado aceite, e a empresa esteja localizada em zona urbana. Ainda, há exigência que o empregador conceda ao empregado oportunidade para ir até o banco sacar o cheque. Diga-se aqui, não é recomendável essa forma de pagamento, por conta de que, se o empregado depositar o cheque, por certo o banco levará até três dias para ter o dinheiro liberado em sua conta, de acordo com a quantia estampada no mesmo. Esta situação poderá se caracterizar como mora salarial.

A mesma coisa ocorre com o depósito bancário em conta do empregado. Na prática, o que tem ocorrido é que as empresas têm obrigado os seus empregados a abrirem conta neste ou naquele banco e, em regra, as contas que são abertas não são contas salário, mas sim conta corrente, onde os bancos tentam vender os seus produtos (cartões de crédito, seguros etc.) com toda a insistência possível. Esta prática contraria as normas de proteção ao salário.

Não se deve esquecer de que, para o empregador, a única prova admitida do pagamento do salário é a documental, ou seja, através de recibo, que deverá trazer de forma discriminada tudo o que foi pago, valor por valor, desconto por desconto. Não é aceito o recibo de pagamento ou holerite que não individualize tudo que é pago ao empregado, incluindo-se os descontos legais e convencionais.

4.2.3. Proibição de descontos do salário

Também cabem aqui as faltas injustificadas e os danos causados por dolo, sendo que, no caso de culpa, deve esta modalidade estar prevista no contrato de trabalho (art. 462 da CLT).

Uma questão que tem surgido com muita frequência é quanto aos empréstimos consignados mediante desconto em folha de pagamento, muito embora vários autores ainda defendam a sua inconstitucionalidade.

Trata-se do chamado empréstimo consignado, Lei n. 10.820, de 17.12.2003, alterada pela Lei n. 10.953/2004, quando pode ser feito o desconto pela empresa na folha de pagamento do empregado e nas verbas rescisórias, devendo haver a autorização por escrito do empregado e respondendo a empresa, solidariamente, perante a instituição financeira, caso não operacionalize o desconto do salário do empregado. Contudo, existe um limite máximo fixado.

Em relação ao percentual máximo de desconto, após análise da fórmula apresentada no referido decreto, conclui-se: — a soma dos descontos (de um ou mais empréstimos consignados) não pode exceder a 30% da remuneração disponível; — a soma total dos descontos (empréstimos consignados (+) quaisquer outros descontos salariais autorizados voluntariamente pelo empregado, por exemplo, um outro empréstimo ajustado livremente com o empregador) não pode exceder a 40% da remuneração disponível; — Em caso de rescisão do contrato de trabalho, a soma dos descontos não pode ultrapassar os 30% das verbas rescisórias devidas. Como se observa, o limite máximo de desconto dos empréstimos consignados é de 30% da remuneração disponível. Mesmo quando o empregado tenha outra operação ajustada livremente com o seu empregador com desconto mensal sobre os seus salários e verbas rescisórias, permanece o limite máximo de 30% de desconto. Mas o desconto da operação voluntária não poderá ultrapassar 10% da remuneração disponível.

Segundo a melhor doutrina:

O Decreto n. 4.840/2003 estabelece também que a base de cálculo para o desconto em folha de pagamento é a remuneração disponível do empregado. A lei conceitua como remuneração disponível o valor que sobrar da remuneração básica, após as deduções de contribuição para a Previdência Social oficial; pensão alimentícia judicial; imposto sobre rendimentos do trabalho; decisão judicial ou administrativa; mensalidade e contribuição em favor de entidades sindicais; e outros descontos compulsórios instituídos por lei ou decorrentes do contrato de trabalho.

A lei também define que remuneração básica é a soma das parcelas pagas mensalmente ao empregado, excluídas: diárias; ajuda de custo; adicional pela prestação de serviço extraordinário; gratificação natalina; auxílio-natalidade; auxílio-funeral; adicional de férias; auxílio-alimentação, mesmo se pago em dinheiro; auxílio-transporte, mesmo se pago em dinheiro; e parcelas referentes à antecipação de competência futura ou pagamento retroativo.

Em síntese, a remuneração disponível é a resultante da subtração da remuneração básica e dos descontos (consignações legais). O percentual de desconto em folha é de 30% da remuneração disponível, condicionado ainda ao máximo de 40% da mesma remuneração, além dos descontos autorizados pelo empregado (consignações voluntárias), além dos legais.

Exemplificando, se o empregado tem remuneração básica de R$ 1 mil e descontos legais de R$ 300, possui remuneração disponível de R$ 700. Nesse caso, o limite de desconto das prestações será de R$ 210. Se o empregado não tem deduções voluntárias, este é o valor máximo do desconto das prestações. Porém, se tem descontos voluntários, o limite para desconto das prestações é de R$ 280 (40% sobre R$ 700). Assim, mesmo se os descontos voluntários forem superiores a R$ 70,00, ficarão automaticamente limitados a R$ 70,00 porque o desconto máximo das prestações não poderá exceder a R$ 210.

É importante observar que se o empregado tem dívida voluntária, o empregador poderá deduzir o percentual de 40%, mas desde que observada a seguinte base de cálculo: deduzir da remuneração as deduções legais e sobre esse resultado descontar as prestações do empréstimo consignado equivalente a 30% e no máximo mais a resultante de 10% do empréstimo voluntário. Em relação à base de cálculo para as deduções em verbas rescisórias, esta corresponde à importância devida pelo empregador ao empregado em razão da rescisão, excluído o adicional de férias e a gratificação natalina.

Com essas considerações, conclui-se que o empregador que excede os limites fixados pela lei de empréstimo consignado assume o risco de não obter homologação das rescisões contratuais perante os sindicatos, além de ficar sujeito a discussões judiciais.[76]

É evidente que os empréstimos consignados contribuem para aumentar o poder de compra dos empregados. De outro lado, também contribuem para o seu endividamento. Outra crítica é quanto às taxas de juros cobradas pelos bancos, que diante da inexistência de risco, permanecem altas, considerando também a função social que deve guardar tal tipo de empréstimo.

Neste mesmo tópico pode também ser debatido aqueles casos em que os empregados, tendo conta corrente através da qual recebem os seus salários, contraem dívidas com o banco fazendo uso do cheque especial. Com o depósito do seu salário, o banco automaticamente faz o desconto dos valores emprestados a este título, diga-se, com as taxas de juros exorbitantes que são cobradas. Será que com o depósito em conta dos salários o mesmo perde suas garantias legais? Ou seja, poderá o banco efetuar a sua retenção para pagar o empréstimo feito? Existem posicionamentos judiciais no sentido de que, desde que autorizados os descontos por parte do cliente, no caso o trabalhador, não há que se falar em conduta ilícita do banco.

Ainda que respeitando referido posicionamento, defende-se a tese de que não pode o banco apropriar-se da totalidade dos valores depositados em conta corrente a título de remuneração sob pena de impedir que o trabalhador possa prover sua própria vida e da sua família, sendo abusiva a cláusula contratual que compõe o contrato bancário autorizando que se proceda tal desconto, tratando-se de conduta ilícita, contrariando os arts. 1º, III, e 7º da Constituição Federal, 51, IV, do Código de Defesa do Consumidor, e, 649, IV, do Código de Processo Civil. Para o Superior Tribunal de Justiça, tal atitude do banco configura exercício arbitrário das próprias razões.

---

(76) CONSULTOR JURÍDICO de 8 de setembro de 2007. Disponível em: <http://www.conjur.com.br/static/text/59286,1> Acesso em: 19 ago. 2008.

Vale ser citada decisão do Superior Tribunal de Justiça a esse respeito:

> BANCO — RETENÇÃO DE SALÁRIO PARA COBRIR SALDO DEVEDOR — IMPOSSIBILIDADE. Não é lícito ao banco valer-se do salário do correntista, que lhe é confiado em depósito, pelo empregador, para cobrir saldo devedor de conta corrente. Cabe-lhe obter o pagamento da dívida em ação judicial. Se nem mesmo ao Judiciário é lícito penhorar salários, não será instituição privada autorizada a fazê-lo. (STJ – REsp. 831.774-RS – Acórdão COAD n. 123.590 – Rel. Min. Humberto Gomes de Barros – Publ. em 29.10.2007)

Não parece existir outro caminho a ser seguido, principalmente em face do contido no art. 170, *caput*, da Constituição Federal, a não ser chancelar o posicionamento do referido tribunal sobre esse tema, não se esquecendo de que, no caso, ainda pode caber danos morais em favor do empregado, em virtude da apropriação arbitrária feita pelo banco do seu salário.

4.2.4. Impenhorabilidade, salvo no caso de pensão alimentícia mediante sentença judicial (art. 649, IV, do CPC)

A impenhorabilidade do salário já ganhou inúmeros estudos, inclusive foi alvo de aprovação pelo Congresso Nacional o projeto de reforma do Código de Processo Civil que permitia a penhora de parte do salário do empregado para pagamento de dívida (até 40% daquilo que ultrapasse o valor de 20 salários mínimos). Porém, o mesmo foi vetado pelo presidente da República, mantendo-se a sua impenhorabilidade por completo, na forma do art. 649, IV, do Código de Processo Civil, ou seja, o da impenhorabilidade absoluta, salvo nos casos ressalvados em lei. Porém, outro projeto já tramita pelo Congresso Nacional (Projeto de Lei n. 2.139/2007) para fins de se permitir que parte do salário possa ser penhorado para pagamento de dívida.

A doutrina que defende posição diferente, a da penhorabilidade parcial, sustenta-se no princípio da proporcionalidade.

> Indiscutível a necessidade de se respeitar a dignidade da pessoa humana do executado, mas do outro lado, o do credor, há uma pessoa que também precisa se sustentar e aos seus, que tem sua dignidade, e que, para mantê-la, vê-la respeitada, necessita e tem o direito de receber o que já foi reconhecido judicialmente como lhe sendo devido, e mais: uma pessoa à qual não pode ser jogada o peso de uma iniciativa empresarial que não logrou êxito, porquanto, claro é, se todos podem tentar vencer na vida, os escolhos que então se apresentarem não podem ser contornados, colocando-se os mesmos no caminho de quem, útil quando se tentou uma atividade empresarial, incomoda quando o prosseguimento da mesma não se afigurou mais como possível, isso me parece óbvio!
>
> Sinto que essa tela não pode receber cores de aprovação da Justiça do Trabalho, o que caminharia para a própria negação de sua razão de ser, e para obstar seja emoldurada, reproduzindo a triste cena de um trabalhador desesperado, que teve seus direitos reconhecidos, mas frustrados por ulterior falta de quitação,

pelos motivos aqui expostos, com seus filhos, chorando, esfomeados, e sua mulher, amargurada, decepcionada e já sem forças, há de ser aplicado o princípio da proporcionalidade, por meio do qual, sem agredir o art. 649, IV, do Estatuto processual, dar-se-á resposta ao direito e à necessidade do credor/trabalhador/ certamente desempregado.[77]

O judiciário trabalhista já se manifestou, sendo que em alguns julgados encontra-se a penhora de parte do salário para saldar dívida trabalhista.

Vale aqui citar alguns escólios:

> Salário. Impenhorabilidade. Possibilidade. A norma contida no art. 649, IV, do CPC, tem o condão de proteger o trabalhador, impedindo que se avilte o seu direito ao salário. Entretanto, a natureza prospectiva das normas permite ao julgador reavaliar seu entendimento para melhor adequação da norma frente ao contexto social. Não havendo dúvida sobre a natureza jurídica do crédito trabalhista, possível é a penhora de parcela do salário para pagamento de crédito trabalhista, desde que observado o respeito a um mínimo que garanta a subsistência do devedor. Recurso conhecido e ao qual se nega provimento.[78]

> Penhora sobre salário. Possibilidade. A impenhorabilidade absoluta dos salários prescrita no art. 649, IV, do CPC encontra exceção exclusivamente nas prestações alimentícias. Sendo incontestável o caráter alimentício do crédito do exequente, correto o enquadramento desse na exceção prevista na citada norma. Agravo de petição conhecido e desprovido.[79]

> Penhora em conta corrente destinada ao recebimento de aposentadoria. Crédito de natureza alimentar. Exceção à regra. A impenhorabilidade dos vencimentos e pensões dos servidores públicos é excepcionada pela própria lei quando o crédito for de natureza alimentar, neste incluído o decorrente de sentença trabalhista, como preconizado no § 1º-A do art. 100 da Constituição da República.[80]

O que está valendo por enquanto é a impenhorabilidade absoluta dos salários, salvo nos casos dispostos em lei. No entanto, a tendência é caminhar para a penhorabilidade relativa.

4.3. Salário in natura ou salário-utilidade

Trata-se de salário pago em utilidades pelo empregador ao empregado, com valor econômico. A enumeração do art. 458 da CLT não é taxativa, ao contrário, é exemplificativa, pois outras prestações *in natura* ali não especificadas poderão ser proporcionadas pelo empregador ao empregado, sem que caracterize salário.

Autores como José Martins Catharino enunciam a seguinte fórmula para a caracterização ou não do salário-utilidade. A diferença está em PARA O TRABALHO ou

---

(77) GIORDANI, Francisco Alberto da Motta Peixoto. O princípio da proporcionalidade e a penhora de salário. *Revista do TRT da 15ª Região*, n, 27, 2005. p. 78.

(78) TRT – 10ª R. – 2ª T. – Proc. n. 1400/1997.001.10.00-6 – Rel. Mário Macedo F. Caron – DJ 12.5.2006, p. 23.

(79) TRT – 10ª R – 3ª T. – Proc. n. 941/1998.018.10.00-0 – Rel. Braz Henriques de Oliveira – DJ 17.3.2006, p. 27.

(80) TRT – 15ª R. – 1ª T. – Proc. n. 499.199.019.15.00-1 – Rel. Eduardo B. de O. Zanella – DJSP 6.5.2005, p. 12.

PELO TRABALHO. Toda vez que ele seja meio necessário e indispensável para determinada prestação de trabalho subordinado, a resposta será negativa; será afirmativa quando a utilidade é fornecida pelo serviço prestado, como típica contraprestação.[81]

Existem alguns requisitos que podem ser elencados a fim de identificar se determinado pagamento é ou não salário-utilidade, dentre eles: a) fornecimento habitual, com constância; b) não se tratar de algo necessário para o trabalho, sendo portanto uma utilidade que satisfaz o trabalhador, que se não oferecida, o empregado teria de se utilizar de recursos próprios para a aquisição; c) a utilidade ser oferecida em face do vínculo trabalhista existente, embora não dependa dela (utilidade) para a execução do serviço; d) a utilidade ter valor econômico estimado.

Uma questão bastante interessante é sobre qual o percentual que o empregador pode pagar aos seus empregados a título de salário *in natura*. Segundo a doutrina predominante, quando o empregado receber o valor correspondente ao salário mínimo, o valor pago a este título não poderá ultrapassar o correspondente a 70% do salário mínimo (Súmula n. 258 do TST). Quando o empregado recebe valor acima do salário mínimo, não existe um percentual estipulado, sendo que o bem, ou seja, a utilidade será acrescida ao salário do empregado pelo valor de mercado.

As dúvidas sobre o que é ou não salário *in natura* surgem quando o mesmo não é declarado expressamente. Ou seja, quando o empregado recebe bens do seu empregador, desnecessários para a realização do trabalho, sem que seja considerado expressamente como salário. Geralmente quando o empregado é demitido ou deixa simplesmente o seu emprego, com certeza promoverá reclamatória trabalhista e procurará ver declarado aquele bem como salário a fim de incorporar-se à sua remuneração e repercutir em todos os demais direitos trabalhistas.

O mesmo raciocínio aplica-se à moradia fornecida pelo empregador, devendo analisar se ela é necessária ou não para o trabalho. Não resta dúvidas de que quando a moradia não se faz necessária para o trabalho, ainda que seja feito formalmente um contrato de comodato entre empregador e empregado, não retirará do bem a condição de salário-utilidade.

Quando surge esta situação é que em não se enquadrando nas hipóteses existentes no art. 458, § 2º, da CLT, que exclui textualmente aquilo que não é salário *in natura*, deve-se apreender o caso concreto e analisar se o bem oferecido gratuitamente compreende ou não algo necessário para o trabalho. Em não se fazendo necessário, será salário-utilidade. Também, aproveitando o tema, nada impede que empregador e empregado realizem um verdadeiro contrato de locação (que não sirva o contrato para cometimento de fraude), sendo que neste caso o bem (valor da locação) não será computado na remuneração do empregado.

O uso do carro para fins de realização do trabalho, deixando a empresa que o empregado fique com o mesmo nos finais de semana para seu uso particular, fez com

---

[81] CATHARINO, José Martins. *Tratado jurídico do salário*. São Paulo: LTr, 1994.

que houvessem várias contendas no sentido de se buscar a sua caracterização como salário-utilidade, pelo fato de o mesmo não ser recolhido no estacionamento da empresa. No entanto, o Tribunal Superior do Trabalho firmou posição através da OJ-SDI-I n. 246 dessa forma: "A utilização pelo empregado, em atividades particulares, de veículo que lhe é fornecido para o trabalho da empresa não caracteriza salário-utilidade". Para evitar tal confusão, muitas empresas passaram a viabilizar crédito para que o empregado comprasse um carro em seu nome para realizar os serviços da empresa. Tal atitude também não está correta, porque transfere os riscos da atividade para o empregado sempre que o carro é imprescindível para o seu serviço.

Não se deve esquecer de que vale-transporte (quando concedido através da lei do vale-transporte, art. 2º, a, da Lei n. 7.418/1985), vale-alimentação (quando fornecido pelo sistema PAT, art. 3º, da Lei n. 6.321/1976) e moradia, sendo que este último, quando realmente necessário para a realização do trabalho, não serão considerados como salário--utilidade. Uniformes e equipamentos de proteção individual também não constituirão salário-utilidade. Não se pode confundir uniforme com roupas fornecidas pela empresa para o trabalhador, que não o uniforme, salvo se no caso concreto justificar tal oferta em virtude das exigências que faz a empresa em razão do cargo ocupado pelo empregado.

4.4. Gratificações

As gratificações são pagas por serviços extraordinários. As gratificações próprias ou verdadeiras não repercutem no âmbito da relação de emprego. Não são integrativas do salário. No entanto, as gratificações ajustadas passaram a ser tratadas como verba salarial, integrantes do salário. A gratificação pode iniciar-se por ato de liberalidade e, com o tempo, tornar-se algo obrigatório. Foi o que aconteceu com o 13º salário.

Para se saber da obrigatoriedade do pagamento das gratificações podem ser adotados alguns parâmetros. Pelo critério objetivo, haverá ajuste tácito sempre que a conduta do empregador, independentemente de sua intenção, transformar a gratificação numa remuneração adicional de caráter normal, com a qual o empregado passa a contar. Pelo critério tácito, a habitualidade, a periodicidade e a uniformidade com que são concedidas as gratificações estabelecem a presunção que o patrão contraiu a obrigação de conferi-las, desde que configuradas as condições a que está subordinado o seu pagamento.

Existem várias espécies de gratificações, como, por exemplo: gratificação de função, que decorre do exercício de determinada função, sendo que cessada a causa de seu pagamento, extingue-se a obrigação; gratificação de balanço, que resulta de via contratual ou está prevista no regulamento da empresa; gratificação por tempo de serviço, que é de natureza salarial, variando de acordo com o quadro de carreira da empresa (quando existente) ou cláusula firmada em convenção ou acordo coletivo de trabalho ou ainda em regulamento interno empresarial; gratificação de produtividade, satisfeitas as condições previstas no contrato de trabalho ou regulamento de empresa e sendo ajustada pelas partes, não podendo o empregador deixar de cumprir. Não repercute no DSR (Súmula n. 225 do TST, incluindo a gratificação por tempo de serviço); gratificação de complementação de aposentadoria, que geralmente vem fixada em acordo ou convenção coletiva de trabalho, que visa a complementar a aposentadoria, levando-se em consideração o valor recebido pelo INSS e aquilo que o empregado recebia quando na ativa. Sobre a incorporação da gratificação no salário do empregador, vale citar o que segue:

> De acordo com o processo, o funcionário trabalhou como operador de computador por mais de 14 anos. O Tribunal Regional do Trabalho da 1ª Região (Rio de Janeiro) havia rejeitado o recurso do funcionário. Pela decisão, a incorporação não seria possível diante da extinção do Departamento de Divisão de Processamento, seção em que ele trabalhava. O TRT fluminense entendeu que a gratificação só é devida enquanto o funcionário ocupar o cargo e considerou irrelevante o fato de ele receber a gratificação por mais de 14 anos. No TST, o juiz convocado Ricardo Machado observou que o inciso VI do art. 7º da Constituição Federal estabelece o princípio da irredutibilidade salarial, para valorizar o equilíbrio econômico-financeiro, que deve estar presente na remuneração de cada trabalhador. Além do que, ressaltou, o art. 468 da CLT impede as alterações contratuais que resultem em prejuízos para o empregado, mesmo que de forma indireta Segundo a Súmula n. 372 do tribunal, presentes o afastamento sem justo motivo e a percepção da gratificação por mais de 10 anos, é devida a incorporação da parcela. "Registro, por importante, que em nada muda o fato de que tenha sido extinta a unidade de lotação do empregado — Departamento de Divisão de Processamento, por não se confundir com justo motivo, o qual é imputado à conduta do trabalhador", concluiu o juiz.[82]

De acordo com a decisão acima e de acordo com o tempo de recebimento de determinada gratificação, pode-se configurar a sua incorporação definitiva, não podendo o empregado deixar de recebê-la, sob pena de não preservar a sua condição socioeconômica.

4.5. Comissões

São pagamentos feitos aos empregados em bases percentuais sobre os preços das mercadorias por eles vendidas ou dos serviços por eles prestados.

Não se confundem com as gratificações, porque resultam da intermediação do empregado em uma operação comercial ou na prestação de determinados serviços, enquanto as gratificações advêm de pagamentos atribuídos ao empregado como demonstração de agradecimento.

A comissão depende da realização do negócio. Os autores debatem sobre a expressão utilizada no art. 466 da CLT (ultimada a transação). Para alguns, a transação somente é ultimada com o pagamento do preço; para outros, é quando o vendedor e comprador se põem de acordo com todas as condições do negócio.

Considera-se assim ultimada a transação no momento em que o empregador, tomando conhecimento da proposta feita por intermédio do empregado, a aceita e

---

(82) RR 9.239/2003-900-01. Disponível em: <http.www.aprovando.com.br/noticia.asp?id=6683> Acesso em: 2 ago. 2009.

declara fechado o negócio com o comprador. Nas vendas a crédito, o pagamento é exigível proporcionalmente à liquidação das prestações sucessivas, não significando com isso que elas não deverão ser pagas caso haja a inadimplência do comprador do produto. Ver Lei n. 3.207/1957 (comissões dos vendedores viajantes), que trata de vendedores empregados com atividades externas.

Sobre pagamento de comissões sobre vendas feitas pelo empregado em parcelas, vale citar o abaixo transcrito, que estabelece a diferença quanto ao pagamento de comissões para os vendedores internos e os externos:

> A opinião prevalente a este respeito firma-se no sentido de considerar exigível o pagamento das comissões pelos negócios concluídos pelo empregado, sob o fundamento de que, a não ser assim, se agravaria extremamente o risco do comissionista e sua remuneração ficaria a depender da execução do contrato, que lhe é inteiramente estranha. Admite-se, contudo, a recusa do pagamento, por parte do empregador, quando este "possa demonstrar que o empregado sistematicamente conclui negócios, na sua quase totalidade, sem bom êxito e cuja realização acarrete para o empregador considerável dano". Em tal caso o empregado revela absoluta falta de cuidado pelos interesses da empresa que representa, não cuida de preocupar-se, de modo algum, com a solvabilidade daqueles com quem contrata, visando, com a transação encaminhada desastradamente, apenas, a receber a comissão.
>
> O fato, aliás, justificaria a dispensa do empregado por desídia, além de autorizar a recusa de pagamento da comissão. (grifo nosso) Havendo prestações sucessivas, o pagamento das comissões e percentagens será exigível de acordo com a ordem de recebimento das mesmas (art. 5º, Lei n. 3.207), mesmo em caso de rescisão. (grifo nosso) A JCJ, ao apreciar a demanda, assim também entendeu. Portanto, não se justifica a assertiva recursal de que aquele Juízo deu conotação errônea à palavra insolvente, citada pelo art. 7º, da Lei n. 3.207/1957. Pelo contrário, deu a exegese correta, conforme se depreende do texto abaixo transcrito: "Insolvente é quem não pode pagar o que deve mas, de igual modo, é aquele que não quer pagar e desiste do negócio". A doutrina, mais uma vez, espelha o entendimento acima esposado, nas lições de José Martins Catharino, extraída do livro *Curso de Direito do Trabalho* — Estudos em Memória de Célio Goyatá, Volume II, 2. ed., fls. 69/71: "Assevera José Martins Catharino (*Tratado*..., p. 530/531) que "O direito à comissão começa a surgir no momento em que o empregado estabelece o contato com o freguês, corporifica-se pouco a pouco, amadurece com a conclusão do negócio ganhando forma e exatidão, salvo cláusula em contrário que o faça depender da liquidação superveniente, seja total ou parcial" (grifo nosso). Nas vendas a crédito, contudo, o pagamento é exigível proporcionalmente à liquidação das prestações sucessivas, em face do dispositivo legal expresso (art. 466, § 1º, da CLT). O que se disse antes se aplica às transações feitas com base em uma única prestação (vendas a vista), devendo-se observar a regra do art. 459 da CLT, isto é, as comissões deverão ser quitadas mensalmente, obviamente para aqueles comissionistas que estiverem sujeitos ao art. 468 da CLT, os chamados balconistas ou vendedores internos (para os pracistas, vendedores ou representantes comerciais-empregados, com atividades externas, a tutela legal é outra, corporificada na Lei n. 3.207, de 18.7.1957, como adiante se verá.[83]

---

(83) Acórdão n. 055960, recurso ordinário n. 2434/99, recorrente: Elza Maria Dantas, recorrida: Convef — Administradora de Consórcios Ltda. Acordão do Tribunal Regional do Trabalho da 13ª região – Disponível em: <http://www.trt13.gov.br/jurisp/acordaos/ac-trt-055960.html)> Acesso em: 10 fev. 2008.

Ainda sobre esse assunto, vale dizer que existem duas sistemáticas a serem estudadas: 1 – os comissionados vendedores internos, sendo que para estes as comissões mesmo nas vendas parceladas independem do pagamento dos valores acordados nas vendas, não podendo o empregado correr o risco do negócio; 2– o vendedor externo ou pracista, que dependerá da solvabilidade do negócio para o recebimento da sua comissão, dado ao grau maior de risco que sofre o empregador, regulado pela Lei n. 3.207/1957.

4.6. Participação dos empregados nos lucros das empresas

A participação dos empregados nos lucros ou resultados das empresas, desvinculada da remuneração, foi consagrada pelo art. 7º, XI, da Constituição Federal de 1988. A Lei n. 10.101, de 20 de dezembro de 2000, estabeleceu definitivamente a regulamentação da participação dos trabalhadores nos lucros ou resultados das empresas. Embora existam ainda fortes críticas no sentido de que permaneceu a liberalidade de os empregadores concederem ou não a participação aos seus empregados, de acordo com sua livre vontade.

Contudo, acredita-se que não poderia ser diferente. Valem ser destacadas que as cláusulas e condições do acordo, exceto no que tange à periodicidade do pagamento das participações, poderão ser livremente negociadas pelas partes, que determinarão se a participação se dará sobre os lucros ou resultados, quais os critérios para sua fixação, os prazos de vigência do acordo e para sua revisão, os mecanismos de aferição e controle etc.

A única exigência da lei é que a negociação entre a empresa e seus empregados seja feita mediante a escolha de uma das seguintes formas: a) comissão escolhida por ambas as partes, integrada por um representante indicado pelo sindicato da respectiva categoria; b) que se dê através de convenção ou acordo coletivo. Após a elaboração e assinatura, é obrigatório o arquivamento do acordo celebrado na entidade sindical dos trabalhadores.

Não pode também ser esquecido, quanto à época do pagamento da participação, que é proibido qualquer crédito a este título em período inferior a um semestre civil.

O implemento da participação dos empregados nos lucros das empresas oferece os seguintes benefícios para as empresas: 1. a única tributação que incide sobre a participação é o imposto de renda, retido diretamente na fonte, em separado dos outros rendimentos recebidos no mês, como antecipação do que vier a ser apurado na declaração de ajuste anual, cabendo à empresa o recolhimento do imposto, não recaindo contribuição em favor do INSS; 2. a participação nos lucros ou resultados não substitui ou complementa a remuneração devida ao empregado, não constituindo base de incidência de qualquer encargo trabalhista ou previdenciário; 3. a quantia paga a título de participação é computada como despesa operacional no balanço financeiro e, consequentemente, reduz o imposto de renda a ser pago pela empresa; 4. inaplicabilidade do princípio da habitualidade, ou seja, não há incorporação da participação no salário do empregado.

Embora a mesma lei estabeleça que o repasse da participação nos lucros deva ser feito em no máximo duas vezes ao ano, existe uma tendência a que se houver disposição de acordo ou convenção coletiva fracionando em um maior número de vezes tal repasse, em nada contrariaria tal regulamentação. Sendo assim, de fato, houve quase que a delegação plena da forma de realização deste pagamento para o acordo ou convenção coletiva de trabalho.

Em junho de 2006 foi noticiada a ampliação do número de empresas no Brasil que está oferecendo aos seus empregados a possibilidade de participação nos lucros empresariais. Trata-se de uma moderna política empresarial voltada para a efetiva valorização do trabalho humano, desde que, é claro, não sirva de válvula de escape para sonegações, em especial, previdenciárias.

Observa-se, como já foi tratado ao longo deste estudo, que a instrumentalização deste procedimento de participação dos empregados nos lucros empresariais rompe com a fórmula clássica construída através da relação de emprego, em que o empregado não participa dos resultados finais do seu trabalho.

Com a participação nos lucros poderá ocorrer o rompimento do processo de alienação do empregado através do trabalho. Poderá ser o início do processo de construção de algo diferente, com o objetivo de alcançar a dignidade da pessoa humana, sem falar da sintonia que se estabelece com o art. 170 da Constituição Federal.

4.7. Adicionais em geral

Genericamente falando, e de forma até óbvia, adicional é algo que se adiciona. É o acréscimo que tem como causa o trabalho em condições mais gravosas para quem presta. São condições mais gravosas a jornada excessiva, a insalubridade, a periculosidade e a penosidade. Daí vêm os adicionais noturnos, horas extras, o adicional de insalubridade e outros.

Uma questão muito importante é que os adicionais estão ligados aos fatos que os criaram. Eles existem enquanto o fato vive. Como resultam de gravame, ele deve ser reprimido, razão pela qual são instáveis. Quanto à sua supressão, após anos recebidos, defende-se a tese de o recebimento por mais de 10 anos gerar a incorporação ao patrimônio do indivíduo, pagos com habitualidade e constância. No entanto, na forma das Súmulas n. 265 e 291 do TST, a incorporação não aparece como regra normal. Ao se defender a incorporação, quando, por exemplo, tem-se o recebimento do adicional de função, e o empregado é transferido da função que gerava o adicional, o fundamento que aparece para a manutenção do pagamento do adicional é o da busca da segurança jurídica, segundo a orientação contida na Súmula n. 372 do TST em relação à gratificação de função. A tendência, porém, é pela não incorporação definitiva dos adicionais.

4.7.1. Adicional de insalubridade

Nos arts. 189 e seguintes da CLT encontram-se disciplinados os adicionais de insalubridade e periculosidade, valendo respeitar a ordem de disposição na CLT para o nosso estudo.

A insalubridade foi regulamentada pela Norma Regulamentadora n. 15, por meio de 14 anexos. Os Equipamentos de Proteção Individual (EPIs) foram regulamentados na Norma Regulamentadora n. 6, todos do Ministério do Trabalho.

Os agentes insalubres classificam-se em químicos (exemplo, chumbo); físicos (exemplo, calor); e, biológicos, citando como exemplo doenças infectocontagiosas.

Enquanto recebido, o adicional de insalubridade integra-se na remuneração para todos os efeitos legais (Súmula n. 139 do TST).

A incidência do adicional de insalubridade vem expressamente regulada pela Consolidação das Leis Trabalhistas, em seu art. 192, *in litteris*: "O exercício de trabalho em condições insalubres, acima dos limites de tolerância estabelecidos pelo Ministério do Trabalho, assegura a percepção de adicional respectivamente de 40% (quarenta por cento), 20% (vinte por cento) e 10% (dez por cento) do salário mínimo, segundo se classifiquem nos graus máximo, médio e mínimo.

Observa-se que, em princípio, a atividade desenvolvida pelo empregado tem de estar enquadrada nas normas regulamentares (NR) do Ministério do Trabalho, sob pena de não gerar direito ao pagamento do adicional de insalubridade. Não se trata de o empregado simplesmente estar desenvolvendo uma atividade que lhe possa causar mal, e por consequência lhe atribuir o direito ao adicional.

Vale transcrever os julgados que seguem:

> ADICIONAL DE INSALUBRIDADE — TRABALHO A "CÉU ABERTO" — É notório o conhecimento dos malefícios que a exposição excessiva a raios solares pode causar à saúde humana (desidratação, insolação, danos à retina e córnea, melanomas — câncer de pele). Não obstante tal fato, não há como se enquadrar legalmente tal atividade nos quadros da NR-15, anexo 7 e muito menos nos anexos 9 e 10 da citada norma, como pretendeu o sr. Perito vez que, como constatado, a utilização de EPI's — botas, capas de chuva — afastariam o agente nocivo, no caso a chuva (umidade). Matéria exaurida pela OJ n. 173, SDI-I, TST.[84]

> ADICIONAL DE INSALUBRIDADE. LIMPEZA DE SANITÁRIOS. UMIDADE. Não há como se considerar insalubres as atividades da autora, na medida em que a limpeza de sanitários não está classificada como lixo urbano no Anexo XIV, da NR-15 da Portaria n. 3.214/78 do Ministério do Trabalho e que a lavagem de banheiros ou da calçada externa da empresa é situação diversa daquela prevista no Anexo X, da NR-15 da referida Portaria do Ministério do Trabalho, que prevê como insalubre a atividade executada em locais com umidade excessiva, ou seja, alagados ou encharcados.[85]

Ainda persiste uma grande discussão sobre as bases de incidência do adicional de insalubridade, considerando que o salário mínimo, com fulcro no art. 7º, IV, da Constituição Federal, não pode servir como indexador, ou seja, como base de referência

---

(84) TRT/SP — 01351200405602003 — RO — Ac. 4ª T. 20090487880 — Rel. Ivani Contini Bramante — DOE 3.7.2009.

(85) TRT/SP — 00318200830202002 — RS — Ac. 2ª T. 20090556369 — Rel. Odette Silveira Moraes — DOE 14.8.2009.

de incidência de outro adicional, por conta de que se trata da menor remuneração a ser paga a um empregado no Brasil, com jornada de 44 horas semanais.

Contudo, prevalece a aplicação literal do art. 192 da CLT, que se diga, é anterior ao art. 7º da Constituição Federal, no que diz respeito ao adicional de insalubridade incidir sobre o salário mínimo, independentemente da remuneração do empregado.

Deve-se levar em conta também a Súmula n. 17 do TST, que trata daqueles casos de existência de piso salarial, incidindo sobre este adicional o percentual da insalubridade (salário profissional).

No entanto, defende-se aqui a tese de que o adicional de insalubridade não deve ser vinculado ao salário mínimo, por conta do disposto no próprio art. 7º, IV, da CF, que proíbe a vinculação do salário mínimo para qualquer fim.

Cabe ainda trazer o seguinte escólio:

> ADICIONAL DE INSALUBRIDADE — BASE DE CÁLCULO — SALÁRIO-BASE — Em observância às decisões do STF no sentido de que o salário mínimo desserve como parâmetro para cálculo do adicional de insalubridade e em consideração ao fato de que as atividades desempenhadas em ambiente insalubre, por agredirem a saúde do trabalhador, exigem que o adicional compensatório não tenha um valor ínfimo, deve o salário mínimo ser afastado como base de cálculo do adicional de insalubridade, adotando-se, como critério substitutivo, o salário-base do trabalhador, por aplicação analógica ao previsto no art. 193, da CLT para o adicional de periculosidade, por se tratar de trabalho exercido em condições semelhantes, ou seja, em prejuízo à saúde do trabalhador.[86]

Não se deve esquecer de que, para sua concessão, exige-se a feitura de perícia técnica, a fim de comprovar a sua existência, que, em sendo requerida em ação trabalhista, correrá às custas do empregado, salvo se ficar comprovada a existência do agente insalubre, sendo que neste último caso será do empregador a obrigação de pagar a perícia.

Ainda sobre o tema, a 7ª Turma do Egrégio Tribunal Superior do Trabalho, em 2008, acabou por declarar a inconstitucionalidade sem pronúncia de nulidade do art. 192 da CLT. Melhor explicando, mesmo declarando a sua inconstitucionalidade (refere-se ao art. 192 da CLT), não foram retirados os seus efeitos obrigacionais. Por consequência, também atingiu a Súmula n. 228 do TST. Ainda que não criando critérios novos (parte final da Súmula Vinculante n. 4 do STF, que não permite criar critérios novos por decisão judicial), ficou estabelecido como base de cálculo para a aplicação do adicional de insalubridade o piso da categoria, quando houver ou disposição de acordo ou convenção coletiva, desde que beneficie o empregado.[87] Resta então a necessidade de uma ação direta de inconstitucionalidade a fim de ver retirado do ordenamento jurídico o contido no art. 192 da CLT, o que significa que, por enquanto, continua a pairar tal discussão.

---

(86) TRT 15ª R. – Proc. 1270/00 – (9804/02) – 3ª T. – Rel. Juiz Lorival Ferreira dos Santos – DOESP 18.7.2002, p. 16.

(87) RR 955/2006-099-15-00, da Relatoria do ministro Ives Gandra Martins Filho, publicado no DJ em 16.5.2008, *verbis*: adicional de Insalubridade — base de cálculo — salário mínimo (CLT, art. 192) Declaração de Inconstitucionalidade sem pronúncia de nulidade (*unvereinbarkeitserklärung*) Súmula n. 228 do TST e Súmula Vinculante n. 4 do Supremo Tribunal Federal.

Em termos gerais, continua vigente o art. 192 da CLT, mas deve-se respeitar o piso da categoria, quando existir, para a incidência do adicional de insalubridade. Defende-se aqui que nos Estados que aderirem ao piso regional, como é o caso do Estado do Paraná, deve também respeitar o piso regional. No entanto, ainda não é este o entendimento que se faz presente nos tribunais.

É importante lembrar, especialmente quando se estuda o adicional de insalubridade, que existe aqui uma vinculação direta com a questão relativa ao ambiente de trabalho, que está salvaguardado nos arts. 170, 196 e 225, todos da Constituição Federal. Cabe ao empresário a livre-iniciativa de escolher a atividade empresarial que pretende atuar. No entanto, observa-se, principalmente por conta do art. 196 da Constituição Federal, que trata do direito à saúde, um princípio geral, que se aplica também como princípio específico em se tratando de Direito do Trabalho e de proteção ao ambiente de trabalho.

Isto significa que cabe ao empresário (no caso ao empregador) manter saudável o seu ambiente de trabalho. Independentemente do pagamento do referido adicional, não exclui de forma alguma a sua responsabilidade por manter saudável o ambiente ou promover as mudanças necessárias, com os investimentos necessários a fim de melhorar a qualidade do referido ambiente.

Quanto à responsabilidade empresarial, merece aqui um estudo do art. 7º, XXII, da Constituição Federal, que trata da obrigação do empregador na redução dos riscos inerentes ao trabalho e inciso XXVII, que garante ao empregado o recebimento de indenização no caso de o empregador ter agido com dolo ou culpa (na forma reparatória, monetarizada), em tendo sofrido danos decorrentes do trabalho, em especial aqui, resultante de acidente de trabalho.

Observa-se em dispositivos constitucionais já citados, em especial os arts. 200 e 225, partindo-se de uma interpretação unitária da Constituição Federal, levando-se em consideração também que a Constituição Federal é dotada de completa efetividade, que o ambiente de trabalho que não conduza o homem à condição de sujeito de transformações ou que o exponha à condição indigna, poderá render em seu favor indenização compensatória.

A falta da participação do empregado no processo produtivo, de forma ativa, poderá render obrigações contra o Estado e contra o empregador direto, seja no tocante à geração de obrigações de fazer, como, por exemplo, a mudança dos procedimentos gerenciais empresariais, ou de reparar, no caso de já ter ocorrido dano contra o empregado.

Trata-se de um modo preventivo de ver o dano, no sentido de buscar evitar a consequência, por saber que a indenização pura e simples do dano não torna possível resgatar o prejuízo sofrido. No caso dos prejuízos causados contra a dignidade no trabalho, por certo não são resgatáveis.

Por esta razão, o importante é não deixar que a dignidade humana seja atingida, por conta de ela não ser recuperável. Em síntese, tenta-se dar eficácia imediata ao contido nos arts. 170 e 193 da Constituição Federal, remodelando a forma de se pensar o ambiente de trabalho.

Quando se examina o art. 927, parágrafo único, do Código Civil, defende-se a responsabilidade objetiva do empregador (responsabilidade sem a necessidade de culpa ou dolo), nos casos de a atividade empresarial desenvolvida ser considerada, por sua natureza, de risco.

Porém, esquecem-se os doutos estudiosos do assunto que, em grande parte, as atividades de risco por sua natureza podem ter seus riscos alterados ou amenizados, caso adote-se novos métodos gerenciais de produção, ainda que em dadas hipóteses não seja possível eliminar totalmente o risco. Também esquecem que estas tentativas são obrigações empresariais, fazendo parte daquilo que deve ser entendido como função social da empresa, expressa no art. 170, III, da Constituição Federal, razão pela qual, mais uma vez, torna robusto o convencimento no sentido de que qualquer ação do empregado ou de terceiros que vise à melhoria do meio ambiente de trabalho comportará a aplicação da teoria objetiva.[88]

E mesmo para as atividades que por sua natureza não apresentem risco, isso também se torna possível, por conta da condição de se tratar de direito fundamental a proteção ao meio ambiente do trabalho. Nesses casos, a aplicação da teoria objetiva contra o empregador, seja quanto à prevenção, combatendo as distorções constatadas no ambiente de trabalho, quando não atendidos os princípios plasmados nos arts. 170 e 193 da Constituição Federal, ou no que se refere à indenização pelos danos, quando estes já tiverem ocorrido.

Em parte por causa de sua função social, a empresa está obrigada a adotar ações positivas no tocante à reformulação de suas práticas empresariais, com vistas a atender ao contido nos dispositivos citados.

Mais que viabilizar instrumentos que permitam a participação do empregado nos destinos empresariais, criar um ambiente de trabalho estimulante, prazeroso, humanizado é uma necessidade universal. Tudo isso voltado para o enriquecimento das relações sociais, de maneira a fazer com que o ambiente de trabalho contribua com o exercício da cidadania e que construa a própria cidadania.

A viabilização de um ambiente propício é um dever empresarial inafastável. Caso a empresa não execute sua função nesse sentido, pode ser cobrada judicialmente pelo Estado (Ministério Público do Trabalho) e pelas entidades sindicais representativas dos trabalhadores. Os organismos internacionais, independentemente da existência ou não de pactos convencionais, também possuem legitimidade para oferecer denúncia em parlamentos internacionais (no caso OIT em relação à ONU). Trata-se do comprometimento de diversos atores sociais, de forma a proporcionar um agir, um pensar e um sentir a vida a começar pela forma como se encontra o ambiente de trabalho.

---

(88) *Vide* cap. II, item 1.6., deste livro.

4.7.2. Adicional de periculosidade

O adicional de periculosidade encontra-se previsto no art. 7º, XXIII, da CF e no art. 193 da CLT.

Segundo Luiz Fernando Pereira:

A razão do adicional de periculosidade é justamente compensar o empregado por sua exposição ao risco (e não reparar o dano, por se tratar de questão de responsabilidade civil, a qual fica obrigado o empregador quando concorrer com culpa ou dolo) justamente pela natureza do trabalho que exerce. Não há necessidade de ser certo o fato danoso: o risco compreende a mera possibilidade de acontecer o sinistro. Da mesma forma não é exigível que o dano seja aquele capital, bastando a probabilidade de acontecer evento grave. Como esclarece De Plácido e Silva, grave é "... tudo que deva ser encarado como importante ou relevante... Também se entende grave, quando por suas consequências assume proporções mais penosas ou fatais". Não é assim necessário que a gravidade se refira à certeza da morte do trabalhador no caso de acidente, bastando que o evento danoso lhe cause dano sério. Com base em tal entendimento, apesar da diferença existente nas grandezas em relação à energia elétrica, entre uma unidade geradora e uma unidade consumidora, perícias judiciais têm constatado que mesmo acidentes nesta última podem causar graves danos, inclusive a morte. Nesse sentido, vale citar o acórdão lavrado pelo Ministro Hylo Gurgel: ADICIONAL DE PERICULOSIDADE — ELETRICITÁRIO E ELETRICISTA — O Decreto noventa e três mil quatrocentos e doze de oitenta e seis não elastece, nem amplia o conteúdo da norma ínsita no artigo primeiro da Lei sete mil trezentos e sessenta e nove de oitenta e cinco, apenas lhe explicitando o conteúdo e assegurando-lhe a execução. Inexistente qualquer distinção entre eletricitários que trabalhem em sistema elétrico de potência e entre eletricistas de instalação de consumo, com vistas ao pagamento do adicional de periculosidade, mesmo porque "a eletroplessão não escolhe suas vítimas pela designação profissional de suas funções". Revista não conhecida. (TST – RR 71455/ 1993 – 2ª T. – Rel. Min. Hylo Gurgel – DJU 16.12.1994 — p. 35.071) (grifo nosso). Desta forma, diferenciar os trabalhadores sujeitos ao mesmo risco, seria tratar de maneira diferente aqueles em situações iguais, o que é vedado pelo princípio constitucional da isonomia. Se dois trabalhadores laboram na mesma situação (condição de periculosidade em decorrência da energia elétrica), porém um, deixando de receber o adicional legal por não possuir a empresa empregadora sistema elétrico de potência, evidente haver grave distinção, pois a situação a que estão sujeitos os empregados é a mesma: risco à incolumidade física (sendo apenas diferente a atividade explorada pela empresa). Nesse aspecto vale afirmar, a lei não visa a proteger determinadas categorias (eletricitários), mas sim as atividades executadas. O mesmo entendimento se extrai do art. 7º, inciso XXIII, que garante o adicional para as atividades perigosas. A atividade, nesse caso, só pode ser a exercida pelo trabalhador, pois o *caput* do artigo trata objetivamente dos direitos dos trabalhadores. Logo, as atividades ali mencionadas são as exercidas pelos empregados, e não as atividades exploradas por seus empregadores.[89]

Em que pese à douta defesa do advogado acima citado, não vem sendo essa a posição adotada, concedendo-se o referido adicional somente para aqueles empregados que exercem atividades em sistema elétrico de potência.

O cálculo do adicional devido ao trabalhador que exerce atividade perigosa incide sobre seu salário básico. O esclarecimento foi feito pela Quarta Turma do Tribunal Superior do Trabalho ao deferir parcialmente recurso de revista à Supergasbrás Distribuidora de Gás S.A. O julgamento isentou a empresa de pagar a um ex-empregado o adicional de periculosidade apurado sobre a remuneração (salário somado a outras parcelas), aplicando-se a primeira parte da Súmula n. 191 do TST.[90]

O trabalhador sujeito à exposição permanente ou intermitente de materiais explosivos ou inflamáveis tem direito ao recebimento integral do adicional de periculosidade. Esse entendimento, expresso na Súmula n. 364 do Tribunal Superior do Trabalho, levou sua Terceira Turma a deferir recurso de revista e reconhecer o direito à parcela a um motorista da Companhia de Saneamento Básico do Estado de São Paulo (SABESP).

A decisão unânime, de acordo com o voto do relator, ministro Carlos Alberto Reis de Paula, resultou na reforma de acórdão firmado pelo Tribunal Regional do Trabalho da 2ª Região (com sede na cidade de São Paulo). A parcela foi negada pelo TRT que considerou eventual o contato mantido pelo trabalhador com óleo diesel (abastecimento de veículo). A tarefa era repetida em três dias da semana e tinha duração média de dez minutos.

Pode-se afirmar que, a título de esclarecimento sobre a controvérsia a respeito da incidência do adicional de insalubridade no caso do contato permanente, intermitente e eventual do trabalhador em relação ao ambiente perigoso, está valendo a seguinte posição:

> A solução da controvérsia no TST levou a uma análise do relator sobre as três hipóteses existentes para a concessão ou não do adicional de periculosidade. Segundo o ministro Carlos Alberto, existem características similares entre o contato permanente e o intermitente com materiais perigosos, o que permite uma equiparação entre as duas modalidades. "A equiparação do contato intermitente com o permanente se justifica pelo fato de que, no último caso, apenas aumenta a probabilidade de o empregado ser afetado por eventual acidente, mas como este não tem hora para ocorrer, pode atingir também aquele que, necessariamente, deve fazer suas incursões periódicas na área de risco", explicou o relator. A terceira espécie de contato é o eventual, que não enseja o pagamento do adicional de periculosidade.

---

(89) Disponível em: <http://www.direitovirtual.com.br/artigos.php?details=1&id=181> Acesso em: 20 mar. 2007.

(90) 4ª Turma do TST.RR 116/2000 – 008-17-00.5, Relator Juiz Luiz Antônio Lararim. Disponível em: <www.direitonet.com.br/notícias> Acesso em: 25 maio 2009.

A eventualidade corresponde, segundo Carlos Alberto, à situação a que "qualquer ser humano está sujeito em quaisquer atividades". Aplicada ao caso concreto, o relator chegou à conclusão do equívoco contido na decisão regional, que enquadrou a situação do motorista como a de contato eventual com o combustível. Os autos revelaram que a exposição ao risco ocorria de forma intermitente, por causa da periodicidade de entrada e permanência do trabalhador na área de risco. O reconhecimento da intermitência levou à aplicação da Súmula n. 364 do TST. A jurisprudência reconhece o direito à percepção integral do adicional de periculosidade, no percentual de 30% sobre o salário, ao empregado exposto de forma permanente ou intermitente a inflamáveis ou explosivos.[91]

Resumindo, quanto aos conceitos de contato permanente e intermitente quanto à incidência do adicional, não haverá diferença para fins pecuniários.

4.7.3. Adicional noturno

Primeiramente é importante ressaltar que o trabalho prestado à noite é prejudicial para o empregado, o que acaba fundamentando a obrigatoriedade do pagamento do adicional noturno para aquele que labora nesta situação. O art. 7º, IV, da Constituição Federal, de plano estabelece a necessidade do pagamento do referido adicional, na medida em que determina que o trabalho noturno deve ser melhor remunerado que o trabalho diurno.

Considera-se hora noturna para as atividades urbanas o período que se estende entre as 22 horas até as 5 horas do dia seguinte. Nas atividades rurais, o período que se estende das 21 horas até as 5 horas do dia seguinte e, em atividades ligadas à pecuária, no caso retireiro, das 20 horas até as 4 horas do dia seguinte.

Outra questão que não pode ser esquecida é o fato de a hora noturna, para as atividades urbanas, ser de 52 minutos e 30 segundos, o que significa que a cada hora reduz-se 7 minutos e 30 segundos. O mesmo não acontece com as atividades rurais, cuja hora noturna continua sendo de 60 minutos (art. 73, § 1º, da CLT). Os intervalos na jornada noturna devem acontecer da mesma forma que na jornada diurna. Portanto, a hora noturna é 14,29% menor que a hora diurna (dividir 60:00 por 52:30). Sendo assim, para se saber quantas horas o empregado urbano que trabalha à noite pratica, basta multiplicar o número de horas por 1,1429. Portanto, em uma situação normal, quem trabalha 7 horas efetivas noturnas ((7 horas — das 22 horas às 5 horas) x 1,1429 = 8 horas).

Sendo assim, exemplificando mais uma vez, caso um empregado urbano realize 9 horas em período noturno, teremos 9 horas X 1,1429, que será igual à 10 horas e 28 minutos. Pode-se também fazer de outra forma, ou seja, transforma-se 9 horas em minutos (9 horas multiplica-se por 60 minutos, que dará 540 minutos, que, dividindo-se por

---

(91) RR 49652/2002-900-02-00.5 — TST, 24 de maio de 2005. Disponível em: <http://professores.unisanta.br/valneo/artigostecnicos/Esclarecimentos%20sobre%20concess%C3%A3o%20do%20adicional%20de%20periculosidade.htm> Acesso em: 10 jul. 2007.

52,5 (que é a quantidade de minutos de uma hora noturna), ter-se-á 10 horas e 28 minutos). Após encontrado o número de horas noturnas, busca-se o valor da hora diurna para a mesma função desempenhada pelo empregado ou função correlata, acrescentando-se o percentual relativo ao adicional noturno e multiplicando-se pelo número de horas noturnas já encontrado. Não pode ser esquecido que, para se achar o valor da hora, deve-se buscar o divisor aplicável, de acordo com a jornada da categoria examinada, que pode ser 220 (que resulta da divisão de 44 horas diárias por 6, no caso dias da semana, multiplicando por 30, sendo estes últimos dias do mês), 180 (para jornadas de 6 horas diárias, com 36 semanais, como é o caso dos bancários), 150 (para 5 horas diárias) e 120 (para 4 horas diárias, como exemplo dos médicos).

Quanto ao acréscimo resultante do valor do adicional noturno, tem-se no mínimo 20% para as atividades urbanas e 25% para as atividades rurais. Isso talvez explique em parte a não existência de redução em tempo da hora noturna para o rurícola, que acaba ganhando um percentual maior de adicional.

O Tribunal Superior do Trabalho tem considerado lícita a alteração unilateral do horário de trabalho do empregado do turno noturno para o diurno, valendo observar se cumpre com os seguintes requisitos: a) que não exista estipulação convencional em contrário; b) que não se trate de mudança que vise a desestimular o empregado de sua função, ou que seja ato de vingança da empresa; c) que não conste do contrato individual de trabalho disposição contrária. No caso, não havendo os impedimentos acima, aplica-se no caso o *ius variandi*. Com a mudança, o empregado deixará de receber o adicional noturno.

Uma outra questão que se apresenta com frequência nos tribunais é quanto ao fato de o turno noturno incorporar-se como direito do empregado, a partir do momento em que, por vários anos, o mesmo tem prestado serviços naquele turno. Tudo indica que neste caso não existe incorporação tácita, até mesmo porque, segundo o contido na Súmula n. 265 do TST, a transferência de turno implica na perda do adicional. O que fala mais alto aqui é a proteção ao empregado, por conta de que o turno noturno é tido como extremamente desgastante.

Cogita-se em vários julgados o caso do empregado que já se ambientou com o trabalho noturno, sendo que a mudança fará com que ele tenha de mudar toda a sua rotina de vida, considerando que ele pode ter outros compromissos assumidos em horário diurno, por trabalhar durante a noite, o que implicaria a não possibilidade de mudança de horários sem a sua anuência. Ainda que valente referida tese, a mesma não tem prevalecido diante dos princípios de proteção à segurança e à incolumidade física e psíquica do trabalhador.

4.7.4. Adicional de horas extras

As horas extras são aquelas que ultrapassam o período de jornada de trabalho fixado em lei, por acordo ou convenção coletiva ou por contrato particular de trabalho firmado entre as partes. Nesses casos, o empregado terá direito a receber por estas horas, salvo em regime de compensação de horário de trabalho, com adicional de pelo menos 50% sobre o valor da hora normal, conforme o contido no art. 7º, XVI, da Constituição Federal.

Uma questão que deve se fazer clara é que o empregado não está obrigado a prestar horas extraordinárias, que poderão ser acrescidas de no máximo duas horas por jornada, respeitando-se o limite de 10 horas, fixado no art. 59 da Consolidação das Leis do Trabalho. Ou seja, necessita-se da sua concordância, de preferência por escrito, ressalvando-se as hipóteses contidas no art. 61 da CLT, que são os casos de força maior ou atender à necessidade de execução de serviços inadiáveis, que possam, pela sua inexecução, causar prejuízos ao empregador. Contudo, mesmo nesta hipótese, os empregados serão merecedores do recebimento do adicional de horas extraordinárias, o que significa que não se torna mais possível a aplicação do contido no art. 61, § 3º, da CLT, considerando o contido no art. 7º, XVI, da Constituição Federal.

Quando se extrapola a rotina normal de prestação de horas extras, como no caso do art. 61 da CLT, deve-se comunicar o Ministério do Trabalho, sob pena de caracterizá-las como ilícitas. Também, quando se tem a quebra do limite fixado no art. 59 do mesmo diploma trabalhista. Isso significa que o empregador poderá sofrer autuações por parte da mesma autoridade, mas o empregado não perderá o direito de receber pelas horas a mais prestadas.

Uma questão que tem produzido discussões é o cálculo das horas dos comissionados, que devem ser calculadas sobre o valor da hora, levando-se em conta as comissões recebidas no mês, com o acréscimo mínimo de 50%. Referido entendimento está estribado na Súmula n. 340 do TST, considerando-se como divisor o número de horas efetivamente trabalhadas. Sendo assim, os valores das comissões refletirão no cálculo do valor das horas extras.

Agora, e quando tem-se um caso concreto em que o empregado realizou horas extras em período noturno, ou seja, com os dois adicionais concomitantes, o adicional noturno com o adicional de horas extras? Vamos trazer um exemplo para ilustrar a explicação.

Um empregado trabalhou das 20 horas até as 23 horas a mais do período contratual (no caso, o horário dele era das 11 horas às 20 horas com 1 hora de intervalo). Portanto, realizou três horas a mais como extras, sendo que duas delas recaíram em horário diurno e uma em horário noturno (após as 22 horas).

Primeiro, deve-se calcular o valor da hora de trabalho, devendo aqui considerar a sua jornada. Neste caso, a jornada era normal (44 horas semanais), aplicando-se, portanto, o divisor 220 (*vide* tópico anterior), com uma remuneração mensal de R$ 900,00. Dividindo-se R$ 900,00 por 220 (divisor), tem-se o valor da hora normal que é de R$ 4,09 (quatro reais e nove centavos). Considerando que duas horas extras por dia aconteciam em horário diurno, resultará em R$ 12,27 (pegou-se o valor da hora de R$ 4,09, acrescentou-se 50% de adicional mínimo de horas extras, chegando a R$ 6,13, que multiplicando por 2 horas extras diárias em período diurno chegará a R$ 12,27). Quanto ao cálculo da hora noturna, primeiro deve-se transformá-la (*vide* item anterior do adicional noturno). Pega-se 1 hora e transforma-se em hora noturna (multiplica-se por 1,1428), que dará 1 hora e 14 minutos. Depois, deverá ser apurado o valor da hora noturna, pegando-se o valor da hora normal e acrescentando-se 20% no mínimo, que chegará a R$ 4,90.

Daí, então, acrescenta-se o percentual das horas extras (50%), chegando-se a R$ 7,36 (valor da hora extranoturna), que multiplicando-se por 1 hora e 14 minutos (quantidade encontrada, por conta de que a hora noturna é menor que a diurna), chegará para este caso em concreto no valor de R$ 8,40 para a hora extranoturna.

Não pode ser esquecida nesse estudo a Súmula n. 291 do TST, que trata da supressão das horas extras para o empregado que tenha trabalhado prestando horas extras a pelo menos um ano, gerando-lhe o direito à indenização a ser calculada. Para isso, toma-se como base a média das horas extras prestadas nos últimos doze meses, multiplicada pelo valor da hora extra do dia da concessão, considerando-se o montante devido de um mês de horas suprimidas por cada ano prestado com habitualidade.

Existem posicionamentos no sentido da incorporação das horas extras à remuneração do empregado quando pagas por um determinado tempo, a mesma não exigindo a efetiva prestação de serviços. Neste caso, acaba tornando-se uma vantagem que não pode mais ser suprimida, devendo ser examinado o caso concreto. Quando se tem horas extras incorporadas, tal parcela deverá compor a base de cálculo para o cálculo de possíveis horas extras a mais que o empregado venha a fazer.

4.8. Equiparação salarial

O art. 5º, XXX e XXXI, da Constituição Federal, é claro quanto à proibição de diferenças, não somente quanto a salários, mas também no exercício de funções, critérios de admissão, geração de oportunidades e outros tratos que dizem respeito diretamente ao ambiente de trabalho. Isso significa que o trato singularizado dos empregados pode caracterizar afronta ao texto constitucional.

A Constituição Federal estabelece o princípio da isonomia salarial no seu art. 7º, XXX, XXXI e XXXII. Esta questão rende muita polêmica, principalmente neste momento, onde as empresas tratam os empregados de forma individual, inclusive no que se refere aos avanços salariais.

O direito à igualdade constitui-se na base para que não ocorra discriminação, podendo se dizer que se constitui no princípio, ou seja, de onde decorre todos os demais Direitos Fundamentais. A Declaração Universal dos Direitos do Homem (1948) repudia qualquer forma de discriminação. A OIT dedica principalmente duas Convenções Internacionais contra a discriminação, valendo citar a Convenção n. 100/51 e a Convenção n. 111/58.

A discriminação, não importando o ambiente ou a forma, será sempre a antítese dos Direitos Humanos, restringindo o próprio legislador pátrio quando da edição de leis. No Brasil, em se tratando especificamente sobre discriminação no trabalho, foi editada a Lei n. 9.459, de 13 de maio de 1997, que tratou como crime algumas práticas. No entanto, o marco inicial foi a Lei n. 9.029, de 13 de abril de 1995, que já havia tipificado como crime a exigência de atestados de gravidez ou esterilização para ter acesso ao emprego.[92]

---

(92) CANOTILHO, José Joaquim Gomes. *Direito Constitucional e Teoria da Constituição*. 2. ed. Lisboa: Almedina, 1998.

Em se tratando de equiparação salarial, Fernando Américo Veiga Damasceno afirma que são seis as identidades perseguidas para que possa haver a equiparação, na forma do art. 461 da CLT:[93]

> Há quem considere que "função idêntica" deve ser entendido como igualdade absoluta das tarefas executadas pelos empregados comparados, a ponto de se poderem sobrepor, imaginariamente, sem qualquer elemento diferenciador. Assim entendem sob o fundamento de que seria impossível aferir a equivalência da qualidade em trabalhos de natureza diferente, bem como não se poderia comparar as expressões quantitativas de volume, por se tratar de unidades heterogêneas.
>
> A tendência é admitir que identidade de função difere de identidade de tarefa. Determinada a natureza da função atribuída ao empregado, seja pelo objeto (resultados que ele deve produzir), ou pelos meios utilizados na realização (atos realizados para atingir o objeto), não é necessária a identidade absoluta de tarefas, desde que aqueles elementos sejam idênticos. Não se requer, portanto, que os empregado executem exatamente os mesmos atos e operações, mas que suas funções sejam as mesmas, em face das responsabilidades e atribuições gerais dentro da empresa. As diferenças secundárias de tarefas não desigualam as funções.

Sobre identidade produtiva e identidade qualitativa, o mesmo autor leciona:

> É mister estudar o que se entende por produtividade, diferente do termo produção. Produção é o ato de produzir, criar, gerar, elaborar, realizar; é aquilo que é fabricado pelo homem e, especialmente, por seu trabalho associado ao capital e à técnica. Já produtividade é a faculdade de produzir. Portanto, produção é a quantidade de trabalho efetuada pelo empregado, enquanto produtividade é a capacidade, ou seja, o conjunto de aptidão que ele tem de efetuar o trabalho. Os conceitos são bastante diferentes, interessando à equiparação a produtividade do empregado. (...)
>
> O fato de um dos empregados possuir cursos de especialização, não influi na apuração da igualdade qualitativa. No muito poder-se-ia dizer que a maior escolaridade traria uma leve presunção ou indício da possibilidade de um melhor desempenho profissional. Mas, já se disse várias vezes, o que interessa é a constatação da real qualidade do resultado do trabalho.

Sobre a identidade de empregador e identidade de local de trabalho:

> É inadmissível a equiparação entre empregados de empresas diferentes, o que provocaria uma irremediável anarquia no âmbito financeiro de cada uma delas, além de violar o princípio da liberdade contratual, sem qualquer motivo social válido. (...) Assim, não é possível a equiparação entre empregados de empresas diferentes, ainda que pertencentes a um mesmo proprietário. (...) Mas, desde que se constate a existência de um verdadeiro consórcio empresarial, no qual as empresas estejam "sob a direção, controle ou administração de outra, constituindo

---
(93) DAMASCENO, Fernando Américo. *Equiparação salarial*. São Paulo: LTr, 1995. p. 104, 112, 114, 115, 130, 131 e 140.

grupo industrial, comercial ou de qualquer outra atividade econômica", na forma do art. 2º, § 2º da CLT, e, portanto, sendo consideradas, "para efeitos da relação de emprego", solidariamente responsáveis a empresa principal e cada uma das subordinadas, é necessário considerá-las como única empresa, para fins equiparatórios.

A priori, o conceito de mesmo local deve ser interpretado restritivamente. (...) A tendência é no sentido de dilatar o conceito de "mesma localidade" para estendê-lo como uma identidade de condições socioeconômicas. (...) Este entendimento, que somente agora vem se cristalizando no Brasil, já era adotado na legislação de outros países, como Colômbia (Ley n. 149, de 1936), quando, consagrando a isonomia salarial, prescrevia que o trabalho deveria ser desenvolvido "em uma misma región econômica". (...) Quando os empregados comparados trabalham em várias localidades — motoristas de caminhão, vendedores viajantes etc. — exlui-se o requisito "mesma localidade", para os efeitos da equiparação salarial. Isto porque, pela própria natureza dos serviços prestados, a localidade torna-se elemento absolutamente sem importância.

E por último requisito, ainda trabalhando com o mesmo autor, vale transcrever o seu entendimento sobre identidade de tempo de serviço:

A interpretação mais consentânea com a aplicação social da lei trabalhista é a que consagra o tempo na função, mas também por fundamentos outros que não os adotados na maioria dos autores.

Quanto à equiparação na terceirização, cabe a diferenciação entre terceirização lícita e ilícita. No caso da última, tudo indica que existe a possibilidade da equiparação, com fundamento, por analogia, no art. 12 da Lei n. 6.019/1974 (trabalho temporário). No caso, já existem julgados que decidiram pela equiparação em se tratando de administração pública, considerando a ilicitude da terceirização.

> EMENTA OFICIAL: Equiparação salarial. Terceirização. Isonomia salarial entre empregado da empresa prestadora de serviços e da tomadora de serviços integrante da administração pública direta. A contratação irregular de trabalhador, mediante empresa interposta, não gera vínculo de emprego com os órgãos da Administração Pública Direta, Indireta ou fundacional. Porém, a impossibilidade de se formar o vínculo de emprego não afasta o direito do trabalhador terceirizado às mesmas verbas trabalhistas legais e normativas asseguradas ao trabalhador, empregado público, que cumpre função idêntica na tomadora, por força do disposto nos arts. 7º, inciso XXX, da CF/1988 e 12, alínea *a*, da Lei n. 6.019/1974, já que não é empregado apenas por força da terceirização. Precedentes da SBDI-1.[94]

Agora, e quanto à terceirização lícita? Nesse caso, parece não caber a equiparação mesmo porque estará o empregado da empresa de terceirização desempenhando atividade

---

(94) Rec. de Rev. 40200-38.2003.5.03.0001, Rel.: Min. Roberto Pessoa — Recte.: Simone Lúcia Magalhães – Recda.: SERTEC Serviços Ltda. — J. em 7.4.2010 – DJ 7.5.2010 — 2ª T. — TST. Disponível em: <http://www.legjur.com/jurisprudencia/htm/bol507/40200tst_2010_6_29_153628(i).php?tip=jurisp&co2=BOL507045573> Acesso em: 20 jun. 2010.

meio, sendo que essas atividades passaram a ser desenvolvidas não mais pelos empregados públicos. Restaria a ausência de paradigma. Contudo, seria um posicionamento correto frente ao princípio da igualdade no trabalho? Algumas decisões judiciais, de forma correta, vêm acolhendo a possibilidade de equiparação mesmo no caso de se tratar de terceirização lícita.

> Terceirização lícita — Direito à isonomia salarial — Equiparação salarial. O direito à isonomia salarial deve ser observado mesmo nos casos de terceirização lícita. Os trabalhadores empregados da empresa subcontratada fazem jus à mesma retribuição salarial assegurada aos trabalhadores de posto equivalente da empresa tomadora dos serviços. Havendo lacuna no plano da legislação infraconstitucional (acerca dos direitos dos empregados da subcontratada em relação aos da tomadora de serviços), é possível, por analogia, nos termos dos arts. 4º e 5º da Lei de Introdução ao Código Civil, aplicar-se aos casos de terceirização a regra da Lei n. 6.019/1994, que regula o trabalho temporário e, no seu art. 12, assegura ao trabalhador temporário direito à "remuneração equivalente à percebida pelos empregados de mesma categoria da empresa tomadora ou cliente".
>
> Ao assim proceder, estará o Juiz atribuindo efetividade ao Princípio da Isonomia, consagrado no *caput* do art. 5º da Constituição. Não aplicar essa norma de equivalência, por outro lado, importa negar atuação real e concreta ao princípio constitucional. Além disso — e agora não por analogia —, essas situações são passíveis de subsunção à norma jurídica contida no art. 7º, inciso XXXII, da Carta, que proíbe "distinção entre trabalho manual, técnico e intelectual ou entre os profissionais respectivos". Remunerar de modo distinto profissionais que executam trabalho de igual valor implica distinção, discriminação e inferiorização dos profissionais empregados pela terceirizada e consequente marginalização social. Com efeito, não se justifica tratamento remuneratório distinto. Recurso a que se nega provimento.[95]

Outra questão que se coloca, tratando ainda sobre administração pública, é quanto ao contido no art. 37, XIII, da Constituição Federal, que proíbe a vinculação ou equiparação de quaisquer espécies remuneratórias para os servidores públicos. O argumento que se tem para a existência deste dispositivo é o fato de se tentar evitar o efeito cascata de reajustes no serviço público. No entanto, observa-se que, por exemplo, no serviço público, existe uma grande disparidade remuneratória entre os profissionais que trabalham na área da educação (professores) ou da saúde (enfermeiros, médicos) se comparados com servidores do Poder Judiciário. Não estaria havendo na prática "ilhas de prosperidade" no serviço público em detrimento de outros servidores públicos que atuam em outras áreas?

Não cabe a equiparação quando a empresa tiver quadro de pessoal organizado e homologado no Ministério do Trabalho (quadro de carreira — art. 461, § 2º, da CLT), não servindo como paradigma de equiparação o empregado readaptado em nova função (§ 4º do mesmo dispositivo legal) enquanto existir uma impossibilidade de fato de equiparação pela falta de condições de comparação.

Resta saber se, com a amplitude em que foi dotado o combate à discriminação no trabalho, ainda afigura-se possível no caso de discriminação remuneratória, combatê-la

---

(95) TRT-9ª Região — 5ª T.; RO n. 14082.2006.010.09.00.1; Rel. Juiz Federal do Trabalho Reginaldo Melhado; j. em 8.5.2008; v.u. Disponível em: <http://www.jurisite.com.br/jurisprudencias/administrativo/equipacao.html> Acesso em: 10 fev. 2010.

nos estritos termos do art. 461 da CLT. Não fica difícil afirmar que não se faz mais possível, de forma matemática, manter referido entendimento, sob pena de estar restringindo-se o princípio da igualdade.

Isto significa que o art. 461 da CLT é insuficiente para combater a discriminação que vem ocorrendo em matéria de trabalho, por conta de que a sua forma clássica, com seus requisitos embrutecidos, não mais convivem com os princípios constitucionais e supraconstitucionais que proíbem a discriminação no trabalho, considerando que o princípio da igualdade não se encerra com o exame da questão salarial apenas, tomando uma amplitude que deve abranger todo o ambiente do trabalho.

4.8.1. Hipóteses excepcionais de equiparação

De forma sistemática, são hipóteses excepcionais de equiparação: equiparação análoga com estrangeiro (art. 358 da CLT). Alguns afirmam que tornou-se inconstitucional referido dispositivo, por forma do art. 5º da CF; e equiparação por equivalência (art. 460 da CLT). Admite-se levar em conta o salário pago a serviço semelhante em outra empresa; substituto provisório. Existem três formas de substituição: eventual, temporária e definitiva. Aplica-se somente à temporária na forma da Súmula n. 159 do TST.

Vale transcrever: substituição de caráter não eventual e vacância do cargo. "I – Enquanto perdurar a substituição que não tenha caráter meramente eventual, inclusive nas férias, o empregado substituto fará jus ao salário contratual do substituído; II – Vago o cargo em definitivo, o empregado que passa a ocupá-lo não tem direito a salário igual ao do antecessor". Desvio de função. Ele ocorre com mais frequência quando existe quadro de carreira, o que não significa que não possa ocorrer em situação na qual não exista o suposto quadro. O desvio de função não se trata de hipótese de equiparação, por conta de que ele criará o direito ao empregado das diferenças salariais, não podendo ser eventual. O empregado, em uma empresa com quadro de carreira, pertence a outro cargo e acaba exercendo as funções de um cargo diferente ao seu.

Terceirização. Quando o empregado da empresa de terceirização executa os mesmos serviços do empregado da tomadora, tratar-se-á da hipótese de terceirização ilícita, o que significa que neste caso será formado o vínculo direto com a empresa tomadora, podendo caber a equiparação. O problema surge quando o sujeito tomador é empresa pública, quando na ausência de concurso público não se formará o vínculo (art. 37 da CF). Seria aplicada, mesmo para a administração pública, a hipótese do art. 5º da CF, dando ao empregado terceirizado o direito ao mesmo salário que o da empresa pública? Observe o inciso IV da Súmula n. 331 do TST.

5. Duração da jornada de trabalho

A duração do trabalho obedece a aspectos fisiológicos, morais, sociais e econômicos, criando limitações à jornada de trabalho, com pausas intermediárias. O trabalho semanal, implicando no repouso hebdomadário e o trabalho anual, correspondendo ao sistema de férias remuneradas.

A Constituição Federal estabelece no seu art. 7º, XIII, o seguinte: duração do trabalho normal não superior a oito horas diárias e quarenta e quatro semanais, facultada a compensação de horários e a redução da jornada, mediante acordo ou convenção coletiva de trabalho. Não se enquadram na jornada acima estabelecida aqueles empregados que pertençam a categorias com jornadas especiais de trabalho (exemplo: trabalhador doméstico, bancários, empregados em telefonia, jornalistas etc.).

Também deve-se fazer referência àqueles empregados que estão enquadrados no art. 62 da CLT, como, por exemplo, os ocupantes de cargo de confiança que não tenham controle de horário, os que trabalham em atividades externas em que o empregador não possa controlar a sua jornada de trabalho (não significa que o empregador não queira exercer o controle).

5.1. Regime de compensação de jornada de trabalho

De uma forma bem simples, a compensação das horas de trabalho vai ocorrer quando um empregado trabalha mais em um dia para trabalhar menos em outro dia ou situação inversa. Trata-se de um acordo de vontade, que segundo a Súmula n. 85 do TST, deve ser feito na forma escrita, não se admitindo acordo verbal.

Defende-se neste tópico a tese de que para tanto deve haver acordo coletivo, o que pressupõe a existência de negociação coletiva de trabalho (com a participação do sindicato que representa a categoria profissional), muito embora a própria Súmula, no seu item II, admita o simples acordo escrito individual. Não é possível admitir o ajuste individual, pela exposição que acaba ficando o empregado, não possibilitando que expresse sua decisão quanto a esta matéria.

O banco de horas nada mais é do que uma das formas de compensação de horário de trabalho que, segundo o art. 59, § 2º, da CLT, poderá ser feita como compensação em até um ano a contar da data em que o empregado trabalhou a mais. Atualmente, o que se constata, porém, é que os acordos e convenções coletivas de trabalho estabeleçam para fins de compensação um período menor, que está variando em até seis meses.

O chamado "banco de horas" é uma possibilidade admissível de compensação de horas, vigente a partir da Lei n. 9.601/1998, em seu art. 6º, que alterou o art. 59 da CLT, em seu § 2º, que trata da compensação, inserindo-se o § 3º. Defende-se a tese de que se torna necessária a feitura de acordo coletivo ou convenção coletiva de trabalho é ainda acordo individual com cada um dos empregados, para que não sobre dúvidas quanto à validade do acordo de compensação.

O banco de horas é admissível não importando a modalidade do contrato de trabalho (prazo determinado ou prazo indeterminado). A intenção do banco de horas foi evitar as demissões, sendo que, nos momentos de pouca atividade da empresa, é possível reduzir sua atividade, permanecendo créditos em favor do empregador (horas de trabalho), para que possa utilizá-los no momento em que houver um crescimento da produção. Entende-se que o acréscimo que pode ocorrer por dia na jornada continua, sendo de no máximo 2 horas, de acordo com o contido no art. 59 da CLT.

Neste sentido, vale citar a decisão judicial sobre o tema:

> HORAS EXTRAS. BANCO DE HORAS. NECESSIDADE DE PREVISÃO PELA VIA DA NEGOCIAÇÃO COLETIVA. Embora haja previsão legal que autorize compensação dos excessos de jornada pelo período de até um ano (art. 59, § 2º, da CLT), é imprescindível a prova inequívoca da existência de acordo ou convenção coletivos a tratar da matéria. O acordo individual não satisfaz a exigência legal. A existência de negociação coletiva expressa a autorizar este procedimento é pressuposto de validade do acordo de compensação que legitima o banco de horas, sob pena de serem remuneradas como extraordinários os serviços.[96]

Debate-se a respeito da rescisão do contrato de trabalho, sem que tenha havido a compensação das horas trabalhadas a mais. Entende-se que, na hipótese de o rompimento contratual ter ocorrido por iniciativa do empregador (demissão sem justa causa), caberá o pagamento ao empregado do adicional mínimo de 50% sobre o valor da hora normal, em relação às horas que não foram compensadas (art. 59, § 3º, da CLT), o mesmo ocorrendo na hipótese de rescisão indireta do contrato de trabalho.

Na hipótese de ter sido demitido por justa causa, tudo indica que as horas faltantes de serem compensadas deverão ser remuneradas, sem, no entanto, contar com o acréscimo de 50% sobre o valor da hora normal, por conta de que quem deu causa à rescisão foi o empregado. O mesmo acontece quando o empregado se demite. No entanto, existem posicionamentos no sentido de que, mesmo neste caso, ainda caberia o pagamento com o adicional de horas extras, sob o argumento de que o empregado estaria sendo punido duplamente.

Outro sistema de compensação, principalmente nos hospitais, é a jornada de 12x36, sendo que os tribunais pátrios, ainda que diante da não previsão legal, vem considerando válido, desde que contemplado em acordo ou convenção coletiva de trabalho. Vale citar que, neste caso, tem-se a extrapolação do limite máximo fixado por força de lei em relação à jornada diária (art. 59 da CLT), que não pode ultrapassar 10 horas, chegando a 12 horas, havendo casos práticos que chegam até 24 horas contínuas.

> ACORDO TÁCITO DE COMPENSAÇÃO DE HORAS DE TRABALHO — JORNADA DE 12x36 HORAS. O acordo tácito de compensação de horas de trabalho quando regularmente observado possui plena eficácia jurídica. No caso, o módulo de 12x36 horas, ajustado na data de admissão e sempre cumprido, não autoriza o deferimento de horas extras pela extrapolação da carga diária normal. Isto porque é manifestamente benéfico ao trabalhador, pelo evidente e substancial elastecimento do período de descanso.[97]

Cumpre aqui criticar a questão do acordo tácito, que em algumas decisões tem sido entendido como válido, muito embora se defenda que deve ser obrigatoriamente

---

(96) Tipo: Recurso ordinário, data de julgamento: 6.12.2005. Tribunal Regional do Trabalho, 2ª Região. Relator(a): Paulo Augusto Câmara. Revisor(a): Ricardo Artur Costa e Trigueiros, acórdão n. 20050898706, processo n. 00364-2003-060-02-00-3, ano: 2003, turma: 4ª, data de publicação: 13.1.2006.

(97) Tipo: Recurso Ordinário. Data de Julgamento: 2.3.2004. Tribunal Regional do Trabalho da 2ª Região. Relator(a) Designado(A): Sergio Winnik. Revisor(a): Sergio Winnik. Acórdão n. 20040089341, Processo n. 01571-2-001-06602-00-1, ano: 2003, Turma: 4ª. Data de Publicação: 12.3.2004.

por escrito. Não é possível continuar a admitir acordo de compensação com o desprezo ao mínimo de forma.

O Tribunal Superior do Trabalho, de maneira descabida, vem reconhecendo como válido tudo aquilo que se encontra em acordo ou convenção coletiva de trabalho. Inclusive, alguns Tribunais Regionais tiveram já decidiram pelo reconhecimento até de convenções coletivas que subtraíram, em jornada de 12x36, o intervalo dentro da jornada.

Vale citar:

> REGIME DE TRABALHO DE 12X36 — HORAS EXTRAS ALÉM DA 44ª SEMANA — NÃO FRUIÇÃO DO INTERVALO DE 01 HORA PARA REFEIÇÃO E DESCANSO — INDEFERIMENTO. A jornada de 12X36, prevista em Norma Coletiva, mesmo ultrapassando às 44 horas semanais e não observando o intervalo de 01 hora para refeição e descanso, é mais benéfica ao empregado e não contraria os postulados Constitucionais, tendo em vista que o art. 7º da Lei Maior, em seus incisos XIII e XXVI permite a compensação de horários e a redução da jornada "mediante acordo ou convenção coletiva de trabalho" e o inciso XXVI, do mesmo artigo, prevê o "reconhecimento das convenções e acordos coletivos de trabalho". Recurso da reclamada a que se dá provimento, sob esse ponto.[98]

Acredita-se que, através deste breve estudo, tenha ficado demonstrado que ainda se exige um grande amadurecimento das Cortes de Justiça para o fito de estabelecer um direcionamento único, principalmente quando se trata de compensação de jornada de trabalho. Não é possível continuarem sendo admitidos acordos que desrespeitem até regras de proteção à saúde e à segurança no trabalho, muito embora os limites fixados para as jornadas de trabalho objetivem de forma direta a proteção à saúde do trabalhador.

No Brasil, a jornada normal de trabalho é de 44 horas semanais, na forma preconizada pelo art. 7º, XIII, da Constituição Federal, podendo ser flexibilizada através de acordos ou convenções coletivas. Isto significa que dentro de uma análise mais simplista, pode o empregado brasileiro vir a trabalhar em jornadas que podem alcançar até 10 horas diárias, no sistema de prorrogação de jornada, desde que com a sua anuência. O que importa para esse estudo é que essa mesma jornada está sendo flexibilizada, instituindo-se através de acordos ou convenções coletivas uma rotina de trabalho que leve em consideração compensações de jornadas. Quer dizer, o empregado trabalharia mais em um determinado dia, compensando em outros, sem receber o seu percentual de horas extras (50%) pelas jornadas prorrogadas, conforme estabelece o art. 59, § 2º, da Consolidação das Leis do Trabalho.

A prorrogação ou não das jornadas de trabalho tem sido tema de debates no Brasil e também nos países desenvolvidos. Através dessa discussão, busca-se estabelecer uma equação em que possa vir a reduzir o número de desempregados, aproveitando-se de dois fatores. O primeiro, com base na redução brusca da jornada de trabalho, com a proibição da realização de horas extras pelos empregados, com o fito de gerar mais postos

---

(98) Tipo: Recurso Ordinário. Data de Julgamento: 3.12.2003. Relator(a): Anelia Li Chum. Revisor(a): Luiz Antonio M. Vidigal. Acórdão n. 20030680535. Processo n. 55660-2002-902-02-00-3, ano: 2002, Turma: 7ª. Data de Publicação: 16.1.2004.

de trabalho. Trabalhando menos, quem está empregado poderá gerar uma necessidade de contratar mais trabalhadores que se encontram desempregados.

O segundo, com os sistemas de compensação de jornada, onde a empresa teria a possibilidade de adaptar a quantidade de mão de obra necessária à sua produção, de acordo com a variação dessa produção, sem dispor de um gasto maior (pagamento de horas extras), na medida em que precisasse de um maior número de horas de trabalho em determinado período. Reduziria o número de demissões e, em outros períodos, com maior demanda, aproveitaria as horas economizadas.

De forma mais simples, por esse modo (compensação de horas) podem ser exigidas mais horas de trabalho em um determinado período sem dispor do pagamento de horas extras por essas horas excedentes às normais, compensando-as nos períodos em que a empresa não necessite nem mesmo do número de horas normais colocadas à sua disposição pelos trabalhadores regularmente contratados.

Tudo está muito bem, teoricamente. Inclusive é um dos grandes exemplos de flexibilização, adaptação aos novos tempos. Isso, se não fosse pensar nos desdobramentos que esses sistemas de compensação trariam, em termos de descansos semanais, dos próprios intervalos intrajornadas (intervalos dentro da jornada), nos desgastes acentuados causados aos trabalhadores empregados, nas mudanças quanto ao ambiente familiar e demais consequências. Em outras palavras, quais seriam os efeitos negativos que poderiam ser gerados, na hipótese de não se estabelecer limites a essas alterações que estão ocorrendo na vida do trabalhador, a partir das mudanças que estão sendo produzidas em termos de jornada de trabalho?

Estas e outras questões precisam ser solucionadas. A ideia pode ser boa; porém, resta a necessidade de aperfeiçoamentos.

5.2. Turnos ininterruptos de revezamento

O art. 7º, XIV, da CF prevê a hipótese de turno ininterrupto de revezamento, justamente para amparar aqueles trabalhadores que trabalham alternando os turnos, razão pela qual foi fixada uma jornada de seis horas diárias.

Trata-se de atividades empresariais ininterruptas, ou seja, que não podem sofrer solução de continuidade. Isto quer dizer que não significa que o turno é ininterrupto. Muito pelo contrário, devem ocorrer dentro da jornada intervalos, sem que se descaracterize o regime de trabalho. Sendo assim, a atividade empresarial é que é ininterrupta. Quanto ao revezamento, é irrelevante que ele ocorra diariamente, semanalmente ou mensalmente.

O maior problema diz respeito ao fato de a jornada de seis horas, previamente estabelecida, poder ser aumentada, mediante acordo ou convenção coletiva, para um período maior que as seis horas diárias fixadas. Esta dúvida decorre do próprio texto contido no dispositivo constitucional, quando na sua parte final estabeleceu: "... salvo negociação coletiva". A condição de turno de revezamento acaba prejudicando a saúde do trabalhador. Desta feita, caso haja a possibilidade de alguma flexibilização, como, por exemplo, a ampliação da jornada diária para um período além das seis horas, deve-se manter a jornada semanal de 35 horas, estabelecendo-se uma espécie de regime de compensação. Também significa que, para que isso ocorra, deve haver algum tipo de vantagem em favor dos empregados, sob pena de não se tratar de uma verdadeira negociação coletiva.

Quanto às horas extras feitas em turnos ininterruptos de revezamento, vale citar aqui informativo do Tribunal Regional do Trabalho de Minas Gerais:

> O acórdão do TRT de Minas Gerais, mantido pelo TST, ao rechaçar o entendimento da Belgo-Mineira de que o trabalhador fora contratado por oito horas e só fazia jus ao adicional de 50% sobre a sétima e oitava horas, já sustentava: "Ao reduzir o número máximo de horas normais daqueles trabalhadores de 240 para 180 horas mensais, obviamente o legislador constituinte não pretendeu diminuir sua remuneração mensal em igual proporção — ao contrário, na prática, estabeleceu em outras palavras que a hora trabalhada em turnos ininterruptos de revezamento deve ser remunerada em valor superior ao da hora laborada em turnos fixos. Por isso, tanto no caso do trabalhador mensalista quanto no do horista, o entendimento de que sua remuneração normal e mensal já estaria remunerando as sétima e oitava horas diárias, sendo, pois, devidos apenas os adicionais de horas extras correspondentes, implica esvaziar substancialmente a conquista constitucional.[99]

É sabido que o turno ininterrupto de revezamento é extremamente prejudicial ao empregado, razão pela qual apoia-se a ideia da sua mudança para turno fixo, ainda que feita de forma unilateral pelo empregador, por ser uma alteração favorável, voltada para a proteção da saúde do empregado, sendo que neste caso ter-se-á a alteração de 6 para 8 horas de trabalho, por conta de que se transformou em turnos fixos, sem contudo elevar o valor do salário.

Trata-se do exercício do *ius variandi*, que apresenta alguns contornos para a sua aplicação, cabendo citar: a efetiva existência de benefícios sociais para o trabalhador; que o possível prejuízo remuneratório causado seja compensado pelo benefício social (no caso em estudo, o acréscimo de duas horas sem acréscimo remuncratório). Comparando-se com o empregado que é transferido do turno noturno para o diurno, de forma unilateral, perdendo o adicional noturno, defende-se aqui a tese de que o mesmo pode ser aplicado para a mudança do turno de revezamento, sem a necessidade do pagamento de horas extras por conta da elevação para 8 horas diárias.[100]

Deve ser extirpado o turno de revezamento do cotidiano laboral. É comprovado o prejuízo que referida rotina de trabalho acaba resultando para o trabalhador, contrariando o princípio da proteção e da valorização do trabalho humano.

---

(99) Disponível em: <http://www.direitonet.com.br/noticias/x/36/68/3668> Acesso em: 3 fev. 2009.

(100) SÜSSEKIND, Arnaldo; MARANHÃO, Délio; VIANNA, Segadas; TEIXEIRA, Lima. *Instituições de Direito do Trabalho*. v. 2. 21. ed. São Paulo: LTr, 2003. p. 816-817.

5.3. Períodos de descanso

É assegurado a todo empregado um período de descanso, que pode ser classificado como período de descanso dentro da jornada, entre duas jornadas, semanais e anuais, valendo estudar cada uma das modalidades destes períodos de descanso.

5.3.1. Períodos de descanso dentro da jornada ou intervalos intrajornadas

Segundo o art. 71 da CLT: Em qualquer trabalho contínuo, cuja duração exceda 6 (seis) horas, é obrigatória a concessão de um intervalo para repouso ou alimentação, o qual será, no mínimo, de 1 (uma) hora e, salvo acordo escrito ou contrato coletivo em contrário, não poderá exceder de 2 (duas) horas.

Ao mesmo tempo o texto normativo permite em seus parágrafos uma gradação de intervalos, que vai variar de acordo com a jornada do empregado. Segundo o seu § 1º, quando não exceder seis horas e for superior à quatro horas a jornada, o intervalo mínimo obrigatório será de 15 minutos. Em sendo assim, se não ultrapassar na jornada de trabalho diária o período de quatro horas, não haverá obrigatoriedade de descanso.

Uma questão de grande relevância é o fato de que o intervalo ocorrido na jornada não conta na duração do trabalho (art. 71, § 2º, da CLT), salvo quando a norma diz expressamente que conta, podendo citar aqui como exemplos as hipóteses do art. 72 e art. 253, ambos da CLT.

Constata-se, a partir de pesquisas sobre o tema, que existem várias decisões no sentido de condenar o empregador no pagamento de horas extras, por conta de que não foi oferecido ao empregado o intervalo mínimo obrigatório, ou então porque o empregado, no período do intervalo, estava à disposição do empregador. Um exemplo que acontece com bastante frequência é o porteiro de condomínio que, no horário de almoço, permanece na portaria atendendo os condôminos. Por certo, contará em favor dele horas extras.

Mesmo no caso dos empregados submetidos a turnos ininterruptos de revezamento, estarão submetidos aos períodos de repouso, que, no caso, do intervalo dentro da jornada, para um período normal de até seis horas, terão pelo menos 15 minutos de descanso. A Súmula n. 360 do TST veio a contemplar a obrigação do intervalo.

Outra questão é sobre os intervalos para descanso concedidos pela empresa e que não fazem parte de obrigação legal e nem de disposição de acordo ou convenção coletiva de trabalho. Nestes casos, entende-se que o empregado permanece à disposição da empresa, sendo contado, portanto, na jornada do empregado. Por exemplo, o empregador que concede ao empregado com jornada normal diária de trabalho de oito horas, além do intervalo de uma hora, outros 15 minutos na parte da tarde para o famoso "cafezinho". Neste caso, o intervalo para o cafezinho deverá ser contado na jornada, como tempo à disposição do empregador.

Quanto à redução do intervalo intrajornada, em que pese o disposto no art. 71, § 3º, da CLT, o TST firmou Orientação Jurisprudencial da SDI-1 n. 342, com a seguinte redação: Intervalo intrajornada para repouso e alimentação. Não concessão ou redução.

Previsão em norma coletiva. Validade. É inválida cláusula de acordo ou convenção coletiva de trabalho contemplando a supressão ou redução de intervalo intrajornada porque este constitui medida de higiene, saúde e segurança do trabalho, garantido por norma de ordem pública (art. 71 da CLT e art. 7º, XXII, da CF/1988), infenso à negociação coletiva.

Vale citar também algumas decisões que já acompanhavam o mesmo raciocínio:

INTERVALO INTRAJORNADA — REDUÇÃO — NORMA COLETIVA. Não se pode atribuir validade à cláusula de instrumento coletivo que reduza o tempo destinado ao repouso e à alimentação, já que se trata de norma de proteção à saúde dos trabalhadores, que não admite renúncia ou transação, devendo prevalecer, para todos os efeitos legais, a garantia mínima prevista na lei.[101]

REDUÇÃO DO INTERVALO INTRAJORNADA — NORMAS COLETIVAS — IMPOSSIBILIDADE. Não obstante tenham as partes pactuado a redução do intervalo para 30 minutos, através de acordos coletivos de trabalho, a cláusula convencional não pode prevalecer contra norma imperativa, de ordem pública, que impõe a duração mínima de 01 hora para o descanso intrajornada (art. 71, *caput*, da CLT). Prescreve o § 2º do art. 71 da CLT que os intervalos de descanso não serão computados na duração do trabalho. E o § 3º do mesmo dispositivo legal somente admite a redução do limite mínimo de 1:00 hora para repouso e alimentação mediante ato do Ministério do Trabalho, ouvida a Secretaria de Segurança e Higiene do Trabalho. Sendo assim, as partes não estão autorizadas a reduzir o referido intervalo, ainda que através de instrumentos coletivos.[102]

Desta feita, como fica o conteúdo do art. 71, § 3º, da CLT? Neste dispositivo legal foram apresentados alguns requisitos que, se cumpridos, autorizaria a redução do intervalo intrajornada. São eles: a) organização de refeitórios; b) autorização do Ministério do Trabalho; c) convenção ou acordo coletivo dispondo de forma favorável; d) alguns autores ainda acrescentam a necessidade de existir acordo individual dispondo neste sentido.

Parece que frente à Orientação Jurisprudencial citada, o referido dispositivo legal poderá estar acometido do vício da inconstitucionalidade, por se tratar de norma de proteção à saúde do trabalhador (art. 7º, XXII, da CF).

Outra questão, que já foi alvo de várias discussões, diz respeito ao fato do empregador, que está obrigado a possuir sistema de controle da jornada de trabalho dos seus empregados, quando a empresa possuir mais de 10 empregados, e, no caso, apesar de assinalar o início e o término das jornadas de trabalho, que não assinalou o período de descanso. No caso, caberia o ônus da prova ao empregador de demonstrar que no período de descanso, que não foi assinalado, não estava o empregado à sua disposição? Em que pese o contido no art. 74, § 2º, da CLT e de várias decisões no sentido que efetivamente a não anotação dos horários de descanso para empresas com mais de 10 empregados implica a prova a ser feita pelo empregador quanto à não realização de horas extras no período de descanso, o Tribunal Superior do Trabalho, em julgamento, já fez distinção entre anotação de horários e pré-assinalação do período de repouso, sendo que, neste

---

(101) TRT-RO-16583/02 – 8ª T. – Rel. Juíza Denise Alves Horta. Publ. MG 22.2.2003.

(102) TRT-RO-2007/03-1ª T. – Rel. Juiz José Marlon Freitas – Publ. MG 13.6.2003.

último caso, segundo a Corte Trabalhista, não implicaria obrigatoriedade do empregador na sua assinalação.[103]

A não concessão do intervalo para descanso exigido por lei implicará a obrigação do empregador no pagamento de horas extras, computando-se aquilo que faltar para complementar o período mínimo obrigatório e acumulando-se multa administrativa por parte do Ministério do Trabalho.

5.3.2. Intervalo entre duas jornadas

Na forma do art. 66 da CLT, o intervalo entre duas jornadas será de no mínimo 11 horas, que é chamado de intervalo interjornada. O TST tem entendido que o não intervalo entre jornadas implica na concessão ao empregado do número de horas extras que estiver faltando para completar o total de 11 horas, valendo citar a Súmula n. 110 do mesmo Tribunal. Por exemplo, imagine que entre o término de uma jornada e o início de outra tenha passado somente 10 horas. No caso, restará para o empregado o direito de uma hora extra, que é o que falta para completar 11 horas, com acréscimo de 50% sobre o valor da hora normal, por corresponder à hora extra, por analogia ao art. 71, § 4º, da CLT.

Observa-se que existem entendimentos no sentido de ser cabível apenas uma multa administrativa. No entanto, parece que não é a melhor alternativa.

Através de cláusula de acordo ou convenção coletiva de trabalho, caberia a redução do intervalo interjornada? Acompanhando o mesmo raciocínio, não pode ser admitido, porque, assim como no caso da não possibilidade de redução do intervalo intrajornada, também estaria contrariando normas de proteção à saúde e segurança do trabalhador.

5.3.3. Repouso semanal remunerado

A todo empregado será assegurado um período semanal de descanso de 24 horas consecutivas, o qual, salvo motivo de conveniência pública ou necessidade imperiosa do serviço, deverá coincidir com o domingo, no todo ou em parte (art. 67 da CLT).

Observa-se que este descanso deve cair preferencialmente aos domingos, o que significa que somente nos casos estabelecidos como exceções é que o descanso não coincidirá com o domingo, valendo aqui fazer um tratamento específico a estes casos.

Situações diferentes são encontradas para as hipóteses em que não se trata de condição permanente o trabalho aos domingos, em que aparecem os motivos de conveniência pública ou necessidade imperiosa do serviço.

Por seu turno, a Lei n. 11.603, de 5 de dezembro de 2007, disciplinou as condições para o trabalho aos domingos e feriados no comércio em geral, quais sejam:

> I – Fica autorizado o trabalho aos domingos nas atividades do comércio em geral, observada a legislação municipal, nos termos do art. 30, I, da Constituição Federal;

---

(103) Recurso de Revista n. 713609/2000.5. Relator Walmir Oliveira da Costa, 5ª Turma, DJ de 8.11.2002. Disponível em: <www.jusbrasil.com.br/jurisprudencia> Acesso em: 22 mar. 2009.

II – É permitido o trabalho em feriados nas atividades do comércio em geral, desde que autorizado em convenção coletiva de trabalho e, observada a legislação municipal, nos termos do art. 30, I, da Constituição Federal.

A referida lei determina ainda que o repouso semanal remunerado deverá coincidir pelo menos uma vez no período máximo de três semanas (art. 5º, parágrafo único, da citada lei) com o domingo, respeitadas as demais normas de proteção ao trabalho e outras a serem estipuladas em negociação coletiva.

O art. 7º, XV, da Constituição Federal estabelece o repouso semanal remunerado preferencialmente aos domingos. O que quer dizer que somente em casos excepcionais é que o descanso semanal remunerado poderá recair em outro dia que não o dia de domingo. Este entendimento deita raízes profundas na religião, especialmente em escrituras bíblicas, como acontece, por exemplo, no livro de Êxodo, no seu capítulo 20, que tratou do descanso de Deus na construção do mundo no sétimo dia. Vale também citar o imperador Constantino, que proibiu no século IV qualquer trabalho no domingo, salvo nas atividades agrícolas.

A igreja católica influenciou em demasia em que o descanso semanal coincidisse com o domingo. Portanto, essa é histórica e constitucionalmente a regra posta: o descanso semanal deve coincidir com o dia de domingo.

Como não poderia deixar de ser diferente, para toda regra existem as suas exceções. E onde elas acontecerão no caso? Onde elas estão reguladas? Primeiramente cabe citar os arts. 67 e 68, *caput*, e seu parágrafo único, todos da Consolidação das Leis do Trabalho. A primeira exceção é a contida no art. 67 do texto consolidado, em que o descanso semanal remunerado poderá não recair aos domingos, que é o caso de necessidade imperiosa ou motivo de conveniência pública. Levando-se em conta esses dois motivos justificadores e complementando o contido no art. 67, o art. 68, também da Consolidação das Leis do Trabalho, atribui ao Ministério do Trabalho a competência para autorizar, em caráter permanente ou provisório, o trabalho aos domingos, sendo este último por um período, mediante a troca do dia de repouso para outro dia da semana.

Não se trata de compensação pura e simplesmente, mas sim de alteração da rotina de prestação de trabalho, que pode ser definitiva ou provisória, sem nenhuma repercussão financeira para o trabalhador. Em outras palavras, o empregado terá o seu dia de repouso trocado sem nenhuma vantagem financeira para si.

Continuando, na forma do art. 68 da Consolidação das Leis do Trabalho, tem-se a necessidade da permissão por parte do Ministério do Trabalho, para que aconteça trabalho aos domingos, o que significa que o trabalho aos domingos é proibido, salvo quando houver permissão expressa. Por sua vez, de forma complementar, sem qualquer conflito com o artigo aqui citado da CLT, a Lei n. 605, de 5 de janeiro de 1949, também regulou o trabalho aos domingos, sendo que no seu decreto regulamentador (Decreto n. 27.048/1949) ficou patenteado que, excetuados os casos em que a execução dos serviços for imposta pelas exigências técnicas das empresas, é proibido o trabalho aos domingos e feriados. Novamente, com exceção das atividades que possuem autorização expressa para funcionarem, o trabalho aos domingos não poderá acontecer.

No entanto, vale dizer que esta regra não está sendo seguida. Atividades que não são autorizadas para funcionarem aos domingos, como boa parte do comércio varejista, estão funcionando em várias cidades brasileiras, com base em acordos e convenções coletivas de trabalho validados por decisões judiciais do próprio Tribunal Superior do Trabalho, que ficam à margem da própria Constituição Federal. Primeiramente, porque o art. 7º, XV, da Constituição Federal não excepciona a possibilidade de acordo ou convenção coletiva de trabalho autorizadores do trabalho aos domingos. Em segundo, por se tratar de norma de ordem pública de caráter absoluto aquela que estabelece o repouso semanal obrigatório aos domingos, não podendo as partes convencionarem sobre elas. Razão pela qual o trabalho executado nesse dia necessita de autorização expressa do Ministério do Trabalho, levando em consideração os requisitos "motivo de conveniência pública ou necessidade imperiosa".

Mesmo a Lei n. 11.603/2007 possui vício de inconstitucionalidade, na medida em que constitui um padrão, uma regra geral que admite o trabalho aos domingos, exigindo que apenas um repouso semanal por mês coincidisse com o domingo.

Da mesma forma, a Lei Municipal também não detém competência para autorizar o funcionamento do comércio aos domingos com empregados, quando não expressamente autorizados pelo Ministério do Trabalho, por fugir da competência de o Município legislar sobre matéria trabalhista, que é privativa da União Federal (art. 22, I, da CF). No caso, de forma absurda, poderia o Município autorizar a abertura do comércio, só que sem trabalhadores dentro das lojas, o que inviabilizaria qualquer atividade comercial.

Várias campanhas já foram feitas no Brasil contra o trabalho aos domingos, em especial com apelo para a família. Vale citar a campanha feita pela Confederação dos Trabalhadores no Comércio:

> Violência contra a família. É assim que os comerciários consideram a Medida Provisória do Governo que os obriga a trabalhar aos domingos. Todos os domingos, pais e mães são arrancados de seus lares, privados do precioso tempo ao lado de seus filhos, no único dia em que poderiam ter momentos especiais com a família.[104]

Os dados colhidos a partir de pesquisas feitas pelo IBGE, que apontam para um crescimento da informalidade do trabalho no Brasil, aliados ao aumento do número de horas de participação da mulher no mercado de trabalho e com a prestação de trabalho sendo feita aos domingos e/ou feriados, em desacordo com a própria Constituição Federal, em especial do comércio varejista, *shopping* e setores industriais, a interpretação dada pelos tribunais pátrios em desacordo com os valores constitucionais plasmados em vários dispositivos está pendendo para o atendimento de interesses consumistas, para não dizer mercantilistas, não concretizando na prática o próprio respeito à unidade e ao desenvolvimento afetivo familiar.[105]

---

(104) CAMPANHA contra o trabalho aos domingos. Disponível em: <http://www.cntc.com.br/docs/campanhas/domingo.htm> Acesso em: 24 maio 2006.

(105) Pesquisa Nacional de Emprego. Disponível em: <www.ibge.gov.br/home/estatistica/indicadores/trabalhoerendimento> Acesso em: 20 dez. 2008.

Note-se a profundidade das mudanças que estão sendo impostas por um mercado, em face do não controle estatal, que, no caso, transpõe as fronteiras da seara trabalhista, repercutindo diretamente no mundo externo à empresa, gerando a partir do trabalho mudanças nos laços afetivos familiares, como que reproduzindo na família a nova estrutura de prestação de trabalho. Seria possível assim afirmar que a nova organização familiar surgida dessas mudanças das relações de trabalho é uma família sem núcleo organizacional, precária, com seus laços afetivos desconstituídos, com a possibilidade de os filhos estarem desagregados, e o casal a cada dia perdendo a sintonia, por conta de que o ambiente familiar está em processo de desconstituição? Ou de uma reorganização a partir de um modelo liberal de prestação de trabalho?

Tem-se como resultado um conjunto de elementos que contribuem decisivamente com a mudança dos papéis dos membros da família, alterando sensivelmente sua estrutura, com consequências negativas para constituição do núcleo familiar, razão pela qual se torna importante e urgente voltar aos trilhos dos fundamentos básicos do próprio Direito do Trabalho.

5.4. Horas de sobreaviso

Historicamente, o sobreaviso foi criado para atender os empregados que trabalhavam nas estradas de ferro, a fim de executarem serviços que não se tinha uma previsão quanto ao seu acontecimento. Segundo o art. 244, § 2º, da CLT, como sobreaviso entendia-se o período em que o empregado permanecia em sua própria casa, aguardando a qualquer momento ser chamado para atender a determinada necessidade. Estas horas são contadas à base de 1/3 do valor da hora normal. Portanto, nota-se que o empregado permanece em sua casa, aguardando o chamado e não tendo a possibilidade de assumir qualquer compromisso. Isso porque ele deve permanecer em sua casa, razão pela qual, em princípio, não estando o empregado aguardando em casa o chamado, não se caracterizará hora de sobreaviso.

O art. 244, § 3º, da CLT apresenta o conceito de horas em prontidão, sendo diferente de sobreaviso, por considerar o empregado que fica aguardando o chamado na estrada (no caso estrada de ferro), sendo que estas horas serão remuneradas à base de 2/3 da hora normal.

Em um primeiro momento, as horas de sobreaviso eram aplicadas somente para os ferroviários. Com o tempo, foram estendidas para os demais empregados que se enquadrassem na mesma situação.

Os eletricitários tiveram a seu favor a Súmula n. 229 do TST, na qual as suas horas de sobreaviso permanecem com remuneração à base de 1/3, desde que o eletricitário permaneça em casa. Existe um limite máximo de 12 horas para as jornadas de sobreaviso. Note-se que existem diferenças de tratamento entre as horas de sobreavisos dos petroleiros e dos aeronautas.

Várias decisões judiciais têm declarado que o uso do *bip* não caracteriza horário de sobreaviso, por não estar restringindo a liberdade de locomoção do empregado (Orientação Jurisprudencial n. 49 da SBDI-1). O telefone celular, ainda que fornecido pela empresa para poder encontrar o empregado no caso de uma emergência, não tem caracterizado horário de sobreaviso, salvo se o empregado permanecer em sua residência aguardando a chamada.

Vale mencionar a visão moderna que está sendo irradiada sobre o tema:

> DO SOBREAVISO. O reclamante, na inicial, alegou às fls. 04 da inicial que permanecia em sobreaviso diariamente, no período das 22:00 às 05:00 horas, aguardando o chamado da equipe de jornalistas e radialistas. Informou que independentemente do chamado da equipe o reclamante era obrigado a ligar diariamente para a reclamada, das 24:00 às 00:30 horas. Por consequência, sustenta que dava plantão a distância, na sua residência, através de telefone residencial e *BIP*, das 22:00 às 05:00 horas. A reclamada não contestou explicitamente o fato do uso do *BIP* e convocação na residência via telefone (defesa, fls. 368 *usque* 372) e, para afastar o direito perseguido, limitou-se a invocar a Orientação Jurisprudencial n. 49 da SBDI-1 do C.TST, citando o magistério do eminente Juiz Francisco Antonio de Oliveira, no sentido de que as horas de sobreaviso destinam-se àquele empregado que permanece em sua própria casa, aguardando a qualquer momento a chamada para o serviço. Incontroverso nos autos, portanto, que o reclamante mantinha-se em plantão a distância, na sua residência, sendo contratado pela redação através de telefone e *BIP*, no período das 22 às 05:00 horas (*vide* inicial, § 2º fls. 5 e contestação, item 5 fls. 368/372). De outra parte, temos que a prova oral produzida pelo autor confirmou que este permanecia em casa à disposição do empregador e que era efetivamente chamado pela empresa fora do expediente normal de trabalho. "A primeira testemunha do reclamante, Sr. Marcelo Parada, que era seu superior hierárquico, exercendo as funções de gerente de jornalismo, às fls. 435, declarou que" (...) o depoente deu determinação ao reclamante para que telefonasse diariamente ao redator noturno, por volta da meia-noite e quinze a meia-noite e meia, para saber se havia novidade, para saber se havia algum noticiário divergente do noticiário já divulgado ou recebido pela reclamada". A segunda testemunha do autor, Sr. Renato Vaisbih, que era o redator na área de jornalismo, às fls. 435, confirmou que" (...) o depoente e o reclamante estavam subordinados à primeira testemunha do reclamante; que havia escala de plantão noturno consistente no fato de o reclamante ficar de sobreaviso, sendo que quando ocorresse algo relevante, o depoente telefonava para o reclamante; que não havia nenhum outro empregado que ficava de sobreaviso; que foi o Sr. Marcelo Parada quem deliberou a escala de plantão noturno no qual o reclamante ficava de sobreaviso". As testemunhas da reclamada nada disseram a respeito desses fatos, restando incontroverso que o reclamante permanecia em sua residência, em autêntico plantão, à disposição do empregador, por determinação de seu superior hierárquico, atendendo a chamamentos da redação. Postas as premissas fáticas passa-se à análise jurídica do tema. É fato que inexiste legislação geral protetiva disciplinando a matéria *sub judice* quanto às horas de plantão ou sobreaviso no âmbito da residência do empregado, com possibilidade de chamamento através de *BIP* ou telefone. A questão exige, pois, reflexão que tenha por ponto de partida o próprio conceito de jornada de trabalho. A doutrina do Direito do Trabalho há muito tempo logrou transcender a visão restrita da jornada enquanto mero tempo gasto diretamente na labuta, criando conceito moderno embasado na ideia da *alienação*. Sob esse enfoque, considera-se dentro do conceito de jornada todo o tempo alienado, ou seja, que o trabalhador tira de si e põe à disposição do empregador, seja cumprindo ou aguardando ordens, ou ainda, deslocando-se *de* ou *para* o trabalho. O conceito da alienação incorporou-se claramente ao Direito do Trabalho pátrio, ao positivar a lei que o tempo de serviço (jornada) compreende o período em que o empregado esteja à disposição do

empregador, *aguardando ou executando ordens,* conforme dispõe o art. 4º da Consolidação das Leis do Trabalho, *in verbis*: "art. 4º Considera-se como de serviço efetivo o período em que o empregado esteja à disposição do empregador, aguardando ou executando ordens, salvo disposição especial expressamente consignada". Nesse aspecto, em regra, a jornada de trabalho pode ser identificada sob três formas: (1) o tempo efetivamente laborado (jornada *stricto sensu*); (2) o tempo à disposição do empregador (jornada *lato sensu*) e (3) o tempo despendido no deslocamento residência trabalho e vice-versa (jornada *in itinere*). A esses três modos de expressão da jornada, pode ser acrescido um quarto tipo que alberga modalidades de tempo à disposição do empregador decorrentes de normas específicas, positivadas no ordenamento jurídico, tais como o tempo de prontidão e o regime de sobreaviso. (respectivamente, §§ 3º e 2º, do art. 244, da CLT). Tanto a prontidão como o sobreaviso são expressões legais exemplificativas da teoria da alienação, desvinculando claramente a ideia da jornada como tempo de trabalho direto, efetivo, e harmonizando-se perfeitamente com a feição onerosa do contrato de trabalho, vez que não se admite tempo à disposição, de qualquer espécie, sem a correspectiva paga. A melhor doutrina (DELGADO, Mauricio Godinho. *Curso de Direito do Trabalho*. 2. ed. São Paulo: LTr, p. 837) assim conceitua: "Por tempo de sobreaviso (horas sobreaviso) compreende-se o período tido como integrante do contrato e do tempo de serviço obreiro em que o ferroviário "permanecer em sua própria casa, aguardando a qualquer momento o chamado para o serviço". (art. 244, § 2º, CLT). Esta legislação especial (art. 224, § 2º, CLT) dos ferroviários considera em SOBREAVISO o empregado que permanece em sua casa, aguardando ordens, atribuindo-lhe paga equivalente a 1/3 do salário normal. É certo que, por se tratar de norma especial dirigida à categoria dos ferroviários, a aplicação analógica não se dá de forma automática, precisando adaptar-se às circunstâncias históricas, que envolvem a análise das especificidades do dispositivo, de tal sorte a distinguir o essencial do contingente, no que nele vai expresso. Nessa medida, não se pode desconhecer que o § 2º do art. 244 consolidado foi cunhado pelo Decreto-lei n. 6.353 de 20.3.44, na situação específica do mundo ferroviário, onde o SOBREAVISO ocorria em casa, relativamente a empregados que residiam nas imediações das estações existentes ao longo do extenso traçado ferroviário. À época, não obrigava o legislador outras aplicações para o referido dispositivo legal, mesmo porque o avanço tecnológico não fazia supor a possibilidade de o empregado, mesmo na eventualidade de não estar em casa fora do expediente normal de trabalho, continuar monitorado pelo empregador, como passou a ocorrer notadamente quando foram criados os novos veículos de comunicação como o *Pager*, *BIP* ou outros equipamentos semelhantes e, mais recentemente, com a disseminação do telefone celular já dotado de câmaras fotográficas e até filmadoras, e bem assim, computadores com sistema *webcam*. Não foi por outra razão que expressiva jurisprudência construiu o entendimento de que a questão de permanecer ou não "em casa" é absolutamente despicienda para a caracterização do SOBREAVISO, já que, munido de *BIP* ou celular, o empregado forçosamente permanece no "raio de ação e comando" do empregador. Todavia, é relevante registrar que na situação dos autos o autor quedava-se em sua residência no aguardo das convocações desde a redação. Ora, sendo o contrato de trabalho a título oneroso, sinalagmático e comutativo, repugnam à sua natureza exigências do empregador que não tenham contrapartida salarial devidamente individualizada. Desse modo, não é possível que se comine ao empregado a obrigação de permanecer apostos para ser acionado pelo empregador fora do horário de trabalho, com todas as repercussões em sua vida pessoal e familiar, quer de caráter psicológico, espiritual, físico ou social que tal disponibilidade lhe acarreta, e não seja remunerado por essa apropriação de sua intimidade, descanso e lazer, que se materializa em claro tempo de alienação em prol dos interesses econômicos do empreendedor.[106]

Conforme já foi tratado ao longo deste estudo, a tendência é que o empregado permaneça, de acordo com o cargo ocupado na empresa, cada vez com um maior tempo à disposição do empregador. Talvez não se trate de criar novas regras e sim saber interpretar as já existentes, de acordo com os princípios protetores da relação de trabalho. As mudanças nas relações de trabalho estão ocorrendo; contudo, deve-se primar pela preservação dos princípios, ainda que diante dessas transformações, sempre no intuito finalístico da valorização do trabalho humano, compatibilizando as ordens econômica, social e jurídica.

5.5. Trabalho prestado após as 5 horas em sequência ao horário noturno

A questão aqui apresentada circunscreve-se à seguinte pergunta: em o empregado trabalhando após as 5 horas da manhã, ou seja, um horário noturno que é seguido de horário diurno, qual será o melhor tratamento a ser dado para o período que extrapola o período noturno (5 horas)? O art. 73 da CLT apresenta duas hipóteses diferentes, conforme preceitua os §§ 4º e 5º.

A primeira hipótese diz respeito aos horários mistos e a outra diz respeito ao trabalho quando extrapola, ou seja, vai além do horário das 5 horas. Para melhor interpretar o referido dispositivo legal, é importante partir do contido no art. 468 da CLT, no que diz respeito a não alteração contratual em prejuízo do empregado, norma esta que, de forma objetiva, explicita o princípio protetor contido no Direito do Trabalho.

Ou seja, quando uma empresa determina a um empregado que trabalhe das 22 horas até o horário das 6 horas, já não se trata de horário misto e sim de uma prorrogação, razão pela qual se deve continuar pagando naquela 1 hora que extrapolou a hora noturna o adicional noturno, com o cômputo da hora noturna em 52 minutos e 30 segundos com adicional mínimo de 50%, por se tratar de hora extra. Vale citar aqui a Súmula n. 60 do TST, que trata sobre o tema.

5.6. Horas in itinere

A Súmula n. 90 do TST estabelece o conceito de horas *in itinere* como sendo o tempo gasto pelo empregado, em condução fornecida pelo empregador, até o local de trabalho de difícil acesso, ou não servido por transporte público regular, e para o seu retorno, computando referido tempo na jornada de trabalho do empregado. Ainda que o transporte público seja insuficiente, não atendendo condignamente o empregado, não gerará direito às horas *in itinere*. Havendo transporte público em parte do trajeto, as horas *in itinere* se limitarão ao trecho do percurso que não é servido por transporte público.

---

(106) Recurso Ordinário n. 01333.1998.040.02.00-IEIA, a íntegra da decisão: 4ª turma: processo TRT/SP n. 01333199804002007 (20030905677), recurso ordinário, 1º recorrente: Rádio Eldorado Ltda. 2º recorrente: Cláudio Maurício Alfredo, recorridos: os mesmos, origem: 40ª vt de São Paulo.

Alguns estudiosos fazem confusões sobre horas *in itinere* e salário *in natura*. Uma coisa não tem nada a ver com a outra. De acordo com a Lei Federal n. 10.243, de 19 de junho de 2001, que alterou o art. 458, § 2º, III, da CLT, o transporte destinado ao deslocamento para o trabalho e retorno, em percurso servido ou não por transporte público, não mais se configura salário *in natura*, por exclusão legal. Sendo assim, horas *in itinere* nada tem a ver com o fato de o empregador cobrar ou não pelo transporte para a sua caracterização.

Não obstante o entendimento que acima se extrai da lei, é importante ressaltar que algumas decisões judiciais vêm se opondo ao pagamento das horas *in itinere*, por entender se tratar de medida que prejudica o empregado ao invés de beneficiá-lo. Vale citar os seguintes julgados:

> Hora *in itinere*. O empregador, ao fornecer condução ao empregado, para conduzi-lo ao serviço e para o retorno ao lar, está proporcionando-lhe mais conforto e bem-estar pelo que não deve ser penalizado com o ônus das horas *in itinere*. Além do mais, o Enunciado 90 não contempla os casos em que o empregado paga o transporte ao empregador e em que não há ausência de transporte público, mas apenas insuficiente deste. Revista provida.[107]

> A visão moderna do Direito do Trabalho é incompatível com o reconhecimento de horas *in itinere*. O transporte assegurado pela empresa ao empregado deve ser aplaudido ao invés de onerá-la ainda mais, o que não se sustenta nem legal nem socialmente, porquanto os lugares de difícil acesso ou 'não servidos por transporte regular' deixam de sê-lo diante da condução oferecida. Ademais, conflita com o bom senso jurídico o inexplicável entendimento de que empregados que se valham não raro de mais de uma condução para alcançar o seu local de trabalho não sejam beneficiados com a jornada *in itinere*, enquanto é reconhecida àqueles que são transportados das suas casas até o local de trabalho, em condução especial.[108]

O Acordo Coletivo de Trabalho e a Convenção Coletiva de Trabalho podem se constituir em instrumentos que venham a limitar o número de horas *in itinere*. Tem sido entendido como válida cláusula convencional em que ficou fixado o número certo por jornada de horas consideradas *in itinere*.

Vale citar:

> O trabalhador pretendia reformar determinação do Tribunal Regional do Trabalho do Paraná (TRT-PR). O órgão de segunda instância restringiu sentença favorável ao agricultor em relação ao pagamento de uma hora *in itinere* pelo tempo decorrido da residência ao local de trabalho. A limitação foi fixada por intermédio de acordo coletivo assinado pelo Sindicato dos Trabalhadores Rurais da Região de Maringá e produtores rurais locais. "A estipulação coletiva garantindo o pagamento de até uma hora diária em razão do tempo despendido no transporte fornecido pelo empregador até o local de trabalho é plenamente válida, por se tratar de fruto de negociação, por intermédio das partes, em que o tempo a maior ou a menor gasto efetivamente é acordado em um período médio para todos os trabalhadores",

---

(107) Ac. TST 1ª T (RR 17379/90.7), Rel. (designado) Min. Afonso Celso, DJU 31.10.1991, p. 15.538.

(108) Ac. TRT 12ª Reg. 2ª T. (Proc. 3308/91), Rel. Juiz Hemut A. Schaarschimidt, Synthesis n. 16/93, p. 252.

observou a decisão regional. Insatisfeito com o pronunciamento do TRT-PR, o trabalhador alegou no TST a nulidade da cláusula do acordo coletivo que restringiu ao período de uma hora o pagamento das horas *in itinere*. A suposta violação às normas da legislação trabalhista também foi desconsiderada pelo Tribunal Superior do Trabalho.

"Trata-se de questão referente à cláusula de acordo coletivo de trabalho na qual se estabelece o pagamento de uma hora *in itinere* diária, não obstante o tempo médio gasto por dia para se percorrer o trecho entre a residência e o local da prestação dos serviços serem superior ao fixado", afirmou o relator ao fixar o objeto da demanda. Em seguida, Emmanoel Pereira registrou a posição do TRT-PR. "O Tribunal Regional, ao reconhecer a prefixação de uma hora *in itinere* no acordo coletivo, firmou seu entendimento no sentido de que os acordos ou convenções coletivas de trabalho não ofendem o direito trabalhista, em virtude das concessões recíprocas feitas pelas partes que emergem dos instrumentos coletivos".

O entendimento regional, segundo o TST, foi correto dentro do contexto das vantagens recíprocas que caracterizam os acordos entres as partes. "Tem-se, portanto, que as partes, em livre manifestação de vontade, acharam por bem assentar previamente as horas *in itinere*, não se podendo estender o previsto em instrumento normativo e deferir o excedente da extrapolação dessas horas de acordo com o tempo despendido no percurso, assim como também não se poderia pagar a menor, caso fosse gasto tempo inferior ao anteriormente pactuado", sustentou Emmanoel Pereira.[109]

Esta situação de se estabelecer previamente as horas *in itinere* por meio de Convenção ou Acordo Coletivo deve ser examinada no seu contexto, e no caso concreto, sob pena de estar cometendo injustiças ou servir de meio para cometimento de abusos. O período médio fixado em tratativas coletivas deve ser o suficiente para atender ao período efetivamente gasto em trânsito pelos empregados.

5.7. Jornadas de trabalho não controladas (hipótese do art. 62 da CLT)

Ao lado das jornadas controladas, e que em havendo extrapolação acabará por incidir em horas extras, existem as chamadas jornadas não controladas, ou seja, aquelas em que não há a possibilidade de controle por parte do empregador, razão pela qual a este tipo de jornada não haverá o pagamento de horas extras. Nesta hipótese, a lei enquadra duas espécies de trabalhadores (art. 62 da CLT): os que exercem atividade externa, incompatível com o controle de jornada; os gerentes, tidos também coexercentes de cargo de confiança, recebedores de acréscimo salarial igual ou superior a 40% do salário do cargo efetivo (respectivamente art. 62, I e II, e parágrafo único da CLT).

Os ocupantes de cargos de confiança são aquelas situações em patamares elevados dentro da escala hierárquica da empresa. São diretores, gerentes etc. que exercem funções diretivas.

---

(109) RR10109/02. Disponível em: <http://ext02.tst.gov.br/pls/no01/no_noticias.Exibe_Noticia?p_cod_noticia=3990&p_cod_area_noticia=ASCS)> Acesso em: 10 fev. 2008.

Os verdadeiros ocupantes de cargos de confiança exercem atributos de representação e gestão. Não se trata de cargos ocupados por empregados especializados que, em razão da especialização técnica, chefiam divisões. Trata-se de empregados com independência administrativa.

Outra particularidade, para não serem merecedores de horas extras, é que estes profissionais recebam pelo menos 40% a mais do correspondente ao cargo efetivo (art. 62, § 2º, da CLT), que pode se traduzir em função gratificada ou em qualquer outro título.

O ocupante de cargo de confiança, conforme já foi visto, não serve de paradigma para fins de equiparação salarial.

A norma celetária pressupõe que tais trabalhadores não estão submetidos a um controle efetivo de jornada, razão pela qual não cabe a eles o respectivo controle. Melhor explicando, não se trata no inciso I do art. 62 especialmente, do empregador não querer exercer um controle e sim de não ter condições do exercício deste controle. Desta feita, havendo controle efetivo, mesmo no caso do ocupante de cargo de confiança, afasta-se a presunção de não existência de horas extras, passando estas a existirem caso seja extrapolado o horário contratual ou legal de trabalho.

No caso dos trabalhadores externos, podem ser citados como exemplos os empregados vendedores ou representantes comerciais viajantes, motoristas carreteiros, sendo que, no caso destes últimos, já existem decisões no sentido de conceder horas extras quando, por exemplo, os seus caminhões são rastreados por sistemas informatizados que permitem saber se o mesmo está em movimento ou não. Surge, neste caso, o controle por parte do empregador da jornada de trabalho do empregado motorista, razão pela qual poderá lhe render o recebimento de horas extras. Lembre-se de que, neste caso, na forma do disposto no mesmo inciso I do art. 62 da CLT, impõe-se que o empregador anote na CTPS do empregado a situação do empregado que realiza atividade externa.

Sendo assim, a situação é muito fácil de ser entendida. Havendo a possibilidade de controle da jornada, haverá o direito ao recebimento de valores a título de horas extras quando efetivamente feitas. Caso um gerente, por exemplo, tenha de anotar o horário de entrada e saída do trabalho, terá direito a horas extras, caso haja trabalho em excesso.

Sobre o tema, observe decisão abaixo em que foi descaracterizado o cargo de confiança ou de gestão, restando a obrigação ao empregador no pagamento de horas extras.

> EMENTA: DAS HORAS EXTRAS. Para o enquadramento do empregado na exceção prevista no disposto no inciso II do art. 62 da CLT é imprescindível que ele detenha poderes de gestão, o que não se evidencia no presente caso, vez que a autora apenas exerce a função de Gerente de Relacionamento. Devidas, portanto, a teor do disposto no § 2º do art. 224 da CLT, as horas extras a partir da oitava diária, porque comprovado o labor extraordinário. Correta a sentença que assim se posicionou.[110]

---

(110) Proc. n. TRT. Ro – 00670 – 2005 – 007 – 06 – 00 – Órgão Julgador: Terceira Turma. Juíza Relatora: Virgínia Malta Canavarro. Recorrente: Banco Abn Amro Real S.A. Recorrida: Eliete Nascimento de Oliveira Silva. Advogados: Antônio Braz da Silva, Aparício de Moura da Cunha Rabelo e outros; Ricardo Magalhães Lêdo. Procedência: 7ª Vara do Trabalho de Recife/Pe.

Sobre as formas de marcação dos horários de trabalho dos empregados, foi editada Portaria n. 1.510 de 25 de agosto de 2009, que trouxe uma série de mudanças no que se refere a como deve ser marcada a jornada de trabalho do empregado. Vale transcrever abaixo alguns pontos que neste momento estão gerando muita polêmica, principalmente por conta do custo que resultará para as empresas na adoção dessas medidas.

As novas exigências para o controle eletrônico de ponto, ditadas pela complexa Portaria n. 1.510 do Ministério do Trabalho e Emprego, publicada em 25 de agosto de 2009, e, com parte de suas previsões em vigor a partir de 26 de novembro de 2009, vão dificultar e muito a forma de controle eletrônico do horário de entrada e saída dos empregados. Com a edição desta portaria, os principais objetivos visados pelo Ministério do Trabalho e Emprego são: impedir a adulteração de dados e facilitar a fiscalização. Pretende a norma impedir que o horário efetivamente anotado pelo empregado possa ser alterado, apagado ou editado pelo empregador; e permitir que, por um simples terminal USB, o fiscal tenha acesso direto aos horários dos empregados da empresa, sem riscos de manipulação ou edição de informações. Em que pese o louvável objetivo do Ministério do Trabalho e Emprego, a portaria é demasiadamente complexa e a implantação de suas regras trará para os empresários brasileiros custos expressivos. Para adequar-se às regras estabelecidas, deverão as empresas brasileiras instalar equipamento que disponha de impressora de uso exclusivo e que permita impressões com durabilidade mínima de cinco anos. Assim, não poderá o empresário usar a mesma impressora que já atende seu setor administrativo, por exemplo. Como se não bastasse, exige ainda a norma que a cada marcação de ponto, seja impresso um comprovante de registro a ser entregue ao empregado. Com isso, cada empregado receberá diariamente quatro comprovantes: entrada, intervalo, retorno do intervalo e saída. Dentre as exigências, destacam-se ainda a obrigatoriedade de que o equipamento opere com capacidade ininterrupta por um período mínimo de 1.440 horas na ausência de energia; a existência de porta de saída USB; e a capacidade da memória de registro, a qual deverá ser equivalente ao HD de um computador, a fim de armazenar os dados.

Além das alterações pertinentes ao equipamento para registro de horário, a Portaria dispõe também sobre o sistema de controle de jornada, estabelecendo que este deverá ser credenciado pelo Ministério do Trabalho e Emprego. Os sistemas atualmente utilizados precisarão ser atualizados pelo fabricante ou substituídos por outros que contemplem as novas exigências. Estes sistemas deverão obedecer às diretrizes ditadas pelo Ministério. O sistema deverá manter o fiel registro das marcações de ponto; não permitir restrição de registro de horários, mantendo-os, assim, fiéis à realidade; não permitir o registro automático de horários preestabelecidos pelo empregador; não permitir a subordinação do registro de horário de trabalho a qualquer tipo de autorização prévia do empregador; não permitir que se façam alterações dos registros do ponto, em qualquer direção; e manter todos os registros originais do relógio armazenados no sistema da empresa, para efeito de fiscalização. Como bem se pode perceber, para os empresários brasileiros, adequar-se à Portaria significará modificar substancialmente o sistema de controle eletrônico de horário dos empregados e substituir o equipamento de registro anteriormente usado. A publicação da Portaria gerou grande apreensão acerca do prazo concedido para a adaptação às novas regras. Para efeito de utilização do equipamento de registro do horário — Registrador Eletrônico de Ponto — REP, os empregadores terão prazo até 25 de agosto de 2010. As demais obrigações contidas na Portaria estão em vigor desde 26 de novembro de 2009, ou seja, noventa dias após a publicação, período que fora destinado à instrução ou orientação ao empregador. Nesse passo, desde essa data, estão as empresas obrigadas a utilizar o sistema de controle de ponto nos moldes ditados pela Portaria e acima explicitados. O empregador deve se lembrar de obter da empresa que fornecer o programa, o "Atestado Técnico e Termo de Responsabilidade", assinado pelo responsável técnico pelo programa e pelo responsável pela empresa, afirmando, expressamente, que o programa atende às determinações da Portaria n. 1.510, de 2009. Deve ainda exigir o empregador que o programa esteja autorizado pelas autoridades competentes. Até o momento, todavia, aguarda-se regulamentação sobre o procedimento para esta autorização. Evidentemente, a Portaria tem força cogente e deverá ser adotada por todas as empresas que estejam sujeitas à aplicação do controle de jornada — aquelas que têm mais de dez empregados — e que adotem a forma eletrônica. A anotação de jornada manual ou mecânica não sofreu alteração e poderá continuar a ser usada normalmente. Os empresários precisam estar atentos, pois o descumprimento de qualquer determinação ou especificação constante na Portaria poderá descaracterizar o controle eletrônico de jornada, invalidando os registros na Justiça do Trabalho e ensejando aplicação de multa administrativa em eventual fiscalização. A respeito da multa administrativa, por não haver previsão específica na Portaria, aplicar-se-á a tabela geral, segundo a qual o valor da multa dependerá da conjugação de critérios fixos e variáveis, quais sejam: natureza da infração, porte econômico do infrator, extensão da infração, intenção do infrator de praticar a infração e meios ao alcance do infrator para cumprir a lei. Com base nesses critérios, como parâmetro médio, a multa giraria em torno de R$ 17 mil para cada infração cometida, podendo ainda ser duplicada em caso de reincidência. Além disso, a imposição de multa poderá ser reiteradamente aplicada até a adequação da empresa às disposições legais. Com a entrada em vigor dessas disposições, espera-se uma forte reação da sociedade brasileira. Questionamentos sobre a real eficácia da Portaria, especialmente para a finalidade de impedir a adulteração no apontamento de horários; o risco de migração das empresas brasileiras para os sistemas manuais e mecânico, o que seria um retrocesso; e a complexidade e os altos custos das regras estabelecidas ainda ensejarão muitas discussões.[111]

Cabe aguardar os procedimentos a serem adotados para, após, identificar as dificuldades que surgirão para a implantação deste novo sistema tecnológico de controle.

Não querendo ser repetitivo, cumpre aqui ressaltar aquilo que já foi estudado no tópico referente ao contrato de trabalho, requisito pessoalidade, no que tange ao trabalho

---

(111) ON LINE VALOR. *O novo controle da jornada de trabalho*. Disponível em: <http://www.fenacon.org.br/pressclipping/noticiaexterna/ver_noticia_externa.php?xid=2475> Acesso em: 30 jan. 2010.

prestado a domicílio. Neste caso, embora se trate de um trabalho prestado fisicamente fora da empresa (externo à empresa), não pode ser inferido que é um trabalho que não comporta o controle de horário, por conta de que, diante dos avanços tecnológicos existentes ou do controle de produção feito pela empresa, é possível exercer um controle sobre o horário de trabalho do empregado, às vezes mais efetivo, do que se o empregado estivesse trabalhando dentro da empresa.

Sendo assim, nestes casos de trabalho mais controlado, resta o dever da empresa no pagamento das horas extras por acaso realizadas, o que significa que a existência de trabalho externo, em especial aqueles prestados com apoio em instrumentos tecnológicos, não pode significar falta de controle por parte do empregador. Deve ser examinado o caso em concreto e considerado uma série de variáveis que possibilitarão ou não o controle efetivo.

6. Terminação do contrato de trabalho

Embora a Consolidação das Leis do Trabalho utilize-se da nomenclatura rescisão do contrato de trabalho (ver art. 477 da CLT), adotou-se aqui a denominação terminação, com o fito de obter uma terminologia que efetivamente representasse as várias formas possíveis de um contrato de trabalho poder chegar ao seu término, embora um número variado de autores, dentre os quais, Orlando Gomes, Délio Maranhão e outros ainda, se utilizem de outras terminologias.

Não obstante às variações, a doutrina pátria elaborou uma série de termos, valendo explicar cada um deles, referentes às variadas formas pelas quais o contrato de trabalho chega ao seu término. São eles: dissolução, resilição, resolução, extinção, terminação e rescisão do contrato.

A dissolução pode ser admitida como forma de terminação do contrato de trabalho, que poderá ocorrer por resilição ou por resolução. Ocorre a resilição quando, por ato unilateral de vontade ou bilateral de vontades das partes, o empregado é dispensado sem justa causa pelo empregador ou se demite (atos potestativos), ou quando o empregado tem sua aposentadoria compulsória requerida pelo empregador ou quando tem sua aposentadoria por invalidez cancelada e o empregado é demitido logo após o seu retorno para o trabalho. A morte do empregador, quando pessoa física, também se caracteriza por resilição ou na hipótese de extinção da empresa. Também a resilição poderá ser por ato bilateral, quando o término do contrato de trabalho dá-se por acordo de vontades.

A resolução do contrato de trabalho ocorrerá quando qualquer das partes ou ambas descumprirem obrigações do contrato. Tem-se aqui a demissão por justa causa (art. 482 da CLT) e a rescisão indireta do contrato de trabalho (por falta do empregador — art. 483 da CLT). A culpa recíproca também se situa nesta hipótese.

Por sua vez, a extinção do contrato de trabalho vai ocorrer quando o contrato de trabalho chegar ao seu término por motivo alheio à vontade das partes. Seriam exemplos os casos de força maior, da aposentadoria por invalidez quando se transforma por idade, da morte do empregado, cabendo aqui também o *factum principis*. No caso de morte do empregado, parte da doutrina atribui também a denominação de cessação.

6.1. Demissão do empregado (sem justa causa)

A demissão sem justa causa é um ato unilateral, sujeito à vontade do empregador, que em ocorrendo, obrigará o patrão no pagamento de diversos direitos trabalhistas, dentre os quais, aviso-prévio, 40% de indenização sobre o valor do FGTS e demais consectários de lei em havendo (férias, férias proporcionais, 13º salário e sua forma proporcional, saldo de salários, pagamento de horas extras no caso de não ter ocorrido compensações e dependendo do caso concreto, outras verbas ainda). O empregador não está obrigado a declarar as razões que o levou a demitir o empregado, muito embora discorde-se aqui deste posicionamento.

Ainda não houve a regulamentação do art. 7º, I, da CF no que tange à proteção contra demissão desmotivada, restando apenas uma tênue proteção provisória contida no art. 10 da ADCT, que elevou para 40% a multa sobre os recolhimentos devidos do FGTS. Existe proposta partindo do próprio Ministério do Trabalho no sentido de reduzir a multa para fins de geração de mais empregos. Não se sabe ao certo o que tem uma coisa com outra. Contudo, a tendência não é criar proteção contra despedida desmotivada, mas sim liberá-la de vez.

Não existe dúvida que o art. 7º, I, da Constituição Federal proíbe a demissão arbitrária ou sem justa causa. Isto quer dizer que não pode pôr fim ao contrato de trabalho sem que pelo menos tenha uma justificativa que demonstre a efetiva impossibilidade de dar continuidade ao pacto, como, por exemplo, problemas econômicos da empresa, devidamente comprovado. Infelizmente não é o que vem acontecendo na prática.

Com maior objetividade, no tocante a esta modalidade de dispensa, é possível dividi-la em dois grupos: dispensa imotivada (que é a dispensa arbitrária), proibida constitucionalmente, dando direito à reintegração ou conversão em indenização compensatória; e a motivada (sem justa causa, na qual tem-se um motivo, ainda que não pautado no descumprimento pelo empregado de suas obrigações), que dá ao empregado o direito à multa do FGTS, o seu saque e demais verbas rescisórias.

Repita-se, independentemente de o art. 7º, I, da Constituição Federal não ter sido regulamentado, não se faz necessária a sua regulamentação para tornar concreto o mandamento nele contido. Ou seja, que não se admite despedida sem fundamentação, que não precisa ser necessariamente o cometimento de falta pelo empregado. É bom deixar claro que esta interpretação não tem sido aplicada na prática, o que demonstra mais uma vez que o valor trabalho humano não está sendo protegido.

Uma outra questão é saber se a estabilidade no emprego alcança o empregado público. Ou seja, aquele servidor público, aprovado em concurso público, contratado por empresa estatal, seja qual for o seu tipo (sociedade de economia mista, por exemplo), dedicada à exploração de atividade econômica, na forma do art. 173, § 1º, da Constituição Federal.

Segundo entendimento do TST, através da sua Súmula n. 390 e Orientação Jurisprudencial n. 247 (SDI-I), carece de estabilidade no emprego o empregado público, contratado pelo regime celetista, mesmo que admitido por concurso público. Embora não se tome aqui o entendimento das mais altas Cortes de Justiça, dentre as quais o STF e o STJ, defende-se neste trabalho que embora os empregados públicos, por não serem detentores de cargo público e não serem abrangidos pelo art. 41 da CF, no caso de os mesmos virem a ser demitidos, esta demissão deverá ser fundamentada, ou seja, não poderá ser desmotivada.

> Empregado concursado. Contratação pela CLT. Despedida sem motivação. Reintegração. Entidade de Direito Público. 1. A dispensa de servidor público regido pela CLT não se pode dar da mesma forma que a dispensa do empregado privado. É que todos os atos da Administração Pública terão de ser sempre motivados; não podem ser sem causa. Pelo princípio da legalidade que preside a atividade da Administração Pública, a esta não cabe praticar atos, ainda que no exercício de poder discricionário, que impliquem expressões de arbítrio de sua atividade. A dispensa da servidora admitida por concurso público, como todo ato administrativo, tem de ser motivada, ainda que se cuide de relação regida pela CLT, implicando sua falta, sem dúvida, invalidade do ato, até mesmo por se configurar, na hipótese, abuso de poder. Trata-se, na hipótese dos autos, de autarquia estadual, pessoa jurídica de direito público, cuja criação justifica-se apenas pelo fato de poder melhor executar atividades típicas da Administração Pública (art. 5º, inciso I, do Decreto-lei n. 200/1967). Não há qualquer dúvida de que os cargos e empregos públicos deverão ser preenchidos por intermédio da realização de concurso público, exigência da Constituição Federal. Tal regra se tornaria inócua se o administrador público pudesse admitir num dia e dispensar, a seu talante, imediatamente no outro dia, fraudando, com esta atitude, a ordem de classificação dos candidatos.[112]

Em sentido contrário, que é a orientação que trilha o TST, vale a pena citar:

> Demissão sem justa causa. Sociedade de economia mista. A empresa estatal, seja qual for o seu tipo, dedicada à exploração de atividade econômica, está regida pelas normas trabalhistas das empresas privadas, por força do disposto no art. 173, § 1º, da Constituição Federal. Assim, dada a sua natureza jurídica, pode rescindir, sem justa causa, contratos de empregados seus, avaliando apenas a conveniência e a oportunidade, porque o ato será discricionário, não exigindo necessariamente que seja formalizada a motivação. Ressalte-se que, no terreno específico da administração pública direta, indireta e fundacional, a Constituição não acresceu nenhuma outra obrigação, salvo a investidura (art. 37, II) por meio de concurso público de provas e títulos. Não cogitou a Lei Magna em momento algum acrescer a obrigação de exigir motivação da dispensa. Recurso conhecido e desprovido.[113]

Chega-se à conclusão então de que pode haver a resilição do contrato de trabalho do empregado público em geral, regido pela CLT, por conta de que não está acobertado pela proteção do art. 41 da Constituição Federal, muito embora não nos dobremos a este entendimento. Ou seja, defende-se a tese da não existência da estabilidade, porém,

---

(112) STF-MS, 21485-DF, Relator Ministro Néri da Silveira. 2. Recurso de revista provido (TST – 3ª T. – RR n. 424778 – Rel. Min. Francisco Fausto – j. 21.6.2000 – DJ 25.8.2000 – p. 507.

(113) TST – 1ª T. – RR n. 632808 – Rel. Min. Ronaldo José Lopes Leal – j. 4.4.2001 – DJ 24.5.2001 – p. 28.

da exigência da necessidade de motivação, pelo simples fato de que o administrador público está obrigado a motivar os seus atos.

Desta forma, para este fim seriam equiparados os empregados públicos e os empregados da iniciativa privada.

Esta questão avançou a partir do julgamento ocorrido em 2007 pelo Supremo Tribunal Federal, que assegurou à Empresa de Correios e Telégrafos privilégios inerentes à Fazenda Pública, especialmente no tocante ao pagamento de precatórios, em especial à necessidade de motivação da despedida de seus empregados. Com base neste julgado, decidiu o Tribunal Superior do Trabalho alterar a Orientação Jurisprudencial n. 247 da SDI-I, retirando a ECT da possibilidade de demissão imotivada de seus empregados. Foi acrescido no item 2 da referida orientação:

A validade do ato de despedida do empregado da Empresa Brasileira de Correios e Telégrafos (ECT) está condicionada à motivação, por gozar a empresa do mesmo tratamento destinado à Fazenda Pública em relação à imunidade tributária e à execução por precatório, além das prerrogativas de foro, prazos e custas processuais.

Por último, na verdade a necessidade de motivação do ato demissionário, que é translúcida em se tratando da administração pública, também se faz presente no setor privado, por conta do art. 7º, I, da Constituição Federal. Mais uma vez, ressalta-se aqui a necessidade de construir uma base acadêmica capaz de fazer mudar o entendimento dos tribunais pátrios no tocante ao tema abordado.

6.2. Saída espontânea do empregado

Está errada a terminologia usada para a espontânea terminação do contrato de trabalho por iniciativa do empregado. Usa-se no popular "pedido de demissão". O empregado não pede. Ele se demite. Trata-se de um ato unilateral, sob o arbítrio do empregado, que também lhe gerará obrigações em relação ao empregador, como, por exemplo, a concessão do aviso-prévio, sob pena de, não o concedendo, ter de indenizar o empregador.

Não levantará o seu FGTS e nem terá direito ao seguro-desemprego. Note-se aqui a necessidade da homologação da rescisão contratual pelo sindicato a que pertence o empregado, quando o tempo de serviço na empresa for superior a um ano, sob pena de não ser valida a demissão, embora não tenha sido um posicionamento seguido ao pé da letra pelos tribunais.

> A empresa recorreu ao TRT de Minas Gerais, que reconheceu que o pagamento das verbas rescisórias foi efetuado dentro do prazo de dez dias do art. 477 da CLT, mas condenou a empresa ao pagamento de multa porque a homologação da rescisão contratual se deu fora do prazo. De acordo com o acórdão do TRT/MG, "o recibo de quitação de rescisão do contrato de trabalho de empregado com mais de um ano de serviço só será válido quando feito com a assistência do respectivo sindicato ou perante a autoridade do Ministério do Trabalho". Em recurso ao TST, a defesa da indústria farmacêutica demonstrou que a multa do art. 477 da CLT incide somente na hipótese de o pagamento

das verbas rescisórias ocorrerem fora do prazo de 10 dias, previsto no § 6º. Acrescentou que "a homologação pelo sindicato fora do prazo e pagamento correto não gera penalidade". O argumento foi acolhido pelo relator, ministro Barros Levenhagen. "Para a aplicação de multa, a CLT prioriza o fato material de as verbas rescisórias serem pagas no prazo legal e não o aspecto formal da homologação de entidade sindical ter ocorrido tardiamente". Assim, como o empregado não invocou a nulidade da homologação pelo sindicato, não é cabível a multa prevista no art. 477, concluiu.[114]

Não obstante, ainda que ausente a homologação do contrato, as verbas que comprovadamente tenham sido pagas ao empregado não necessitarão serem novamente pagas, ainda que a homologação contratual não tenha sido efetuada, valendo citar as decisões que seguem, a fim de comprovar o afirmado.

> Estabelece o § 1º do art. 477 da CLT que a validade do recibo de quitação das verbas rescisórias está condicionada à assistência da entidade de classe ou a interveniência do Ministério do Trabalho, Ministério Público, Defensor Público ou Juiz de Paz, erigindo, desta forma, formalidade inerente ao negócio jurídico, mas não essencial, pois, provado pelo empregador o efetivo pagamento dos haveres rescisórios, cabia ao obreiro trazer a juízo a prova do vício de vontade (coação) para a assinatura dos recibos encartados aos autos, ônus do qual não se desincumbiu.[114]
>
> EMPREGADO COM MAIS DE UM ANO DE SERVIÇO — TERMO DE RESCISÃO NÃO HOMOLOGADO — CONFISSÃO DE RECEBIMENTO DAS PARCELAS NELE DISCRIMINADAS — EFICÁCIA. Eficaz o termo da rescisão contratual de empregado que conte com mais de um ano de serviço, mesmo que não tenha sido devidamente homologado, quando o reclamante confessa expressamente haver recebido as parcelas nele discriminadas, por entender de forma diversa, seria proporcionar-lhe um enriquecimento sem causa. Recurso improvido no particular, por maioria.[116]
>
> ASSISTÊNCIA SINDICAL NA RESCISÃO — INEXISTÊNCIA — IRRELEVÂNCIA — A finalidade da assistência sindical ou da homologação pela DRT do instrumento de rescisão do contrato do empregado com mais de um ano de serviço é dar credibilidade ao pagamento dos valores discriminados. No caso *sub judice* o próprio reclamante confessou na petição inicial ter recebido o valor líquido ali discriminado, procedendo, no pedido, a correspondente dedução, pelo que a falta da formalidade restou suprida, sendo de nenhum efeito para a apreciação dos pedidos formulados.[117]

Os sindicatos no Brasil, de maneira geral, carecem de pessoas habilitadas para fazer as conferências das verbas pagas em rescisão contratual e orientar os seus representados sobre os procedimentos amistosos a serem tomados a fim de solucionar os conflitos.

---

(114) RR686/2002. Disponível em: <http://ext02.tst.gov.br/pls/no01/no_noticias.Exibe_Noticia?p_cod_noticia=4309&p_cod_area_noticia=ASCS> Acesso em: 15 out. 2007.

(115) TRT 23ª Região. TRT-RO-1790/98 — Ac. TP. 0445/99; Origem: 2ª JCJ de Cuiabá-MT; Relator: Juiz Roberto Benatar. *Informa Jurídico*.

(116) TRT 24ª Região. Número do Acórdão: 0000908/97 — RO n. 0001912/96; Origem: 00 JCJ de Aquidauana; Fonte: Publicado no DJ n. 004523, de 12.5.1997, p. 00047.

(117) TRT 2ª Reg. Número do Acórdão: 02950271558; RO n. 02930428796; Data do Julgamento: 3.7.1995; Data do Edital do Acórdão: 20.7.1995; Juiz Relator: Leny Pereira Sant'anna; 7ª Turma. *Informa Jurídico*.

Na prática, os sindicatos, quando detectam o erro cometido no cálculo ou pagamento das verbas rescisórias, remete o empregado representado para um escritório de advocacia, que na maioria das vezes cobrará do empregado os mesmos valores de honorários advocatícios que pagaria caso procurasse outros profissional não ligado ao seu sindicato. Quer se aqui afirmar que não há na prática uma verdadeira prestação ou assistência judiciária por parte do sindicato em relação aos seus representados.

Deveria o ente sindical ter uma assessoria jurídica dentro do próprio sindicato para tomar todas as medidas necessárias sem qualquer dispêndio para o empregado.

6.3. Retorno da aposentadoria por invalidez (art. 475, § 1º, da CLT)

Na forma do art. 475, § 1º, da CLT, quando o empregado estiver recuperando a sua capacidade para o trabalho, a aposentadoria por invalidez poderá ser cancelada, recebendo alta para o retorno.

Por esta razão, pode-se afirmar que, durante o período em que o empregado estiver aposentado por invalidez, recebendo benefício previdenciário, o seu contrato estará suspenso, não cabendo com o ato da aposentadoria por invalidez a rescisão, como, de forma errada, muitas empresas fazem.

Faz-se aqui referência à legislação previdenciária, Lei n. 8.213/1991, em seu art. 47. Entende parte da doutrina que após cinco anos da aposentadoria do empregado, independentemente da cessação ou não do benefício e de o empregado ter ou não se tornado apto para o trabalho, o empregador poderia promover a sua rescisão contratual. Contudo, não é este o entendimento que se extrai da Súmula n. 160 do TST, valendo citá-la:

> APOSENTADORIA POR INVALIDEZ. Cancelada a aposentadoria por invalidez, mesmo após cinco anos, o trabalhador terá direito de retornar ao emprego, facultando, porém, ao empregador, indenizá-lo na forma da lei. Ex-prejulgado n. 37.

Portanto, chega-se à conclusão de que o limite temporal que poderá perdurar a suspensão do contrato de trabalho não é de cinco anos, sendo cinco anos o parâmetro eleito pelo legislador ordinário para deliberar acerca da condição do empregado enquanto beneficiário, ou seja, se continuará a receber o benefício ou não após cinco anos e de que forma. No art. 47 da Lei n. 8.213/1991 existem duas regras que tratam do empregado quando recupera a sua capacidade laboral e quando se recupera após o período de cinco anos.

Tudo indica que fica difícil considerar um lapso temporal, no caso cinco anos, que se ultrapassado, não terá como o empregado retornar ao serviço. Inclusive, sobre esta matéria, cabe citar a Súmula n. 160 do TST, que estabelece o direito do empregado no retorno ao trabalho. Defende-se aqui que, na hipótese de o empregador ter, erroneamente, rescindido o contrato de trabalho quando se operou a aposentadoria do mesmo, o prazo prescricional para reivindicar algum direito seu será contratado a partir do momento que o INSS cancelou sua aposentadoria.

Sendo assim, até este momento não existe na lei um lapso temporal máximo a perdurar a suspensão do contrato de trabalho.

6.4. Demissão por justa causa

A demissão por justa causa se constitui na maior penalidade que pode ser imposta ao empregado. Trata-se da quebra por definitivo da confiança do empregador em relação ao empregado, não permitindo a continuidade do contrato de trabalho.

Para a sua configuração não se impõe que o empregado tenha praticado outras faltas anteriormente. Pode acontecer de uma única falta cometida, pela gravidade (prejuízos ao empregador), sendo o suficiente para justificar uma demissão por justa causa. Ou, uma repetição de faltas menores, que por sua violação dos deveres do mesmo, pode conjuntamente representar uma impossibilidade de continuidade do contrato. Por se tratar de uma penalidade, pode acontecer de o empregador não querer impor tal pena.

É possível afirmar, ainda que inexistente na CLT, uma gradação de penalidades, que pode ser aplicada contra os empregados, valendo citar: advertência, repreensão, suspensão (pena) e demissão por justa causa.

No entanto, repita-se, não precisa o empregador impor as penalidades, a começar pela mais branda para se chegar à penalidade mais pesada.

Toda justa causa é relativa. Nos dizeres de Evaristo de Moraes Filho, não existe, pois, uma justa causa isolada, absoluta, sempre válida para todos os tempos e todos os lugares. Muito ao contrário, toda justa causa é relativa.[118]

Segundo Barassi, a avaliação da justa causa não pode seguir critérios absolutos, devendo ser avaliada a possível falta cometida pelo empregado e levando-se em consideração o ambiente de trabalho, ou seja, onde o trabalho é realizado.[119]

Para Russomano, o meio ambiente, a conduta propriamente do empregado, o interesse superior da comunidade-empresa e, acima de tudo, o interesse comunidade-nação são fatores que devem ser levados em conta para apreciar a falta cometida pelo empregado, passível ou não de caracterizar a sua demissão por justa causa. Qualquer outra avaliação que deixe de considerar esses fatores poderá cometer sério erro.[120]

Caberá ao empregador o ônus da prova do cometimento da falta grave pelo empregado, uma vez que a regra geral em matéria probatória é a seguinte: a prova cabe a quem alega. Não poderia ser diferente. Não há que se falar em presunção.

A doutrina pátria desenvolveu alguns estudos sobre os princípios que norteiam a demissão por justa causa, valendo citar que autores de peso, a exemplo de Sérgio Pinto Martins, tratam não como princípios, mas sim como elementos para a demissão por justa causa. Não importando a terminologia a ser indicada, cabe ressaltar que deve existir um nexo entre a falta cometida pelo empregado e a pena a ser aplicada, condição esta precípua para que se possa falar em demissão por ato faltoso.

---

(118) MORAES FILHO, Evaristo de. *A justa causa na rescisão do contrato de trabalho*. Tese de docência livre. 3. ed. São Paulo: LTr, 1996.

(119) BARASSI, Ludovico. *Tratado de Derecho del Trabajo*. Buenos Aires: Alfa, 1953.

(120) RUSSOMANO, Mozart Victor. *Curso de Direito do Trabalho*. 6. ed. Curitiba: Juruá, 1997.

Contudo, tendo como finalidade estabelecer os seus limites de aplicação a fim de apresentar uma solução para o problema, cabe aqui chamar de princípios norteadores da demissão por justa causa. São eles: a) princípio da imediatidade: caso o empregador queira de forma justificada aplicar a penalidade da demissão por justa causa, deverá fazer desde logo, não se admitindo que o tempo passe e após meses queira punir o empregado por fato que já se consolidou no tempo. Caso a falta seja efetivamente suficiente para demissão por justa causa, que o empregador faça logo. Não existe prazo fixado em lei, cabendo à jurisprudência ou doutrina fixar um prazo. Note-se que nas grandes empresas, pela dificuldade maior de identificar o autor da falta, muitas vezes a empresa instaura sindicâncias para apuração, sendo que o princípio da imediatidade valerá a contar do momento em que o empregador tomar conhecimento da autoria, descontando-se o período de sindicância, que foi o procedimento que levou à identificação do autor. A não punição de imediato poderá redundar em perdão tácito; b) princípio da proporcionalidade, neste caso devendo o empregador medir se a falta cometida, pela gravidade do ato ou do fato, efetivamente o levou a um grande prejuízo ou que, ainda que não tenha resultado em um grande prejuízo, quebrou por vez qualquer possibilidade de continuação do contrato de emprego, em face da desconfiança gerada para o empregador; c) junto ao princípio da proporcionalidade acha-se o da contextualização, já explicado nas páginas anteriores, no qual a falta cometida pelo empregado deve ser analisada dentro do contexto em que ela ocorrer.

Não se admite aplicação de penalidade relacionada à falta cometida pelo empregado que já tenha sido punido, ainda que com uma pena levíssima. Não é aceito dupla penalidade.

Na Carteira de Trabalho (CTPS) do empregado não poderá constar qualquer informação desabonadora da sua conduta, ainda que tenha repercutido em demissão por justa causa (art. 32, § 3º, da CLT). A legislação vigente não indica a forma como deve ser comunicado ao empregado os motivos ensejadores da demissão por justa causa. Defende-se a tese de que estes motivos devem vir declarados no documento de rescisão contratual, incluindo-se a tipificação da falta de acordo com as hipóteses constantes no art. 482 da CLT.

O fato de não ficarem caracterizados em processo judicial os fatos que levaram à demissão por justa causa não significa necessariamente que contra o empregador poderá demandar a obrigação do pagamento de indenização por danos morais.

Demitir não ofende: Demissão por justa causa não justifica dano moral. Demissão por justa causa não justifica indenização por danos morais. O entendimento é do juiz Luiz Roberto Nunes, relator de um Recurso Ordinário na 1ª Câmara do Tribunal Regional do Trabalho da 15ª Região (Campinas, São Paulo). A ação discutia reparação num caso de trabalhador demitido sob a acusação de furto. O fato ocorreu na empresa Saturnia Sistemas de Energia. O trabalhador ajuizou reclamação trabalhista na 1ª Vara do Trabalho de Sorocaba sob a alegação de que não ficou comprovada sua participação no furto de material da empresa. Como se sentiu ofendido com a acusação, pediu indenização por danos morais. A primeira instância afastou a justa causa e concedeu indenização de R$ 20 mil. A empresa recorreu ao Tribunal Regional do Trabalho de Campinas. O juiz Luiz Roberto Nunes esclareceu que, embora a empresa não tenha agido com cautela ao demitir o empregado, a justa causa está prevista em lei e se trata de um poder do empregador. "A ofensa moral não decorre dos atos ordinários do cotidiano, mas sim das condutas excepcionais que, revestidas de má-fé, impliquem sofrimento psicológico", disse o juiz. O trabalhador não tem direito à indenização por dano moral simplesmente por ter sido despedido por justa causa, fundamentou o relator.[121]

No caso da demissão por justa causa, não são devidas as seguintes verbas aos empregados: aviso-prévio, férias proporcionais, 13º salário proporcional, saque do FGTS, assim como não pagamento da multa fundiária (40%). Além disso, não tem o direito ao seguro-desemprego, não havendo qualquer outra indenização adicional.

Veja a seguir quadro comparativo no tocante aos efeitos econômicos da rescisão contratual.[122]

	AVISO--PRÉVIO	FÉRIAS PROPOR-CIONAIS	13º PROPOR-CIONAL	SAQUE DO FGTS	40% MULTA	SEGURO--DESEM-PREGO	INDENI-ZAÇÃO
Pedido de demissão	Sim (devido do empregador para o empregado)	Sim, desde que com mais de um ano	Sim	Não	Não	Não	Não
Dispensa sem justa causa	Sim	Sim	Sim	Sim	Sim	Sim	Sim
Dispensa com justa causa	Não	Não	Não	Não	Não	Não	Não
Morte do empregado	Não	Sim, desde que com mais de um ano	Sim	Sim	Não	Não	Não
Término do contrato por prazo determinado	Não	Sim	Sim	Sim	Não	Não	Não
Extinção da empresa	Sim	Sim	Sim	Sim	Sim	Sim	Sim, exceto em caso de força maior
Força maior ou caso fortuito	Sim	Sim	Sim	Sim	Sim	Sim	Sim

---

(121) Processo n. 01519-2004-003-15-00-4. *Revista Consultor Jurídico*, 21 ago. 2005. Disponível em: <http://conjur.estadao.com.br/static/text/37254,1> Acesso em: 4 jun. 2008.

(122) Foram consideradas as formas de extinção do contrato de trabalho para empregados não portadores de estabilidades provisórias.

	AVISO--PRÉVIO	FÉRIAS PROPOR-CIONAIS	13º PROPOR-CIONAL	SAQUE DO FGTS	40% MULTA	SEGURO--DESEM-PREGO	INDENI-ZAÇÃO
Morte do empregador	Sim	Sim	Sim	Sim	Sim	Sim	Sim
Culpa recíproca	Terá direito à metade (Súmula n. 14 do TST)	Metade	Metade	Sim	Pela metade	Não	Não

Feitas as considerações iniciais sobre o tema demissão por justa causa, cabe agora o estudo das hipóteses constantes no art. 482 da CLT, havendo autores que afirmam que se trata de um elenco taxativo e outros que sustentam ser um elenco meramente exemplificativo. Contrariando a corrente majoritária, filia-se à segunda corrente.

6.4.1. Ato de improbidade

O ato de improbidade pode ser considerado como a prática de um delito que implica em desonestidade, abuso, fraude. Contudo, deve-se deter no que se trata de uma verdadeira violação contratual, não podendo se aproximar da conceituação que se emprega quando da prática de crimes. Tratando-se de atos intencionais do empregado (dolo), uma violação de obrigação de conduta, não precisa ser de uma obrigação específica do contrato de trabalho.

> JUSTA CAUSA — IMPROBIDADE — CARACTERIZAÇÃO — O empregado que retira dinheiro da empresa a seu critério, em desrespeito às normas internas, compromete a confiabilidade necessária à manutenção do vínculo de emprego, o que autoriza seja rompido com fundamento no art. 482, alínea *a*, da CLT.[123]
>
> JUSTA CAUSA — IMPROBIDADE — A respeito da improbidade, ensina o eminente processualista Wagner D. Giglio: Não é demais frisar, ainda, que a prova da improbidade, em juízo, deve ser robusta, clara e convincente, a fim de que não se dê margem a dúvidas, pois a acusação de desonesto, feita a um empregado, traz efeitos que extravasam as simples relações empregatícias, para repercutir, eventualmente, na vida familiar e social do acusado. Por vezes coloca em jogo a própria liberdade do empregado, caso seu comportamento seja examinado no Juízo Criminal. "O empregador deve, por isso, ter todo o cuidado na apuração dos fatos e na sua interpretação, antes de fazer acusação de consequências tão graves" (GIGLIO, Wagner D. *Justa causa*. 5. ed. rev. e atual. São Paulo: LTr). Restou, no presente caso, plenamente caracterizada a improbidade ensejadora da justa causa para a demissão do autor. Com efeito, não podia o reclamante receber depósitos de clientes da reclamada em sua conta particular, como foi feito. A prova testemunhal, ao contrário do que disse o reclamante, em seu recurso, é robusta, clara e convincente, não deixando margem a dúvidas. Aliás, o próprio autor, em seu depoimento pessoal, confirma que foi creditado em sua conta corrente valores da empresa reclamada, não importando, por fim, o valor que tenha sido depositado, se foi a mesma quantia ou até maior que o valor do seu salário ou até mesmo se fosse apenas uma pequena quantia. O que importa é que não havia autorização da empresa para assim proceder o

---

[123] TRT 12ª R. – RO-V. 10852/2000 – 01521/2002 – Florianópolis – 3ª T. – Relª Juíza Ione Ramos – J. 30.1.2002.

reclamante, o que caracterizou, portanto, ato de improbidade. Justa causa bem aplicada pela reclamada. Sentença que se mantém.[124]

JUSTA CAUSA — ATO DE IMPROBIDADE — Ato de improbidade é aquele que afeta a confiança da parte contrária, é atitude de desonestidade (art. 482, *a*, da CLT). Como leciona Sérgio Pinto Martins, in Comentários à CLT, a improbidade prevista no dispositivo citado revela o mau caráter, a perversidade, a maldade, a ausência de honra, a malícia do empregado. É tão grave tal tipificação que, ainda que tenha ocorrido uma única vez, dá ensejo ao imediato desligamento do obreiro por absoluta quebra da confiança que deve existir no contrato laboral. Assim, afetada a confiança da reclamada diante de atos praticados pelo reclamante, correta a decisão que reconheceu a dispensa motivada.[125]

JUSTA CAUSA — ATO DE IMPROBIDADE — Além de não ter sido produzida qualquer prova quanto à falta imputada (ato e improbidade), não seria o caso de se aplicar a pena máxima consistente na justa causa para a dispensa, sem antes ser destinada ao reclamante punição mais branda, como a advertência, a exemplo do que ocorreu com outro empregado, também partícipe no ato ensejador da dispensa, sob pena de ofensa ao princípio da isonomia, norteador do Direito do Trabalho, que tem como corolário a igualdade de todos perante a Lei e está alçado a princípio constitucional (inciso XXX, art. 7º, da Constituição Federal).[126]

6.4.2. Incontinência de conduta ou mau procedimento

Primeiramente, não pode haver confusão entre a incontinência de conduta e o mau procedimento. Na incontinência de conduta, o empregado pratica um ato que viola a correta conduta que deve ser mantida no ambiente de trabalho, de conotação sexual. Atos de pornografia, exibição dos órgãos sexuais, palavras de conotação sexual ofensivas à moral comum, que se traduzem na perturbação do ambiente, trazendo o desrespeito, a degradação das relações de trabalho. Ultimamente, o uso de e-mails, a consulta a sites eletrônicos e outros acabam traduzindo-se em atos de conotação sexual, que podem resultar em atos de incontinência.

Já o mau procedimento diz respeito a condutas incorretas dentro da empresa, transparecendo ser um tipo aberto. Vai desde o jeito de se vestir até a sua postura profissional, extrapolando as regras comuns contidas na sociedade, que devem ser cumpridas. Um exemplo de mau procedimento seria quando o empregado, em horário de serviço, urina no chão no setor onde é supervisor, na presença de colegas. Outro exemplo seria o fato de o empregado, em seu dia de folga, usar veículo da empresa para transportar familiares ou amigos, ou ainda emprestar tal veículo para outra pessoa que não trabalhe na empresa.

EMENTA: RECURSO ORDINÁRIO — ACESSO ÀS PÁGINAS ERÓTICAS NA *INTERNET* — INCONTINÊNCIA DE CONDUTA NÃO CARACTERIZADA — JUSTA CAUSA DEMISSÓRIA AFASTADA — DEFERIMENTO DAS PARCELAS RESCISÓRIAS

---

(124) TRT 17ª R. – RO 2514/2000 – 1612/2002 – Rel. Juiz José Carlos Rizk – DOES 26.2.2002.

(125) TRT 10ª R. – RO 2924/2001 – 2ª T. – Relª Juíza Flávia Simões Falcão – DJU 8.3.2002 – p. 99.

(126) TRT 9ª R. – RO 06993/2001 – 00803/2002 – 1ª T. – Relª Juíza Rosemarie Diedrichs Pimpão – DJPR 25.1.2002.

— PROVIMENTO. 1. De fato, o ambiente de trabalho não é o lugar mais apropriado para se acessar páginas eróticas na *internet*, mas daí a se enquadrar a empregada no espectro do art. 482, alínea *b*, da CLT, é conferir ao conceito de incontinência de conduta interpretação demasiadamente ampliativa. Ao se enfrentar situação como a presente, não se pode deixar de registrar que, nos dias atuais, moralmente repreensível é a verdadeira pornografia que entra nos nossos lares, de modo acintoso, através de programas de televisão veiculados, absolutamente desprovidos de escrúpulos e de nítido caráter apelativo, obrigando a todos, cada vez mais, a aderir à chamada TV a cabo, para que se possa assistir aos programas verdadeiramente educativos e culturais. Sendo assim, eventuais acessos a essas páginas, pelo obreiro, feitos individualmente, não pode se enquadrar na hipótese prevista no referido dispositivo consolidado, de sorte que, afastando-se a justa causa demissória, defere-se à reclamante a postulação concernente aos títulos rescisórios, tendo em vista o desate imotivado do contrato de trabalho. 2. Recurso ordinário obreiro parcialmente provido e adesivo patronal não conhecido.[127]

Vale transcrever, pela clareza do julgamento, parte integrante do acórdão da ementa acima citada.

Data venia, a sentença hostilizada merece reforma nesse particular. A instância inferior entendeu que todos os requisitos para a aferição da ocorrência da justa causa na resilição contratual, *in casu*, estavam presentes, ou seja: a previsibilidade (tipificação legal), gravidade da falta, imediatidade, nexo de causalidade e singularidade na aplicação da pena.

Não entendo dessa forma, pois, da prova que emerge dos autos, o requisito da imediatidade não restou configurado, bem como o da gravidade da falta.

Primeiramente, percebo que as informações prestadas pela preposta da empresa no seu depoimento, bem como das declarações feitas pelas suas testemunhas, não guardam correlação com o que foi disposto na exordial quanto ao momento em que se tornou público o fato de que a empregada estaria acessando, de maneira constante, páginas pornográficas e salas de bate-papo via *internet* no seu local de trabalho.

É que na peça vestibular está exposto que no dia 12.7.2001 a consignada/reconvinte foi flagrada acessando os referidos *sites* no próprio recinto e horário de trabalho, e que, em ato contínuo, abriu uma sindicância, onde foi constado que a empregada acessava essas páginas com frequência, chegando, inclusive, a marcar encontros com supostos parceiros virtuais na sede da empresa, fato que levou à sua despedida por justa causa em decorrência da sua incontinência de conduta.

Ocorre que, como dito, dos depoimentos colhidos nos autos, não foi bem isso que restou delineado.

A representante da empresa, que foi quem demitiu a consignada/reconvinte, disse em juízo que soube do fato imputado à empregada através da Srª Ângela, supervisora do turno diurno, que, por sua vez, foi comunicada do acontecimento pela Srª Ana Célia, supervisora do turno da noite.

---

(127) Processo n. 06731-2002-906-06-00-8. Órgão Julgador: 3ª Turma. Juiz Relator: Pedro Paulo Pereira Nóbrega. Recorrentes: Tânia Regina Leão Cruz e Hospitais Associados de Pernambuco. Recorridos: os mesmos. 9ª Vara do Trabalho do Recife.

Esta última supervisora tomou conhecimento do fato em apreço através da recepcionista de nome Elizabete Gomes de Moura, a qual, ao verificar que no plantão do dia 10.7.2001, a consignada permaneceu no computador por um período muito extenso, resolveu avisar à supervisão que essa empregada passava muito tempo na *internet*, sendo posteriormente explicitado que esses acessos eram a sites pornográficos e que várias pessoas que trabalhavam nesse local sabiam disso.

Foi em decorrência disso que a preposta, no dia 12.7.2001, informou à empregada que ela não mais se enquadrava nos planos da empresa.

Assim, ao contrário do que está exposto na prefacial, não houve flagrante algum por parte da empresa no dia 12.7.2001. Aduza-se o fato de a própria Elizabete, empregada acima referida, em seu depoimento (ela foi arrolada como testemunha da empresa), afirmou que "não sabe informar se no dia 10.7.2001 a consignada estava no setor dela depoente ou em outro setor". Ora, como é que ela poderia ter dito (segundo declaração da preposta) à sua supervisora que nesse dia a consignada tinha passado muito tempo na *internet* se não sabia informar nem em que setor a mesma tinha trabalhado naquele dia? As declarações são contraditórias, infirmando, assim, a tese da empresa.

Da mesma forma, de acordo com o que está evidenciado pelos depoimentos prestados nestes fólios, não enxergo a presença do requisito da imediatidade na rescisão por justa causa em comento, também porque todos foram unânimes em dizer que a consignada/reconvinte, desde que assumiu o cargo de supervisora, acessa os mencionados *sites*, sem que nenhuma providência tivesse sido tomada. Ressalto, por oportuno, que ela passou a exercer essa função em 1º.9.2000, de modo que está clara a efetiva ausência desse requisito.

Com efeito, também percebo que a demissão da autora, nos moldes em que foi efetivada, feriu o princípio da isonomia, posto que, conforme restou provado nos autos, acessos às páginas desse tipo eram praticados por vários outros empregados do setor da consignada, sendo a empresa sabedora desse fato, de forma que não poderia somente a consignada ser punida com pena tão grave.

Aduza-se o fato de que, ao contrário do que quer fazer crer a consignante/reconvinda, a obreira, mesmo na hipótese de haver realmente praticado o ato a ela imputado, nunca prejudicou seu desempenho profissional, tendo em vista que sempre recebeu os incentivos denominados qualidade e assiduidade, conforme holerites acostados aos autos, o que demonstra sua inquestionável competência no exercício de seus ofícios.

É importante mencionar que não há indício algum nestes fólios no sentido de que a obreira tenha propagado, às pessoas que trabalhavam no seu setor, que acessava a esses sites, de modo a prejudicar seu ambiente de trabalho. O certo é que, se esse fato veio à tona, é porque sua privacidade foi invadida.

De outro modo, o juízo primário aludiu que a conduta da consignada foi moralmente repreensível, enquadrando-a na hipótese inserta na alínea *b* do art. 482.

Esse dispositivo celetizado, como dito, refere-se à incontinência de conduta, e, de acordo com o que leciona o ilustre jurista Mauricio Godinho Delgado, na sua obra *Curso de Direito do Trabalho* (São Paulo: LTr, p. 1.169): "Incontinência de conduta (alínea *b*, *ab initio*). Consiste na conduta culposa do empregado que atinja a moral, sob o ponto de vista sexual, prejudicando o ambiente laborativo ou suas obrigações contratuais. A falta está vinculada à conduta sexual imoderada, desregrada, destemperada ou, até mesmo, inadequada, desde que afete o contrato de trabalho ou o ambiente laborativo. Obviamente, que desaparecerá a justa causa 'se não se verificar repercussão no emprego do trabalhador *incontinenti*".

Sérgio Pinto Martins alude que "a incontinência de conduta está ligada ao desregramento do empregado no tocante à vida sexual. São obscenidades praticadas pelo trabalhador, a libertinagem, a pornografia, que configuram a incontinência de conduta" (*Comentários à CLT*. 5. ed. São Paulo: Atlas, p. 485).

De fato, o ambiente de trabalho não é o lugar mais apropriado para se acessar páginas eróticas na *internet*, mas daí a se enquadrar a empregada no espectro do art. 482, *b*, da CLT, é conferir ao conceito de incontinência de conduta interpretação demasiadamente ampliativa. Ao se enfrentar situação como o presente, não se pode deixar de registrar que, nos dias atuais, moralmente repreensível é a verdadeira pornografia que entra nos nossos lares, de modo acintoso, através de programas de televisão veiculados, absolutamente desprovidos de escrúpulos e de nítido caráter apelativo, obrigando a todos, cada vez mais, a aderir à chamada TV a cabo, para que se possa assistir aos programas verdadeiramente educativos e culturais. Sendo assim, eventuais acessos a essas páginas, pelo obreiro, feitos individualmente, não pode se enquadrar na hipótese prevista no referido dispositivo consolidado, de sorte que, afastando-se a justa causa demissória, defere-se à reclamante a postulação concernente aos títulos rescisórios, tendo em vista o desate imotivado do contrato de trabalho.

Com essas digressões, dou provimento ao recurso no particular para afastar a justa causa imputada à consignada/reconvinte, condenando a empresa a pagar à mesma aviso-prévio, inclusive com as incidências da parcela paga "por fora", do adicional de insalubridade e repercussões das horas extras, títulos que já foram reconhecidos como devidos em juízo, FGTS + 40%, indenização substitutiva ao seguro-desemprego, 13º salário proporcional e férias proporcionais acrescidas do terço constitucional.[128]

Sob o conceito conduta inadequada podem repousar várias modalidades de ações ou comportamentos exteriorizados pelos empregados.

CANTADA DÁ DEMISSÃO POR JUSTA CAUSA, DECIDE TRT-SP. Empregado que faz gracejos, com cunho nitidamente sexual, para as colegas de trabalho pode ser demitido por justa causa. O entendimento da Vara do Trabalho de Franco da Rocha, São Paulo, foi confirmado pela 5ª Turma do Tribunal Regional do Trabalho da 2ª Região. O ex-empregado de um restaurante em Franco da Rocha ingressou

---

(128) Disponível em: <http://peticao.trt6.gov.br/2002/RO067312002906060080RTF> Acesso em: 2 maio 2006.

com ação na Vara do Trabalho do município. Ele contestou sua demissão por justa causa. Além disso, reivindicou verbas trabalhistas devidas pela rescisão do contrato de trabalho. Segundo os autos, o restaurante justificou que o ex-empregado, que trabalhava como chapeiro, foi dispensado por ter assediado sexualmente outras funcionárias. Para o juiz do trabalho Mauro Schiavi, da Vara de Franco da Rocha, o comportamento do empregado não se enquadra como assédio sexual, mas como "incontinência de conduta", que se configura como "incompatível com a moral sexual do ambiente de trabalho". "O assédio sexual sob os moldes do Direito Penal, art. 216-A, da CLT não restou configurado, porquanto o reclamante não tinha posição de superioridade hierárquica com as 'assediadas'", explicou o juiz. De acordo com Schiavi, "os delitos contra os costumes são chamados delitos clandestinos, porquanto, na quase totalidade das vezes, são praticados sem a presença de outras pessoas no local. Somente autor e vítima sabem o que realmente aconteceu". O juiz esclareceu que, embora o chapeiro tenha tentado desqualificar o depoimento das testemunhas apresentadas pelo restaurante alegando "inimizade com o reclamante e interesse na causa", seus depoimentos não podem ser descartados, pois, na esfera trabalhista, "a coerência da palavra da vítima tem grande relevância no apurar do delito ou incontinência de conduta". Mantida a justa causa, o juiz não concedeu ao reclamante o aviso-prévio, a multa de 40% sobre o FGTS, as férias proporcionais acrescidas de um terço, o 13º salário proporcional e a liberação de guias para saque do FGTS e indenização pelo seguro-desemprego. Entretanto, a sentença determinou que o restaurante pague ao chapeiro outras verbas rescisórias, tais como férias vencidas e saldo de salário. A 5ª Turma do TRT-SP manteve integralmente, em grau de recurso, a decisão de primeira instância.[129]

Nota-se no acórdão citado que houve uma elevada preocupação com a valoração da prova, no caso, depoimento das próprias vítimas assediadas. São situações específicas que a experiência do julgador fará a diferença.

6.4.3. Negociação habitual quando constituir ato de concorrência ao empregador ou for prejudicial ao serviço

A falta somente se caracterizará quando a atividade desempenhada pelo empregado constituir algo prejudicial ao empregador, conduta desleal. Observa-se que um ato esporádico não constituirá falta grave tipificada nesta alínea. Deve ser ato praticado pelo empregado que constitua ato de concorrência. Na verdade, trata-se da violação do dever de fidelidade que tem o empregado para com o seu empregador. Trabalhar para mais de um empregador por si só não vai constituir ato de concorrência, ainda que se trate de empregadores que explorem a mesma atividade comercial.

A concorrência desleal se caracteriza quando o empregado pratica verdadeiro ato de concorrência, no sentido de retirar do seu empregador clientes. Em geral, os

---

(129) RO 02241.2001.291.02.00-0. *Revista Consultor Jurídico*, 14 fev. 2005. Disponível em: <http://conjur.estadao.com.br/static/text/32898,1> Acesso em: 2 jun. 2007.

empregados que praticam tal ato acabam ocupando postos que obrigam-no a terem contato direto com clientes da empresa. Trata-se da intenção do empregado de desviar fregueses ou clientes, seja trabalhando para outro empregador ou mesmo trabalhando para a empresa prejudicada.

O empregado pode vir a ter vários contratos de trabalho. O que não pode é se valer de uma relação de emprego para causar prejuízos à outra relação de emprego.

Nos termos da lei, não se exige um prejuízo econômico da empresa para que se caracterize ato de concorrência, muito embora possam ser encontradas várias decisões no sentido de que a concorrência, nestes moldes, só pode ser considerada como causa para justa causa quando efetivamente acarretar prejuízo para a empresa.

> JUSTA CAUSA. ATO DE CONCORRÊNCIA AO EMPREGADOR. CARACTERIZAÇÃO. GERENTE QUE INSTALA FÁBRICA PARA PRODUZIR OS MESMOS BENS PRODUZIDOS E COMERCIALIZADOS PELO EMPREGADOR. O empregado que, sem o conhecimento do empregador, passa a explorar o mesmo ramo de atividade deste, pratica ato de concorrência ao empregador, dando ensejo à justa causa para rescisão de seu contrato de trabalho, na forma que possibilita o art. 482, alínea *c*, da CLT, sem que seja necessária a comprovação do efetivo prejuízo, bastando o prejuízo em potencial que decorre da possibilidade de o empregado desviar clientes da empresa em que trabalha para aquela da qual é titular. A fidúcia é imprescindível para o contrato de trabalho e, a partir de quando o empregado passa a ser concorrente do empregador, há perda da confiança do empregador e da lealdade que o empregado deveria ter a ele. Na espécie, a quebra da fidúcia se afigura ainda mais grave, porquanto o reclamante ocupava cargo de confiança na empresa, qual seja o cargo de gerente, conforme revela o Tribunal Regional a fls. 716. O gerente é aquele empregado em quem é depositada uma confiança maior do que a depositada nos demais empregados, é aquele que representa o empregador na prática de certos atos ou na administração de alguns interesses da empresa e muitas vezes o substitui perante terceiros. Dessa forma, não é admissível que um empregado que tem tanta ingerência, que atua na condução da empresa e que na maioria das vezes conhece os seus segredos, os fornecedores e os clientes, explore a mesma atividade econômica de seu empregador. Entendo, assim, estar configurado o ato de concorrência à empresa, que constitui justa causa para dispensa, a teor do art. 482, alínea *c*, da CLT. MULTA PREVISTA NO ART. 538, PARÁGRAFO ÚNICO, DA CLT. A reclamada não indicou ofensa ao art. 538, parágrafo único, do CPC, único fundamento hábil a ensejar a exclusão da referida multa. Recurso de Embargos de que se conhece parcialmente e a que se dá provimento.[130]

Uma questão que tem aparecido com frequência é a contraposição à concorrência do direito do empregado à liberdade de trabalhar.

6.4.4. Condenação criminal do empregado

Trata-se da condenação criminal do empregado, transitada em julgado, em que não tenha havido a suspensão da pena privativa de liberdade. O que justifica a rescisão neste

---

(130) TST — E-RR — 713081/2000.0 — Data de publicação: 28.10.2005. Proc. N. TST-E-RR-713.081/2000.0 fls.1 Proc. N. TST-E-RR-713.081/2000.0 — Acórdão. Disponível em: <http://br.vlex.com/vid/67725328> Acesso em: 12 out. 2008.

caso é a impossibilidade de execução do contrato. Não se trata de descumprimento das obrigações do contrato em si. Deve-se deixar claro que é aquela pena imposta criminalmente que implica em privação da liberdade do empregado.

O relator do caso foi o ministro Renato de Lacerda Paiva, que não conheceu (rejeitou sem exame de mérito) recurso da General Electric/Dako S/A, empresa líder na fabricação e comercialização de fogões, com sede em Campinas (SP). A GE/Dako recorreu ao TST insistindo no seu direito à demissão por justa causa do dirigente sindical por considerar rompida a confiança que necessariamente deve haver entre empregado e empregador. A defesa da multinacional alegou ainda que os fatos foram de extrema gravidade, amplamente divulgados pela mídia, tornando impraticável a continuidade do vínculo de emprego entre as partes. Segundo o ministro relator do recurso, é possível que a prática de atos de mau procedimento possa ocorrer fora do local de serviço, mas é necessário que tenha relação com o vínculo, ou seja, desde que a falta seja cometida pelo empregado como tal e não simplesmente pelo homem que, entre os aspectos de cidadão, pai de família, reservista, está também ligado a uma empresa pelo vínculo de emprego. "Esta é a melhor doutrina. Na hipótese dos autos, verifica-se que o reclamante está respondendo a processo criminal por fato ocorrido fora do local de serviço, e pela sua atuação como dirigente sindical, jamais como empregado, circunstância que, de modo algum, configura a justa causa tipificada como 'mau procedimento'", disse, após citar obra de Wagner Giglio sobre justa causa.

O dirigente sindical foi preso em flagrante no dia 11 de outubro de 1997, por volta das 11h, no quilômetro 453 da Rodovia Raposo Tavares, com outros três homens. O automóvel VW Gol branco, do Sindicato dos Metalúrgicos de Campinas e Região, foi parado pelo comando da Polícia Rodoviária porque trafegava em alta velocidade. Na vistoria, os policiais encontraram armas e munição escondidas entre o forro e a lataria do carro. Os quatro foram presos em flagrante e recolhidos à cadeia pública de Assis (SP), onde foram indiciados por formação de quadrilha e porte ilegal. A prisão do diretor do Sindicato dos Metalúrgicos de Campinas e Região foi amplamente divulgada pela imprensa paulista. A empresa ajuizou então inquérito para apuração de falta grave perante a 6ª Vara do Trabalho de Campinas, requerendo o direito de demitir o dirigente sindical por justa causa. Segundo a empresa, o empregado havia pedido dispensa por dois dias a fim de exercer atividades sindicais fora de Campinas. Segundo a defesa da GE/Dako, além de cometer o ilícito penal com prisão em flagrante por transporte ilegal de armas, o empregado "traiu de forma flagrante a confiança da empresa". Em primeiro grau, o inquérito para apuração de falta grave foi julgado procedente e a dispensa por justa causa autorizada.

Na sentença da 6ª Vara do Trabalho de Campinas foi dito que "restou incontroversa a perpetração de um crime grave, ainda que não na esfera laboral, maculando a fidúcia necessária ao vínculo empregatício". Apesar de não se caracterizar o fato como ato de improbidade e de não restar concluída a condenação criminal, a primeira instância considerou caracterizado o mau procedimento por meio de falta grave que não precisa ser cometida necessariamente dentro das dependências da empresa. Houve recurso ao TRT de Campinas (15ª Região) no qual a defesa do dirigente sindical alegou que o fato ocorreu fora dos domínios da empresa, sem qualquer prejuízo para esta. Ao afastar a caracterização da justa causa para o rompimento do vínculo, o TRT reconheceu a gravidade do fato e considerou que, em virtude de seus atos, o reclamante já está sendo processado na esfera criminal. Segundo o acórdão, mantido pela Segunda Turma do TST, para que se reconheça a justa causa para o despedimento é indispensável que sejam demonstrados os efeitos da conduta na relação de trabalho. "O mau procedimento, ainda que revelado em atos praticados fora do serviço, só se caracteriza como falta trabalhista, quando produz esse efeito no contrato de emprego". No acórdão regional foi dito que, se eventualmente o empregado for condenado e submetido à pena privativa de liberdade, a empresa poderá utilizar-se da faculdade de desfazimento do contrato, com base no art. 482 da CLT (alínea *d*). "Em momento algum o trabalhador confessou ter sido dele a iniciativa do transporte de armas para o MST. Tinha conhecimento do transporte, nada mais. Não há provas nos autos que conduzam a outra conclusão", concluiu o TRT/15ª Região ao julgar improcedente o inquérito para apuração de falta grave e determinar a reintegração do dirigente sindical, assegurando-lhe salários e demais vantagens da categoria desde a suspensão até a efetiva reintegração.[131]

> EMENTA: JUSTA CAUSA. CONDENAÇÃO CRIMINAL DA EMPREGADA. TRÂNSITO EM JULGADO DA DECISÃO NÃO COMPROVADO. PENA. REGIME ABERTO. NÃO CARACTERIZAÇÃO. A justa causa para a despedida de qualquer trabalhador, por constituir pecha que irá acompanhar a sua vida profissional, deve restar cabalmente demonstrada nos autos. *In casu*, ausente a comprovação do trânsito em julgado da decisão que condenou a empregada criminalmente por atos alheios à empresa, e constatado que a mesma obtivera a suspensão da execução passando a cumprir pena em regime aberto, descaracterizada restou a justa causa aplicada, porque inatendidos os requisitos estabelecidos na alínea *d* do art. 482 da CLT. Recurso não provido.[132]

6.4.5. Desídia no desempenho das respectivas funções

Segundo Délio Maranhão, "Uma das obrigações específicas que resultam para o empregado do contrato de trabalho é a de dar, no cumprimento de sua prestação, o rendimento quantitativo e qualitativo que o empregador pode, normalmente, esperar de uma execução de boa-fé".[133] Trata-se de negligência. Trata-se do trabalhador não diligente, o que requer uma conduta culposa. No caso de dolo, estaremos em sede de improbidade. Podem ser citados como exemplos: uma série de faltas ao serviço, atrasos constantes, produção defeituosa ou de baixa qualidade etc.

---

(131) RR 663217/200. Disponível em: <http://ext02.tst.gov.br/pls/no01/no_noticias.Exibe_Noticia?p_cod_noticia=4041&p_cod_area_noticia=ASCS> Acesso em: 10 jul. 2007.

(132) Acórdão — Proc. nu.: 01612.2000.003.13.00-6. Recurso ordinário (TRT 13ª Região). Recorrente: Saelpa — Sociedade Anônima de Eletrificação da Paraíba. Recorrida: Valdeise Cavalcante da Silva.

(133) MARANHÃO, Délio *et al*. *Instituições de Direito do Trabalho*. São Paulo: LTr, 2005. p. 86, v. I.

Para Mauricio Godinho Delgado:

A desídia é a desatenção reiterada, o desinteresse contínuo, o desleixo contumaz com as obrigações contratuais. Para autorizar a resolução culposa do contrato, exige, assim regra geral, a evidenciação de um comportamento repetido e habitual do trabalhador, uma vez que as manifestações da negligência tendem a não ser tão graves, caso isoladamente considerado. Neste quadro, a conduta desidiosa deve merecer exercício pedagógico do poder disciplinar pelo empregador, com gradação de penalidades, em busca da adequada ressocialização do obreiro. Mostrando-se ineficaz essa tentativa de recuperação, a última falta implicará a resolução culposa do contrato de trabalho.[134]

Vale a pena ver decisão do TST sobre o tema:

> O servente foi demitido por justa causa pela empresa depois de faltar oito vezes ao trabalho, sem justificar, sendo que quatro das faltas ocorreram em dias seguidos. As oito faltas aconteceram num período de quatro meses e vinte dias. O servente foi advertido quatro vezes, verbalmente e por escrito, sendo demitido na última falta.

No recurso ao TST, a defesa da Refinações de Milho Brasil afirmou que, embora o TRT de Minas Gerais (3ª Região) tenha reconhecido as faltas injustificadas do empregado ao trabalho, punidas com advertências verbal e por escrito pela empresa, o Tribunal reformou a sentença de primeiro grau, deixando de acolher a justa causa aplicada.

O acórdão do TRT/MG afirmou que a justa causa origina-se não só da prática de uma falta grave, mas também da repetição de faltas leves. Entretanto, neste último caso, seria necessário que houvesse punição das faltas de forma progressiva. A empresa argumentou que nenhum dos artigos da CLT sobre o tema exigem punição progressiva para a caracterização da justa causa. A Segunda Turma do TST, cuja decisão foi agora modificada, havia considerado que a decisão da segunda instância encontrava-se "dentro dos limites da razoabilidade que está afeta ao julgador". Ao modificar a decisão, acolhendo os embargos apresentados pela empresa, a ministra Maria Cristina Peduzzi citou decisões do Tribunal afastando a necessidade de gradação na aplicação das penalidades disciplinares.

Além disso, segundo ela, no acórdão do TRT/MG consta que, em razão das ausências contínuas e injustificadas ao trabalho, o servente foi advertido quatro vezes, sendo demitido na última falta. O empregado foi admitido em 2.10.1995 e demitido em 24.3.1997.

Na reclamação trabalhista que moveu contra a empresa, o servente, assistido pelo Sindicato dos Trabalhadores nas Indústrias de Alimentação de Pouso Alegre, afirmou que não cometeu falta capaz de justificar sua demissão pela empresa; por isso, estava requerendo o pagamento das verbas rescisórias devidas.

Em outra decisão, a Quinta Turma aplicou o mesmo entendimento. O Instituto Estadual de Saúde Pública do Espírito Santo (IESP) foi desobrigado de reintegrar e de pagar salários reivindicados por um técnico de prótese desde a data de sua demissão.

---

(134) DELGADO, Mauricio Godinho. *Curso de Direito do Trabalho*. São Paulo: LTr, 2002. p. 171-172.

Relator do recurso do IESP, o juiz convocado Walmir Oliveira da Costa afirmou que a obrigatoriedade de aplicar penas pedagógicas ou penalidades gradativas antes de rescindir o contrato de empregado que praticou falta grave no trabalho não tem respaldo legal, ficando a critério do empregador extinguir de imediato o contrato de trabalho.

O técnico foi demitido por justa causa em 1º de julho de 1999, depois que processo administrativo disciplinar instaurado pela empresa apurou três meses de faltas intercaladas do funcionário. O IESP sustentou que uma simples verificação às cópias dos cartões de pontos não deixaria dúvidas quanto às faltas injustificadas nos meses de abril, maio e junho do mesmo ano e que, mesmo tendo sido legalmente notificado para esclarecer os motivos das ausências, o reclamante não atendeu a nenhum dos chamados.

Na reclamação trabalhista, o funcionário pediu a anulação do ato administrativo que rescindiu seu contrato além de "imediata reintegração ao serviço e recebimento dos salários desde julho de 1999 ou que fosse reconhecida à dispensa sem justa causa, condenando a empresa aos pagamentos de aviso-prévio, multa de 40% sobre o FGTS, 13º salário e férias proporcionais". Alegou ainda não ter recebido qualquer advertência ou pena de suspensão por parte do empregador, antes de ter o contrato rescindido.

O Tribunal Regional do Trabalho do Espírito Santo (17ª Região) acolheu o recurso do funcionário, afastando a justa causa por entender que houve desrespeito ao princípio da proporcionalidade entre a falta e a punição. A decisão foi, contudo, modificada pelo TST, que considerou que houve violação ao entendimento de que a caracterização da justa causa não impõe a observância à gradação das penas — advertência, suspensão e dispensa, pela ordem.[135]

6.4.6 Embriaguez habitual ou em serviço

A embriaguez poderá se dar dentro ou fora do local de trabalho, sendo que, quando ocorrer fora do local de trabalho, a embriaguez acabará comprometendo o desenvolvimento do trabalho, de tal maneira que acabará fazendo com que o empregador perca a confiança anteriormente depositada no empregado. Desta feita, não se torna necessário que o empregado tenha causado prejuízos fora do local de trabalho. Assim como na desídia, alguns autores, como, por exemplo Giglio, entendem que se trataria de o empregador surpreender o seu empregado ébrio várias vezes.[136]

As decisões dos tribunais pátrios têm demonstrado certa compaixão com o empregado que está sob o vício do álcool. Trata-se da exteriorização do entendimento moderno sobre a embriaguez, que se associa mais a uma doença do que a uma falta do empregado, cabendo a empresa tratá-lo a fim de que se recupere. Quando admitida como causa para a demissão por justa causa, observa-se a exigência de prova técnica para tanto (pericial), o que acaba tornando-se difícil frente à negativa do empregado em deixar colher o material necessário.

---

(135) E-RR 658074/2000 e RR 00169/2000. Disponível em: <http://ext02.tst.gov.br/pls/no01/no_noticias.Exibe_Noticia?p_cod_noticia=691&p_cod_area_noticia=ASCS> Acesso em: 12 out. 2008.

(136) GIGLIO, Wagner D. *Justa causa*. 7. ed. São Paulo: Saraiva, 2000.

Neste sentido, o TST pronunciou-se:

> O alcoolismo crônico não deve dar ensejo à demissão por justa causa. Sendo reconhecido formalmente pela Organização Mundial de Saúde como doença e relacionado no Código Internacional de Doenças (CID) como "síndrome de dependência do álcool", ao alcoolismo não se aplicaria o art. 482 da CLT, que inclui a "embriaguez habitual ou em serviço" entre os motivos para tal. Este foi o entendimento adotado pela Subseção 1 Especializada em Dissídios Individuais (SDI-1) do Tribunal Superior do Trabalho ao dar provimento a embargos em recurso de revista movido por um ex-funcionário do BRB — Banco de Brasília.[137]

Vale citar alguns julgados sobre o tema, a fim de situar esta figura típica:

> JUSTA CAUSA — ALCOOLISMO — O alcoolismo não se tipifica como justa causa, prevista no art. 482, letra f, da CLT, quando a embriaguez não se verifica de maneira habitual no local de trabalho e não causa prejuízo ao desempenho funcional do empregado.[138]

> O alcoolismo é doença e, por isso, não enseja a resolução culposa do contrato. Doença não constitui justa causa. Segundo a Organização Mundial da Saúde que a classificou em três categorias distintas — psicose alcoólica, síndrome de dependência do álcool e abuso alcoólico, sem dependência, atribuindo a cada Código Internacional de Doenças (CID), o alcoolismo é moléstia crônica e incurável, tendendo à desagregação total da personalidade, embora em muitos casos possa ser posta sob controle. Daí porque a prova do fato relatado na defesa seria de todo ociosa.[139]

> DESPEDIDA INJUSTA — ALCOOLISTA — Embora confessadamente alcoólatra, o empregado, durante todo o período trabalhado, apenas uma única vez se apresentou ao serviço após ter ingerido bebida alcóolica. O fato não enseja a despedida por justa causa, mesmo porque uma advertência ou suspensão, além de lhe proporcionar nova oportunidade, serviriam de estímulo a que o reclamante pudesse perseverar em sua luta contra o vício. Afasta-se a justa causa, porquanto demasiadamente severa.[140]

6.4.7. Violação de segredo da empresa

Em um primeiro momento, para que se caracterize a figura típica aqui estabelecida, deve-se estudar o significado de "segredo" neste contexto. Segredo é aquilo que não pode ser tornado público e, no caso, em relação à atividade empresarial, como procedimentos, processos, fórmulas para fabricação de determinados produtos. O empregado deve estar devidamente informado de que aquela informação deve ser guardada em segredo, não podendo ser divulgada. Não existe para este fim a presunção de um segredo.

Algumas vezes, a violação de segredo da empresa tem se misturado com ato de concorrência desleal. No caso, considerando que o empregado efetivamente guarda

---

(137) E-RR-586320/1999. Disponível em: <http://ext02.tst.gov.br/pls/no01/no_noticias.Exibe_Noticia?p_cod_noticia=3988&p_cod_area_noticia=ASCS> Acesso em: 10 ago. 2008.

(138) TRT 9ª Reg., no RO n. 593/1994, ac. da 4ª T. n. 17.107/1994, rel. Juiz Carlos Buck, DJ-PR de 10 out. 1994.

(139) TRT 1ª Reg., no RO n. 13.663/1996, ac. da 1ª T. julgado em 29.9.1998, rel. Juiz Luiz Carlos Teixeira Bonfim (BOMFIM, B. Calheiros; SANTOS, Silvério dos; STAMATO, Cristina Kaway. *Dicionário de Decisões Trabalhistas*. 30. ed. Rio de Janeiro: Edições Trabalhistas, 2000. p. 244, verbete n. 875).

(140) TRT 9ª Reg., no RO n. 7.207/1990, ac. da 3ª T. n. 2.128/1992, rel. Juiz Roberto Coutinho Mendes, DJ-PR de 20.3.1992.

segredo da empresa, não poderá ele desempenhar função idêntica em outra empresa concorrente, o que lhe importaria na violação desse segredo. O mesmo não acontece quando a função desempenhada pelo empregado não implica em guarda de segredo, tratando-se de mera função técnica operacional, que em nada comprometerá a empresa anterior. Vale citar o seguinte julgado sobre o tema:

> Ementa — Justa causa — Violação de segredo da empresa. O empregado pode prestar serviços a vários empregadores, desde que tenha compatibilidade de horário, na mesma função, não se constituindo violação de segredo da empresa a ocupação de emprego em empresa do mesmo ramo, ainda que na mesma atividade empresarial, se o empregado não detém conhecimento do processo de produção ou método de negociação exclusivos da empresa, como ocorreu na hipótese em exame.[141]

Segundo Alice Monteiro de Barros:

> A demissão, nesse caso, é calcada na infringência do dever de fidelidade e poderá configurar-se quando o empregado violar patentes de invenção, métodos de trabalho, segredos de fabricação ou informações comerciais. O comportamento assume maior gravidade quando os beneficiários da infidelidade forem concorrentes do empregador. Incorre na prática desse ato faltoso, por exemplo, o empregado que desenvolvia *software* para uso do empregador e o passava para outra empresa.[142]

Não podem ser misturados segredos pessoais da pessoa física do empregador, desvinculado do contrato de trabalho com segredos vinculados ao contrato de trabalho. Neste caso não se caracterizará o tipo aqui estudado.

Haveria a possibilidade de um empregado doméstico ser demitido por justa causa por violação de segredo? Por exemplo, quando revela fatos particulares da família para a qual trabalha? Parece que, neste caso, seria mau procedimento ou até ato de indisciplina e não violação de segredo da empresa.

6.4.8. Ato de indisciplina ou de insubordinação

Segundo a melhor doutrina, a indisciplina diz respeito ao descumprimento pelo empregado de obrigação específica de obediência às regras disciplinares da empresa. Por insubordinação entende-se o descumprimento pelo empregado de ordem específica a ele dirigida.

Sobre o tema, é válido analisar decisão adotada pelo TST em um caso em que o empregador imputou ao seu empregado ato de insubordinação, demitindo-o por justa causa.

> A alteração imposta pelo empregador no horário e sistema de trabalho em prejuízo do empregado e sem a demonstração da necessidade da mudança é ilegal. A afronta ao art. 468 da CLT levou a Quarta Turma do Tribunal Superior do Trabalho a afastar (negar conhecimento) recurso de revista de uma empresa rural que pretendia ver caracterizada

---

(141) Processo TRT 2ª Região, n. 01677200226102000. Recurso Ordinário da 1ª vt/Diadema. Recorrente: Antonio Euclides Bezerra; Recorrido: Ind. e Com. Jolitex Ltda.

(142) BARROS, Alice Monteiro de. *Curso de Direito do Trabalho*. 5. ed. São Paulo: LTr, 2009. p. 905.

a justa causa de um ex-empregado (safrista), demitido após ter se oposto às mudanças unilaterais adotadas pelo patrão. O relator foi o juiz convocado Vieira de Mello Filho. O objetivo da Usina de Açúcar Santa Terezinha S/A era o de cancelar a decisão regional que, além de não reconhecer a justa causa, também a condenou em danos morais e na multa do art. 477 da CLT (atraso na quitação das verbas rescisórias). O único ponto do recurso de revista deferido à empresa envolveu a isenção do pagamento dos honorários advocatícios. Em abril de 1998 a empresa adotou a jornada diária das 7h às 16h20, com intervalo de uma hora para almoço e café e folga a cada cinco dias. O trabalho em domingos e feriados não seriam pagos em dobro. O sistema anterior compreendia atividades de segunda a sexta-feira, entre 7h e 17h, com intervalos de uma hora para almoço e café e trabalho aos sábados das 7h às 11h. Os empregados que discordaram foram ameaçados de dispensa. A demissão aconteceu dias após, mas na modalidade de justa causa, sob o entendimento de indisciplina do trabalhador (causa prevista no art. 482, *h*, CLT). O safrista negou-se a assinar o termo de rescisão do contrato de trabalho e ingressou com reclamação junto à 1ª Vara do Trabalho de Maringá (PR). A sentença descaracterizou a justa causa por considerar legítima a conduta do trabalhador e impôs condenação por danos morais à empresa pela tentativa, fundada em premissas falsas, de impor ao rurícola a pecha de mau empregado. O posicionamento da primeira instância foi confirmado, em seguida, pelo TRT da 9ª Região (com jurisdição no Paraná), que registrou a proibição de alterações contratuais em prejuízo do trabalhador, conforme art. 468 da Consolidação das Leis do Trabalho. "No caso, a empresa não trouxe aos autos do processo qualquer motivo que tornasse imperativa a mudança no horário e sistema de trabalho, concluindo-se, assim, que tal modificação simplesmente ocorreu por sua mera vontade", acrescentou a decisão regional. Junto ao TST, a empresa rural voltou a insistir na ocorrência da justa causa, pois, segundo ela, o empregado teria se insubordinado contra remanejamento de horário dentro do mesmo turno (diurno), o que não lhe causaria prejuízos. A tese, contudo, foi rebatida por Vieira de Mello Filho. "A premissa de que não houve a demonstração da necessidade da alteração qualitativa referente à jornada de trabalho resulta em descaracterizar possível insubordinação ou indisciplina, uma vez que teria o empregado exercido legalmente o seu direito de resistência", observou o relator da questão no Tribunal Superior do Trabalho. Também foi confirmada a legalidade da condenação por danos morais, uma vez que a aplicação da justa causa mostrou-se "contrária aos fins sociais e comprometedora da dignidade do empregado rural". Quanto ao atraso na quitação das verbas rescisórias, a recusa do trabalhador em recebê-las deveria ter levado a empresa a depositar os valores em juízo.[143]

JUSTA CAUSA INDISCIPLINA OU INSUBORDINAÇÃO — CONFIGURAÇÃO — Caracteriza-se como tal a reação do empregado mediante excessos verbais incompatíveis com a urbanidade que deve preponderar no ambiente de trabalho. O direito de resposta, implícito no *jus resistentiae*, tem limites racionais na licitude do ato, sendo certo que sua proporcionalidade não admite equiparação, em gravidade e intensidade, ao erro cometido pelo agressor, sob pena de se incorrer no exercício arbitrário das próprias razões.[144]

JUSTA CAUSA — INDISCIPLINA — Existindo uma norma empresarial da qual a reclamante tinha plena ciência e que foi por ela infringida, tem-se o caso de indisciplina,

---

(143) RR 586273/1999.0. Disponível em: <http://ext02.tst.gov.br/pls/no01/no_noticias.Exibe_Noticia?p_cod_noticia=4592&p_cod_area_noticia=ASCS> Acesso em: 15 abr. 2007.

(144) TRT 2ª R. – RO 20000438833 – 20020032735 – 8ª T. – Relª Juíza Wilma Nogueira de Araújo Vaz da Silva – DOESP 19.2.2002.

tipificada no art. 482, *h*, da CLT, que pode ser conceituada como a desobediência ao ordenamento regulador da atividade empresarial (Wagner Giglio). No caso dos autos, o ato infrator possui gravidade suficiente para justificar a demissão, não só pela infringência ao regulamento em si, mas porque, para sua realização, envolveu outros empregados da empresa, o que criou situação que gera um clima de desconfiança na relação entre empregado e empregador que vai além da própria pessoa diretamente envolvida e pode prejudicar esse relacionamento no que se refere a outros funcionários.[145]

Portanto, é importante verificar se a ordem que está sendo dirigida ao empregado deve ser cumprida, ou seja, se se constitui em sua obrigação ou se trata-se de atitude que campeia em excesso por parte do empregador. Ou também se o empregador não está querendo que o empregado empregue uma conduta ilegal. Nestes casos, não pode ser atribuído ao empregado o cometimento de falta grave.

6.4.9. Abandono de emprego

O abandono de emprego caracteriza-se pelo não comparecimento do empregado ao serviço, sem motivo justificado e que manifesta a intenção de não mais retornar a ele. Caso as faltas (ausências ao trabalho) sejam por motivo alheio à vontade do empregado, não configurará abandono de emprego.

Usa-se dizer que aquele empregado que não comparece ao trabalho por mais de 30 dias caracteriza abandono de emprego. Pode-se afirmar que se presume abandono de emprego, por conta de que resta o elemento subjetivo, que se trata da real intenção do empregado de não mais trabalhar para aquele empregador.

Outra questão diz respeito à forma de se fazer o chamamento ao empregado que não mais comparece ao trabalho. Usa-se a publicação de editais em jornais locais fazendo a convocação e advertência para que determinado empregado compareça ao trabalho. Recomenda-se que a notificação seja feita ao empregado por meio de AR e não por edital, a fim de não expor o empregado a uma situação vexatória, por conta de que pode ele não estar comparecendo ao trabalho por motivo justo, que fugiu do controle de sua vontade.

> Abandono de emprego. Publicação. A simples publicação de abandono de emprego em jornal de circulação da região não tem o condão, por si só, de caracterizar o referido abandono.[146]
>
> Abandono de emprego — publicações em jornais — ineficácia — caracterização desta falta grave — Ao alegar a ocorrência de falta grave ensejadora da dispensa motivada do trabalhador, a empregadora assumiu o ônus de prová-la (art. 818, da CLT), devendo fazê-lo de modo a não restar dúvida da ocorrência do fato, da culpa do empregado e da relação de causalidade. As publicações efetuadas em jornal local, denunciando o abandono de emprego ou incitando o empregado a retornar ao serviço, não produzem nenhum efeito jurídico por que: a) o patrão possui o endereço do empregado, ou devia possuí-lo, pois é elemento que consta do registro de empregados, sendo mais fácil e

---

(145) TRT 10ª R. – RO 3.048/2001 – 2ª T. – Relª Juíza Flávia Simões Falcão – DJU 25.1.2002 – p. 29/53.

(146) Acórdão unânime da 1ª Turma do TRT da 9ª Região; RO 5.373/89 — Rel. Juiz Silvonei Sérgio Piovesan — DJ PR de 30.11.1990, p. 129.

menos oneroso a chamada via postal; b) não existe imposição legal obrigando quem quer que seja a ler jornais, tanto menos um empregado que, se souber ler, certamente não tem recursos para comprá-los; c) as publicações não possuem os mesmos efeitos jurídicos dos editais, pois o empregador deve possuir o endereço do empregado, inaplicando-se o art. 231, do Código Civil; d) o empregador deveria ter usado a ação de consignação em pagamento, ao verificar o abandono de emprego, esquivando-se de eventuais responsabilidades futuras. Além do mais, o abandono de emprego caracteriza-se pela ocorrência concomitante de dois elementos: um objetivo, configurado pela ausência continuada e injusta por um período de trinta dias consecutivos (Enunciado n. 32, do Colendo TST); outro subjetivo, sendo um ato intencional, traduzido no ânimo de o emprego [sic] não mais retornar ao serviço. Recurso desprovido.[147]

Abandono de emprego. Anúncio publicado em jornal convocando empregado para comparecer ao serviço não produz quaisquer efeitos jurídicos. O empregado não está obrigado a ler jornais, inexistindo qualquer previsão legal para tal procedimento inadequado e até abusivo, podendo caracterizar responsabilidade civil por abalo moral e de crédito.[148]

Justa causa — abandono de emprego — elementos tipificadores — prova — para alicerçar a justa causa é necessária a prova, a cargo do empregador, da ocorrência dos dois elementos tipificadores do abandono emprego: o objetivo, consubstanciado na ausência prolongada e injustificada do obreiro, e o subjetivo, que se revela pelo *animus* de não retornar ao serviço.[149]

Em síntese, para configurar o abandono, deve existir, conjuntamente, a falta injustificada ao trabalho, por período prolongado, aliado ao elemento psicológico, que é a intenção de não continuar no emprego.

6.4.10. Ato lesivo da honra e da boa fama praticado no serviço, contra qualquer pessoa ou contra superior hierárquico, salvo legítima defesa própria ou de outrem (juntamos as alíneas *j* e *k* do art. 482 da CLT)

Honra é a qualidade íntima do indivíduo que habitualmente se conduz com probidade, dignidade e outras virtudes. Busca-se visualizar de modo objetivo, através do estudo das figuras emprestadas do Direito Penal, no tocante aos crimes contra a honra, sendo no caso a injúria, a calúnia e a difamação. A dúvida surge quanto à interpretação do significado de "boa fama".

Outra questão gira em torno do assédio sexual, que pode dar ensejo às mais variadas figuras típicas, como atos de incontinência ou ato lesivo da honra e da boa fama, que em último caso caracteriza uma forma de dano moral.

JUSTA CAUSA — ENQUADRAMENTO — O fato de a empresa ter alegado que a dispensa baseou-se no art. 482, *h*, da CLT, referente a ato de indisciplina e insubordinação,

---

(147) Acórdão unânime do TRT da 24ª Região — RO 1.359/95 — Rel. Juíza Geralda Pedroso — DJ MS de 18.10.1995, p. 51.

(148) Acórdão unânime da 2ª Turma do TF da 12ª Região — RO-V 2.229/89 — Rei. Juiz C. A. Godoy Ilha — DJ SC de 3.8.1990, p. 37.

(149) Acórdão, por maioria de votos, da 8ª Turma do TRT da 2ª Região — RO 02970226922 — Rel. Juíza Wilma Nogueira de Araújo Vaz da Silva — DJ SP de 2.6.1998, p. 160.

não impedia que o Tribunal Regional reconhecesse a justa causa da dispensa baseando-se em dispositivo diverso do art. 482, *k*, da CLT, referente a ato lesivo da honra e boa fama ou ofensa física praticada no serviço contra qualquer pessoa, pois é dado ao julgador proceder ao correto enquadramento dos fatos alegados e comprovados pelas partes. Por outro lado, a gravidade dos atos praticados pelo reclamante, que agrediu verbalmente e tentou agredir fisicamente um superior hierárquico, autorizava a imediata dispensa do obreiro, sendo desnecessária a comprovação da ocorrência de faltas anteriores ou a aplicação de sanções menos severas. Recurso de revista conhecido e provido, no particular.(150)

EMENTA: JUSTA CAUSA. ATO LESIVO DA HONRA OU DA BOA FAMA. CONFIGURADA. A prova da falta grave capaz de autorizar o desate do contrato de emprego sem ônus é do empregador, exegese dos arts. 818, da Consolidação das Leis do Trabalho, e 333, II, do Código de Rito. *In casu*, demonstrado à sociedade, através do depoimento pessoal do autor, a falta por ele cometida, consubstanciada em ofensa à honra e boa fama do empregador. Configurada, portanto, a falta grave disciplinada no art. 482, alínea *k*, da CLT, ensejadora da ruptura do contrato de trabalho por justa causa. Recurso ordinário improvido.(151)

O assédio moral na relação de trabalho é duplamente qualificado, porque se trata de ofensa psicológica que se dá por conta da relação de trabalho. Não necessita o autor do assédio em uma relação de trabalho ser necessariamente o superior hierárquico. Pode ocorrer o assédio também no plano horizontal, ou seja, entre empregados do mesmo nível hierárquico, assim como na chamada escala ascendente, quando o subordinado assedia o subordinante, embora esta última forma seja difícil de acontecer. Este último caso é o que se aplica nesta hipótese.

O tratamento desrespeitoso, o reducionismo pessoal, o isolamento provocado, a imposição de medidas ou ações que acabem por denegrir o ofendido são formas que, de acordo com o ambiente e o contexto em que ocorrem, podem caracterizar o assédio moral no trabalho. Na maioria das vezes o assédio é praticado de forma que se torna difícil fazer a prova. Por esta razão, muitas vezes o julgador deverá se basear em elementos outros que não a prova direta, até porque, principalmente em uma relação de trabalho, a prova torna-se difícil.

Como consequência ao assédio moral tem-se a redução da produção do assediado, situações em que a vítima do assédio cai em depressão, distúrbios do sono, acessos de pânico, fadiga, desespero, entre outros. Todos esses elementos, que na verdade são consequências, servem para evidenciar o assédio.

De forma simples e objetiva, o assédio moral agride os direitos fundamentais do homem e, em se tratando de assédio moral praticado em uma relação de trabalho, o assediado se vê em uma situação de maior vulnerabilidade, por conta de que sabe que qualquer reação que tomar poderá colocar em risco o seu emprego.

O assédio moral, quando ocorre, se afigura como ato ilícito, passível de punição contra o seu autor e, ao mesmo tempo, gera o direito de reparação material e moral

---

(150) TST – RR 550595– 5ª T. – Rel. Min. Rider Nogueira de Brito – DJU 6.6.2003.

(151) Processo TRT 6ª Região, n. 00940-2004-009-06-00-5, órgão julgador: 1ª Turma. Juiz Relator Valdir Carvalho, recorrente: Almir Juvenil de Mendonça, recorrido: Edvaldo José de Souza.

em relação à vítima. Isto significa que, em uma relação de trabalho, caso um chefe de seção, por exemplo, assedie seu subordinado, a empresa responderá indenizatoriamente. Nesse caso, aplica-se a teoria da responsabilidade objetiva, na forma do art. 932, III, do Código Civil.

Da mesma forma, se o assédio for praticado pelo empregado, além de poder lhe render a demissão por justa causa, poderá ainda responder indenizatoriamente pelos prejuízos causados, sem obstaculizar a possível penalidade penal que contra ele pode ser aplicada.

Mais uma razão para que a empresa cuide do seu ambiente de trabalho, tornando-o transparente, de forma a se evitar tais constrangimentos.

6.4.11. Prática constante de jogos de azar

Jogos que dependam da sorte. Apostas ligadas à competição esportiva, feitas dentro da empresa, também podem caracterizar jogos de azar. Trata-se da violação de conduta por parte do empregado. Segundo os estudiosos do assunto, o jogo de azar acaba por desestruturar o indivíduo e pode ser o início ou o induzimento do empregado a novas práticas, podendo tornar-se um comportamento patológico. Resta aqui caracterizar a habitualidade de tal jogo, de forma a caracterizar também uma conduta que por certo trará uma desestruturação no ambiente de trabalho.

Recentemente têm ocorrido decisões judiciais nas quais empregados que organizavam jogo do bicho dentro da empresa foram reconhecidos como praticantes de ato caracterizador de demissão por justa causa, por prática de jogo de azar.

7. Rescisão indireta do contrato de trabalho (término do contrato de trabalho por não cumprimento das obrigações contratuais por parte do empregador)

O empregador deverá cumprir com suas obrigações contratuais, sob pena de o empregado requerer judicialmente a rescisão do seu contrato de trabalho por culpa do empregador. Seria, por assim dizer, a chamada justa causa empresarial.

A rescisão indireta do contrato de trabalho não está relacionada apenas, como foi dito, ao não cumprimento do contrato por parte do empregador, podendo também, em virtude dos excessos cometidos no uso do seu poder diretivo, levar à ruptura contratual.

Como já foi estudado, para que ocorra a ruptura do contrato de trabalho por culpa do empregador (valendo aqui também o dolo), deverá a conduta empresarial ser tipificada em uma das hipóteses contidas no art. 483 da CLT. Como se tratam de previsões bastante flexibilizantes, situação como a do assédio moral, que não tem uma previsão específica na CLT, acaba podendo ser tipificada enquanto serviços contrários aos bons costumes (art. 483, *a*, da CLT).

Também deve aparecer o requisito gravidade da conduta empresarial, devendo o ato do empregador ser analisado dentro de um contexto, não podendo também o empregado deixar passar o tempo para pleitear a rescisão do seu contrato de trabalho na forma indireta. No tocante a este último requisito, o da imediatidade, embora também não possa deixar o empregado perdurar para sempre a sua vontade de requerer a rescisão indireta do seu contrato de trabalho, não poderá ao mesmo tempo ser visto de igual forma como acontece com a demissão por justa causa aplicada pelo empregador.

A justificativa baseia-se em uma questão bastante simples, que é a necessidade do emprego por parte do trabalhador para a sua subsistência e de sua família. Muitas vezes poderá acontecer de o empregado, diante da falta grave cometida pelo patrão, querer rescindir indiretamente o seu contrato de trabalho. Só que, em razão das próprias contingências econômicas que enfrenta, prefere tentar buscar um outro emprego primeiro para depois pleitear judicialmente a rescisão. Sendo assim, a questão do perdão tácito concedido pelo empregado ao empregador deve ser visto com um maior abrandamento, no sentido de que a demora por parte do empregado não pode ter o mesmo significado da demora do empregador em aplicar a sanção disciplinar.

Existem situações em que os Tribunais pátrios não vêm atendendo aos pleitos dos empregados no que tange à rescisão do contrato de trabalho, como, por exemplo, na hipótese de a empresa não realizar os depósitos fundiários tempestivamente durante a vigência do contrato de trabalho. Ocorre que, como o empregado não poderá sacá-lo imediatamente após o depósito, transparece que o empregado não estaria sofrendo prejuízos imediatos em face do não depósito. Situação que não é possível concordar, principalmente em face da própria natureza jurídica do depósito fundiário, que não deixa de ser verba de natureza salarial (salário diferido), sendo que o atraso no recolhimento dos valores fundiários caracterizará o não cumprimento de obrigação legal (*vide* Lei n. 8.036/1991).

Uma outra questão bastante interessante é quanto à não possibilidade de o empregado exercer a chamada dosimetria na aplicação da pena contra o empregador. Ou seja, de um lado, no caso da falta cometida pelo empregado, poderá o empregador dosar a pena a ser aplicada, levando-se em consideração os prejuízos empresariais causados, variando desde uma advertência até uma demissão por justa causa. Por outro lado, a rescisão indireta do contrato de trabalho, não é possível vislumbrar a possibilidade de o empregado aplicar contra o empregador uma penalidade mais branda, como, por exemplo, adverti-lo, visto que não existe do empregado para o seu patrão o exercício do chamado poder disciplinar, embora continue valendo o princípio da proporcionalidade.

Não é qualquer "faltinha" cometida pelo empregador que ensejará a rescisão indireta do contrato de trabalho. Da mesma forma, por causa do desequilíbrio de forças entre empregado e empregador, na maioria das vezes o empregado silencia-se.

7.1. Hipóteses de rescisão indireta do contrato de trabalho e seus efeitos

O art. 483 da CLT, assim como o fez o art. 482 do mesmo diploma legal, arrola as situações típicas que poderão configurar a rescisão indireta do contrato de trabalho.

Na demissão por justa causa aplicada pelo empregador, salvo a hipótese de estabilidade no emprego, o empregador demite o empregado faltoso, cabendo a este pleitear a conversão da sua demissão de justa causa por sem justa causa. No caso da rescisão indireta do contrato de trabalho, é o empregado que deverá ir até a Justiça do Trabalho requerer judicialmente a terminação do seu contrato de trabalho por culpa do empregador.

Quando acolhido o seu pleito, o juiz julgará procedente e, como consequência, condenará o empregador no pagamento de todas as verbas rescisórias, como se fosse demissão sem justa causa. Melhor explicando, os efeitos da rescisão indireta do contrato de trabalho serão os mesmos da demissão sem justa causa, com o recebimento de aviso-prévio, férias com 1/3 e suas formas proporcionais (se houver), liberação do FGTS com sua multa de 40%, oferecimento das guias do seguro-desemprego e demais consectários legais, não deixando de lado até a possibilidade da condenação do empregador em danos morais, além de outros pleitos na esfera penal. Diga-se, somente com a sentença judicial reconhecendo a falta cometida pelo empregador é que se operará a resolução do contrato de trabalho, inclusive com o seu trânsito em julgado.

Outra questão que se coloca é a necessidade ou não do consequente afastamento do empregado do seu emprego para fins de se apurar judicialmente o cometimento de falta pelo empregador, visto ser indiscutível que o ônus da prova do cometimento da falta pelo empregador é do empregado.

A regra geral a ser adotada parece a seguinte: diante da situação insustentável do empregado em manter o seu emprego, ajuíza a reclamatória trabalhista e afasta-se do emprego, por se tornar insustentável continuar no ambiente de trabalho. Vale lembrar o caso do afastamento do empregado em virtude do ajuizamento de ação de rescisão indireta do contrato de trabalho, um dos últimos entendimentos proferidos pelo TST, que, mesmo diante da improcedência do pedido de rescisão indireta, não fez caracterizar o abandono do emprego.

Notícia. A Seção Especializada em Dissídios Individuais (SDI-1) do Tribunal Superior do Trabalho garantiu a uma ex-professora da Aliança Francesa o direito de receber verbas rescisórias pela extinção do contrato de trabalho em decorrência de rescisão unilateral. A professora deixou o emprego depois que a escola de idioma diminuiu a sua carga horária de trabalho com repercussão sobre seu salário. A SDI-1 modificou decisão da Quinta Turma do TST, que havia caracterizado a conduta da professora como abandono de emprego, passível, portanto, de demissão por justa causa. De acordo com o relator do recurso na SDI-1, ministro João Oreste Dalazen, "a improcedência do pedido de reconhecimento de rescisão indireta do contrato de trabalho formulado pela professora, mediante afastamento imediato do serviço, em virtude de suposta redução salarial, não implica, apenas por isso, abandono de emprego". De acordo com o ministro Dalazen, para que o abandono de abono seja caracterizado é necessário que o empregado tenha efetivamente a intenção de renunciar ao emprego, o que não ocorreu no caso em questão. "O abandono de emprego é modalidade de justa causa, cuja caracterização supõe necessariamente a intenção de renunciar ao emprego. Ausente tal *'animus'* em caso de mera improcedência da declaração de rescisão indireta, considera-se que a cessação contratual deveu-se à iniciativa do empregado, mediante demissão", afirmou o ministro relator. Dalazen explicou que a CLT limita-se a outorgar ao empregado a faculdade de não permanecer no emprego após ajuizar ação pleiteando a rescisão indireta de seu contrato de trabalho, não vinculando sua improcedência à configuração de abandono de emprego. "O insucesso do empregado não pode conduzir à imputação de penalidade a ponto de admitir-se que, não caracterizada a rescisão indireta do contrato de trabalho, configure-se automaticamente o abandono de emprego", afirmou. Segundo Dalazen, ao afastar-se de suas atividades para ajuizar reclamação trabalhista buscando o reconhecimento de rescisão indireta do contrato de trabalho, o empregado utiliza-se de prerrogativa assegurada pelo legislador, que não condicionou seu exercício ao êxito da ação trabalhista. Por esse motivo, não cabe ao juiz do Trabalho (intérprete da lei) fazê-lo.[152]

> RESCISÃO INDIRETA DO CONTRATO DE TRABALHO — FALTA DE ANOTAÇÃO NA CTPS E DE RECOLHIMENTO DO FGTS — Não há de se admitir a rescisão indireta do contrato de trabalho, quando a falta cometida pelo empregador é passível de ser sanada através das vias judiciais, sem que, para tanto, o empregado tivesse que dar fim ao vínculo de emprego.[153]

Quanto às hipóteses previstas no art. 483 da CLT, de rescisão indireta do contrato de trabalho, vale citar:

a) Serviços superiores às forças do empregado, defesos por lei, contrários aos bons costumes, ou alheios ao contrato: o descumprimento pelo empregador de suas obrigações contratuais ou legais pode dar ensejo à rescisão indireta; como exemplo, vale citar a alteração lesiva do contrato de trabalho causando prejuízos ao empregado, alterações de funções, horário de trabalho, sempre respeitando o exame do caso concreto, imposição ao empregado de serviços estranhos àqueles para os quais ele foi contratado. Outra questão é a exigência de serviços ilícitos ou proibidos pela ordem jurídica, ou por se tratar de atividade que venha a causar injusta lesão a terceiros. Quanto à exigência de serviços superiores às forças físicas do empregado, deve ser entendido de forma ampla, não importando somente a questão da força física;

b) Tratamento do empregado por superiores hierárquicos com rigor excessivo: deve ser analisado aqui aquele que detém o poder diretivo, decisório, fiscalizatório, ou seja, o exercício regular do poder decisório, que fazem com que coloque em desarmonia os fins do contrato;

---

(152) *Insucesso em rescisão indireta não pressupõe abandono de emprego*. Disponível em: <http://ext02.tst.gov.br/pls/no01/no_noticias.Exibe_Noticia?p_cod_noticia=5540&p_cod_area_noticia=ASCS> Acesso em: 10 nov. 2007.

(153) TRT-RO-2153/98 (Ac. Tp. 768/99). Origem: Jcj De Rondonópolis-MT. Relatora: Juíza Leila Boccoli. Revisor: Juiz Antônio Gabriel. Recorrente: Gildásio da Silva Sabino.

c) O empregado correr o manifesto perigo de mal considerável: não se trata do risco inerente ao próprio ambiente de trabalho, fornecimento de equipamentos de segurança inadequados. Enfim, fazer o empregado correr risco manifesto à sua vida, quer dizer, risco evidente, objetivo, que inclusive pode lhe causar a morte ou lesões graves;

d) O empregador não cumprir as obrigações do contrato: tratam-se de descumprimentos contratuais tanto da norma como do contrato, ou normas resultantes de Acordos ou Convenções Coletivas de Trabalho;

e) Praticar contra o empregado ou membros da sua família atos lesivos da honra e/ou da boa fama: diz respeito ao cometimento pelo empregador de injúrias, difamações ou calúnias contra o empregado ou membros de sua família. Note que a boa fama pode ampliar ainda mais as ofensas que podem ser praticadas pelo empregador contra o empregado, não se circunscrevendo apenas àquilo que possa ser considerado crime;

f) Ofender o empregado fisicamente: de forma diferente da ordem moral acima relatada, aqui as ofensas deverão ser físicas. Note que, na maioria das vezes, quem pratica são os chefes mais próximos do empregado, o qual atua como preposto do empregador;

g) O empregador reduzir o trabalho do empregado, sendo este por peça ou tarefa, de forma a afetar sensivelmente o valor do seu salário. Note que se trata de empregado que trabalhe por peça ou tarefa, sendo que deve ser afetado de modo sensível o salário ou remuneração do empregado.

Está havendo um aumento das ações de rescisão indireta do contrato de trabalho sob os fundamentos de assédio sexual nas relações de trabalho, que estaria compreendido no art. 483, *e*, da CLT e que trata de atos cometidos contra a honra e/ou boa fama do empregado. Tal patrimônio imaterial constitui-se em bens que aprioristicamente não são mensuráveis economicamente, muito embora na maioria dos casos o que se busca é a rescisão contratual indireta do trabalho e indenização por danos morais.

Também, referido ato praticado pelo empregador é passível de ser configurado como ato ilícito. Segundo os ditames do art. 187 do Código Civil, isso significa a extrapolação pelo empregador dos seus limites enquanto dirigente da atividade empresarial, podendo até neste caso afirmar que estaria dando uma outra finalidade à sua atividade empresarial.

Considera-se aqui que as causas que ensejam a rescisão indireta do contrato de trabalho não podem estar presas somente àquilo que é positivamente pautado pela legislação trabalhista, como, por exemplo, atraso no pagamento de salários, concessão de férias, dentre outros. Deve-se pautar também por aquilo que não está plasmado diretamente na legislação trabalhista, valendo citar a proteção aos direitos da personalidade do empregado, a sua satisfação em relação ao ambiente de trabalho, o direito de expressar a sua criatividade, estando todas estas situações contidas na expressão valorização do trabalho humano.

Conclui-se que as hipóteses contidas no art. 483 da CLT devem ser interpretadas de acordo com o vetor valorização do trabalho humano. Esse fato aumenta o leque de situações que poderão configurar hipóteses de rescisão indireta do contrato de trabalho. Isso sem falar que estas hipóteses poderão também dar ensejo para medidas judiciais de cunho coletivo, considerando-se que não se restringe apenas à proteção do direito subjetivo individual do trabalhador, mas sim afetando toda uma coletividade, o que faz destas hipóteses situações previstas como transindividuais.

8. Término do contrato de trabalho por culpa recíproca das partes

São aquelas situações em que ambas as partes, empregado e empregador, cometem faltas e que cada uma delas poderia impor a ruptura do contrato. Porém, como foram praticadas por ambas as partes, supõem as concorrências de culpas, devendo ser dividida a responsabilidade, também distribuindo equanimente as vantagens e desvantagens. Sendo assim, as verbas rescisórias de caráter indenizatório devem ser divididas ao meio, devendo também ser divididos pela metade o aviso-prévio indenizado, 13º proporcional e férias proporcionais com 1/3. Vale citar aqui a Súmula n. 14 do TST, alterada em data de 28 de outubro de 2003, que apresenta a seguinte redação: Reconhecida a culpa recíproca na rescisão do contrato de trabalho (art. 484 da CLT), o empregado tem direito a 50% (cinquenta por cento) do valor do aviso-prévio, do décimo terceiro salário e das férias proporcionais.

9. Estabilidade e estabilidades provisórias no emprego

Em 1943, foi incorporada à CLT a chamada estabilidade no emprego, que era adquirida pelo empregado quando completasse 10 anos de serviço com o mesmo empregador. Tratava-se de um mecanismo que vinha em consonância com o princípio da continuidade da relação de emprego e da proteção do empregado, no sentido de fazer com que houvesse permanência do vínculo de emprego.

Segundo Délio Maranhão:

No período pós-30, denominado de institucionalização do Direito do Trabalho, o sistema estabilitário ampliou-se e sofisticou-se. Pela Lei n. 62, de 5.1.1935, a estabilidade deixou de ligar-se à previdência, passando a constar de diploma legal relativo ao contrato de trabalho, generalizando-se para o mercado laborativo urbano. Viria a constar, logo em seguida, da Constituição de 1937, do corpo da Consolidação das Leis do Trabalho de 1943 e, finalmente, da Carta Constitucional de 1946, que a estendeu também aos trabalhadores rurais (art. 157, XII).[154]

Seguindo na mesma esteira, foi prevista a indenização por tempo de serviço, a contar do primeiro ano trabalhado ou fração igual ou superior a seis meses (art. 477, *caput*, e 478, *caput*, da CLT, de acordo com o Decreto-lei n. 5.452, de 1º.5.1943).

Conforme ficou demonstrado, pelo antigo regime, a vontade do empregador no que dizia respeito ao término do contrato de trabalho do empregado sofria uma forte

---

(154) MARANHÃO *Apud* DELGADO, Mauricio Godinho. *Curso de Direito do Trabalho*. 6. ed. São Paulo: LTr, 2007. p. 1.236.

barreira, com indenizações crescentes, de forma que a cada ano trabalhado ficava mais difícil rescindir o contrato de trabalho do empregado quando este não cometia falta grave.

Primeiro, com a indenização proporcional a cada ano de trabalho, até atingir 10 anos, quando o empregado atingia estabilidade no emprego. Depois, foi reduzido para nove anos, na forma do art. 492 da CLT, conforme jurisprudência dominante naquela época. Partia-se da busca da segurança no emprego por meio de pagamento de indenização compensatória, que correspondia a um mês de remuneração por ano de trabalho ou fração superior a seis meses, que se chamava estabilidade econômica. Em outra situação, que era quando o empregado atingia 10 anos de serviço na mesma empresa (ou nove anos), que era a estabilidade jurídica, cabia a ele requerer judicialmente a sua reintegração ao emprego ou pagamento de indenização dobrada, levando-se em conta o número de anos trabalhados.

Diante das crescentes críticas que o regime da estabilidade no emprego passou a sofrer, produto em parte de uma política neoliberal, que mesmo no governo militar já mostrava os seus lineamentos, foi editada a Lei n. 5.107/1966. Assim, criava-se o chamado Fundo de Garantia por Tempo de Serviço, organizado no seu nascedouro como um sistema alternativo, cabendo ao emprego a livre escolha entre sistema da indenização compensatória ou do FGTS.

No ato de sua admissão, o empregado poderia optar pelo regime da estabilidade ou do FGTS, sendo que este último representava a obrigação do empregador em depositar o valor de 8% da remuneração do empregado em uma conta vinculada, mensalmente. Se o obreiro fizesse a opção pelo FGTS, ficaria excluído da possibilidade de vir a adquirir a estabilidade no emprego após os seus 10 anos de serviço para o mesmo empregador, permanecendo com o direito ao saque do FGTS, no caso da despedida desmotivada (sem justa causa), com uma multa rescisória de 10% sobre o montante devido da arrecadação (com a CF/1988, passou para 40%).

O liberalismo econômico já mostrava sua face, por conta de que pela nova sistemática do FGTS, instaurava-se no Brasil um mercado liberal no tocante ao trabalho humano. Os limites para as dispensas dos empregados foram retirados, reduzindo os entraves para se demitir um empregado sem a necessidade de qualquer fundamento.

Foram dois sistemas que conviveram de 1966 até o dia 5 de outubro de 1988, quando a Constituição Federal promulgada nesta data, de uma vez por todas, acabou com o sistema da estabilidade no emprego, universalizando-se para os empregados da iniciativa privada o regime do FGTS. Sendo assim, da Constituição de 1988 em diante, passou a existir somente o FGTS, incluindo-se também o empregado rural, quando o equiparou ao empregado urbano (art. 7º da CF), respeitando-se as situações já constituídas de estabilidade no período anterior à Constituição.

Com isso, a Constituição Federal trouxe uma nova forma de tentar evitar a rescisão contratual desmotivada, sendo que em seu art. 7º, I, estabeleceu-se o seguinte: relação de emprego protegida contra despedida arbitrária ou sem justa causa, nos termos de lei complementar, que preverá indenização compensatória, dentre outros direitos. A proteção oferecida pela Constituição acabou, na prática, tornando-se uma regra provisória de proteção ao emprego, disposta no art. 10, I, do Ato das Disposições Constitucionais Transitórias, o qual estabeleceu que, enquanto não viesse a anunciada lei complementar, a proteção contra dispensa desmotivada ficava condicionada ao aumento para quatro vezes da percentagem originariamente fixada para o caso de demissão desmotivada pelo empregador (da época da opção), elevando, assim, a multa do FGTS para 40%.

Em outras palavras, ampliou-se a multa para 40% com o fim de impedir que o empregador demitisse o seu empregado desmotivadamente. Quanto à lei complementar que deveria já ter sido erigida, até o momento nem sombra de algo parecido. O que era provisório parece estar ficando em definitivo. Inclusive, no mês de julho de 2006, o sr. ministro do Trabalho anunciou a possibilidade de redução da multa de 40% para 30%, como forma de incentivar a geração de empregos no Brasil. Propostas deste tipo estão marcando o governo Lula como sendo um dos maiores governos liberais da atualidade, embora todo discurso que o próprio presidente tem apresentado aos seus eleitores indique teoricamente a proteção ao trabalho. Na prática isso não vem acontecendo, não podendo ser confundido política pública assecuratória (bolsas) com valorização do trabalho.

Conclui-se que a Constituição Federal manteve a relevância quanto à necessidade de assegurar a continuidade da relação de emprego ao empregado. Todavia, a partir do momento em que deixou nas mãos do legislador infraconstitucional a regulamentação de tal valor, por certo, as distorções estão e serão cometidas a todo o momento.

É bom que se diga que o art. 7º, I, da Constituição Federal, por ser um direito social, goza de aplicação imediata. Em assim sendo, ficou proibido no Brasil a demissão arbitrária ou sem justa causa. Embora tenha sido remetido a lei complementar, a mesma, quando vier, não poderá permitir que aconteça. Não se trata de impor entraves, como, por exemplo, multas contra o empregador. A questão é que a demissão arbitrária, ou seja, aquela em que o empregado é demitido sem qualquer fundamentação, seja no tocante a ele ter cometido alguma falta, seja em relação à própria situação econômica da empresa, não poderá se operar.

O trabalho humano é protegido, seja por força do art. 1º, IV, seja por força do art. 170, todos da Constituição Federal. Proteger o trabalho humano significa também não poder o empregado ser demitido arbitrariamente, desmotivadamente, sem qualquer fundamentação, sem qualquer justificativa.

Ao contrário de tudo o que aqui se tem defendido, percebe-se na prática que o empregado no Brasil está sendo demitido sem justa causa, sem qualquer fundamento, bastando receber o valor da multa pecuniária correspondente a 40% sobre os valores do seu FGTS e as demais verbas rescisórias. Quando não, a empresa deixa de pagar seus direitos rescisórios e "convida-o" a ingressar com reclamatória trabalhista contra si para que, em audiência, seja feito acordo, pagando-se parcialmente os seus direitos. São reclamatórias trabalhistas fraudulentas, baseadas em lides simuladas, que possuem como único objetivo violar direitos do trabalhador.

Embora tenha acabado a estabilidade do emprego no setor privado no Brasil, sobreviveram as chamadas estabilidades provisórias, que a seguir passarão a ser estudadas.

9.1. Estabilidades provisórias (garantias no emprego)

Alguns autores usam o termo estabilidades provisórias e outros autores utilizam garantias de emprego. Será adotado aqui o termo estabilidades provisórias para indicar aquelas estabilidades que ocorrem em razão de certo acontecimento, fato ou condição e que existem por um tempo determinado, considerando que a estabilidade decenária, quando adquirida pelo empregado, acompanhava-o por toda a sua relação de trabalho (foi extinta). São as estabilidades de caráter transitório que asseguram a manutenção no emprego por um determinado período, de forma a proteger, ora individualmente, ora coletivamente, o empregado.

9.1.1. Estabilidade sindical

Talvez seja a mais importante das estabilidades provisórias, contida no art. 8º, VIII, da CF, sendo vedada a dispensa do empregado sindicalizado a partir do registro de sua candidatura a cargo de direção ou representação sindical e, se eleito, ainda que suplente, até um ano após o final do mandato.

Assegura-se ao dirigente sindical o livre exercício das suas funções sindicais, como também a não mudança de localidade de prestação de serviço, quando a transferência lhe dificultar o exercício de suas prerrogativas sindicais (art. 543 da CLT). Neste sentido, vale citar a Súmula n. 369 do TST:

> Dirigente Sindical. Estabilidade provisória. I – É indispensável a comunicação, pela entidade sindical, ao empregador, na forma do § 5º do art. 543 da ClT. (ex-OJ n. 34 — inserida em 29.4.1994); II – O art. 522 da CLT, que limita a sete o número de dirigentes sindicais, foi recepcionado pela Constituição Federal de 1988. (ex-OJ n. 266 — inserida em 27.9.2002); III – O empregado de categoria diferenciada eleito dirigente sindical só goza de estabilidade se exercer na empresa atividade pertinente à categoria profissional do sindical para o qual foi eleito dirigente. (ex-OJ n. 145 — inserida em 27.11.1998); IV – Havendo extinção da atividade empresarial no âmbito da base territorial do sindicato, não há razão para subsistir a estabilidade. (ex-OJ n. 86 — inserida em 28-4-1997); V – O registro da candidatura do empregado a cargo de dirigentes sindical durante o período e aviso-prévio, ainda que indenizado, não lhe assegura a estabilidade, visto que inaplicável a regra do § 3º do art. 543 da Consolidação das Leis do Trabalho. (ex-OJ n. 35 — inserida em 14.3.1994).

Deve haver especial atenção para o item V da Súmula citada, por conta de que é motivo de discordância por parte de muitos autores que escrevem sobre o assunto.

Cabe a citação de algumas importantes decisões sobre a matéria:

> A Primeira Turma do Tribunal Superior do Trabalho não conheceu (rejeitou) recurso de revista de um ex-empregado da CEMAPE Transportes, que pretendia a reintegração ao emprego baseado na estabilidade garantida pela CLT aos dirigentes sindicais. A Turma manteve a decisão do TRT da Bahia (5ª Região), que já havia negado o pedido

de reintegração sob o fundamento de que o recebimento das parcelas rescisórias perante o seu próprio sindicato teria caracterizado a renúncia ao direito de estabilidade. No recurso de revista, o ex-empregado alegava que o fato de ter recebido as verbas rescisórias e sacar os depósitos do FGTS não implicaria renúncia à estabilidade. Mas a relatora do recurso, juíza convocada Maria de Lourdes Sallaberry, examinando a decisão do TRT, verificou que "não houve nenhum vício de consentimento no ato da rescisão contratual, já que houve a participação do Sindicato, e nenhuma ressalva foi feita". Além disso, o empregado não se manifestou, quando do recebimento das verbas rescisórias, sobre sua condição de dirigente sindical, caracterizando, na sua avaliação, a renúncia ao cargo. A relatora observa ainda que o empregado, ciente de sua condição de dirigente sindical, "comparece ao seu sindicato profissional, que lhe presta assistência na rescisão do contrato de trabalho e no recebimento das verbas que a empresa lhe paga, outorgando a devida quitação, sem ressalva, pratica ato incompatível com sua vontade de permanecer no emprego, em inegável desistência involuntária à estabilidade". O ministro Emmanoel Pereira, que havia pedido vista do processo, acompanhou o voto da relatora. Segundo ele, a estabilidade assegurada ao dirigente sindical tem a finalidade exclusiva de evitar represálias ao exercício de suas funções, proibindo o empregador de adotar medidas amparadas, exclusivamente, em motivação política. "Mas, ao comparecer ao sindicato e dar quitação ao empregador, subscrevendo o termo rescisório sem ressalvas, o empregado age como se estivesse a inocentar o empregador, na medida em que exclui da causa da despedida o intuito político, retratando, com seu ato, o desejo de não mais representar a categoria profissional que o elegeu", conclui o ministro Emmanoel Pereira.[155]

O direito à estabilidade provisória de dirigente sindical depende, obrigatoriamente, da comunicação da candidatura ao empregador pelo respectivo sindicato, conforme previsão do art. 543, § 5º, da Consolidação das Leis do Trabalho. A validade do dispositivo da CLT foi confirmada pela Terceira Turma do Tribunal Superior do Trabalho, de acordo com o voto da ministra Maria Cristina Peduzzi, durante a concessão de um recurso de revista proposto ao TST pelos Produtos Roche Químicos e Farmacêuticos S/A.[156]

Estabilidade provisória — Dirigente sindical — Extinção do estabelecimento. Havendo o fechamento do estabelecimento em que o trabalhador detém condição de dirigente sindical, lícita é a resilição de seu contrato de trabalho, sendo inviável a manutenção do vínculo pelo prazo de mandato, porque desapareceram as condições para eficácia do pacto laboral.[157]

Dispensa do empregado dirigente sindical — Estabilidade — Extinção da empresa. A garantia de emprego prevista no artigo quinhentos e quarenta e três, *caput*, da CLT não é uma vantagem pessoal que a lei defere a um empregado, mas sim uma garantia que visa à proteção da atividade sindical, dirigindo-se, pois, a toda a categoria. Visa a coibir a despedida arbitraria do dirigente sindical, com a finalidade de evitar movimento reivindicatório. No caso de perda do emprego por extinção da empresa, não se verifica aquela despedida arbitrária. E nem haveria como reintegrar o empregado, pois inexistentes os serviços. Nesta hipótese, pois, não há fundamento sequer para se condenar a

---

(155) RR 423305/1998. Disponível em: <http://ext02.tst.gov.br/pls/no01/no_noticias.Exibe_Noticia?p_cod_noticia=2252&p_cod_area_noticia=ASCS> Acesso em: 30 nov. 2008.

(156) RR 543048/99. *Dirigente sindical*: estabilidade depende do aviso de sua candidatura. Disponível em:<http://ext02.tst.gov.br/pls/no01/no_noticias.Exibe_Noticia?p_cod_noticia=1787&p_cod_area_noticia=ASCS> Acesso em: 8 out. 2008.

(157) TST — SDI — ERR 161.528/95 — Ac. 1.910/97 — Rel. Min. Cnéa Moreira — DJU 23.5.1997 — p. 22.153.

empresa extinta a pagar os salários do período estabilitário. Recurso de embargos parcialmente conhecido e desprovido.[158]

Por medida de precaução, resta a necessidade de ser comunicada à empresa onde o candidato a dirigente sindical trabalha, para o fito de adquirir o direito à estabilidade no emprego. Parece que não se trata apenas de comunicar a candidatura, mas também, se eleito, o resultado da eleição. Isto porque, embora a estabilidade sindical se inicie com a inscrição do candidato à vaga de dirigente sindical, caso não vença as eleições, cessa de vez, com a proclamação dos resultados das urnas, a sua estabilidade.

Outra questão que também ganha realce neste tópico é sobre a quais dirigentes sindicais se refere. Na forma da Súmula n. 369 do TST, o limite é sete membros. Isto significa que serão estáveis: o presidente e o vice-presidente; tesoureiro e vice-tesoureiro, o secretário e vice-secretário e mais um membro. Aqui está sendo utilizada a forma clássica, embora não estejam os cargos dispostos em lei. Apenas o art. 522 da CLT determina que a diretoria do sindicato seja composta por no máximo sete e no mínimo três membros.

Resta saber se, com a autonomia constitucional contida no art. 7º, I, da CF, que permite criar outros cargos para a diretoria do sindicato, não poderia ampliar ou através de Assembleia Geral Sindical e decidir sobre quais cargos deteriam a estabilidade sindical. Esta matéria parece pouco discutida na doutrina e menos ainda na jurisprudência. O que existe no momento é um limite de sete membros estáveis. Sendo assim, a diretoria pode ter, por exemplo, 20 membros, mas somente sete terão estabilidade.

E quanto aos membros do Conselho Fiscal? Terão estabilidade no emprego? Não terão por conta de que o Conselho Fiscal não compõe a diretoria do sindicato, tendo como finalidade fiscalizar as contas do sindicato, não se tratando de cargos que exercerão a representatividade do sindicato frente ao empregador, conforme Orientação Jurisprudencial n. 365 da SDI-I, do TST.

Outra questão que de vez em quando acaba aparecendo é sobre o delegado sindical. Saber se o mesmo detém ou não estabilidade no emprego. Da mesma forma, o art. 522 da CLT não estabelece ao delegado sindical a estabilidade no emprego, o que significa que o mesmo não a deterá.

> ESTABILIDADE PROVISÓRIA. SUPLENTE DE DELEGADO SINDICAL ELEITO. IMPOSSIBILIDADE LEGAL. A garantia inscrita no art. 543, § 3º, da CLT, é dirigida ao empregado eleito para cargo de direção ou representação sindical, assim considerado aquele cujo exercício ou indicação decorre de eleição prevista em lei, na dicção do § 4º do aludido art. 543. E não há previsão legal para eleição de delegado sindical. Logo, delegado sindical, ainda que eleito, não ostenta cargo de direção ou de representação sindical, razão por que não se beneficia da garantia da estabilidade provisória.[159]

---

(158) TST — SDI — EDRR 81.536/93 — Ac. 0131/96 — Rel. min. Vantuil Abdala — DJU 21.02.97 — p. 3.019.

(159) E-ED-RR — 2413/1997-005-17-00. TST. SBDI-I. Relator Ministro João Batista Brito Pereira. Publicado no DJ em 5.9.2008.

E quanto aos suplentes da diretoria do sindical? Como ficam? Somente terão estabilidade caso assumam os cargos propriamente ditos? Os doutrinadores reconhecem que os suplentes da diretoria do sindicato, por serem eleitos, independentemente de estarem ou não no uso das atribuições sindicais, detêm estabilidade no emprego. Porém, segundo o TST, resta o limite preconizado pelo art. 522 da CLT. Ou seja, saber se foi ou não extrapolado o limite de até sete membros, contando-se os suplentes. Caso tenha sido extrapolado, deixam os suplentes de deter a estabilidade. Resta, frente a este entendimento, saber, por exemplo, quais membros terão estabilidade, no caso da diretoria do sindicato ser formada por 12 membros. Será o Tribunal quem escolherá?

Por enquanto, o entendimento do TST é no sentido de que apenas sete membros eleitos para diretoria do sindicato terão estabilidade. Isto significa que, independentemente de ser membro ou suplente, os membros que seguirem ao 7º membro não terão estabilidade no emprego (aquele que ficar fora, não interessando se titular ou suplente).

Resta frisar que, se os dirigentes sindicais portadores de estabilidade vierem a cometer falta grave, somente através de inquérito judicial para apuração de falta grave (ação própria), e desde que reconhecida judicialmente a falta cometida, é que poderão ser demitidos por justa causa.

Também é importante frisar que, embora seja matéria mais de cunho processual que o empregado estável, na hipótese de ser demitido sem justa causa ou não respeitando a propositura da ação de inquérito judicial para a apuração de falta grave e que venha a reclamar seu direito na Justiça do Trabalho, que elabore pedido no sentido de requerer a sua reintegração ao emprego, e, na impossibilidade, de ser convertido o tempo de serviço que lhe resta em indenização pecuniária. Não é aconselhável que se elabore pedido somente no sentido de receber uma indenização pecuniária. A estabilidade do dirigente sindical tem como finalidade garantir-lhe a representação sindical, ou seja, o exercício do seu cargo e não aferir vantagens individuais.

9.1.2. Dirigente de CIPA (Comissão Interna de Prevenção de Acidentes): Lei n. 6.514, de 22 de dezembro de 1977

O art. 165 da CLT prescreve que os titulares representantes dos empregados na CIPA não poderão sofrer demissão sem justa causa, entendendo-se como tal aquela que nao se fundar em motivo disciplinar, técnico, econômico ou financeiro.

A função de representante dos empregados na CIPA exige que, para seu desempenho, o empregado eleito tenha certa garantia no emprego, sob pena de, na primeira exigência que fizer o apontamento sob condições de trabalho que acabe por apresentar ao seu empregador, venha este último, irritado, a demitir-lhe.

Na forma do art. 10, II, *a*, do ADCT da Constituição Federal, o suplente também terá estabilidade no emprego, inclusive comparando-se com a estabilidade sindical, contida no art. 8º, VIII, da CF. Isso significa que terá estabilidade desde o registro de sua candidatura até um ano após o término do seu mandato. A mesma estabilidade provisória não se aplica ao representante do empregador na CIPA.

> EMENTA: ESTABILIDADE PROVISÓRIA — INTEGRANTE DA CIPA — TÉRMINO DA OBRA. O art. 165 da CLT autoriza a extinção do contrato de trabalho mantido com o empregado eleito para cargo de direção da CIPA, quando houver motivo disciplinar, técnico, econômico ou financeiro, enquadrando-se no permissivo legal a despedida decorrente do término da obra (...).[160]

Uma questão que salta aos olhos, caso compare-se a estabilidade do dirigente sindical com o do membro da CIPA, é sobre o aspecto que no caso do cipeiro, representante dos empregados, torna-se possível a sua demissão, no caso de a empresa fundamentar-se em motivos financeiros ou econômicos e desde que não se trate de ato que esteja voltado para a demissão daquele cipeiro especialmente. Note que, no caso da estabilidade sindical, não existe tal possibilidade, ou seja, motivos financeiros e/ou econômicos não justificam a demissão de um dirigente sindical.

> CIPEIRO — DISPENSA POR RAZÕES ECONÔMICAS OU FINANCEIRAS — Conquanto comprovados os motivos econômicos ou financeiros autorizadores da dispensa de membro da CIPA, na forma do art. 165 da CLT, necessário é que reste demonstrada a dispensa genérica, sendo vista como manifestamente suspeita a despedida exclusiva do cipeiro.[161]

Desta forma, parece que a estabilidade do cipeiro, representante dos empregados, é mais "frágil" que a do dirigente sindical, por conta de existir "válvulas de escape" que justificam a sua demissão. Resta saber se para despedir por justa causa o cipeiro também torna exigível a ação de inquérito judicial para apuração de falta grave. Esta questão é tormentosa e defende-se aqui a sua exigência por se tratar de uma garantia que visa não especificamente à pessoa do cipeiro, mas sim à defesa de toda a categoria por conta das funções de representação coletiva exercida pelo mesmo. Neste caso, compara-se com o dirigente sindical.

No entanto, parece que este não é o posicionamento seguido pelos tribunais em sua maioria, o que significa que o cipeiro com estabilidade no emprego poderá ser demitido por justa causa sem que tenha sido apurada a falta na forma judicial.

> INQUÉRITO JUDICIAL — CIPA — EXTINÇÃO SEM JULGAMENTO DO MÉRITO — O art. 855 da CLT e o art. 10 do ADCT não autoriza interpretação ampliativa de que o despedimento de titular de CIPA, com direito à "garantia de emprego", o que diverge de "estabilidade", deva ser precedido do inquérito judicial para apuração de falta grave. Recurso da reclamada a que se nega provimento.[162]

No tocante ao suplente, parece não haver dúvida sobre a sua estabilidade, muito embora o texto seja claro, permitindo-se somente um suplente, e, ainda assim, sem a necessidade da instauração do inquérito judicial para apuração de falta grave.

---

(160) Processo 00139.741/00-3 (RO) – TRT4. Data de Publicação: 29.7.2002. Juiz Relator: Clovis Fernando Schuch Santos.

(161) TRT 2ª R. – RO 02940185403 – 6ª T. – Reç. Juiz Amador Paes de Almeida – DOESP 7.2.1996.

(162) TRT 9ª R. – RO 1.508/97 – 3ª T. – Ac. 25.626/97 – Rel.ª Juíza Rosalie Michaele Bacila Batista – DJPR 26.9.1997.

EMENTA: ESTABILIDADE PROVISÓRIA. MEMBRO DA CIPA. EXTENSÃO AO SUPLENTE. Segundo entendimento do Excelso Supremo Tribunal Federal, a norma constitucional transitória não fez qualquer distinção entre o titular e o suplente, eleitos como representantes dos empregados para o exercício de cargo de direção de comissão interna de prevenção de acidente. Indeferir a ele essa garantia e permitir a sua dispensa arbitrária ou sem justa causa é dar oportunidade a que o empregador, por via oblíqua, tendo em vista os interesses patronais, esvazie a atuação dos representantes dos empregados através da dispensa daquele que, eventualmente, poderá vir a exercer a titularidade do cargo.[163]

MEMBRO DA CIPA — APURAÇÃO DE FALTA GRAVE — Não se condiciona à apuração de falta grave contra o cipeiro, detentor de mera estabilidade provisória, a instauração, pela empresa, de inquérito judicial, eis que a justa causa, na hipótese, pode ser alegada como matéria de defesa, na reclamatória trabalhista e, quando constatada, autoriza a dispensa do referido estabilitário, sem direito à reintegração ou a qualquer verba rescisória.[164]

ESTABILIDADE — CIPA — JUSTA CAUSA — INQUÉRITO PARA APURAÇÃO DE FALTA GRAVE — DESNECESSIDADE — Adequada exegese do parágrafo único do art. 165 da CLT e da alínea b do inciso II do ADCT é contrária à obrigatoriedade da instauração de inquérito para apuração de falta grave cometida por empregado eleito para integrar CIPA. Dentre as hipóteses de estabilidade provisória que exige tal formalidade, prevista para a demissão dos empregados detentores da estabilidade decenal, não se encontra incluída a estabilidade do cipeiro eleito.[165]

A conclusão que pode ser tirada, tanto do entendimento doutrinário como jurisprudência, é que para o cipeiro existe uma garantia no emprego diminuída, se comparada com a do dirigente sindical, embora não se trate de vantagem pessoal e não possa ser renunciada pelo portador do cargo. Parece que cabe à categoria organizada, através de Convenção Coletiva de Trabalho ou de Acordo Coletivo, dar um tratamento mais apropriado a essa modalidade de estabilidade.

9.1.3. Gestante

A estabilidade da gestante justifica-se para proteção ao nascituro e para a proteção da empregada mãe, para que se recupere do parto. A referida estabilidade provisória no emprego encontra-se contida no art. 10, II, do ADCT, até que seja promulgada lei complementar (na forma do art. 7º, I, da CF), desde a confirmação da gravidez até cinco meses após o parto. Busca-se, com esta proteção, harmonizar diversos sistemas jurídicos, dentre os quais a proteção à própria família e a redução dos índices de mortalidade infantil.

Em regra, a doutrina faz menção a duas teorias que trabalham a estabilidade no emprego da gestante: a teoria da responsabilidade objetiva e a subjetiva. A primeira diz

---

(163) Acórdão n. 054262. Recurso Ordinário n. 1.052/99. Recorrente: Cagepa Companhia de Água e Esgotos da Paraíba. Recorrido: Josimar Chaves de Araújo. stf — re 205701 — SP – Relator: Ministro Maurício Correa, AC. 2ª t., 1º.12.1997.

(164) TRT 3ª R. – 5ª T. – RO 8.519/93, Rel. Juiz Márcio Ribeiro do Valle. (DJMG 14.05.1994). TRT 3ª R. – RO 15.402/01 – 4ª T. – Rel. Juiz Darcio Guimarães de Andrade – DJMG 9.2.2002 – p. 17.

(165) TRT 15ª R. – Proc. 33734/00 – (11675/02) – 5ª T – Rel. Juiz José Antônio Pancotti – DOESP 18.3.2002 – p. 83.

respeito à confirmação da gravidez, sendo este o fato mais importante, não importando se o empregador ficou ou não sabendo. Em outras palavras, a comprovação da gravidez não precisa ser do conhecimento do empregador. Na segunda teoria, exige-se que o empregador saiba, tenha sido informado do estado gravídico, para que a empregada tenha estabilidade no emprego. De acordo com a segunda corrente, seria preciso que a empregada comprovasse, levasse ao conhecimento do empregador o seu estado de gravidez para que usufruísse da estabilidade.

Segundo entendimento do próprio TST, expressado através da Súmula n. 244, I (antiga Orientação Jurisprudencial n. 88 do TST), adotou-se a teoria da responsabilidade objetiva, o que significa que o empregador não precisa ficar sabendo da gravidez da empregada para que ela tenha estabilidade provisória no emprego. Sendo assim, pode ocorrer de o empregador demitir a sua empregada sem justa causa, justamente por conta de que não sabia que ela estava grávida. Em seguida, a empregada promove ação trabalhista, ficando o empregador sabendo da gravidez via notificação judicial, não tendo outra alternativa a não ser devolver o emprego sob pena de poder ser condenado no pagamento de indenização compensatória.

Deve-se assim deixar claro que, pela expressão "confirmação da gravidez", não quer dizer o momento que a própria empregada tomou conhecimento da sua gravidez. Pode nem mesmo a empregada, quando do momento da sua demissão, estar sabendo da sua gravidez, o que somente vem a ser declarado por exame laboratorial feito meses depois. O que importa é ficar provado que antes da sua demissão já estava grávida. Por "confirmação da gravidez" deve ser entendido desde o momento em que se iniciou a gravidez e não do momento em que se teve conhecimento da gravidez.

Outra questão de grande discussão diz respeito ao aviso-prévio. Quando a empregada recebeu o aviso-prévio e durante o seu curso vem a ficar grávida (diga-se ficar grávida, e não saber que estava grávida). Como ficará esta situação?

Antes de tudo, devem-se firmar os efeitos do aviso-prévio. Ou seja, com a sua concessão, o contrato de trabalho teria se transformado de prazo indeterminado em determinado? E por conta disso, se a gravidez ocorreu após a concessão do aviso-prévio, nada vai obstar a demissão desmotivada? Ou se a gravidez deu-se antes do término do aviso-prévio, portanto o contrato não terminou, e consequentemente não há o que se falar em demissão desmotivada caso a empregada tenha ficado grávida no transcurso do aviso-prévio?

Defende-se que o contrato de trabalho somente termina com o término do aviso--prévio, razão pela qual a gravidez no curso do aviso-prévio resulta em estabilidade provisória no emprego, concluindo que a estabilidade da gestante resta garantida, ainda que a gravidez tenha se dado no curso do aviso-prévio, antes que o contrato de trabalho tenha chegado ao seu término. Defende-se a tese de aplicar o mesmo entendimento no caso de aviso prévio-indenizado, por conta de que este se incorpora ao tempo de serviço para todos os efeitos legais, muito embora neste caso (do aviso-prévio indenizado), existam ainda muitas decisões judiciais que se pautam pela Súmula n. 371 do TST, onde o aviso indenizado projetaria seus efeitos somente para a obtenção pelo empregado de vantagens econômicas.

> RECURSO DE REVISTA. ESTABILIDADE PROVISÓRIA GESTANTE GRAVIDEZ NO CURSO DO AVISO-PRÉVIO INDENIZADO. A estabilidade da gestante encontra-se prevista em preceito constitucional (art. 10, II, letra *b*, do ADCT), o qual exige a comprovação da gravidez na data da dispensa imotivada, não assegurando o mesmo direito em face da projeção do aviso-prévio indenizado no contrato de trabalho. Desse modo, no caso de a concepção ter ocorrido durante o período do aviso-prévio indenizado, os efeitos ficam limitados às vantagens econômicas obtidas no período de pré-aviso, ou seja, salários, reflexos e verbas rescisórias. Aplicação da Súmula n. 371 desta Corte. Recurso de revista conhecido e provido. Prejudicada a análise dos temas estabilidade provisória gestante renúncia e honorários advocatícios.[166]

Outra questão a ser estudada envolve o pedido da gestante frente a ter sido demitida do emprego. O entendimento majoritário é no sentido de que a gestante deve pedir o seu retorno ao emprego e não diretamente a indenização compensatória relativa ao período de estabilidade. Isso porque o que visa à estabilidade neste caso é a proteção ao emprego e não servir de subterfúgio para auferir indenização, que deve ser entendida como pedido secundário (a mesma coisa já foi dita para a estabilidade do dirigente sindical, cabendo também para o cipeiro).

Não se defere o pedido de salários referentes ao período estabilitário se o autor, mesmo sendo portador da estabilidade provisória à época da despedida, não pleiteia a sua reintegração no emprego, posto que estabilidade garante o direito ao emprego e não aos salários.[167]

> ESTABILIDADE GESTACIONAL. INDENIZAÇÃO. O texto legal tem como objetivo primeiro preservar a relação laboral da gestante, conservando-a como pessoa produtiva na empresa e resguardando-a de despedidas arbitrárias. Porém, como o bem maior é o emprego, não pode a obreira requerer a indenização sem que antes tenha pretendido a reintegração ao trabalho. *In casu*, restou configurada a pretensão de receber somente os valores relativos à indenização pelos meses referentes à estabilidade provisória decorrente de gravidez, inexistindo qualquer pleito que considerasse o retorno à empresa, visando à continuidade de suas tarefas. De acordo com o art. 496 da Consolidação Trabalhista, quando a reintegração for desaconselhável o Colegiado terá a faculdade de converter a obrigação de reintegrar em obrigação de indenizar. Não havendo nem pleito que possibilite a reintegração, não pode o órgão plural fazê-lo. Recurso a que se nega provimento.[168]

Existem decisões no sentido de que, havendo grande demora da empregada, após término do seu contrato de trabalho, de ajuizar a competente ação de reintegração no emprego, pleiteando apenas a indenização do período de estabilidade, estaria a empregada

---

(166) RR — 24800-54.2004.5.04.0022 PUBLICAÇÃO: DEJT — 28.5.2010, RENATO DE LACERDA PAIVA. Disponível em: <http://brs02.tst.jus.br/cgi-bin/nph-brs?> Acesso em: 10 jun. 2010.

(167) TRT-2ª Região, 1ª T, Proc. 02950368543; Relator Juiz José Mollica; BJ n. 10/97. In: TEIXEIRA FILHO, João de Lima. *Repertório de Jurisprudência Trabalhista*. Rio de Janeiro: Renovar, p. 568, v. 7, verbete, 1992.

(168) TRT-RO-1228/99 — Ac. TP n. 1874/99, Rel. Juiz Antônio Melnec.

agindo com o ânimo de frustrar propositadamente a sua reintegração, o que não pode ser concebido.

Vale citar, por fim, a Súmula n. 244 do TST:

> Gestante. Estabilidade provisória: I – O desconhecimento do estado gravídico pelo empregador não afasta direito ao pagamento da indenização decorrente da estabilidade. (art. 10, II, *b*, do ADCT) II – A garantia de emprego à gestante só autoriza a reintegração se esta se der durante o período de estabilidade. Do contrário, a garantia restringe-se aos salários e demais direitos correspondentes ao período de estabilidade. III – Não há direito da empregada gestante à estabilidade provisória na hipótese de admissão mediante contrato de experiência, visto que a extinção da relação de emprego, em face do término do prazo, não constitui dispensa arbitrária ou sem justa causa. EMENTA: GESTANTE. GARANTIA NO EMPREGO. Empregada gestante, portadora de imunidade contra a despedida sem causa, demitida arbitrariamente, nos termos dos arts. 10, inciso II, do Ato das Disposições Constitucionais Transitórias, 392 e seguintes, da CLT, e 159, do Código Civil, de 1916, e no Enunciado n. 244, do Colendo Tribunal Superior do Trabalho, tem direito à indenização compensatória substitutiva da garantia no emprego, a partir da concepção do nascituro até 150 dias após o parto, e decorre da responsabilidade objetiva do empregador, prescindindo do conhecimento por parte deste do estado gravídico da trabalhadora.[169]

Não deve ser confundida a estabilidade no emprego com a licença-maternidade de 120 dias, na forma do art. 7º, XVIII, da CF, cuja data de seu início vai variar de acordo com o caso concreto, na forma da prescrição médica.

Não deve ser esquecido, neste tocante, a Lei n. 11.770, de 9 de setembro de 2008, que estendeu a licença-maternidade por mais 60 dias, desde que a empresa espontaneamente adira ao programa e a empregada requeira até o final do primeiro mês após o parto.

Esta prorrogação também ficou assegurada à empregada que adota ou que mantém a guarda judicial. No caso de a servidora pública estadual, deverá o ente de direito público interno a que está vinculada, por legislação própria, admitir para as suas servidoras a referida prorrogação. O que não poderia ser diferente e em face do princípio da autonomia administrativa de cada ente federado. A empresa, que não está obrigada a aderir ao programa, pagará diretamente à empregada a remuneração devida por conta da prorrogação e deduzirá do imposto devido. Tudo indica que tal incentivo não atingirá as empresas que adotaram o simples.

Existem defensores da tese de que para a servidora pública estatutária deve ser também aplicada a prorrogação da licença-maternidade, com mais 60 dias, na forma da Lei n. 11.770/2008. Não é possível adotar referido posicionamento, por conta dos fundamentos já apresentados e também observando-se que é uma faculdade da empresa. Sendo assim, como impor ao ente público como obrigação? A não ser que se fundamente na proteção à maternidade, que se sobrepõe a qualquer outro direito, por se tratar de direito à vida o que, diga-se, seria um fundamento consistente.

---

(169) TRT Processo n. 01906-2002-311-06-00-7 (RO 2.341/03). Órgão julgador: 1ª Turma. Juiz relator: Valdir José Silva de Carvalho. Recorrente: Jucilene Maria da Silva Cabral. Recorrido: Marly Maria Silva.

No que se refere às servidoras públicas federais, por meio do Decreto n. 6.690, de 11 de dezembro de 2008, na forma do art. 2º, § 1º, foi feita a extensão, requerendo apenas que a servidora a requeira até o primeiro mês após o parto. Sendo assim, por conta do princípio da isonomia, parece que a partir do referido decreto, todos os entes públicos deverão estar concedendo referida prorrogação, ainda que, conforme dito acima, confronte-se com o princípio da autonomia administrativa que cada ente de direito público interno mantém.

Outra questão a ser estudada é a hipótese do aborto espontâneo que, em ocorrendo, será garantida apenas duas semanas de repouso para a mãe (art. 395 da CLT), cessando a estabilidade a partir do fim deste período.

9.1.4. Empregado acidentado (art. 118 da Lei n. 8.213/1991)

Trata-se de uma modalidade de estabilidade provisória no emprego advinda de lei ordinária, o que não confronta com a Constituição Federal, quando diz em seu art. 7º, I, que lei complementar virá a proteger a relação de emprego contra despedida arbitrária. Até porque o contido no referido dispositivo constitucional visa a proteger a relação de emprego, proibindo que a mesma se encerre arbitrariamente.

Leis ordinárias também poderão proteger o empregado da despedida arbitrária, sendo que o que a Constituição Federal estabelece no seu art. 7º é o mínimo, podendo por outros meios como o acordo coletivo de trabalho, a convenção coletiva de trabalho, o próprio contrato e a lei ordinária também vir a proteger a relação de emprego contra despedida desmotivada.

Segundo Sérgio Pinto Martins:

> A garantia de emprego de 12 meses ao empregado acidentado no trabalho somente ocorre após a cessação do auxílio-doença acidentário, independentemente da percepção de auxílio-acidente, pois antes disso o empregado não poderia ser, à primeira vista, dispensado, porque a partir do décimo sexto dia do afastamento do obreiro o contrato de trabalho estaria suspenso. Assim, não havendo a concessão de auxílio-doença acidentário, o empregado não faz jus à garantia de emprego do art. 118 da Lei n. 8.213/1991. Se o empregado se afasta apenas por até 15 dias da empresa, não há a concessão do auxílio-doença e, não concedido este, não haverá garantia de emprego.[170]

Uma crítica que se faz à estabilidade no emprego em razão de acidente de trabalho é quanto à não exigência de ter o empregado sofrido sequelas ou ter ficado incapacitado para o trabalho ou mesmo ter ou não sofrido redução de sua capacidade laboral. A lei diz apenas que independe da concessão de auxílio-acidente, o que não pode ser confundido com a necessidade da concessão de auxílio-doença acidentário.

---

(170) MARTINS, Sérgio Pinto. *Direito do Trabalho*. 22. ed. São Paulo: Atlas, 2006. p. 408.

ESTABILIDADE PROVISÓRIA — ACIDENTE DE TRABALHO — LEI N. 8.213/1991 — Tratando-se de acidente de trabalho, a garantia de emprego somente é concedida no caso de o afastamento, superior a quinze dias, estar acompanhado da percepção do auxílio-doença acidentário. Orientação Jurisprudencial n. 230 da SDI 1 do C. TST (agora Súmula n. 378 do TST). HORAS EXTRAS — Infirmadas as anotações de presença pela prova testemunhal que confirmou a prestação de trabalho extraordinário de forma habitual, são devidas as horas extras com reflexos. Recurso ordinário da reclamada a que se dá parcial provimento para excluir da condenação os salários e reflexos referentes ao período de estabilidade ora afastada, mantendo-se no mais a sentença.[171]

Não obstante esta exigência, no final do último ano, o TST decidiu, através da sua 5ª Turma, a concessão da estabilidade sem que tivesse ocorrido a percepção pelo emprego do benefício previdenciário, por conta do nexo de causalidade encontrado naquele caso. Vale a pena citar o noticiado.

Ausência do auxílio-doença não impede estabilidade provisória de empregada acidentada. A ausência do benefício auxílio-doença não é motivo para que empregada acometida de doença profissional perca o direito à estabilidade provisória. Esse é o entendimento da Quinta Turma do Tribunal Superior do Trabalho ao julgar recurso de revista da empresa paulista Construdecor S.A., que defendia a legitimidade da dispensa de trabalhadora nessas condições. A empresa alegou no TST que o Tribunal do Trabalho da 2ª Região (SP), além de ter reconhecido indevidamente a estabilidade da empregada, a multou por ter insistido na reforma da decisão por considerar que seus embargos foram protelatórios. No entanto, segundo o relator, ministro Emmanoel Pereira, o TRT ressaltou que havia nexo de causalidade entre a moléstia e as tarefas desempenhadas pela empregada e, ainda, que a doença piorou por causa do trabalho prestado de forma continuada. Para o relator, portanto, não procedia a insatisfação da empresa, porque o ocorrido se equiparava a acidente de trabalho. O ministro também explicou que, embora a empresa tivesse conhecimento da doença profissional da trabalhadora, não emitiu o CAT (comunicação de acidente de trabalho), que lhe possibilitaria receber o auxílio-doença, uma vez que, constatada a enfermidade, "a empregada deveria ter sido afastada para fruir do auxílio-doença, que corresponderia ao auxílio--acidente, porque se trata de moléstia profissional".

Para o relator, a Súmula n. 378, II, do TST, garante "ao trabalhador o direito à estabilidade provisória no emprego, independentemente do afastamento superior a 15 dias. A decisão foi por unanimidade".[172]

Observe-se que, no caso acima relatado, foi levado em consideração o fato de a empresa não ter cumprido com as obrigações que lhe são impostas, que seria informar

---

(171) TRT 15ª R. – Proc. 26410/99 – 10931/02 – SE – Rel. Juiz Carlos Alberto Moreira Xavier – DOESP 18.3.2002 – p. 60.

(172) A-RR-655-2000-071-02-00.2. Disponível em: <http://secure.jurid.com.br/new/jengine.exe/cpag?p=jornaldetalhejornal&ID=74880> Acesso em: 19 jan. 2010.

a Previdência Social sobre o acidente de trabalho ocorrido. Também, mesmo após o despedimento, provou-se que houve o acidente de trabalho, conforme relação de causalidade demonstrada entre as atividades desempenhadas pelo empregado e a doença sofrida.

Discute-se também quanto ao fato de o acidente ocorrer no curso do aviso-prévio. No caso caberia a estabilidade provisória no emprego? Defende-se a tese que sim, considerando que o contrato ainda não se findou.

Notícias do TST. O empregado submetido ao regime de trabalho temporário não tem os mesmos direitos daqueles contratados por período indeterminado. A inexistência de um mesmo tratamento jurídico para as duas situações levou a Primeira Turma do Tribunal Superior do Trabalho a deferir recurso de revista a uma construtora paranaense e vedar a estabilidade provisória decorrente de acidente de trabalho a um empregado sob contrato de experiência.

A permanência provisória no emprego para o acidentado no trabalho está prevista na lei previdenciária. Segundo o art. 118 da Lei n. 8.213 de 1991, "o segurado que sofreu acidente do trabalho tem garantida, pelo prazo mínimo de doze meses, a manutenção do seu contrato de trabalho na empresa, após a cessação do auxílio--doença acidentário, independentemente de percepção de auxílio-acidente".

Essa garantia foi assegurada pela primeira instância e confirmada pelo Tribunal Regional do Trabalho da 9ª Região (com jurisdição no Paraná) a um trabalhador acidentado no curso de contrato de experiência mantido com a Construtora Abapan Ltda. O início da relação contratual se deu em 19 de julho de 1999, mas o prazo de sessenta dias fixado para o contrato de experiência não foi alcançado pois, em 27 de agosto, o operário sofreu o acidente de trabalho.

"Entendemos que mesmo existente um contrato de experiência válido, é possível a coexistência entre contrato de experiência e a garantia de emprego decorrente de acidente de trabalho", registrou o acórdão do TRT paranaense ao manter o direito à estabilidade de 12 meses, contados após 29 de novembro de 1999, "última data provada nos autos de incapacidade funcional para o trabalho".

A decisão regional foi questionada no TST sob o argumento de incompatibilidade entre a estabilidade prevista na Lei n. 8.213/1991 e o contrato de experiência. A empresa também alegou que o empregado deveria ter comprovado a culpa da construtora pelo acidente de trabalho, pois "foram fornecidos os equipamentos de proteção necessários à eliminação do risco". A Primeira Turma do TST, entretanto, julgou inviável a extensão da garantia previdenciária ao acidentado. Conforme o ministro Emmanoel Pereira, relator do recurso, na modalidade de contrato por prazo determinado, o afastamento do acidentado não gera o efeito de mudar o termo final da contratação, que é firmado de acordo com a Lei n. 6.019/1974.

"É incontroverso, nos autos, que o contrato celebrado entre as partes é de natureza temporária, sendo regido, portanto, pela Lei n. 6.019/1974. O contrato por prazo determinado não tem natureza de continuidade, extinguindo-se no término do prazo previsto", esclareceu o relator Emmanoel Pereira, o qual também frisou que "a estabilidade provisória prevista na Lei n. 8.213/1991, em face de sua natureza, não se destina aos contratos que já nascem fadados a termo, entre os quais o contrato de trabalho temporário, que se integra ao universo dos pactos por prazo determinado, nas linhas gerais definidas pelo art. 443, §1º, da CLT".[173]

A questão que hoje se coloca, muito embora muitos ainda se prendam ao requisito percepção do auxílio-doença acidentário como exigência para a alegada estabilidade no emprego, parece ser a relação de causalidade entre as atividades desempenhadas pelo empregado e os danos por ele sofridos, não mais se prendendo à questão do recebimento ou não do benefício previdenciário. Quando a empresa descumpre a sua obrigação (remessa da CAT), no caso de acidente, ainda assim haverá estabilidade provisória no emprego.

9.1.5. Membro do Conselho Curador do FGTS

Na forma do art. 3º, § 9º, da Lei n. 8.036/1991, os representantes do Conselho Curador do FGTS, efetivos e suplentes, têm direito à garantia no emprego, desde a nomeação até um ano após o término do mandato.

9.1.6. Membro do CNPS (Conselho de Previdência Social)

Os representantes dos trabalhadores, que estiverem ativos, titulares ou suplentes do CNPS, terão direito à garantia no emprego, desde a nomeação até um ano após o término do mandato, na forma do art. 3º, § 7º, da Lei n. 8.213/1991.

9.1.7. Empregados eleitos para diretores de sociedade cooperativa

De acordo com a Lei n. 5.764, de 16 de dezembro de 1971, em seu art. 55 estabeleceu-se que os empregados de empresas que sejam eleitos para diretores de cooperativas terão assegurados as mesmas garantias cabíveis aos dirigentes sindicais, remetendo-se ao art. 543 da CLT. Mantém-se a necessidade de o empregado informar ao seu empregador que fez a sua candidatura para diretor de cooperativa e, se eleito, informar sobre sua eleição.

Tudo indica que somente gozarão de estabilidade no emprego aqueles empregados que foram eleitos diretores de sociedades cooperativas criadas pelos empregados e uma empresa e não a outros tipos de cooperativas.

---

(173) *TRABALHADOR temporário não faz jus à estabilidade provisória*. Disponível em: <http://ext02.tst.gov.br/pls/no01/no_noticias.Exibe_Noticia?p_cod_noticia=4929&p_cod_area_notic=ASCS> Acesso em: 12 jun. 2008.

9.1.8. Membros da Comissão de Conciliação Prévia

É proibida a dispensa dos membros de Comissão de Conciliação Prévia, eleitos pelos empregados para ocuparem a Comissão, na forma do art. 625-B, § 1º, da CLT.

A garantia existe tanto para o titular como para o suplente, com uma pequena diferença em relação ao dirigente sindical, que diz respeito ao início desta garantia, que inicia-se com a eleição do membro e não quando da sua candidatura e vai até um ano após o término do seu mandato. O tempo em que o empregado estiver realizando serviços em prol da Comissão será tido como período de interrupção do contrato de trabalho, o que significa que contará para todos os efeitos em favor do empregado, como tempo de serviço. Muito embora possa o empregado continuar trabalhando enquanto desempenha o mandato frente à comissão.

9.1.9. Outras estabilidades decorrentes de acordos coletivos de trabalho e/ou convenções coletivas de trabalho

Os empregados e empregadores, na forma do art. 7º, *caput* da Constituição Federal, poderão estabelecer outras hipóteses de estabilidades provisórias no emprego, as quais poderão fazer parte de convenções coletivas de trabalho, acordos coletivos, contratos individuais ou mesmo nos regimentos internos das empresas.

9.1.10. Empregados vitimados pelo vírus HIV

Ao contrário das outras modalidades de estabilidades provisórias, o caso dos vitimados pelo vírus HIV não dispõe de uma legislação expressa dando-lhes garantia no emprego. Contudo, várias decisões jurisprudenciais já determinaram o direito ao retorno ao emprego dos portadores deste vírus, os quais sofreram discriminação no trabalho e, por essa razão, foram demitidos, ainda que sem justa causa. As decisões dispostas basearam-se em princípios contidos na própria Constituição, em especial no que diz respeito à não discriminação no trabalho, disposto no art. 7º, XXXI, da CF. No entanto, observa-se que a legislação não concede qualquer garantia ao emprego para o doente com Aids e, mesmo assim, várias decisões já têm contemplado a estabilidade em favor dos vitimados.

Alguns autores usam como analogia o contido na Lei n. 9.029/1995, que trata da proibição de exigência de atestados de gravidez e esterilização, o que, segundo alguns posicionamentos, não poderá ser aplicado para fins de reintegração quanto aos vitimados pela Aids.

O doente com Aids tem direito a receber do INSS (Instituto Nacional de Seguridade Social) o auxílio-doença e até mesmo obter sua aposentadoria, o que somente ocorrerá com a manifestação da doença, gerando, por assim dizer, a impossibilidade do trabalho. Da mesma forma, segundo o princípio da dignidade da pessoa humana, terá direito à reintegração no emprego.

TST GARANTE REINTEGRAÇÃO DE EMPREGADO SOROPOSITIVO. A Primeira Turma do Tribunal Superior do Trabalho confirmou, por unanimidade, o direito à reintegração no emprego a um portador do vírus HIV, ao negar um recurso da AFL do Brasil Ltda., empresa do setor de autopeças, com sede em Itajubá (MG). A tese do TST para confirmar o direito do trabalhador é a de que se presume discriminatória a dispensa do empregado portador de AIDS e garante-se sua reintegração quando a empresa tem conhecimento sobre a doença.

"A dispensa arbitrária e discriminatória do empregado portador de AIDS gera o direito à reintegração em face dos princípios constitucionais que proíbem práticas discriminatórias e asseguram a dignidade da pessoa humana", considerou a juíza convocada Perpétua Wanderley, relatora do recurso no TST. A demissão sem justa causa do trabalhador foi inicialmente cancelada pela primeira instância (Vara do Trabalho) e confirmada, posteriormente, pelo Tribunal Regional do Trabalho de Minas Gerais (3ª Região). Ambas as instâncias enfatizaram o retorno do trabalhador aos quadros da empresa como medida necessária devido ao seu alcance social e humanitário, argumento usado para afastar as tentativas da empresa de desligamento do trabalhador. "Ainda que a medicação utilizada minimize os riscos, as condições socioeconômicas do trabalhador não lhe garantem uma alimentação adequada, exercícios, acompanhamento médico etc.", observou o TRT mineiro. "O só fato de trabalhar para uma empresa o mantém útil não só para si como também para a sociedade", acrescentou o órgão de segunda instância. "Este é um grande medicamento", concluiu o TRT, após verificar que, por possuir mais de 600 empregados, a empresa deveria ter em seus quadros 4% de trabalhadores reabilitados, percentual previsto em lei e que corresponderia a aproximadamente 24 profissionais, no caso da AFL do Brasil. Segundo a Justiça do Trabalho mineira, o empregado da AFL poderia ser enquadrado nessa hipótese. No TST, a defesa da empresa argumentou que o fato de ter ciência da enfermidade do empregado não foi o fator determinante para sua dispensa. Juridicamente, sustentou a inexistência de lei específica que determine a reintegração do portador do vírus HIV e considerou inválida a presunção de dispensa discriminatória adotada pelas instâncias trabalhistas mineiras. A relatora do recurso observou que a legislação processual (art. 335 do Código de Processo Civil) faz referência expressa à presunção como um meio à disposição dos julgadores para partir de um fato conhecido — no caso, ciência da doença do empregado — e concluir pela existência de outro fato, ou seja, a dispensa discriminatória.

Perpétua Wanderley também observou que a jurisprudência do TST tem caminhado no sentido de que "empregado portador da AIDS, em razão das garantias constitucionais que proíbem práticas discriminatórias e asseguram a dignidade da pessoa humana, tem direito à reintegração, mesmo não havendo legislação que garanta a estabilidade ou a garantia no emprego, quando caracterizada a dispensa arbitrária e discriminatória". Ao confirmar esse entendimento, a relatora citou decisões tomadas no mesmo sentido em processos relatados pelos ministros Vantuil Abdala (presidente do TST), João Oreste Dalazen e Lélio Bentes Corrêa.[174]

Embora deva haver a submissão ao princípio da legalidade, os princípios constitucionais autorizam a tomada de decisões quando, no caso concreto, fique demonstrada a violação de garantias constitucionais, com práticas que são contrárias aos vetores constitucionais, como aconteceu neste caso. Não se trata do abandono do princípio da legalidade, mas sim da valorização da essência que dá suporte à proteção da vida.

10. Fundo de Garantia do Tempo de Serviço

Conforme já foi explicado em tópicos anteriores, antes da edição do FGTS (Fundo de Garantia do Tempo de Serviço), vigia no Brasil o regime da estabilidade no emprego, adquirida pelo empregado que completasse 10 anos de serviço no mesmo estabelecimento.

Caso fosse demitido antes de ter completado 10 anos de serviço, adquiria o direito em receber um valor correspondente a um salário por ano de trabalho. Caso fosse demitido após adquirir estabilidade no emprego, o empregado teria direito à reintegração no emprego ou ao pagamento de indenização compensatória no importe de dois salários por ano de trabalho.

Com a criação do FGTS, através da Lei n. 5.107, de 13 de setembro de 1966, aqueles que optavam pelo FGTS deixavam de ter a estabilidade no emprego, salvo as chamadas estabilidades provisórias. Com o passar do tempo advieram as Leis n. 8.036, de 11 de maio de 1990, o Decreto regulamentador n. 99.684, de 8 de novembro de 1990, seguido da Lei n. 8.678, de 13 de julho de 1993, que instituiu a taxa adicional de 3% ao ano.

O FGTS é formado por depósitos mensais, de 8% (de 8,5%, a partir de 2001), da remuneração mensal. Na forma do art. 10 do ADCT, a demissão desmotivada do empregado impõe o pagamento pelo empregador da multa de 40% do valor devido na conta do empregado.

Os trabalhadores com carteira de trabalho assinada devem possuir uma conta individual na qual são creditados os depósitos feitos pela empresa, com correção (TR — Taxa Referencial) e juros (3% ao ano) sobre o montante depositado. O total de depósitos na conta vinculada do trabalhador equivale aproximadamente a 106,64% da remuneração mensal, ou cerca de um salário por ano.

Excepcionalmente para os contratos de trabalho por prazo determinado (Lei n. 9.601/1998), o depósito do Fundo de Garantia pode ser reduzido de 8% para 2% da remuneração mensal (não se trata de qualquer contrato de trabalho por prazo determinado,

---

(174) RR 381/2004-061-03-40.7. Disponível em: <http://ext02.tst.gov.br/pls/no01/no_noticias.Exibe_Noticia?p_cod_noticia=5553&p_cod_area_noticia=ASCS> Acesso em: 10 jun. 2009.

mas sim do contrato por prazo determinado regido pela referida lei). A Caixa Econômica Federal (CEF) é a gestora do FGTS. Administra todas as contas dos trabalhadores vinculadas ao Fundo.

As normas e diretrizes do FGTS são estabelecidas pelo Conselho Curador, órgão tripartite, composto por representantes de três centrais sindicais (CUT, CGT e Força Sindical), três representantes dos empregadores (Confederação Nacional da Indústria — CNI, Confederação Nacional do Comércio — CNC e Confederação Nacional das Instituições Financeiras — CNF) e seis representantes do governo (ministérios do Planejamento, Trabalho e Emprego, Fazenda, Desenvolvimento, CEF e Banco Central), presidido pelo Ministério do Trabalho e Emprego.

Entre outras atribuições, o Conselho Curador estabelece as normas para a movimentação dos recursos do FGTS. Os saques do FGTS poderão ser feitos principalmente nas seguintes situações:

• Demissão sem justa causa;

• Rescisão antecipada de contrato de trabalho por tempo determinado;

• Extinção da empresa;

• Aposentadoria concedida pela Previdência Social;

• Falecimento do trabalhador;

• Pagamento de parte das prestações, liquidação ou amortização extraordinária do saldo devedor, decorrentes de financiamento habitacional, no âmbito do Sistema Financeiro da Habitação;

• Pagamento total ou parcial do preço de aquisição de moradia própria;

• Falta de movimentação (depósito) da conta vinculada por três anos ininterruptos (contas inativas);

• Suspensão total do trabalho avulso por período igual ou superior a 90 dias;

• Tratamento de AIDS;

• Aplicações em cotas de Fundos Mútuos de Privatizações.

A rentabilidade garantida nas contas do FGTS é de 3% de juros ao ano mais correção pela Taxa Referencial (TR), o mesmo critério utilizado para a remuneração das cadernetas de poupança, com a diferença de que, neste último caso, os juros são de 6% ao ano. A rentabilidade do FGTS é uma das mais baixas. Em 2009 foi de 3,9%. Existem propostas que estão sendo apresentadas para aumentar a rentabilidade do FGTS, considerando que são extremamente irrisórios os valores recebidos a este título, o que o torna um patrimônio do trabalhador extremamente desvalorizado.

Quanto à prescrição para reclamação do FGTS, cumpre salientar que o art. 23, § 5º, da Lei n. 8.036/1991 estabeleceu o prazo de prescrição para 30 anos. Estabelece a Súmula n. 362 do TST: É trintenária a prescrição do direito de reclamar contra o não recolhimento da contribuição para o FGTS, observado o prazo de 2 (dois) anos após o término do contrato de trabalho. Referida Súmula deve ser analisada junto à Súmula n. 206 do TST: a prescrição da pretensão relativa às parcelas remuneratórias alcança o respectivo recolhimento da contribuição para o FGTS.

Como analisar o presente cipoal? Entende-se que, caso não tenha havido os recolhimentos das parcelas relativas ao FGTS, sendo que em relação ao principal houve o pagamento, como, por exemplo, na hipótese de o empregado receber nos últimos 10 anos de trabalho todos os valores devidos a título de horas extras, deixando o empregador de recolher o montante do FGTS sobre estas parcelas pagas, o empregado poderá reclamar perante a Justiça do Trabalho o recolhimento dos valores não depositados a título de FGTS, uma vez que o principal foi pago, cabendo a propositura da ação no prazo de até dois anos, podendo reclamar os últimos 30 anos.

Caso a verba principal, no exemplo as horas extras, não tenham sido pagas (o principal não foi pago), não caberia ao empregado reclamar os últimos cinco anos, e, em decorrência, os seus reflexos sobre o FGTS. Prescritos o período anterior a cinco anos e dentro do prazo de dois anos na hipótese de rescisão contratual, não há que se falar em cobrança de período anterior, quando o principal, em que recai a sua incidência, já está prescrito.

11. Aviso-prévio

O aviso-prévio possui dupla natureza. De um lado, quando conferido do empregador para o empregado, o objetivo é avisá-lo, a fim de que possa já ir buscando novo emprego no curso do aviso. Quando conferido do empregado para o empregador, tem como objetivo avisá-lo de que será colocado fim ao contrato, de forma que o empregador possa sair na busca de um novo empregado para aquela função. Trata-se de um direito potestativo, o que significa que a outra parte contra a qual foi dado o aviso-prévio não poderá se opor, salvo em situações em que não é cabível o término do contrato.

Trata-se de um direito irrenunciável, quando conferido do empregador para o empregado, valendo citar a Súmula n. 276 do TST: O direito ao aviso-prévio é irrenunciável pelo empregado. O pedido de dispensa de cumprimento não exime o empregador de pagar o respectivo valor, salvo comprovação de haver o prestador dos serviços obtido novo emprego.

Já na hipótese do aviso-prévio dado pelo empregado, não existe qualquer impedimento para que o empregador renuncie o seu direito ao aviso, deixando de estar obrigado o período restante para o seu cumprimento.

Via de regra geral, o aviso-prévio é cabível nos contratos por prazo indeterminado, não justificando naqueles contratos em que as partes já conhecem a data limite do seu término. Havendo dispensa por justa causa, não será devido o aviso-prévio. No caso da extinção da empresa, pode ser comparada à rescisão sem justa causa, sendo cabível o aviso-prévio. A mesma coisa ocorrerá quando caracterizada a dispensa indireta (por culpa do empregador — art. 483 da CLT). No caso da culpa recíproca das partes, caberia ao empregado o direito à metade do montante devido a título de aviso-prévio quando vigente a Súmula n. 31 do TST, cancelada pela Resolução n. 31, de 27.4.94. Desta data em diante, defende Sérgio Pinto Martins que neste caso não caberia aviso-prévio por conta de que a culpa foi recíproca, praticada por ambas as partes, levando ao término do contrato de trabalho e causando a cessação imediata do contrato de trabalho.[175]

Não obstante a defesa apresentada pelo jurista Sérgio Pinto Martins, de acordo com a Súmula n. 14 do TST: reconhecida a culpa recíproca na rescisão do contrato de trabalho (art. 484 da CLT), o empregado tem direito a 50% (cinquenta por cento) do valor do aviso-prévio, do décimo terceiro salário e das férias proporcionais.

Deve-se tomar cuidado ao afirmar que nos contratos por prazo determinado não cabe o pagamento de aviso-prévio, por conta de que na forma do art. 481 da CLT, caso exista a chamada cláusula assegurando o direito recíproco de rescisão antecipada, a rescisão contratual se dará na forma da rescisão dos contratos por prazo indeterminado, o que significa o pagamento de aviso-prévio daquele que deu causa à rescisão antecipada, tanto que ficou firmada a Súmula n. 163 do TST: Cabe aviso-prévio nas rescisões antecipadas nos contratos de experiência, na forma do art. 481 da CLT.

Em regra, o aviso-prévio é de 30 dias, não cabendo ao empregador que o concedeu o seu cancelamento unilateralmente, necessitando neste caso da concordância de vontade do empregado. O mesmo acontece em relação ao empregado caso o conceda ao empregador.

Caso o aviso-prévio do empregador para o empregado não seja concedido, o mesmo deverá pagar em dinheiro o tempo de aviso-prévio, integrando para todos os efeitos legais o contrato de trabalho com o empregado, querendo dizer para efeitos de cálculos de férias, 13º salário, FGTS e demais consectários de lei. Até para fins de baixa na CTPS, quando o aviso-prévio é indenizado, deve a baixa apresentar a data da projeção do aviso-prévio indenizado (ver Orientação Jurisprudencial do TST n. 82). Também o prazo prescricional deverá ser contado a partir do término da projeção do aviso (ver Orientação Jurisprudencial n. 83 do TST-SBDI-1).

Quando o aviso-prévio é concedido do empregador para o empregado, haverá necessariamente, sob pena de nulidade do aviso-prévio, a redução da carga horária de trabalho (art. 488 da CLT), não podendo ser fracionada, devendo ser duas horas corridas. Mesmo que a jornada seja inferior à oito horas diárias, ainda assim a redução deverá ser de duas horas, não devendo se levar em conta a proporcionalidade. Também existe a possibilidade, mediante acordo entre as partes, de, ao invés de ter a redução diária, ter a dispensa do empregado por sete dias corridos. A Súmula n. 230 do TST impede o pagamento do período de aviso-prévio em dinheiro, deixando de haver a redução do horário de trabalho, valendo citar: é ilegal substituir o período que se reduz da jornada de trabalho, no aviso-prévio, pelo pagamento das horas correspondentes.

---

(175) MARTINS, Sérgio Pinto. *Direito do Trabalho*. 23. ed. São Paulo: Atlas, 2006. p. 386.

O art. 489 da CLT estabelece que a terminação do contrato somente ocorrerá após cessado o aviso-prévio, dando, assim, muita discussão em termos de estabilidade provisória no emprego, conforme já foi tratado no tópico anterior. Isto significa que o empregado que cometer falta grave durante o cumprimento do aviso perderá o restante do período.

O aviso-prévio não poderá ser cumprido junto ao período em que o empregado possui estabilidade provisória no emprego. Também não poderá ser simultâneo à concessão de férias pelo empregador (ao mesmo tempo gozar as férias e o aviso-prévio). Questões como a empregada ficar grávida durante o prazo do aviso ou sofrer acidente de trabalho têm gerado muita controvérsia, sendo que se defende a hipótese de que, ainda que a gravidez iniciou-se durante o cumprimento do aviso, deve-se respeitar o direito à estabilidade provisória no emprego, porque o contrato de trabalho ainda não terminou. Refuta-se a tese de que, com a concessão do aviso, o contrato se transformaria em contrato por prazo determinado, descabendo a estabilidade provisória. Aplica-se o mesmo raciocínio para as outras formas de estabilidades provisórias no emprego.

Outra questão que se discute é quanto ao aviso-prévio cumprido em casa. Segundo entendimento jurisprudencial do próprio TRT do Paraná, o aviso-prévio cumprido em casa tem como finalidade procrastinar o pagamento das verbas rescisórias, ensejando, assim, a multa pelo atraso no pagamento. Neste sentido:

> EMENTA: AVISO-PRÉVIO CUMPRIDO EM CASA. MULTA DO ART. 477, § 8º, DA CLT. A lei preceitua que o aviso-prévio pode ser trabalhado ou indenizado. O seu cumprimento em casa não é modalidade expressa prevista em norma jurídica. Tal procedimento decorre de ato volitivo da empresa que não tem mais interesse no labor do obreiro, tampouco na continuidade da relação empregatícia. Nesta hipótese, a homologação rescisória deve ocorrer dentro do mais curto espaço de tempo possível e não se prolongar indefinidamente, sob pretexto de interpretação extensiva do art. 4º. Consolidado, eis que configura privilégio econômico do mais forte. Revista conhecida e provida.[176]

Não pode ser outro o entendimento, considerando que o empregado ficará ligado à empresa mesmo estando em casa, sujeitando-se a determinados comportamentos que lhe são impostos pelo contrato de trabalho que se mantém vigente. É possível aqui caracterizar como um ato de desrespeito, atingindo direitos personalíssimos do trabalhador.

12. Férias

O direito anual remunerado é consagrado por quase todas as legislações, vinculado a questões de ordem social, familiar e de saúde, principalmente. Na Constituição Federal, referido direito está contemplado no art. 7º, XVIII. Na Consolidação das Leis do Trabalho, o direito às férias está disposto a contar do art. 129 e seguintes.

Via de regra, o direito às férias consiste em 30 dias de extensão, corridos, sem fracionamento, devendo ser pagas em dobro quando usufruídas fora do seu devido

---

[176] TST-RR-15075/94.2 — AC 4ª T. — 3809/96 — 20ª Região. Relator: ministro Valdir Righetto.

tempo, cabendo por parte do empregado ação judicial que vise a sua fixação por determinação do juiz.

A data do início da vigência do contrato de trabalho é a referência para o início da contagem do direito às férias. A este primeiro período chama-se de aquisitivo (12 meses). Para a sua fruição, conta-se, a partir do primeiro ano completo, mais um ano (12 meses), sendo este último o período concessivo, ou seja, aquele em que o empregado deverá gozar as suas férias.

Embora a regra geral seja de 30 dias de férias, o art. 130 da CLT estabelece regra proporcional onde o empregado, na medida em que falta injustificadamente no período aquisitivo, vai perdendo período concessivo. O período de férias será contado para todos os efeitos no tempo de serviço do empregado, o que significa que o período de férias é contado como interrupção do contrato de trabalho do empregado (ver proporção estabelecida no dispositivo referido). Embora as faltas ocorridas no período aquisitivo repercutam no período concessivo, não pode o empregador descontar do empregado faltas ocorridas em outros períodos nos dias de gozo das férias do empregado, ou seja, não se compensam dias de faltas por dias de férias.

O doméstico, a contar da Lei n. 11.324, de 19 de julho de 2006, passou a ter os mesmos direitos que os empregados em geral, não se estabelecendo mais diferenças, seja no plano concessivo, seja no que se refere ao seu pagamento, incluindo-se o direito a 1/3 do chamado adicional de férias.

As férias possuem natureza salarial, razão pela qual no período em que o empregado encontra-se em férias, recai sobre ele também o depósito do FGTS. O mesmo não acontece quando as férias são pagas em dinheiro ao final de um contrato. Neste último caso, a sua natureza será indenizatória, não se projetando no tempo de serviço do empregado, como ocorre com o aviso-prévio, razão pela qual não cabe a incidência do FGTS.

O empregado que faltar mais de 32 dias perderá o direito a férias. Também não terá direito a férias o empregado que, no curso do período aquisitivo:

a) Deixar o emprego e não for readmitido dentro de 60 dias subsequentes à sua saída;

b) Permanecer em gozo de licença, com percepção de salários, por mais de 30 dias em virtude de paralisação parcial ou total dos serviços da empresa;

c) Deixar de trabalhar, com percepção do salário, por mais de 30 dias em virtude de paralisação parcial ou total dos serviços da empresa;

d) Tiver recebido da Previdência Social prestações de acidente do trabalho ou de auxílio-doença por mais de 6 (seis) meses, ainda que descontínuos.

A interrupção da prestação de serviço deve ser anotada na Carteira de Trabalho e Previdência Social. No caso da perda do direito a férias, inicia-se novo período aquisitivo após o retorno ao serviço. Esse novo período deve ser anotado no livro ou ficha do empregado e na Carteira Profissional.

O tempo de trabalho anterior à apresentação do empregado para o serviço militar obrigatório será computado no período aquisitivo, desde que o empregado compareça ao estabelecimento dentro de 90 dias da data em que se verificar a respectiva baixa e seja aceito pelo empregador o seu retorno ao serviço, não sendo somente o simples comparecimento (*vide* art. 132 da Consolidação das Leis do Trabalho).

Todo empregado que trabalhar menos de 12 meses terá direito a férias proporcionais, na base de 1/12 avos por mês de serviço. A fração superior a 14 dias de trabalho equivale a mais de 1/12 avos de férias. Não são devidas férias proporcionais para aquele que é demitido por justa causa (Súmula n. 171 do TST), cabendo para aquele que se demite mesmo que não completado o período aquisitivo (Súmula n. 261 do TST).

Quanto ao comunicado de concessão, as férias serão comunicadas por escrito, pelo menos 30 dias antes de sua concessão, as quais deverão ser anotadas no livro ou ficha de empregado, bem como em sua Carteira Profissional. A época da concessão das férias será a que melhor consulte os interesses da empresa, cabendo, apenas, ao empregado estudante, menor de 18 anos, o direito de coincidir suas férias escolares com a da empresa.

Quanto à forma de pagamento, as férias devem ser pagas dois dias antes do seu início, pelo valor do salário vigente na época da concessão. O pagamento das férias, integrais ou proporcionais, se sujeita ao acréscimo de 1/3 (um terço) a mais em seu valor. As férias deverão ser pagas em dobro sempre que o empregador não conceder as férias dentro do período concessivo. Exemplo: Período aquisitivo: de 11.10.2001 a 10.10.2002. Período concessivo: de 11.10.2002 a 10.10.2003.

É facultado ao empregado converter 1/3 (um terço) das férias em dinheiro, desde que isso seja requerido até 15 dias antes do término do período aquisitivo.

Por ocasião das férias, poderá ser pago ao empregado a primeira parcela do 13º salário, sempre que for requerido no mês de janeiro.

Durante as férias o empregado não poderá prestar serviços a outro empregador, salvo se estiver obrigado a fazê-lo em virtude de contrato de trabalho.

Em casos excepcionais as férias podem ser fracionadas, isto é, concedidas em dois períodos, sendo que um deles não poderá ser inferior a 10 dias corridos. Aos menores de 18 anos e maiores de 50 anos de idade, as férias deverão ser de uma única vez concedidas, sob pena de nulidade, muito embora se defenda somente a aplicação de multa administrativa por parte do Ministério do Trabalho.

Férias coletivas podem ser concedidas a todos os empregados de uma empresa ou determinados estabelecimentos ou setores da empresa. Poderão ser gozadas em dois períodos anuais, desde que nenhum deles seja inferior a 10 dias. O empregador deverá comunicar ao órgão do Ministério do Trabalho e Emprego, com antecedência mínima de 15 dias, as datas de início e fim das férias coletivas, especificando os estabelecimentos ou setores abrangidos pela medida. Em igual prazo, o empregador encaminhará cópia da aludida comunicação aos sindicatos representativos da respectiva categoria profissional, e providenciará a afixação de avisos nos locais de trabalho. Os empregados contratados há menos de 12 meses gozarão, na oportunidade, férias proporcionais, iniciando-se, então, novo período aquisitivo. Há uma modalidade de férias para quem trabalha em regime parcial. Considera-se trabalho em tempo parcial aquele cuja duração não exceda a 25 horas semanais.

Após cada período de 12 meses de vigência do contrato de trabalho, o empregado terá direito a férias, na seguinte proporção:[177]

Duração Semanal do Trabalho	Dias Corridos de Férias
De 22h às 25h	18 dias
De 20h às 22h	16 dias
De 15h às 20h	14 dias
De 10h às 15h	12 dias
De 5h às 10h	10 dias
Igual ou inferior a 5 horas	8 dias

Se o empregado tiver mais de sete faltas injustificadas, as férias serão reduzidas pela metade. Não será permitido aos empregados que trabalham nesse regime o parcelamento ou a conversão de férias em abono pecuniário.

No que tange à remuneração das férias, inclui-se o salário pago pelo empregador e a média das gorjetas, diretas ou indiretas, que o empregado recebeu. Caso esteja previsto aumento normativo ou convencional quando da concessão, terá direito o empregado ao seu recebimento, ainda que a incidência do reajuste ocorra no curso da concessão das férias.

É facultado ao empregado converter 1/3 das suas férias em dinheiro, chamado de abono de férias (art. 143 da CLT). Trata-se de faculdade do empregado, independendo de concordância do empregador e não podendo ser convertido em dinheiro período superior ao previsto em lei. No caso de férias coletivas, o abono previsto será objeto de acordo coletivo de trabalho (art. 143, § 2º, da CLT). Quanto ao abono pecuniário, previsto no art. 143 da CLT, não detém natureza salarial, razão pela qual não se integra na remuneração.

> Art. 144. O abono de férias de que trata o artigo anterior, bem como o concedido em virtude de cláusula do contrato de trabalho, do regulamento da empresa, de convenção ou acordo coletivo, desde que não excedente de 20 (vinte) dias do salário, não integrarão a remuneração do empregado para os efeitos da legislação do trabalho e da Previdência Social.

Paira ainda uma certa dúvida quanto à natureza jurídica do abono de férias, tratado no art. 7º, XVII, da CF. Defende-se neste trabalho que se trata de um valor singular, que não repercute em outros direitos trabalhistas, tendo como finalidade garantir ao trabalhador um valor que possa contribuir com a função reparadora que deve ter as férias para o empregado.

---

(177) Disponível em: <http://www.fenac.org.br/fenac_mg_contribuicao_sindical_patronal_2005.htm> Acesso em: 10 out. 2008.

As novas estratégias empresariais estão pressupondo um trabalhador conectado com a empresa por todo o dia, independentemente de estar ou não no espaço físico da empresa. Em sua casa, incluindo os períodos de férias, com os novos recursos tecnológicos, o empregado pode continuar trabalhando. Resta saber se dentro dessas condições ele estará efetivamente em férias. Tudo indica que não, salvo se for dado um novo conceito para férias ou caso as férias deixem de ser férias.

13. Décimo terceiro salário

O décimo terceiro salário foi instituído no Brasil, seguindo exemplos já existentes na época na Itália e Argentina principalmente, através da Lei n. 4.090, de 13 de julho de 1962. Em seguida, veio a Lei n. 4.749, de 12 de agosto de 1965, que trouxe algumas alterações, valendo citar o parcelamento no seu pagamento. Foi elevado à condição de direito social e, portanto, direito fundamental, quando passou a integrar a Constituição Federal através do seu art. 7º, VIII, passando a ser devida a todo empregado urbano e rural, incluindo-se o servidor público, na forma do art. 39, § 2º, também do texto constitucional.

O décimo terceiro salário também é conhecido como gratificação natalina. Uma de suas características é a compulsoriedade e a sua natureza é salarial, sendo calculado dentro do ano civil. A forma de pagamento desperta curiosidade, por conta de que ele pode ser pago em duas vezes, sendo a primeira até 30 de novembro de cada ano, e a segunda até 20 de dezembro de cada ano. Quando solicitada em janeiro, a primeira parcela deve ser paga por ocasião das férias do empregado.

Quando se calcula o décimo terceiro proporcional, deve ser levada em conta a fração trabalhada igual ou superior a 15 dias no mês para fins de contagem do mês no cálculo proporcional, podendo-se descontar as faltas injustificadas. Não pode ser esquecido que o período em que o contrato de trabalho permanece suspenso não será contado para este fim, como, por exemplo, na hipótese de o empregado permanecer por três meses recebendo auxílio-doença, ou quando se encontra prestando serviço militar obrigatório. Todos os demais adicionais, como, por exemplo, adicional noturno, de tempo de serviço, horas extras, deverão ser levados em conta para o cálculo do décimo terceiro.

Para se calcular o valor a ser pago a título de décimo terceiro, deve ser levado em conta a parte fixa do salário e a parte variável. Caso a parte variável seja, por exemplo, comissões, deve ser considerada a média das comissões do período calculado. Imagine, por exemplo, um empregado que é demitido em junho de 2010: a média das comissões deverá ser extraída do período entre janeiro de 2010 e junho de 2010.

É importante destacar também que o desconto relativo ao INSS somente será feito por ocasião do pagamento da segunda parcela, o mesmo acontecendo com o desconto do Imposto de Renda.

Os servidores públicos civis, conforme já foi afirmado, também terão direito ao recebimento do décimo terceiro salário O mesmo acontece com o empregado doméstico, neste último caso por força do contido no art. 7º, parágrafo único, da Constituição

Federal. Não esquecer que sobre o décimo terceiro deverá haver o recolhimento do FGTS a cada vez que as parcelas são pagas.

Já existiram projetos e propostas para redefinição da forma de pagamento do décimo terceiro e até mesmo para a sua eliminação através de Emendas Constitucionais. Não deve ser esquecido que se trata de um direito social, não se admitindo retrocesso, o que significa que não é possível, mesmo por meio de mudanças no texto constitucional, alcançar referido intento, por flagrante inconstitucionalidade. Também estaria sendo contrariado o princípio da valorização do trabalho humano.

Capítulo III
Direito Coletivo do Trabalho

1. Introdução ao Estudo do Direito Coletivo do Trabalho

O Direito Coletivo do Trabalho é conhecido com as mais variadas denominações. Dentre as quais valem ser citadas as seguintes: Direito Sindical, Direito Negocial Coletivo, Direito Corporativo etc. Embora há várias expressões que possam ser utilizadas, a melhor delas ainda é Direito Coletivo do Trabalho.

O Direito Individual do Trabalho, que foi estudado até o presente momento, diz respeito ao contrato de trabalho e suas variações, a relação de emprego propriamente dita, muito embora, como já foi exposto no início deste estudo, atualmente deve se ter uma compreensão mais ampla sobre o conceito de Direito do Trabalho.

No caso do Direito Coletivo do Trabalho, têm-se como objetos principais de estudo a organização sindical, a negociação coletiva, o direito de greve, enfim, as relações coletivas que são travadas em sociedade. É possível afirmar que o Direito Coletivo do Trabalho se constitui na força propulsora do Direito do Trabalho propriamente dita, ainda que em um Estado brasileiro, marcado pela forte intervenção estatal nas relações de trabalho, em especial na organização sindical.

A fonte "natural" do Direito é a sociedade, razão pela qual se justifica a afirmativa acima lançada sobre o Direito Coletivo, que vai produzir efeitos diretos sobre os contratos individuais de trabalho.

A autonomia coletiva profissional é estudada dentro do Direito Coletivo do Trabalho, que se trata de uma autorregulação dos seus interesses através dos variados grupos profissionais que, em um Estado marcado pelo corporativismo, são classificados como categorias profissionais e categorias econômicas. Dada a diversidade e a dinâmica do ambiente econômico, é lógico que surja igualmente uma diversidade de ocupações e atividades diferenciadas relacionadas a cada ramo de atividade. Com o decorrer do tempo e a necessária sedimentação social, estas atividades e ocupações passam a se particularizar, consolidando regras próprias para o seu exercício. Neste último caso são as chamadas categorias diferenciadas.

A CLT, no § 3º, do aludido art. 511, estabelece a definição legal de categoria diferenciada nos seguintes termos: "(...) Categoria diferenciada é a que se forma dos empregados que exerçam profissões ou funções diferenciadas por força de estatuto profissional especial ou em consequência de condições de vida singular (...)". Vale citar sobre o assunto os ensinamentos de Irineu Ramos Filho:

> Depreende-se da simples leitura dos dois dispositivos legais supratranscritos, a existência de duas espécies de categorias profissionais, sendo que caracteriza-se

ordinariamente a primeira, pela similitude de condições em situação empregatícia na mesma atividade econômica, ou no entendimento de Eduardo Gabriel Saad, "do exercício do mesmo ofício ou da mesma atividade num ramo econômico surge a similitude de condições de vida. Temos, aí, as linhas mestras de uma categoria profissional". Já, de modo genérico, para atividades profissionais inespecíficas, é a atividade do empregador que caracteriza e define a similitude de condições de trabalho, sendo que, a partir daí, a categoria profissional majoritária será determinada pela atividade principal do empregador e não pelos atos praticados por estes em suas atividades diárias. A partir da excepcionalidade legal estatuída no § 3º do art. 511 da CLT, as chamadas categorias diferenciadas se caracterizam em sua individualidade por força de estatuto profissional ou em consequência de condições de vida singular, seja independentemente da atividade econômica em que se exerça o trabalho. Eduardo Gabriel Saad define categoria diferenciada como "aquela cujos membros estão submetidos a estatuto profissional próprio ou que realizam um trabalho que os distingue completamente de todos os outros da mesma empresa". No mesmo sentido, Valentin Carrion define "categoria profissional diferenciada como aquela que tem regulamentação específica do trabalho diferente da dos demais empregados da mesma empresa, o que lhes faculta convenções ou acordos coletivos próprios, diferentes dos que possam corresponder à atividade preponderante do empregador, que é a regra geral". Como conclusão, à luz da CLT e da doutrina, a maioria dos trabalhadores pertence a uma categoria identificada pela atividade principal do empregador, enquanto que a categoria diferenciada não tem qualquer relação direta com essa atividade, mas sim com a profissão por seus estatutos jurídicos próprios ou condições outras especialmente estabelecidas para o seu exercício. O conceito de categoria é de fundamental importância para entender a organização sindical brasileira. Pode ser conceituada categoria profissional como está consignado no § 2º, do Art. 511 da CLT, vejamos: "(...) A similitude de condições de vida oriunda da profissão ou trabalho em comum, em situação de emprego na mesma atividade econômica ou em atividades econômicas similares ou conexas, compõe a expressão social elementar compreendida como categoria profissional. Alguns autores defendem a tese de que após a edição da Constituição Federal, especialmente em face do art. 8º, inciso I, não há que se falar em categorias, por conta de que o quadro de atividades econômicas e profissionais que compõe o art. 577 da CLT teria sido revogado.[178]

Esta autonomia coletiva, que é o ponto alto do Direito Coletivo do Trabalho, é um fenômeno de emancipação do Direito do Trabalho, de descentralização normativa.

A estrutura normativa da autonomia coletiva, segundo Luiz de Pinho Pedreira, é formada por vários instrumentos que contribuem com a sua realização, podendo ser divididos em: a) auto-organização, que é o mesmo que autodeterminação, ou seja, a

---

(178) RAMOS FILHO, Irineu. *Enquadramento Sindical:* o conceito de categoria diferenciada. Disponível em: <http://www.senge-sc.org.br/enquadramentosindical.htm> Acesso em: 10 out. 2008.

faculdade que tem o grupo profissional, sobretudo quando se trata do mais importante, que é o sindicato, de definir ele próprio os seus contornos, a sua fisionomia.[179]

Na Constituição Federal, esta auto-organização ficou definida no art. 8º, I, quando proclamou a autonomia sindical, podendo criar sindicato, não importando se categoria profissional ou econômica, sem a necessidade da outorga do Estado, estabelecendo seus estatutos, seus procedimentos de eleição e finalidades perseguidas.

Inclusive, esta autonomia de organização está contemplada na Convenção n. 87 da OIT; b) determinação autônoma das condições de trabalho, que segundo o mesmo autor, é outro instrumento que se vale à autonomia coletiva, que é o poder no qual se consubstancia a própria autonomia coletiva. Segundo Gino Giugni, a determinação autônoma pode ser estudada na determinação autônoma unilateral, que ocorre quando os trabalhadores negam-se ao trabalho, salvo determinadas condições, e, bilateral, que é a forma moderna, constituída por um processo de negociação coletiva, de onde pode resultar em acordo coletivo ou negociação coletiva de trabalho. Essa última não exclui a regulamentação estatal sobre as condições de trabalho, podendo criar através desta determinação autônoma bilateral direitos e obrigações para toda a categoria.[180]

Mazzoni defende a tese de que não é lícito ao Estado realizar, através de lei, aquilo que os sindicatos executam ou devam executar através da convenção coletiva, nascendo daí uma compreensão quanto à matéria que cabe ao Estado legislar, em caráter amplo (geral), não restrito a uma dada categoria, salvo em normas que dizem respeito à proteção, à segurança e/ou à saúde do trabalhador.[181]

O terceiro instrumento é a autotutela, que significa que o ordenamento autônomo coletivo não precisa de mais nada, sendo autossuficiente, não precisando, como, por exemplo, do ordenamento estatal.

No Brasil, parece não ter aplicação a autotutela neste sentido, por conta de que constitucionalmente nenhuma lesão ou ameaça de direito poderá fugir à apreciação do Poder Judiciário, que em último grau é a intervenção do Estado. Dentro de uma visão um pouco mais restrita, a autotutela seria poder do grupo de aplicar sanções aos que violem as suas regras de Direito.

E por último, para compor a autonomia coletiva, vem a representação de interesses, que muitas vezes acaba se opondo até mesmo a certos interesses estatais.

Conforme já foi dito acima, existe um complicador no que diz respeito aos interesses que devem ser defendidos através da autotutela coletiva, que em outras palavras pode ser intitulada como Direito Sindical (embora esta nominação não abarque o conceito de autonomia coletiva). Quer aqui se fazer referência às finalidades do sindicato no

---

(179) PEDREIRA, Luiz de Pinho. Autonomia coletiva profissional. In: ROMITA, Arion Sayon. *Sindicalismo*. São Paulo: LTr, 1986. p. 42.

(180) GIUGNI, Gino. *Curso de Derecho del Trabajo*. 8. ed. Barcelona: Ariel, 1982. p. 660.

(181) MAZZONI, Giuliano. *Relações Coletivas de Trabalho*. Tradução de: A. Lamarca. São Paulo: RT, 1972.

Brasil, que muitas vezes se confunde com as finalidades do Estado. No art. 514 da CLT têm-se os deveres do sindicato: a) colaborar com os poderes públicos no desenvolvimento da solidariedade social; b) manter serviços de assistência judiciária para os associados; c) promover a conciliação nos dissídios de trabalho; d) sempre que possível, e de acordo com as suas possibilidades, manter no seu Quadro de Pessoal, em convênio com entidades assistenciais ou por conta própria, um assistente social com a atribuição operacional na empresa e a integração profissional na classe.

Embora tenham sido estabelecidas tais finalidades, é importante ressaltar que elas não fazem parte das organizações sindicais e instituições públicas. O que seria uma contradição frente ao novo quadro que se descortinou para o movimento sindical no mundo, em especial a contar do fim da Segunda Grande Guerra.

No caso, as associações sindicais devem ser entendidas como entes de direito privado, destacadas como associação privada com fins sociais. A questão é que o sindicalismo no Brasil, a partir de Getúlio Vargas, foi construído de tal forma que o sindicato deveria ser o apêndice do Estado, um verdadeiro "pau mandado" do Estado, o que se prova através do estudo das finalidades que por lei a ele (sindicato) foram instituídas. E outro não era o objetivo, por conta de que o sindicato tinha de executar as decisões do Estado, quase como negando a existência da possibilidade de se desenvolver a autotutela do Brasil.

Talvez desta forma se explique em parte o atavismo dos processos de negociação coletiva no Brasil, que agoniza até os tempos atuais. Agora presa por outras amarras, resultados dos processos de globalização, do desemprego, da própria reengenharia do trabalho que se exala através de terceirizações, quarteirizações ou outros processos e novas definições da própria empresa.

Dentro daquilo que se chamou neoliberalismo, busca-se a não intervenção do Estado nas relações de trabalho. No entanto, para que trabalhadores e empregadores efetivamente negociem, construam regras para regular suas relações, torna-se necessário primeiramente que as entidades sindicais se organizem, fortifiquem-se, tornem-se legítimas em relação aos seus representados, sob pena de não existirem processos de negociação coletiva.

2. Organização sindical brasileira

Inicialmente, é bom que se diga que o art. 8º, I, da CF proclamou a liberdade sindical, não sendo mais necessário exigir autorização do poder público para a criação de sindicatos no Brasil, bem como atribuiu-lhes autonomia para redigir seus estatutos, que conterão regras internas e externas de atuação sindical.

Antes exigia-se a outorga do Estado para a criação de sindicatos, que se dava através da chamada Carta Sindical (arts. 515 a 520 da CLT), que se acham revogados pelo art. 8º da Constituição Federal. Inclusive, em relação aos servidores públicos civis, na forma do art. 37, VI, da CF, também ficou garantido o direito de se organizarem em sindicatos, o que para muitos foi apresentado como uma grande incoerência, por conta de que partiam do pressuposto de que no serviço público o procedimento de negociação coletiva estaria esvaído frente às regras e princípios que o regem, em especial por não existir uma relação contratual entre os servidores públicos e o poder público, mas sim uma relação de natureza administrativa, com a prevalência sempre do interesse público. Tal situação foi rechaçada, passando a ser admitida a organização sindical também no serviço público, com a existência de algumas exceções, conforme ficou consolidado no art. 37, VI, da Constituição Federal.

O que não pode é pretender ter para o sindicato no setor público as mesmas regras que disciplinam o sindicato no setor privado. Inclusive, segundo a Convenção n. 87 da OIT, até hoje não ratificada pelo Brasil, também as Forças Armadas e a própria polícia passariam a ter o direito de se organizarem em sindicatos.

No Brasil, existe uma forte resistência à criação de entidades sindicais que abranjam militares, delegados de polícia, juízes, promotores e outros. No caso dos delegados de polícia, existem no Brasil várias entidades sindicais formadas. O mesmo não acontece em relação aos militares, juízes e promotores. No caso dos juízes, não existe impedimento constitucional quanto à criação de entidades sindicais que possam representá-los. O argumento que se usa para o fim de impedir a constituição de entidades representativas para os magistrados é quanto ao fato de representarem um poder e, por tal situação, gerariam uma incompatibilidade funcional.

O mesmo acontece com os militares e os membros do Ministério Público, embora neste último caso não se trate de um poder. Voltando a declarar que a criação de sindicatos para juízes, militares, promotores, enfim, para todos os servidores públicos, seria a concretização das normas insculpidas na Convenção n. 87 da OIT, o que no momento parece ainda distante.

Outras questões em torno da organização sindical dos servidores públicos também são debatidas, como exemplos podem ser citados: divisão em categorias, (visto que no serviço público não há que se falar em categorias), também a questão da organização verticalizada (ou seja, saber se no serviço público comportaria a existência de sindicatos, federações e confederações), ou ainda a cobrança de contribuição sindical. Neste último caso, o próprio Supremo Tribunal Federal já reconheceu a possibilidade de sua cobrança, embora ainda se constitua em matéria tormentosa.

Recentemente foi instituída a Instrução Normativa MTE n. 1, de 30 de setembro de 2008, que trouxe a seguinte redação:

> INSTRUÇÃO NORMATIVA MTE n. 1, DE 30 DE SETEMBRO DE 2008 DOU 3.10.2008. Dispõe sobre a cobrança da contribuição sindical dos servidores e empregados públicos:
>
> O MINISTRO DE ESTADO DO TRABALHO E EMPREGO, no uso das atribuições que lhe confere o art. 87, II, da Constituição Federal; e CONSIDERANDO a competência estabelecida no art. 610 da Consolidação das Leis do Trabalho — CLT, que permite a este Ministério a expedição de instruções referentes ao recolhimento e à forma de distribuição da contribuição sindical;

CONSIDERANDO a necessidade de uniformizar o procedimento de recolhimento da contribuição sindical, prevista nos arts. 578 e seguintes da Consolidação das Leis do Trabalho — CLT, pela administração pública federal, estadual e municipal;

CONSIDERANDO que a exclusão dos servidores estatutários do recolhimento da contribuição sindical viola o princípio da isonomia tributária, previsto no art. 150, II da Constituição Federal de 1988;

CONSIDERANDO que os acórdãos proferidos nos RMS n. 217.851, RE n. 146.733 e 180.745 do Supremo Tribunal Federal determinam que "facultada a formação de sindicatos de servidores públicos (CF, art. 37, VI), não cabe excluí-los do regime da contribuição legal compulsória exigível dos membros da categoria";

CONSIDERANDO que o Superior Tribunal de Justiça, no mesmo sentido do Supremo Tribunal Federal, vem dispondo que "A lei que disciplina a contribuição sindical compulsória ('imposto sindical') é a CLT, nos arts. 578 e seguintes, a qual é aplicável a todos os trabalhadores de determinada categoria, inclusive aos servidores públicos", conforme os acórdãos dos Resp. ns. 612.842 e 442.509.

E CONSIDERANDO que os Tribunais Regionais Federais também vêm aplicando as normas dos art. 578 e seguintes da CLT aos servidores e empregados públicos, resolve:

Art. 1º Os órgãos da administração pública federal, estadual e municipal, direta e indireta, deverão recolher a contribuição sindical prevista no art. 578, da CLT, de todos os servidores e empregados públicos, observado o disposto nos arts. 580 e seguintes da Consolidação das Leis do Trabalho.

Art. 2º Esta Instrução Normativa entra em vigor na data de sua publicação. CARLOS LUPI.

Simplificando, entende-se que no serviço público não se torna possível ter a mesma organização sindical que no setor privado, devendo-se respeitar as particularidades que são próprias do serviço público, dentre as quais o fato de não existir uma relação contratual. Alerta-se para que, no caso das empresas públicas de personalidade jurídica de direito privado, como, por exemplo, o Banco do Brasil S.A., ainda que se tratando de setor público genericamente falando, nenhuma restrição exista para a organização sindical aos moldes do que ocorre no setor privado. Neste caso, não cabe a aplicação do art. 37, VI, da CF.

Voltando à questão da organização sindical brasileira, embora a Constituição Federal tenha garantido a liberdade sindical (art. 8º, I), ainda restaram resquícios de época ditatorial, como, por exemplo, a unicidade sindical, que ficou mantida no art. 8º, II, da Constituição Federal. Segundo este princípio, é proibida a criação de mais de uma entidade sindical da mesma categoria profissional ou econômica em mesma base territorial.

A base territorial, a contar da promulgação da Constituição vigente, não pode ser menor que a área de um município, inexistindo limite máximo de extensão. Da mesma forma, a questão da organização vertical, que está constituída da seguinte forma: sindicato, enquanto órgão de primeiro grau, federação, enquanto órgão de segundo grau e confederação, como órgão de terceiro grau, sendo estas duas últimas também chamadas de associações sindicais de grau superior (art. 533 da CLT), as quais foram mantidas diante do vigente texto constitucional.

Passa-se agora a uma análise sobre as centrais sindicais, por conta da recente reforma feita através da Lei n. 11.648, de 31 de março de 2008.

As centrais sindicais, embora o nome desse a entender que tratavam-se de entes sindicais, na verdade não o eram. Ocorre que através da Lei supranominada, as centrais sindicais passaram a ter a natureza de ente sindical, com as seguintes atribuições: a) coordenar a representação dos trabalhadores por meio das organizações sindicais a elas filiadas; e b) participar de negociações em fóruns, colegiados de órgãos públicos e demais espaços de diálogo social que possuam composição tripartite, nos quais estejam em discussão assuntos de interesse geral dos trabalhadores.

Ocorre, porém, que, para o exercício das atribuições acima descritas, necessita-se que a central cumpra determinados requisitos, valendo citar: a) filiação de, no mínimo, 100 sindicatos, distribuídos nas 100 regiões do país; b) filiação em pelo menos três regiões do país de, no mínimo, 20 sindicatos em cada uma delas; c) filiação de sindicatos em, no mínimo, cinco setores de atividades econômicas; e d) filiação de sindicatos que representem, no mínimo, 7% do total de empregados sindicalizados em âmbito nacional. O Ministério do Trabalho é que está incumbido de atestar ou não o cumprimento pela central dos requisitos acima.

A mesma lei trouxe também alteração no que tange à Contribuição Sindical dos trabalhadores, passando as centrais que cumprirem com os requisitos anunciados a receber parte da arrecadação da referida contribuição, na forma do art. 589, II, *b*, correspondente a 10% da arrecadação, que foi remanejada daquilo que era devido à conta Emprego e Salário. Portanto, além de restar mantida a Contribuição Sindical, produto de governo ditatorial (Getúlio Vargas), contrariando inclusive os princípios que regulam o Estado Democrático de Direito, ainda houve mais um repasse, agora para as centrais sindicais, mesmo em um governo que se diz democrático.

Mesmo assim, o setor do sindicalismo brasileiro fez muitas críticas à nova lei, dizendo que as suas prerrogativas foram por demais limitadas, não se tratando daquilo que havia sido aprovado pelos próprios trabalhadores enquanto prerrogativas das centrais, que seguiu o modelo de longa *manus* do Estados. Elas não representam os trabalhadores, mas sim exercem a representação por meio das entidades sindicais constituídas.

Não havendo mais a necessidade de outorga do poder público para a criação de entidades sindicais, que era conferida através da chamada "carta sindical", as entidades sindicais passaram a ser constituídas respeitando-se os procedimentos estabelecidos em Portarias do Ministério do Trabalho, em especial a de n. 376/00, valendo citar o contido nos seus arts. 4º a 6º:

> Art. 4º A Secretaria de Relações do Trabalho terá o prazo de sessenta dias, a contar da data de protocolo do pedido, para verificar a instrução do processo e publicar o pedido de registro no Diário Oficial da União ou notificar o requerente, mediante Aviso de Recebimento, a cumprir eventuais exigências.
>
> Art. 5º A entidade sindical de mesmo grau, cuja representatividade coincida, no todo ou em parte, com a do requerente, terá o prazo de trinta dias para apresentar impugnação, contado da data da publicação de que trata o *caput* do artigo anterior.

Art. 6º Findo o prazo a que se refere o art. 5º, a Secretaria de Relações do Trabalho terá quinze dias para proceder ao exame de admissibilidade das impugnações apresentadas e submeter ao Ministro de Estado a proposta de decisão.

Na sequência, foi editada a Portaria n. 186, de 14 de abril de 2008, que de certa forma não fugiu daquilo que já havia sido editado através da Instrução Normativa n. 3/1994. Melhor explicando, trata-se da necessidade de requerimento, que está informatizado, modelo previamente estabelecido (encontrado na *internet*), onde consta os documentos necessários para acompanhar tal requerimento informatizado (exigidos pela Superintendência do Ministério do Trabalho). Sendo assim, após cumpridos com os requisitos de registro dos estatutos da entidade sindical no cartório civil, exigindo-se as observâncias do contido para criação de associações que se encontra no Código Civil, adicionando-se a sua inclusão no Cadastro Nacional de Pessoa Jurídica (CNPJ), do Ministério da Fazenda, ainda deve-se cumprir com aquilo que é exigido pelo Ministério do Trabalho.

Ou seja, depois de todo o procedimento pautado pelo Código Civil para a criação de associações, preenche-se o requerimento informatizado (que fizemos menção), com os documentos exigidos pela mesma Portaria n. 186/2008, sendo que via *internet*, seguirá para a Secretaria de Relações de Trabalho para fins de conferência e depois para a Coordenação-Geral de Registro Sindical para ser feita a chamada análise.

O que mais chama a atenção é que o Secretário de Relações do Trabalho poderá negar o registro, determinando o arquivamento do pedido, conforme se encontra contido no art. 5º da mesma Portaria. Vale citar as principais hipóteses de arquivamento: a) não existir a categoria que se pretende representar; b) for ofendido o sistema de unicidade sindical; c) a associação criada englobar a cidade sede de sindicato já registrado; d) o pedido desatender à forma imposta; e) a documentação apresentada for insuficiente.

A questão é por demais polêmica, por conta do contido no art. 8º, em especial o seu inciso II da Constituição Federal, que outorgou à categoria interessada resolver questões inclusive de incorporações de sindicatos ou de desmembramentos, os quais se encontram contidos na expressão liberdade sindical. Da mesma forma, técnicos do Ministério do Trabalho não possuem competência para negar ou aprovar a criação ou a existência de uma nova categoria profissional, que se formam pela similitudes oriundas da profissão ou do trabalho (art. 511 da CLT).

E veja mais. O processo de registro e reconhecimento de entes sindicais depende de um procedimento administrativo contrariando frontalmente o art. 8º, I, da Constituição Federal, que declara que o Ministério do Trabalho não poderá interferir na organização sindical. E a Portaria n. 186 foi mais adiante, ou seja, além de tratar sobre outros requisitos próprios criados e conferidos através de análise em processo administrativo, ainda reconheceu a unicidade nos órgãos de base (sindicato) e a pluralidade nos órgãos de cúpulas (confederações e centrais), na medida em que editou o art. 21 da mesma. Portaria: "A filiação de uma entidade de grau inferior a mais de uma entidade de grau superior não poderá ser considerada para fins de composição do número mínimo previsto em lei para a criação ou manutenção de uma federação ou confederação".

Resumindo, a referida Portaria por certo goza de inconstitucionalidades, por incompatibilidade com a Constituição Federal, por dispor de matéria que deve ser objeto de lei e provavelmente será submetida à análise do Supremo Tribunal Federal, caso os seus idealizadores não mudem de rota no sentido de prestigiar o texto constitucional. Existem diversas manifestações de centrais sindicais junto à Procuradoria-Geral da República, no sentido de fazer com que se tome medidas judiciais contra a mesma.

Considerando a Emenda Constitucional n. 45/2004, que alterou em parte o art. 114 da CF, passou a ser da competência da Justiça do Trabalho as ações oriundas de discussão quanto à base sindical ou referente à matéria sindical, bem como questões que envolvem representação, eleições sindicais, como, por exemplo, impugnação de chapas concorrentes ao pleito, irregularidades cometidas durante o processo eleitoral e outros assuntos pertinentes (inciso III do art. 114 da CF).

2.1. Fontes de receitas da organização sindical brasileira

Segundo a melhor doutrina, são quatro as fontes de receita das entidades sindicais. A primeira trata-se da contribuição sindical, a segunda da contribuição confederativa, a terceira chamada de taxa de reversão salarial ou contribuição assistencial e a última chamada de taxa de associação, embora não sejam as únicas que podem ser cobradas ou instituídas pelas entidades sindicais, considerando principalmente o princípio da liberdade sindical que se encontra capitulado no art. 8º, I, da Constituição Federal.

A Contribuição Sindical (tratada em parte no tópico anterior) está prevista a contar do art. 578 da CLT e trata-se de um resquício do sistema ditatorial getulista, baseado no modelo corporativista de organização.

Quando da Constituição de 1988, tentou-se eliminar tal forma de cobrança, embora não se tenha obtido sucesso, tendo sido recepcionada pelo art. 8º, IV, parte final do mesmo texto constitucional.

Suas características são: a) compulsoriedade, sendo obrigatório o seu desconto, correspondente a um dia de trabalho por ano, no mês de março de cada ano, recolhida pelo empregador em guia própria no mês de abril (guia da Caixa Econômica Federal); b) incide também sobre os profissionais liberais ou autônomos e os trabalhadores avulsos; c) essa contribuição é repartida entre sindicato, federação e confederação, respeitando-se percentuais estabelecidos no art. 589 da CLT, acrescentando-se as centrais sindicais; d) as entidades sindicais terão de empregar o dinheiro proveniente da contribuição sindical em gastos específicos, na forma do art. 592 da CLT.; e) a contribuição sindical também é devida aos empregadores em relação às suas entidades representativas, de acordo com o capital social da empresa; f) o não recolhimento da contribuição sindical implicará a expedição de certidão de dívida, a cargo do Ministério do Trabalho, que servirá como título executivo extrajudicial.

Entende-se que a cobrança da contribuição sindical no Brasil atenta contra princípios próprios do Estado Democrático de Direito, em especial o princípio da liberdade. Sua natureza jurídica é discutida, havendo autores que defendem a tese de se tratar de um tributo, bem como de forte corrente jurisprudencial, submetendo ao regime próprio dos tributos. Por ser compulsória não significa que se trata de tributo. Contudo, é algo que se apresenta duvidoso no que diz respeito ao seu enquadramento.

Muito embora tenha havido repúdio por parte dos partidos que apoiam os trabalhadores em relação ao fim da contribuição sindical, conforme já foi feito referência em páginas passadas, por conta da Lei n. 11.648/2008, a referida contribuição não só restou mantida como houve novo disciplinamento em relação à forma de partição do dinheiro arrecadado, sobrando também 10% do total (dos trabalhadores), para fins de manutenção das Centrais Sindicais. Fica provado assim que, de fato, nunca houve a intenção verdadeira de extinguir no Brasil tal cobrança vexatória e não democrática.

No caso das micro e pequenas empresas, por força de decisão em Ação Direta de Inconstitucionalidade (ADI n. 4.033), julgada em 15 de setembro de 2010, o STF manteve a não cobrança da contribuição sindical patronal.

O art. 8º, IV, da Constituição Federal instituiu a contribuição confederativa, que diferentemente da contribuição sindical, necessita ser aprovada por Assembleia Geral da categoria para que seja cobrada, a qual também deverá dispor sobre o valor da cobrança, para fins de custeio do sistema confederativo. O Supremo Tribunal Federal já decidiu que tal cobrança, quando aprovada pela Assembleia, somente poderá ser feita dos associados ao sindicato e não de todos os integrantes daquela determinada categoria, o que a torna diferente da contribuição sindical. Neste sentido, vem o STF:

> Contribuição Confederativa. art. 8º, IV, da Constituição. Trata-se de encargo que, por despido de caráter tributário, não sujeita senão os filiados da entidade de representação profissional. Interpretação que, de resto, está em consonância com o princípio da liberdade sindical consagrado na Carta da República. Recurso não conhecido.[182]

A taxa de reversão salarial, também chamada de contribuição assistencial, apresenta aspectos distintos se comparada com as duas primeiras. Existe um período no ano que se destina especificamente à feitura de nova convenção ou acordos coletivos, chamada data-base. Ocorre que antes mesmo deste período, o sindicato profissional já vem se mobilizando para a discussão e para a campanha com fins de realização do novo instrumento normativo.

No conjunto da pauta de reivindicações também é votado o valor da taxa de reversão salarial que, se aprovada em assembleia, comporá o corpo da própria convenção ou acordo coletivo. O mesmo acontece em relação à entidade patronal, razão pela qual pode ser afirmado que os recursos advindos dessa contribuição são devidos para o fortalecimento do sindicato, seja profissional ou econômico. Em relação a esta forma de contribuição, tem-se também discutido quanto a ser ou não compulsória para todos os representados. Em um primeiro momento, autores como Arion Romita têm defendido a tese de que não seria devida por quem não é associado, seja empregado ou empregador, sendo esta também a posição do TST.

---

(182) BRASIL, STF, 1ª Turma, RE 173869/SP, Recurso Especial, Rel. Min. Ilmar Galvão, julgado em 22.4.1997, DJ 19.9.1997.

CONTRIBUIÇÃO CONFEDERATIVA — EMPREGADOS NÃO ASSOCIADOS — NÃO EXIGIBILIDADE — INTELIGÊNCIA DOS ARTS. 5º, XX, E 8º, IV, DA CONSTITUIÇÃO FEDERAL. A Constituição Federal assegura, a todos os trabalhadores, o direito de livre associação e sindicalização, nos termos dos seus arts. 5º, XX, e 8º, V. A cláusula constante de acordo, convenção coletiva ou sentença normativa que estabelece contribuição assistencial em favor de entidade sindical, quando obriga empregados não sindicalizados ao seu pagamento, ofende a liberdade constitucionalmente protegida. O mesmo ocorre em relação à contribuição para o custeio do sistema confederativo, prevista no art. 8º, IV, da Constituição Federal, que é compulsória apenas para os filiados do sindicato. Cláusulas que impõem o desconto compulsório de referidas contribuições para os integrantes da categoria profissional, abrangendo não filiados ao sindicato, portanto, carecem de eficácia, porque o fazem flagrantemente ao arrepio da inteligência dos arts. 5º, XX, e 8º, IV e V, da Constituição Federal. Recurso de revista parcialmente conhecido e parcialmente provido.[183]

A taxa de associação ou contribuição social é devida por aqueles que são associados ao sindicato, não se esquecendo da diferença marcante entre ser associado e ser sindicalizado. Para que determinado empregado ou empregador sejam associados aos seus sindicatos, necessita-se da manifestação inequívoca dessa vontade. No caso do Brasil, em virtude de todo o desenvolvimento histórico encontrado, esse tipo de contribuição não se desenvolveu muito, marcada que é pela contribuição compulsória. No caso dessa fonte de custeio, não resta margem de dúvidas quanto a ser de livre escolha do empregado ou do empregador.

A tendência moderna é que sobrem apenas dois tipos de fontes de receita, extinguindo-se principalmente a contribuição sindical. Inclusive este indicativo já faz parte da proposta de alteração da parte referente ao Direito Coletivo do Trabalho. No entanto, tal intento no Brasil acaba sendo prorrogado a cada ano.

2.2. As modernas finalidades das entidades sindicais

Vale lembrar inicialmente o contido no art. 8º, III, da Constituição Federal, no qual coube aos sindicatos a defesa dos direitos e interesses coletivos ou individuais da categoria, inclusive em questões judiciais ou administrativas. Ao mesmo tempo, também no art. 8º, I, ficou consignada a autonomia do sindicato, a partir do momento em que restou proibido ao poder público interferir na sua administração e/ou organização. Isto quer dizer que aos estatutos dos sindicatos, guardadas as peculiaridades existentes para cada categoria, seja profissional ou econômica, coube prever as finalidades principais buscadas por este órgão, que se caracteriza como pessoa jurídica privada, embora com uma especial configuração.

Sendo assim, ficam prejudicados em especial os arts. 514, 521, 522 e outros, todos da Consolidação das Leis do Trabalho, que seguem estabelecendo deveres, forma de funcionamento e de administração dos entes sindicais.

---

(183) BRASIL, TST, 4ª Turma, RR 1768-2001-113-03-00, Recurso de Revista, Rel. Min. Milton de Moura França, julgado em 23.10.2002, DJ 8.11.2002.

Com o texto constitucional vigente, o sindicato deixou de se constituir em apêndice do Estado, muito embora ainda guarde profundos resquícios do período anterior, podendo ser citada a manutenção da Contribuição Sindical e a unicidade sindical.

As entidades sindicais representantes de trabalhadores devem ser entes para a promoção de novas propostas que não mais se restrinjam a tratar apenas das que são por elas representadas de forma imediata e regionalmente. Deve ser construído um movimento nacional e internacional capaz de envolver todos os trabalhadores do mundo, independentemente da área de atuação, criando, por assim dizer, uma solidariedade social, capaz de combater procedimentos surgidos com a globalização, como, por exemplo, o direcionamento da produção para espaços territoriais onde não existe o mínimo de proteção aos trabalhadores.

A tendência é que os sindicatos se reúnam em grandes centrais e/ou federações internacionais, o que significa que é possível a formação de centros de decisões que acabem retirando competências regionais. Nos Estados Unidos da América do Norte é possível, desde o final do século, testemunhar referida centralidade. No Brasil, as entidades que promovem as negociações dos bancários já apresentam claros sinais desta mesma centralização.

Contudo, o que se questiona neste tópico é quanto às novas finalidades que estão surgindo para as entidades sindicais. Teriam as entidades sindicais de assumirem também questões ligadas à qualificação profissional, programas de ação social, como, por exemplo, criação de escolas, de fundos para amparo aos trabalhadores desempregados, dentre outros exemplos?

Tudo indica que os entes sindicais não poderão mais se restringir aos combatentes em busca de reajustes salariais, negociações coletivas da sua categoria. Dentro deste novo contexto, sem perder de vista as necessidades imediatas, reserva-se também para as entidades sindicais, tanto de trabalhadores como de empregadores, uma maior participação social e econômica. Isto quer dizer que a ele não pode mais ser atribuída a função reivindicativa, de combate. Diante das modificações pelas quais tem passado a sociedade, agora as entidades sindicais se transformaram em entes proponentes de metodologias de aperfeiçoamento das próprias formas ou processos de produção.

Por conta dessa nova proposta, os próprios instrumentos que historicamente foram utilizados pelas entidades sindicais acabam passando por modificações, como, por exemplo, ocorre com a greve. Até que ponto nos dias atuais a greve se constitui em um instrumento de força para conquistas de melhores condições de trabalho? Não se quer aqui abandonar a greve, mas apenas indagar os métodos geralmente utilizados pelos sindicatos no contexto das novas relações de trabalho e a força destes instrumentos na produção de efetivos resultados.

Atualmente os sindicatos e, por consequência, os seus líderes, devem ser capazes de negociar através de propostas que levem em conta fatores econômicos e sociais, com conhecimento técnico aprofundado, não restrito à relação com a empresa, mas também com outras empresas que participam direta e indiretamente com as empresas negociadas, organismos internacionais e com o Estado, de onde provém medidas de regulação da economia.

Com o processo de globalização surge a necessidade de um novo sindicato, pautado em interesses voltados para a qualidade da educação, com políticas econômicas, com o tratamento que o Estado promove com outros organismos internacionais, fazendo com que os entes sindicais desenvolvam um verdadeiro plano político participativo.

3. Negociação coletiva de trabalho

A negociação coletiva é um processo que busca a solução de um conflito coletivo de trabalho, entre empregados e empregadores, de forma a normatizar as relações de trabalho no âmbito dos representados. No serviço público, regido por estatuto próprio, não é possível visualizar formalmente um processo de negociação coletiva. Embora na prática isto já tenha ocorrido, de forma informal, submetendo-se os seus resultados ao processo de transformação em lei.

Segundo Arnaldo Süssekind, a negociação coletiva possui os seguintes princípios norteadores: a) princípio da boa-fé, que é atinente aos atos jurídicos em geral; b) direito de informação, que significa o direito do sindicato representante dos empregados, antes de formular a sua pauta de negociação, de conhecer a real situação da categoria econômica ou da empresa com quem está negociando. Não pode o empregador simplesmente recusar-se a discutir algum ponto colocado em negociação sem colocar informações concretas. A informação aqui tratada deve ter pertinência com aquilo que é colocado em discussão; c) princípio da razoabilidade, que trata da formulação de pleitos que têm significado prático e que são possíveis de serem atendidos.

Não tem cabimento a formulação de pleitos não razoáveis com a situação que está sendo vivida, levando-se em consideração as particularidades da atividade econômica; d) princípio da paz social, no qual o processo de negociação deve caminhar para a busca inesgotável da conciliação entre as partes. Também, quando o cenário econômico altera-se, mesmo depois de concluída a negociação coletiva, é justo que o desequilíbrio resultante dessas alterações deva ser recomposto, de forma a restabelecer a equação inicialmente proposta.[184]

O nao sucesso no processo de negociação coletiva fará resultar no dissídio coletivo, geralmente com as partes buscando o Poder Judiciário para a solução, o que pode se tornar uma solução desvantajosa. Inclusive o art. 114 da CF, em seu parágrafo primeiro, estabelece a arbitragem para a solução dos conflitos de interesse, embora não tenha sido colocada em prática no Brasil. No § 2º do mesmo dispositivo legal aparece a ação de dissídio coletivo, que em face da Emenda Constitucional n. 45/2004, passou a exigir a autorização da parte contrária contra a qual se estabeleceu o dissídio como requisito para a sua propositura. Isso é inconstitucional por violar o direito de ação, embora até o presente momento não tenha havido pronunciamento a respeito.

---

(184) SÜSSEKIND, Arnaldo et al. *Instituições de Direito do Trabalho*. 21. ed. São Paulo: LTr, 2003. v. 2.

O processo de negociação coletiva, através da autocomposição pacífica dos conflitos de interesse, é um procedimento incentivado pela Constituição Federal, em especial no seu art. 114, § 2º, em que pese o rastro da inconstitucionalidade nele introduzida pela Emenda Constitucional n. 45/2004. Inclusive, antes do cancelamento da Orientação Jurisprudencial (SDI-1) do TST, era obrigatória a negociação coletiva como requisito essencial para o ajuizamento de ação de dissídio coletivo perante a Justiça do Trabalho. Embora tenha havido o seu cancelamento, não é possível buscar a intervenção do Estado na solução de um dissídio coletivo do trabalho sem que tenha havido pelo menos uma tentativa de negociação prévia.

3.1. Fases da negociação

A primeira fase da negociação coletiva de trabalho é a publicação do competente Edital de Convocação da Assembleia Geral que votará a pauta de reivindicações, devendo conter o nome do sindicato, local, data, horário da assembleia e o fim a que se destina. Depois da edição da Constituição Federal vigente, o prazo de publicação, a forma e outros aspectos instrumentais são disciplinados pelo estatuto da entidade sindical. Sobre o Edital de publicação, vale conferir as Orientações Jurisprudenciais (SDC) do TST n. 28 e 35 especialmente.

Existe uma outra discussão quanto ao *quorum* de instalação da Assembleia para deliberar sobre a propositura da ação de dissídio coletivo de trabalho. Alguns autores defendem a tese de que se encontra válido o mínimo de participantes estabelecido no art. 612 da CLT, que estabelece a necessidade do comparecimento de 2/3 dos membros associados, no caso de se tratar de convenção e dos interessados no caso de acordo e, em segunda convocação, 1/3 dos membros.

Discute-se se o estabelecimento de um *quorum* mínimo de votação não seria uma forma de ingerência do Estado na organização sindical. Inclusive a Orientação Jurisprudencial (SDC) n. 14, que fazia referência a exigência do *quorum*, foi cancelada pela Comissão de Jurisprudência e de Precedentes Normativos do TST em 13.11.2003.

Quanto à forma de votação, defende-se neste estudo que caberá ao estatuto da entidade sindical deliberar a respeito, podendo ser voto aberto ou fechado, embora o art. 524 da CLT tenha estabelecido o escrutínio secreto. Não há dúvida que a forma secreta é a melhor para preservar o anonimato da votação, de maneira a evitar que o empregado seja perseguido em razão da decisão tomada.

É importante frisar que um dos maiores instrumentos que regia a instauração de ações de dissídios coletivos do trabalho, que é a Instrução Normativa n. 4/1993, foi revogada pelo TST (Tribunal Pleno, Resolução n. 116/2003). Vale citar a informação publicada por aquele órgão.

O juiz Orlando Tadeu, presidente em exercício da Associação Nacional dos Magistrados do Trabalho (Anamatra), afirmou que o Tribunal Superior do Trabalho deu "um grande passo para que os Tribunais Regionais do Trabalho reafirmem e retomem sua autonomia no julgamento de dissídios coletivos" ao cancelar a Instrução Normativa n. 4, que fixava parâmetros para a aceitação desse tipo de processo.

Orlando Tadeu lembra que atuou durante 12 anos como advogado na área de Direito Coletivo do Trabalho e que, naquela época, ainda não havia sido baixada a Instrução Normativa n. 4. "Os Regionais, ao decidir um dissídio coletivo, atuam como árbitros, e devem buscar a solução do conflito entre a categoria econômica e os trabalhadores", observa. "Para isso, não devem se apegar a um excesso de formalidades. Para a empresa ou para o sindicato, detalhes como atas de assembleia, listas de presença e outras exigências não são tão importantes. O que importa realmente é saber o que a categoria deseja e o quanto o sindicato patronal está disposto a dar, e a partir daí chegar à solução do conflito", explica.

O presidente em exercício da Anamatra considera que, ao cancelar a Instrução Normativa n. 4, o TST "reparou um equívoco", porque era grande o número de casos em que tanto patrões quanto empregados ficavam prejudicados pelo excessivo apego a "pequenos detalhes processuais". Lembrando que o objetivo da Justiça do Trabalho é promover a paz social, o juiz conclui afirmando que o cancelamento da Instrução dá mais liberdade aos Regionais para buscar soluções efetivas para os conflitos entre capital e trabalho, permitindo a superação de alguns entraves processuais.

Mesmo diante da revogação da Instrução Normativa n. 4/1996, continuam necessários outros avanços para a efetiva instrumentalidade do processo de solução dos conflitos coletivos.

4. Instrumentos normativos

Enquanto instrumentos normativos, resultados dos processos de negociação coletiva, surgem o acordo coletivo de trabalho e a convenção coletiva de trabalho. Na forma do art. 611 da CLT, a convenção coletiva de trabalho é o acordo de caráter normativo, pelo qual dois ou mais sindicatos representantes de categorias econômicas e profissionais estipulam condições de trabalho aplicáveis, no âmbito das respectivas representações, as relações individuais do trabalho. Trata-se de um acordo de caráter normativo e obrigacional, que refletirá sobre os contratos individuais de trabalho.

O acordo coletivo de trabalho é o resultado de um processo de negociação coletiva de trabalho entre o sindicato representante de determinada categoria profissional e uma ou mais empresas, correspondente à determinada categoria econômica correlata, que estipula condições econômicas e obrigacionais nos âmbitos das empresas pactuantes (art. 611, § 1º, da CLT). Difere da convenção coletiva de trabalho em relação às partes celebrantes, bem como em relação à sua extensão, acabando por ter uma abrangência menor.

Possuem legitimidade para celebrar o acordo ou a convenção coletiva de trabalho os sindicatos, a empresa ou comissões de trabalhadores, na forma do art. 617 da CLT. As federações e confederações, na falta da primeira, também poderão estabelecer acordos ou convenções coletivas de trabalho para reger as relações das categorias a elas vinculadas, inorganizadas em sindicato.

Segundo o contido no art. 613 da CLT, as convenções e acordos coletivos de trabalho deverão conter: a) designação dos sindicatos convenientes ou das empresas acordantes; b) prazo de vigência; c) categorias abrangidas; d) condições ajustadas para reger as relações de trabalho e prazo de vigência; e) normas para a conciliação das divergências que surgirem; f) normas sobre o processo de sua revisão e prorrogação; g) direitos e deveres dos empregados e empresas; e h) penalidades para os sindicatos convenientes.

Qualquer norma que venha a dispor de forma contrária aos princípios que regem o Direito do Trabalho, normas de ordem pública ou que seja menos favorável aos empregados em relação ao que se encontra estabelecido nos contratos individuais ou em regras costumeiras que tenham integrado o patrimônio do empregado serão consideradas inválidas para todos os efeitos legais.

Os acordos ou convenções coletivas de trabalho deverão ser celebrados por escrito, e suas cópias deverão ser depositadas para fins de registro junto ao Ministério do Trabalho. Embora entenda-se não ser de grande valia a necessidade do registro da Convenção ou do Acordo junto ao Ministério do Trabalho, o Tribunal Superior do Trabalho vem firmando entendimento sobre a necessidade do registro para fins de ser obtida a validade do instrumento, por conta de se tratar de requisito obrigatório não revogado até o presente momento (art. 615, § 1º, da CLT).

Quanto aos efeitos das convenções ou dos acordos coletivos, vale citar a regra contida na Súmula n. 277 do TST, que embora seja direcionada para as sentenças normativas, também se torna aplicável para as convenções ou acordos: SENTENÇA NORMATIVA. Vigência. Repercussão nos contratos de trabalho. As condições de trabalho alcançadas por força de sentença normativa vigoram no prazo assinado, não integrando, de forma definitiva, os contratos.

Existem cláusulas nas convenções ou acordos que são consideradas ultra-ativas, ou seja, que extrapolam o prazo de validade máximo de dois anos desses instrumentos, embora na prática percebe-se que a validade de uma convenção ou acordo é de no máximo um ano.

É o caso, por exemplo, de cláusula que estabeleça para os empregados que estejam a menos de dois anos para adquirirem suas aposentadorias na vigência da convenção. Mesmo que terminada sua vigência, aqueles que cumpriram com os requisitos exigidos, tendo menos de dois anos para a aposentadoria, não perderão referido direito, ainda que a cláusula não venha a ser renovada. Nada mais é que a teoria do direito adquirido aplicada às convenções coletivas de trabalho.

Quanto ao espaço, a convenção e/ou acordo coletivo de trabalho abrangerão a área territorial dos seus signatários, não havendo maiores problemas a serem discutidos a respeito.

Uma questão de difícil compreensão é quando existem simultaneamente uma convenção e um acordo, ao mesmo tempo. Como ficará a aplicação? O acordo, por ser mais particular, sobreporá a convenção coletiva de trabalho?

Segundo Mário Pinto Rodrigues da Costa Filho:

No Brasil destes novos tempos, apesar dos esforços em contrário, a questão tem sido resolvida com apoio no princípio ou teoria do conglobamento.

Pontos anteriormente conquistados por uma categoria de trabalhadores devem ser considerados no conjunto das regras, não podendo ser pinçados somente os favoráveis de um estatuto para somar-se ao de outra convenção. Por este princípio, conjugando-o com o da autonomia privada coletiva e o da flexibilização, introduzido pela Constituição (art. 7º, VI), os Sindicatos podem reduzir benefícios em troca de garantias que, em dado momento, sejam consideradas mais vantajosas para a totalidade da categoria.

Este princípio, por isto, inviabiliza a análise isolada de uma ou outra cláusula coletivamente pactuada. A classe trabalhadora, para obter vantagem, deve ter em mente que precisa negociar uma condição em relação às outras e isto não afeta o princípio interpretativo tradicional da norma mais favorável ao trabalhador, uma vez que a norma coletiva deve ser analisada sistemicamente e não particularmente, sob pena de sua descaracterização.

Tampouco permite este princípio do conglobamento que se analise uma única cláusula de acordo coletivo (produto de autocomposição), para entendê-la inválida, sem considerar o conjunto das demais vantagens auferidas pela categoria. O princípio da autonomia da vontade coletiva e o da flexibilização, introduzido pelo art. 7º, VI, da Constituição, autorizam o sindicato a reduzir benefícios, em troca de garantias que, em dado momento, sejam consideradas mais vantajosas para a totalidade da categoria.

Pronunciamento do TRT da 5ª Região enfrentou bem a questão utilizando esta regra ao fixar que é da interpretação do conjunto das cláusulas normativas instituídas pelos respectivos instrumentos que se extrai o conceito da norma mais favorável (*ipsis litteris*).[185]

Neste sentido valem ser citados decisões do TST sobre o assunto:

> RECURSO DA UNICON — ADICIONAL DE PERICULOSIDADE — AUSÊNCIA DE PROVA PERICIAL — É imprescindível a realização de perícia técnica para a comprovação da periculosidade, cabendo ao juiz determiná-la, mesmo que a parte não a tenha solicitado. Recurso de revista parcialmente conhecido e provido. 2 — RECURSO DA ITAIPU BINACIONAL — TEORIA DO CONGLOBAMENTO — Tratado binacional Brasil-Paraguai. Norma aplicável. Turnos ininterruptos de revezamento. Horas extras. O decreto setenta e cinco mil, duzentos e quarenta e dois de setenta e cinco dispõe sobre a aprovação do protocolo adicional sobre relação de trabalho e previdência social. A hipótese é de

---

(185) COSTA FILHO, Mário Pinto Rodrigues da. Interpretação das normas coletivas do trabalho e o princípio do conglobamento. *Jus Navegandi*, ano 5, n. 49, fev. 2001. Disponível em: <http://jus2.uol.com.br/doutrina/texto.asp?id=1188> Acesso em: 12 ago. 2008.

tratado internacional, fonte formal de direito interno. O decreto setenta e cinco mil, duzentos e quarenta dois de setenta e cinco é, então, lei no sentido material. A aplicação de normas de diplomas jurídicos diversos implica a interpretação deficiente do fenômeno do direito, submetido à teorização temerária do juiz, que estaria transformado em árbitro e inovador do direito pactuado pelas partes. Se for dado ao Judiciário o poder de destacar normas da CLT e do tratado binacional de Itaipu, para dispor sobre regência trabalhista especifica, ficaria possibilitada a criação de um terceiro regime. A teoria do conglobamento retrata a aplicação de um único regime normativo e afasta a possibilidade da simbiose jurídica.[186]

HIDRELÉTRICA ITAIPU — PROTOCOLO ADICIONAL DO TRATADO DE ITAIPU — CLT — TEORIA DO CONGLOBAMENTO — 1. Em razão da teoria do conglobamento, não se pode pinçar norma de um estatuto para aplicar em outro. Ou seja, se as horas extras noturnas são reguladas pelo art. 5º, letra *f*, do Protocolo Adicional sobre Relação de Trabalho e Previdência Social, aprovado pelo Decreto n. 75.242/75, esta norma não pode coexistir com o disposto na CLT, ainda que o estatuto celetista contenha norma mais favorável. 2. Recurso de revista parcialmente conhecido e provido.[187]

ACORDO HOMOLOGADO — Cláusula supostamente ofensiva a direito individual assegurado em lei. O interesse individual não há de sobrepor-se ao coletivo. E tampouco permite o princípio do conglobamento que se analise uma única cláusula de acordo (produto de autocomposição, portanto) para considerá-la inválida, sem que se considere o conjunto das demais vantagens auferidas pela categoria. O princípio da autonomia privada coletiva e o da flexibilização, introduzido pelo artigo sétimo, inciso seis, da Constituição autorizam o sindicato a reduzir benefícios, em troca de garantias que, em dado momento, sejam consideradas mais vantajosas para a totalidade da categoria. Recurso do Ministério Público do Trabalho provido parcialmente.[188]

Concluindo, em existindo convenção ou acordo coletivo, não podem ser aplicadas cláusulas ora desse ora de outro instrumento, valendo analisá-las como um todo. Sendo assim, deve-se avaliar, no seu conjunto, se a Convenção ou o Acordo Coletivo é mais favorável na íntegra, descabendo aqui, por conta de ser o acordo mais particular que a convenção, a aplicação do acordo coletivo.

5. Direito de greve

O direito de greve encontra-se assegurado no art. 9º da Constituição Federal, regulado pela Lei n. 7.783, de 28 de junho de 1989, competindo ao trabalhador o direito de escolha da oportunidade de exercício desse direito e os interesses que por meio dele devem ser defendidos. Entende-se que, em relação aos interesses que devam ser defendidos, não é possível se ter uma interpretação ilimitada, por conta de que devem ser interesses presos à categoria.

---

(186) 3 – RECURSO DE REVISTA PARCIALMENTE CONHECIDO E PROVIDO EM PARTE – TST – RR 276578/1996 – 3ª T. – Rel. Min. Francisco Fausto – DJU 5.2.1999 – p. 00227.

(187) TST – RR 240785/1996 – 3ª T. – Rel. Min. Francisco Fausto – DJU 10.9.1999 – p. 00086.

(188) TST – RODC 426144/1998 – DC – Rel. Min. Armando de Brito – DJU 14.8.1998 – p. 00136.

A greve, juridicamente falando, diz respeito à suspensão temporária, total ou parcial, uma vez que setores determinados de uma grande empresa podem estar em greve, enquanto que outros setores continuam trabalhando normalmente. O quadro abaixo mostra a greve na história das Constituições brasileiras.

Constituição do Estado Brasileiro e leis esparsas	Trabalho	Greve
1824	Previa a segurança e saúde dos trabalhadores; abolia as corporações de ofício. Direitos trabalhistas: aviso-prévio, indenização na rescisão injusta, salário de três meses nos acidentes sem culpa.	Não se manifestou.
1891	Direitos de sindicalização a todas as classes. Sindicato único. O Código Civil de 1916 chama o trabalho de locação de serviços. Em 1919, o Tratado de Versailles institui a OIT. Competência privativa do Congresso Nacional em legislar sobre matéria de trabalho. Em 1928, é criado o Conselho Nacional do Trabalho, órgão julgador dos dissídios desta matéria. Em 1930, é criado o Ministério do Trabalho.	O Código Penal vigente considerava delito punível de 1 a 3 meses de reclusão.
1934	Reconhece o sindicato e a associação profissional; pluralidade e autonomia sindical.	Não se manifestou.
1937	Unidade sindical.	A greve é ilícita e nociva à Nação — criminalizada novamente.
1946	Intervenção estatal no sindicato.	Volta a ser permitida, assim como o *lock out*; atividades fundamentais não podem entrar em greve.
1967	Diminuiu a margem de atuação dos sindicatos.	Proibição da greve, que era atentatória à segurança nacional.
1988	Lei de greve — Lei n. 7.783 de 1989.	A greve volta a ser permitida como instrumento de defesa do trabalhador, exceto para os servidores civis e militares e magistrados, por falta de lei regulamentadora.

Desde a Lei de greve de 1989 que não se usa mais a expressão legalidade ou ilegalidade, mudando-se para a terminologia abusividade ou não abusividade. Para entender esses novos termos, deve-se levar em conta o procedimento para se fazer a greve, ao ponto de a greve poder ser legítima ou ilegítima, variando do cumprimento ou não dos requisitos exigidos.

Ocorre que a Lei de greve estabelece alguns requisitos ou pressupostos que devem ser cumpridos para a greve se tornar legítima, ou seja, não abusiva. Dentre eles, destacam-se: a) que a greve deve ser o último meio a ser empregado pelos trabalhadores para a solução de um conflito coletivo de trabalho. Deve-se esgotar tudo o que for possível e, ainda assim, mesmo durante o período de greve, as partes em litígio devem estar abertas ao diálogo; b) deve haver o aviso da entidade sindical de trabalhadores à entidade patronal, com o prazo mínimo de 72 horas para as atividades essenciais, e de 48 horas para as atividades não essenciais, antes de iniciar a greve propriamente dita; e c) a greve não pode servir como vingança ou ato de repúdio, devendo ser pacífica e respeitando-se os direitos daqueles que querem trabalhar.

Quando a greve é feita de forma a cumprir com os requisitos de lei, surgem os chamados direitos dos grevistas, valendo elencar: a) não serem os grevistas substituídos por novos empregados contratados; b) poder empregar meios pacíficos para persuadir ou aliciar os trabalhadores que ainda não aderiram à greve; c) arrecadar fundos para custear a greve; d) divulgar com liberdade o momento dentro e fora da empresa; e d) fica proibida a rescisão de contratos de trabalho durante a greve.

Na hipótese de a greve ser considerada judicialmente como abusiva, deixam de existir referidos direitos, podendo caracterizar falta grave passível de demissão por justa causa.

A greve, como ato jurídico, deve sujeitar-se à regulamentação legal, sendo, portanto, abusivo o movimento deflagrado sem a observância dos requisitos contidos na Lei n. 7.783/1989.

A greve é um direito potestativo, sendo seu objeto a solução coletiva de um conflito de interesses, não se amparando no interesse de um único indivíduo. Também, não carece a greve de nenhum provimento judicial para reconhecer a sua não abusividade. O que pode ser discutido no campo judicial é se ela é abusiva e não o inverso. O ponto principal da greve é não tê-la como um fim, mas um meio para solução de um conflito coletivo.

No caso dos empregadores, a greve não é permitida legalmente, ou seja, o fechamento da empresa, também chamado de *lockout*, o que significa que o empregador não pode promover o fechamento temporário da empresa no intuito de levar os empregados a aceitar uma determinada proposta salarial.

Coloca-se que os servidores públicos estatutários, magistrados, promotores, militares e delegados não podem fazer greve, embora não exista uma vedação legal para tanto. A maioria dos doutrinadores posiciona-se no sentido de a norma insculpida no art. 37, VII, da CF/1988 ter eficácia limitada. Em abono a tal posicionamento, o STF, a quem cabe a interpretação da Constituição, manifestou-se em sede do julgamento do MI n. 20-DF da seguinte forma:

> EMENTA: MANDADO DE INJUNÇÃO COLETIVO — DIREITO DE GREVE DO SERVIDOR PÚBLICO CIVIL — EVOLUÇÃO DESSE DIREITO NO CONSTITUCIONALISMO BRASILEIRO — MODELOS NORMATIVOS NO DIREITO COMPARADO — PRERROGATIVA JURÍDICA ASSEGURADA PELA CONSTITUIÇÃO (ART. 37, VII) — IMPOSSIBILIDADE DE SEU EXERCÍCIO ANTES DA EDIÇÃO DE LEI COMPLEMENTAR — OMISSÃO LEGISLATIVA — HIPÓTESE DE SUA CONFIGURAÇÃO — RECONHECIMENTO DO ESTADO DE MORA DO CONGRESSO NACIONAL — IMPETRAÇÃO POR ENTIDADE DE CLASSE — ADMISSIBILIDADE — *WRIT* CONCEDIDO. DIREITO DE GREVE NO SERVIÇO PÚBLICO: *O preceito constitucional*

que reconheceu o direito de greve ao servidor público civil constitui norma de eficácia meramente limitada, desprovida, em consequência, de autoaplicabilidade, razão pela qual, para atuar plenamente, depende da edição da lei complementar exigida pelo próprio texto da Constituição. A mera outorga constitucional do direito de greve ao servidor público civil não basta — ante a ausência de autoaplicabilidade da norma constante do art. 37, VII, da Constituição — para justificar o seu imediato exercício. O exercício do direito público subjetivo de greve outorgado aos servidores civis só se revelará possível depois da edição da lei complementar reclamada pela Carta Política. A lei complementar referida — que vai definir os termos e os limites do exercício do direito de greve no serviço público — constitui requisito de aplicabilidade e de operatividade da norma inscrita no art. 37, VII, do texto constitucional. Essa situação de lacuna técnica, precisamente por inviabilizar o exercício do direito de greve, justifica a utilização e o deferimento do mandado de injunção. A inércia estatal configura-se, objetivamente, quando o excessivo e irrazoável retardamento na efetivação da prestação legislativa — não obstante a ausência, na Constituição, de prazo pré-fixado para a edição da necessária norma regulamentadora — vem a comprometer e a nulificar a situação subjetiva de vantagem criada pelo texto constitucional em favor dos seus beneficiários. MANDADO DE INJUNÇÃO COLETIVO: A jurisprudência do Supremo Tribunal Federal firmou-se no sentido de admitir a utilização, pelos organismos sindicais e pelas entidades de classe, do mandado de injunção coletivo, com a finalidade de viabilizar, em favor dos membros ou associados dessas instituições, o exercício de direitos assegurados pela Constituição. Precedentes e doutrina. (grifos nossos)[189]

No entanto, embora a posição do STF quanto ao não exercício da greve no serviço público por carência de regulamentação tenha sido histórica, em 2007 essa posição se modificou, inaugurando, por assim dizer, um novo paradigma. Melhor explicando, a Suprema corte adotou a possibilidade do exercício da greve no serviço público, embora carecedora ainda de regulamentação.

Os mandados de injunção de n. 670/ES e 712/PA foram decisivos. Ainda com ressalvas, o ministro Eros Grau, condutor do processo, esclareceu em seu voto que o mandado de injunção não tem o poder de estabelecer a norma regulamentadora, mas somente a que será aplicada no caso, o que significa que naquele caso dos mandados de injunção, aplicou-se por analogia a lei que disciplina a greve na iniciativa privada (Lei n. 7.783/1989), até que venha lei própria para regular a greve no serviço público, com as alterações necessárias para atender as suas peculiaridades. Em outras palavras, até que seja preenchida a lacuna, para aqueles casos, o STF autorizou a aplicação da lei de greve da iniciativa privada, no que diz respeito às atividades essenciais, tornando assim consagrada e exercitável a greve no serviço público na forma do art. 36, VII, da CF.

O voto do ministro Eros Grau seguiu o voto do ministro Gilmar Mendes, embora alguns pontos restaram polêmicos, como, por exemplo, se caberia considerar todo o serviço público como essencial. Acredita-se que norma regulamentadora está prestes a vir, ainda que as propostas de regulamentação da greve no serviço público pareçam, num primeiro momento, bastante restritivas.

---

(189) MANDADO de Injunção MI 20 DF. Disponível em: <http://www.jusbrasil.com.br/jurisprudencia/748172/mandado-de-injuncao-mi-20-df-stf> Acesso em: 20 nov. 2009.

A Lei de greve no Brasil estabeleceu uma diferença entre a greve feita nos serviços não essenciais em relação à dos essenciais. O seu art. 10 acabou por elencar quais os serviços essenciais, sendo eles: a) tratamento e abastecimento de água, produção e distribuição de energia elétrica, gás e combustíveis; b) assistência médica e hospitalar; c) distribuição e comercialização de medicamentos e alimentos; d) serviços funerários; e) transporte coletivo; f) captação e tratamento de esgoto e lixo; g) telecomunicações; h) guarda, uso e controle de substâncias radioativas, equipamentos e materiais nucleares; i) telecomunicações; j) controle de tráfego aéreo; g) compensação bancária.

É importante ressaltar que nas atividades essenciais, o sindicato deve garantir o mínimo de funcionamento, no sentido de oferecer a prestação dos serviços indispensáveis para o atendimento das necessidades inadiáveis da população. Entende-se como necessidades inadiáveis aquelas que, se não prestadas, colocam em risco ou perigo iminente a sobrevivência ou a segurança da população.

Outra questão bastante importante, em se tratando dos efeitos da greve, diz respeito à suspensão do contrato de trabalho. Quer dizer que o tempo em que as atividades estão paralisadas não conta para fins de tempo de serviço ou aquisição de qualquer direito. Isso significa que o tempo em que se está em greve, seja ela abusiva ou não abusiva, não implica na obrigação do pagamento da remuneração do período. Ocorre que, muitas vezes, para cessar o movimento, as partes acabam acordando a reposição das horas não trabalhadas e o não desconto dos dias parados. Neste caso, haverá o cômputo do tempo de serviço.

Como já foi apresentado em tópicos anteriores, com as mudanças já ocorridas em termos de relações de trabalho e as que estão para ocorrer em um certo espaço de tempo, fica reduzida a eficácia que pode ser obtida a partir de movimentos grevistas regionais, considerando-se a internacionalização das relações de trabalho.

Muitas vezes a empresa regional, mesmo que pressionada pela greve, não possui uma estrutura de poder capaz ou suficiente para atender às reivindicações que são feitas, perdendo-se, assim, o próprio potencial ofensivo que se pretende com a greve. Resta, então, o aprimoramento de outros instrumentos, considerando o fato do surgimento de novos núcleos de poder nas relações de trabalho.

Capítulo IV
Direito Internacional do Trabalho

1. Direito Internacional do Trabalho: conceito e autonomia

Fica difícil falar em Direito Internacional do Trabalho sem mencionar a Organização Internacional do Trabalho (OIT). Alguns estudiosos do assunto defendem a tese de que o Direito Internacional do Trabalho somente passou a existir a contar da criação da OIT (1919), Tratado de Versailles, escolhendo-se a Suíça para sediar tal organização. Através da OIT teve-se um profundo avanço em termos de construção jurídica, em se tratando de direitos sociais. A OIT, desde o seu surgimento, caracterizou-se como, uma organização que apresentava pontos peculiares no que tange à sua estrutura, como por exemplo, sistema tripartite de representação, geração de obrigações formais dos Estados-membros, criação de mecanismos de controle e fiscalização e, por fim, intensa produção normativa.

Com todo este avanço, alguns doutrinadores, como, por exemplo, Mario de La Cueva, chegaram a defender a autonomia do Direito Internacional do Trabalho.[190]

Foi bastante difundida a tese de que o Direito Internacional do Trabalho pertenceria a um dos ramos do Direito Internacional Público. E tudo indica que esta colocação foi a que prevaleceu. Segundo Arnaldo Süssekind, o Direito Internacional do Trabalho tem como finalidade: a) universalização dos princípios da justiça social, com a correspondente universalização das normas jurídicas; b) aprimorar a cooperação internacional visando à melhoria das condições de vida do trabalhador em harmonia com o desenvolvimento técnico-econômico.[191]

O interessante é que o Direito Internacional do Trabalho, quando se trata de produção normativa e das finalidades acima já dispostas, aproxima-se do Direito Internacional Público. Porém, quando se trata da busca da solução de conflitos de normas em matéria de relações de trabalho, ele se aproxima do Direito Internacional Privado, como, por exemplo, no caso dos contratos internacionais de trabalho.

Alguns críticos alertam para o fato de que não foi só o apelo social que levou à internacionalização do Direito do Trabalho. Também a questão econômica, por conta da necessidade de equiparar, na medida do possível, os custos e os encargos sociais relativos às regras de proteção ao trabalho.

Esta colocação parece ter um excesso de rigor. No entanto, principalmente nos dias atuais, nos quais mercadorias produzidas em países onde a mão de obra é excessivamente

---

(190) CUEVA, Mario de La. *El Nuevo Derecho Mexicano del Trabajo*. México: Porrua, 1972.

(191) SÜSSEKIND, Arnaldo. *Direito Internacional do Trabalho*. 3. ed. São Paulo: LTr, 2000.

barata, acabam por gerar em outros países, onde ela é importada, uma concorrência desleal em relação àquelas empresas que produzem em condições diversas, em se tratando de remuneração da mão de obra.

Para conceituar o que seria o Direito Internacional do Trabalho, vale dizer sobre a necessidade de fazer a diferença entre uma relação de trabalho internacional e o simples fato de um estrangeiro vir trabalhar no Brasil, onde, em regra, teria sua relação de trabalho regida pela legislação nacional em face do princípio da territorialidade (regra geral).

O Direito Internacional do Trabalho aponta para a existência de uma normatização supranacional, através de tratados internacionais, envolvendo entes de direito público que não somente os Estados, mas organizações internacionais, em que estas normas internacionais se incorporariam aos ordenamentos jurídicos internos, de acordo com os procedimentos de cada Estado. Isso faria com que as normas internacionais passassem a funcionar como normas internas, para regular as relações individuais e coletivas de trabalho no Estado que aderiu à Convenção Internacional em matéria trabalhista.

Sendo assim, tem-se que o Direito Internacional do Trabalho está vinculado ao Direito Internacional Público, constituindo-se em um conjunto de princípios, que visa a prevenir, estabelecer condições de trabalho dignas, reduzir as desigualdades sociais, harmonizar as legislações internas de cada Estado-membro com os objetivos gerais de valorização do trabalho humano.

2. Tratados, Convenções e Declarações Internacionais

A Comissão de Direito Internacional das Nações Unidas organizou em Viena, em 1968 e 1969, uma conferência diplomática, com a finalidade de firmar uma convenção de âmbito universal sobre o Direito dos Tratados. Surgiu a chamada Convenção de Viena sobre o Direito dos Tratados, que teve sua vigência somente a partir de 27 de janeiro de 1980.

Por Tratado Internacional passou a ser entendido todo acordo formal feito entre sujeitos de direito internacional público, com a finalidade de produzir efeitos jurídicos. Em se tratando de Direito Internacional Público, os Tratados podem ser entendidos como sinônimos de Convenções, embora esta última terminologia seja mais empregada em se tratando de tratados multilaterais referentes à matéria do trabalho. Em algumas situações, os Tratados Internacionais também levam o nome de pacto, como, por exemplo, "Pacto da Sociedade ou Nações". O estatuto das Nações Unidas leva o nome de Carta.

Protocolo é outro termo utilizado no Direito Internacional Público, mais empregado para tratar de documento complementar a um Tratado já existente.

Uma questão muito importante é que o Tratado Internacional deve assumir a forma escrita, tratando-se de um ato jurídico e ao mesmo tempo de uma norma, produzindo efeitos jurídicos internacionais e internos aos entes de direito público signatários.

Para a Convenção de Viena, Tratado é um compromisso celebrado por escrito entre Estados e regido pelo Direito Internacional, dentro da ordem jurídica.

Os Tratados podem ser classificados quanto à forma, que envolve o número de partes e procedimento, e, sob o aspecto material, quanto à natureza da norma, sua execução no tempo e sua execução no espaço.

Também, em relação aos sujeitos, os Tratados podem ser fechados, quando não permitem a adesão de outros sujeitos além dos contratantes e, abertos, quando feitos originariamente entre dois ou mais contratantes, permitindo a adesão de outros sujeitos.

Não pode ser esquecido um instrumento que muito tem sido utilizado, que são os chamados acordos bilaterais, que possuem uma importância limitada, com procedimentos rápidos para a sua aprovação, e que envolvem apenas o Executivo, ou seja, não passando pela aprovação do Congresso Nacional.

Hildebrando Accioly traz uma classificação bastante aceita, que é a divisão dos Tratados em tratados-leis, tratados-contratos e os Tratados Normativos. O primeiro, com o objetivo de fixar normas gerais internacionais, os segundos objetivam fixar direitos recíprocos entre os Estados e os terceiros para a criação de organismos internacionais.[192]

Em regra, os agentes externos dos Estados é que têm representatividade para iniciar a negociação em torno de um Tratado Internacional. São eles: Chefes de Estado e de Governo, Plenipotenciários (ministros das relações exteriores) e Delegados Nacionais (com cartas de plenos poderes para negociar).

Os Tratados são divididos em partes: a) preâmbulo, onde vai a qualificação das partes e a indicação dos motivos ou pressupostos que levaram a se tentar fazer aquele tratado; b) dispositivo, que é o conteúdo propriamente dito do tratado, podendo seguir com anexos; e c) assinatura.

Quanto à entrada em vigor ou vigência, dependendo do caso, pode ser de imediato, ou seja, com o ato de ratificação, o Tratado entra logo em vigência, completando-se o ato jurídico. Ou pode conter uma *vacatio legis*. Uma questão muito importante é fazer com que a vigência internacional coincida com a vigência interna, também chamada de vigência subjetiva.

Quanto à publicidade de um Tratado, de acordo com o art. 102 da Carta de São Francisco: 1. Todo tratado e todo acordo internacional, concluídos por qualquer membro das Nações Unidas depois da entrada em vigor da presente Carta, deverão, dentro do mais breve prazo possível, ser registrados e publicados pela Secretaria.

A Convenção de Viena também trouxe em seus arts. 42 a 72 as hipóteses em que pode ser arguida a nulidade, terminação ou suspensão da aplicação de Tratados feitos.

> Art. 46. O fato de que o consentimento do Estado em obrigar-se por um tratado haja sido manifestado com violação de uma disposição de seu direito interno concernente

---

(192) ACCYOLI, Hildebrando et al. *Manual de Direito Internacional Público*. 15. ed. São Paulo: Saraiva, 2002.

à competência para celebrar tratados não poderá ser alegado pelo Estado com vício de seu consentimento, a menos que essa violação seja manifestada e afete a uma norma de importância fundamental no seu direito interno.

São estes os principais pontos que precisam ser compreendidos para ser dar continuidade ao presente estudo.

3. Da Organização Internacional do Trabalho (OIT)

Primeiramente não pode ser esquecida a influência de Robert Owen como um dos precursores da defesa pelo Estado dos trabalhadores, principalmente em virtude da brutalidade que se instalou a contar da 1ª Revolução Industrial inglesa, onde a liberdade de contratar levou a situações de extrema miséria por parte daqueles que vendiam sua força de trabalho.

Toda esta situação de miserabilidade do trabalho, fruto do liberalismo da época, levou à busca da internacionalização de normas de proteção ao trabalho, junto à regulamentação interna das relações de trabalho. Na Suíça chegou-se até a ter a criação da Associação Internacional do Trabalho (1864) em Londres, com projeto de Karl Marx, uma organização ou Associação Internacional de Proteção ao Trabalho (1890), com sede em Basileia. Outros movimentos, como, por exemplo, a internacional comunista, também contribuiu para este movimento de internacionalização.

Segundo Zoraide Amaral de Souza:

> O Congresso de Haia realizado em 1872 encerrou uma fase evolutiva do movimento trabalhista europeu, onde se desenvolveu sob o signo da Associação Internacional de Trabalhadores, a primeira Internacional, e que criara as condições do próximo passo que lhe seguiria: o advento de partidos trabalhistas nacionais nos países europeus, sua união no seio da Segunda Internacional e a ascensão dos sindicatos também no continente.[193]

Foi com a conferência de Berna e com o Tratado de Versailles (1919) que efetivamente verificou-se a internacionalização institucional do Direito do Trabalho.

A internacionalização do Direito do Trabalho nada mais é que a construção de um ordenamento jurídico que pudesse abranger uma grande parte dos trabalhadores do mundo, levando a consciência da necessidade de construir objetivos comuns, destronando fronteiras geográficas e políticas e constituindo-se os trabalhadores em um só corpo.

Uma coisa é clara: a OIT foi um marco decisivo para o desenvolvimento do Direito Internacional do Trabalho. Razão pela qual, sem querer negar outros acontecimentos importantes que antecederam a criação da OIT, foi com este órgão que o Direito do Trabalho se internacionalizou. Inclusive, em 1944, com a criação da ONU (Organização das Nações Unidas), mais uma vez, em razão da importância desse organismo, ficou

---

(193) SOUZA, Zoraide Amaral. *Organização Internacional do Trabalho.* Disponível em: <http://www.fdc.br/Arquivos/Mestrado/Revistas/Revista09/Artigos/Zoraide.pdf> Acesso em: 23 out. 2008.

firmada, embora vinculada a ela, a autonomia administrativa da OIT. Ela constitui-se não em um departamento da ONU, mas sim em um órgão com personalidade jurídica própria (pessoa jurídica de Direito Público Internacional), que passou a estar vinculado à ONU. Após sua vinculação, porém, a OIT levou, de forma não apropriada, a nomenclatura de agência especial.

3.1. Composição da Organização Internacional do Trabalho — OIT

Desde o seu início, a OIT foi composta por três órgãos: Conferência Internacional do Trabalho (Assembleia Geral), Conselho de Administração e Repartição Internacional do Trabalho. A Conferência e o Conselho de Administração foram compostos por representantes dos governos dos Estados-membros, representantes de trabalhadores e de empregadores, na proporção de dois para os primeiros e um para cada um dos demais (empregados e empregadores). Esta estrutura tripartite fez da OIT algo especial em relação a outros organismos internacionais.

Cabe à Conferência ou Assembleia Geral aprovar projetos de Convenções ou Recomendações, sujeitos de acordo com o procedimento de cada Estado-membro.

São atribuições da Conferência:

a) adotar e resolver as questões atinentes às convenções, recomendações e resoluções internacionais, tendentes a transformarem-se em direito positivo perante seus Estados-membros;

b) examinar a forma de aplicação das convenções ratificadas pelos Estados-membros;

c) decidir acerca da admissão na OIT dos Estados que não sejam membros da ONU;

d) aprovar as credenciais dos delegados às suas sessões e o orçamento da Organização, que é cofinanciado pelos Estados-membros;

e) resolver acerca do orçamento da entidade.

Quanto ao Conselho de Administração, trata-se de órgão que administra a OIT através de reuniões que ocorrem três vezes ao ano para acompanhamento dos trabalhos em Genebra. Compõe-se de 56 membros, sendo 28 representantes dos governos, 14 representantes dos empregadores e 14 representantes dos empregados, de nacionalidades variadas. Dez dos representantes governamentais são indicados por Estados de importância industrial considerável, os demais representantes de todas as categorias são eleitos trienalmente pelos respectivos grupos na Conferência.

Repartição Internacional do Trabalho ou *Bureau* Internacional de Trabalho é a Secretaria da Organização, presidida por um Diretor-Geral, eleito para um mandato de cinco anos pelo Conselho de Administração. Funciona como centro mundial de documentação, investigação e publicação nos assuntos de competência da OIT. Também é responsável pela execução e aplicação das convenções firmadas pelos membros da organização.

A escolha dos membros de cada Estado, representante dos empregados, se dá através das organizações profissionais mais representativas (art. 3º da Constituição da OIT). Os Estados, através dos seus governos, indicarão os seus representantes.

O texto em vigor da Constituição da Organização Internacional do Trabalho foi aprovado na 29ª reunião da Conferência Internacional do Trabalho (Montreal-1946) e tem, como anexo, a Declaração referente aos fins e objetivos da Organização, que fora aprovada na 26ª reunião da Conferência (Filadélfia-1944). A Constituição, assim revista, substituiu a adotada em 1919 e que fora emendada em 1922, 1934 e 1945. Sua vigência teve início em 20 de abril de 1948.

O Brasil ratificou o instrumento de emenda da Constituição da OIT em 13 de abril de 1948, conforme Decreto de Promulgação n. 25.696, de 20 de outubro de 1948.

Segundo Bárbara da Costa Pinto Oliveira, analisando a situação da OIT após a criação da ONU, lecionou:

> Com o advento da ONU, apareceram também as organizações especializadas dentro do chamado "sistema das Nações Unidas", organizações estas que ou já existiam de forma independente no sistema internacional ou seriam criadas com autonomia, para colaborar na consecução dos fins estabelecidos pela Carta de São Francisco, objetivando em grau último a manutenção da paz mundial. A cooperação entre a ONU e as chamadas agências especializadas se dá formalmente por tratados inter-organizações internacionais que firmam amplas responsabilidades e formas de atuação. São tais acordos tratados internacionais preparados pelo Conselho Econômico e Social e aprovados pela Assembleia Geral, restando ao primeiro a tarefa de, ainda, coordenar as atividades da agência através de consultas e recomendações, além de poder exigir relatórios e participar de suas reuniões. Assim prevê o art. 63 da Carta das Nações Unidas:
>
> Art. 63:
>
> 1. O Conselho Econômico e Social poderá estabelecer acordos com qualquer das entidades a que se refere o art. 57, a fim de determinar as condições em que a entidade interessada será vinculada às Nações Unidas. Tais acordos serão submetidos à Assembleia Geral;
>
> 2. Poderá coordenar as atividades das entidades especializadas por meio de consultas e recomendações às mesmas e de recomendações à Assembleia Geral e aos Membros das Nações Unidas.
>
> Tais agências especializadas apresentam como características estarem vinculadas à ONU por um acordo internacional entre organizações. No entanto, são organizações de caráter nitidamente intergovernamental, pois são criadas por Estados (a OIT foi criada pelos 29 Estados que assinaram o Tratado de Versailles de 1919), devem agir no limite de suas atribuições e de seu objeto social, devem ter sede própria, manter membros e funcionários de pelo menos três Estados, possuem personalidade jurídica internacional distinta de seus membros. As agências especializadas como a OIT, portanto, apesar de serem organizações internacionais vinculadas à ONU, são autônomas porque desenvolvem atividades que lhe são próprias; possuem estrutura administrativa autônoma e orçamento próprio; têm sede diferenciada e seus membros nem sempre são membros da ONU; possuem personalidade jurídica internacional em seu próprio tratado instituidor, podendo

solicitar pareceres à Corte Internacional de Justiça. Conforme se verá adiante, a OIT tem os três órgãos fundamentais para a existência de uma organização internacional, quais sejam uma Assembleia, um Conselho e uma Secretaria.

No que tange à filiação, existem duas categorias de membros, que se diferenciam quanto à sua admissão: i) os membros de pleno direito — membros que em 1º de novembro de 1945 já pertenciam à OIT e ii) novos membros — membros que entraram após esta data, seja por uma declaração formal dirigida ao Diretor-Geral, aceitando às obrigações previstas na Constituição da OIT, desde que já seja membro das Nações Unidas, seja através da admissão por voto favorável de 2/3 dos delegados, incluindo o voto de 2/3 dos delegados dos Governos presentes e votantes, se não for o candidato membro da ONU.

Um Estado pode retirar-se da Organização desde que denuncie a Constituição com um pré-aviso de dois anos. Em novembro de 1977, os Estados Unidos fizeram uso desta faculdade que a Constituição da OIT confere. No entanto, o Estado que denuncia não fica dispensado de cumprir as convenções que ratificou, sendo esta uma das especificidades da organização. A OIT conta com 175 membros, entre os quais a Rússia, a França, o Reino Unido, a República Popular da China e os Estados Unidos, que reentraram em 1980. Tem representação paritária de governos destes 175 Estados e de organizações de empregadores e de trabalhadores. Mesmo tendo sua sede em Genebra, conta com uma rede de escritórios em todos os continentes, com um orçamento regular provindo de contribuições de seus Membros, suplementado por contribuições dos países industrializados para programas e projetos especiais específicos. No biênio 2000-2001, o seu orçamento foi de US$ 467 milhões, dos quais apenas 20% eram provenientes de contribuições regulares.[194]

Constituem-se em Convenções fundamentais da OIT:

1 – Convenção n. 29 sobre Trabalho Forçado (1930). Dispõe sobre a eliminação do trabalho forçado ou obrigatório em todas as suas formas. Admitem-se algumas exceções, tais como o serviço militar, o trabalho penitenciário adequadamente supervisionado e o trabalho obrigatório em situações de emergência, como guerras, incêndios, terremotos. 2 – Convenção n. 87 sobre Liberdade Sindical e Proteção do Direito de Sindicalização (1948). Estabelece o direito de todos os trabalhadores e empregadores de constituir organizações que considerem convenientes e de a elas se afiliarem, sem prévia autorização, e dispõe sobre uma série de garantias para o livre funcionamento dessas organizações, sem ingerência das autoridades públicas. Não ratificada ainda pelo Brasil. 3 – Convenção n. 98 sobre Direito de Sindicalização e de Negociação Coletiva (1949). Estipula proteção contra todo ato de discriminação que reduza a liberdade sindical, proteção das organizações de trabalhadores e de empregadores contra atos de ingerência de umas nas outras, e medidas de promoção da negociação coletiva. 4 – Convenção n. 100 sobre Igualdade de Remuneração (1951). Preconiza a igualdade de remuneração e de benefícios entre homens e mulheres por trabalho de igual valor. 5 – Convenção n. 105 sobre Abolição do Trabalho Forçado (1957). Proíbe o uso de toda forma de trabalho forçado ou obrigatório como meio de coerção ou de educação política; como castigo por expressão de opiniões políticas ou ideológicas; a mobilização de mão de obra; como medida disciplinar no

---

(194) OLIVEIRA, Bárbara da Costa Pinto. *Organização Internacional do Trabalho:* aspectos institucionais, poder normativo e atuação. Disponível em: <http://direito.newtonpaiva.br/revistadireito/docs/prof/bkp/PROFES0402.DOC> Acesso em: 19 fev. 2009.

trabalho, punição por participação em greves, ou como medida de discriminação. 6 – Convenção n. 111 sobre Discriminação (emprego e ocupação) (1958). Preconiza a formulação de uma política nacional que elimine toda discriminação em matéria de emprego, formação profissional e condições de trabalho por motivos de raça, cor, sexo, religião, opinião política, ascendência nacional ou origem social, e promoção da igualdade de oportunidades e de tratamento. 7 – Convenção n. 138 sobre Idade Mínima (1973). Objetiva a abolição do trabalho infantil, ao estipular que a idade mínima de admissão ao emprego não deverá ser inferior à idade de conclusão do ensino obrigatório. 8 – Convenção n. 182 sobre Piores Formas de Trabalho Infantil (1999). Defende a adoção de medidas imediatas e eficazes que garantam a proibição e a eliminação das piores formas de trabalho infantil.[195]

A composição da OIT poderia servir de exemplo para a reformulação da própria ONU, no que se refere à correção do desequilíbrio existente neste último órgão, onde as decisões mais importantes são reservadas aos membros do Conselho de Segurança.

3.2. Objetivos da Organização Internacional do Trabalho — OIT

Segundo seus próprios fundamentos, a OIT possui como principais objetivos: promover os princípios fundamentais do Direito do Trabalho, supervisionando e aplicando normas internacionais sobre a proteção do trabalho humano; promover a criação de melhores empregos com vistas a melhorar a renda para os trabalhadores em condições de livre escolha de trabalho; erradicar a discriminação e a desigualdade social; ampliar e tornar efetiva a proteção social e aumentar o tripartismo e o diálogo social.

Com base na Conferência Geral da Organização Internacional do Trabalho, ocorrida na Filadélfia em 1944, ficaram estabelecidos alguns princípios sobre os quais devem ser traçados os objetivos a serem perseguidos pela OIT. Destacam-se a liberdade de expressão e de associação profissional, que no caso pode ser traduzida na liberdade sindical, o fato de o trabalho humano não se constituir em uma mercadoria e a colaboração para a erradicação da pobreza. Para tanto, é necessária a valorização do trabalho humano, a valorização do ser humano, também espiritualmente, dando condições livres de oportunidade para o trabalho. Para atingir a consecução de tais princípios, cabe a OIT tomar decisões e expedir recomendações voltadas à valorização do trabalho humano, ao diálogo permanente a fim de estreitar relacionamentos e conjugação de esforços para que os objetivos principiológicos sejam atingidos.

Por meio de relatórios que são apresentados a cada dois anos por parte de cada Estado-membro, a OIT exerce a fiscalização quanto ao cumprimento das suas Convenções que são ratificadas pelos Estados signatários. Também está previsto na própria Constituição da OIT a possibilidade de formalização de queixas ou de reclamações, que são dirigidas ao Conselho de Administração denunciando erros cometidos ou não cumprimento

---

(195) OIT. *A OIT mantém escritório no Brasil*. Disponível em: <http://www.oit.org.br/news/nov/ler_nov.php?id= 3186%20>.

de suas Convenções. Admitida a reclamação, são compostas Comissões para verificação e apuração das denúncias (art. 25 da Constituição da OIT).

Embora o objetivo da OIT seja o de não sancionar o Estado, que está descumprindo suas convenções (depois de ratificada), poderá, desde que comprovada o descumprimento, vir a OIT a informar o Conselho de Segurança da ONU, a fim de que se adotem providências.

4. Da incorporação dos Tratados Internacionais sobre matéria de Direitos Humanos (Direitos Fundamentais) na ordem jurídica interna

Esta matéria tem provocado muitas discussões, principalmente quando se confronta teóricos do assunto com as decisões que historicamente vêm sendo proferidas pelo Supremo Tribunal Federal. Neste tópico será feito um esforço no sentido de sintetizar aquilo que se tem de principal sobre a matéria.

4.1. Direito do Trabalho e Direitos Humanos

O trabalho é um dos bens constitucionalmente mais exaltados (arts. 1º, 3º, todo Capítulo I do Título II, 7º, 170, 190, todos da Constituição Federal). O trabalho é um bem juridicamente protegido. E o que se entende por "bem juridicamente protegido"? Trata-se de um bem jurídico valorado de modo central por toda a ordem estatal. O grau de importância dispensado constitucionalmente ao trabalho o eleva a estar sempre com o vetor constitucional de proteção voltado a ele.

Desta feita, tem-se consequentemente a proteção dos que a ele estejam ligados. No caso, diretamente os trabalhadores. Daí vem que o princípio protetivo não está vinculado apenas ao Direito do Trabalho e sim ao Direito Constitucional do Trabalho.

Para o intérprete, qualquer confronto que existir concretamente na aplicação de determinada norma jurídica, a proteção ao trabalho deverá sair sempre vitoriosa, enquanto bem jurídico fundamental. A isto dá se o nome de "vontade de constituição" (Konrad Hesse).[196]

Por esta razão, o Direito do Trabalho é classificado como fazendo parte dos chamados Direitos Sociais e, por consequência, dos Direitos Humanos.

Feitas estas colocações, segue-se para o estudo da incorporação de normas de proteção ao trabalho em relação ao ordenamento jurídico interno, dividindo o estudo em incorporação de normas internacionais ordinárias e aquelas que dizem respeito à matéria relativa a direitos humanos, incluindo-se aqui as matérias relativas à proteção do trabalho humano.

---

(196) HESSE, Konrad. *A força normativa da Constituição*. Tradução de: Gilmar Ferreira Mendes. Porto Alegre: Fabris, 1991.

4.2. Regra geral ordinária de incorporação de Tratados Internacionais

A incorporação à ordem jurídica interna de Tratados Internacionais decorre de um ato complexo, resultante da conjugação de vontades do Executivo e do Legislativo. Executivo, art. 84, VIII, da CF e, Legislativo, art. 49, I, da CF.

A vontade manifestada pelo presidente da República, no caso do Brasil, não se aperfeiçoa enquanto não houver a aprovação do Congresso Nacional.

E como o Congresso Nacional se manifesta? Através de Decreto Legislativo, na forma do art. 59, VI, da CF.

Aprovado por meio de Decreto Legislativo, que é promulgado pelo presidente do Senado Federal, ao presidente da República cabe a última palavra, podendo ratificar o Tratado ou rejeitá-lo (esta é outra questão polêmica). Como não se trata de sanção do presidente da República, por ser um procedimento diferente, a ele não caberia o poder de veto, por conta de que já foi aprovada no Congresso. Sem a sua ratificação, o Tratado não terá validade no âmbito interno ou internacional.

Posiciona-se com o ministro Francisco Rezek, onde defende, de forma bem fundamentada, que o ato de ratificação do presidente da República é discricionário e não obrigatório. Significa que, mesmo tendo ele encaminhado mensagem ao Congresso e este aprovado, a ele não é obrigada a ratificação.[197]

Sendo assim, conclui-se que o parlamento autoriza a ratificação. Discute-se o *quorum* junto ao Congresso Nacional para a aprovação da mensagem enviada pelo presidente da República. Para deixar um pouco mais detalhado este procedimento, a regra é que o presidente da República encaminha a mensagem com o conteúdo do Tratado que se pretende firmar, a exposição de motivos, ao primeiro secretário da Câmara dos Deputados (no caso, quem faz é o ministro chefe do Gabinete Civil, acompanhado de parecer técnico — exposição de motivos — feito pelo ministro das Relações Exteriores ou outro ministro que tenha identidade de matéria com o conteúdo do Tratado). A matéria é discutida e votada separadamente, primeiro na Câmara e depois no Senado. Caso a Câmara não aprove, acabou por aí a tentativa de aprovação do Tratado. Ou seja, a questão sequer é levada ao conhecimento do Senado.

Em regra, tanto na Câmara como no Senado, antes de o Tratado ser colocado em votação no plenário, tem-se a participação prévia de comissões específicas, como, por exemplo, a comissão de relações exteriores e a de constituição e justiça.

O *quorum* exigido é o comum de presenças, ou seja, a maioria absoluta. Estando presente esta maioria, a votação será aprovada com a maioria do número de presentes (trata-se do procedimento ordinário de aprovação), regulado pelos regimentos internos de cada uma das casas.

A entrada em vigência do Tratado aprovado e ratificado não se dá com a publicação da ratificação e sim com o termo de depósito, no caso de Tratados Multilaterais, no

---

(197) REZEK, José Francisco. *Direito Internacional Público.* São Paulo: Saraiva, 1996.

que tange aos seus efeitos internacionais, perante o órgão ou ente internacional competente, no caso de Tratados referentes a Direito do Trabalho, junto à OIT. Para fins de produção de efeitos internos, entra em vigência com a publicação no Diário Oficial da União (fase integrativa). Há uma distinção entre produzir efeitos externa e internamente. Para produzir efeitos internos, entrar em vigência, dependerá de promulgação e publicação do Tratado ratificado, e para efeitos externos, dependerá do seu depósito junto ao órgão competente.

Tudo o que foi dito acima, de forma bastante simplificada, cabe para as chamadas matérias ordinárias. Agora, e quando os Tratados Internacionais tratam de matéria relacionada a Direitos Humanos? Como é o caso da grande parte dos Tratados expedidos pela OIT.

Simplificando, tem-se as seguintes fases: a) negociação e assinatura pelo presidente da República; b) aprovação parlamentar, mediante Decreto-legislativo, começando a tramitar pela Câmara dos Deputados e terminando no Senado Federal, sendo o ato chamado de Decreto-legislativo, a cargo do presidente do Senado (caso não aprovado, cabe apenas a sua comunicação ao presidente da República, sendo que este ato, Decreto-legislativo, também é publicado na imprensa oficial); c) ratificação pelo presidente da República, através de Decreto e encaminhamento de cópia para fins de depósito junto ao ente internacional, que remeterá cópia para os demais Estados signatários; d) publicação interna do Decreto de promulgação.

4.3. Sistema de incorporação de Tratados com matéria relativa a Direitos Humanos

Questões de grande importância são colocadas para este estudo (que ainda demandam muitas discussões). Quando se pensava que, com a edição da Emenda Constitucional n. 45/2004, tudo estaria resolvido (trata-se da edição do § 3º, do art. 5º, da CF), a impressão que se tem nos dias atuais é que velhas dúvidas ainda persistem.

Considera-se que boa parte daquilo que se constitui matéria de Direito do Trabalho ou de proteção ao trabalho é concebida como fazendo parte do extenso rol denominado Direitos Sociais e, por consequência, Direitos Humanos. Considerando o tema que está se tentando estudar, não poderia deixar de serem enfocadas duras questões debatidas por diversos estudiosos do tema. Enumerando: 1) os tratados internacionais que tratam sobre matéria referente a Direitos Humanos são incorporados automaticamente ao ordenamento jurídico interno?; 2) A Emenda Constitucional n. 45 trouxe alguma mudança neste aspecto?; 3) Qual o lugar em termos hierárquicos de um Tratado internacional sobre Direitos Humanos, quando incorporado no ordenamento jurídico interno?; e 4) É possível denunciar um Tratado Internacional que trata sobre Direitos Humanos?

Uma questão muito importante de ser lembrada é que os indivíduos são sujeitos a direitos e obrigações e estão submetidos tanto ao direito interno do Estado em que vivem como em relação ao Direito Internacional.

Sendo assim, tem-se uma primeira conclusão: o Direito Interno e o Direito Internacional coexistem e se inter-relacionam.

No tocante aos Direitos Humanos, em sua fórmula originária, a Constituição vigente firmou-se:

1º) O princípio da prevalência dos Direitos Humanos, no que tange às relações internacionais (art. 4º, II, da CF);

2º) A República Federativa do Brasil tem por fundamentos a dignidade da pessoa humana (art. 1º, III, da CF);

3º) Os direitos e garantias nela expressos não excluem outros direitos decorrentes dos princípios por ela adotados (art. 5º, § 2º, da CF);

4º) As normas definidoras dos direitos e garantias fundamentais têm aplicação imediata (art. 5º, § 1º, da CF).

Depois, em razão da Emenda Constitucional n. 45/2004, foi criado o § 3º ao art. 5º, o qual, sem precipitações, parece não trazer qualquer avanço e nem mesmo soluções para as questões antes dela debatidas.

Entenda que se defendia a tese de que matéria internacional relativa a Direitos Humanos incorporava-se ao ordenamento jurídico interno sem necessidade de todos aqueles procedimentos (aprovação legislativa, decreto, ratificação do Executivo etc.). *Muito embora na prática não tivesse ocorrido uma situação conhecida de incorporação automática, assim como não era o entendimento do STF.* Inclusive o entendimento do STF, até os dias de hoje, é bastante cuidadoso sobre esse tema, no sentido de sempre prestigiar as normas internas.

A chamada fórmula automática de incorporação, com a desnecessidade de expedição de decreto do Executivo para a sua execução, era vista como aceita constitucionalmente, por se tratar de uma forma mais rápida de proteção aos beneficiários diretos desses instrumentos internacionais (cidadãos).

Isso significa, em outros termos, a incorporação na Constituição Federal dos Direitos Humanos internacionalmente previstos. Eles eram tidos como normas constitucionais (esta é outra questão que rende debate, ou seja, o posicionamento na hierarquia das leis, no ordenamento interno, desses tratados interiorizados).

Piovesan escreve sobre a natureza material constitucional do conteúdo dos Tratados Internacionais que tratam sobre Direitos Humanos.[198] De outro modo, os Tratados que não contivessem matéria relativa a Direitos Humanos, quando incorporados mediante aprovação do Legislativo, eram (e ainda são) inseridos na condição de legislação infraconstitucional (art. 102, III, *b*, CF).

---

(198) PIOVESAN, Flávia. *Direitos Humanos e o Direito Constitucional Internacional*. 7. ed. São Paulo: Saraiva, 2006.

Segundo o Supremo Tribunal Federal, decisão datada de 1995 deixou de conceder *habeas corpus* de forma preventiva, sobre prisão civil do depositário infiel em face do Decreto n. 911/1969, ainda que no caso tivesse sido utilizado para fundamentar o pedido o contido no Pacto de São José da Costa Rica, que não permite a prisão por dívida civil, salvo no caso de pensão alimentícia. Neste caso, examinando a questão da hierarquia do Tratado (que havia sido ratificado e incorporado ao ordenamento interno em 1992) frente ao decreto, entendeu-se que não podia haver sobreposição daquele sobre a norma interna, sob pena de afetar a segurança jurídica.

Neste sentido, o Supremo Tribunal Federal vem entendendo que o Tratado Internacional incorporado ao ordenamento interno não pode versar sobre matéria própria de Lei Complementar, por possuir força de lei ordinária (STF, ADI n. 1.480-3/DF, DJ 18.5.2001). Além disso, compreende que Tratados Internacionais revogam leis ordinárias anteriores, mas que, contudo, leis ordinárias posteriores suspendem a aplicação de Tratados que versem sobre a mesma matéria, ou que com ele seja incompatível. Deixando de ter vigência, volta a valer o Tratado.

Sendo assim, mesmo os Tratados que contam com matéria relativa a Direitos Humanos não eram tidos pelo Supremo como normas constitucionais, quando aprovados e internalizados. Também, o STF não adotou a prática da incorporação automática desses Tratados ao ordenamento jurídico interno.

Recentemente (3.12.2008), o Supremo Tribunal Federal, em novo julgamento de *habeas corpus* em matéria de prisão de depositário infiel, reformulou anterior entendimento e parece que "novos ares" acabaram soprando naquela Corte.

O STF decretou ilegal a prisão civil por dívida, concedendo *habeas corpus* a depositário infiel, baseando-se em entendimento unânime de que os Tratados Internacionais de Direitos Humanos ratificados pelo Brasil — Pacto de São José da Costa Rica, que proíbe prisão por dívida civil — são hierarquicamente superiores às normas infraconstitucionais (RE n. 349.703). Porém, não houve a sua elevação à condição de norma Constitucional, sendo que para o STF os acordos internacionais se situariam como normas supralegais e não constitucionais. Em outras palavras, os Tratados Internacionais de Direitos Humanos ratificados são superiores às leis ordinárias, como no caso do depositário infiel, previstas no CPC. Para se ter a condição de norma constitucional, o que deverá contar com a aprovação de maioria de dois terços na Câmara e no Senado Federal, em dois turnos, conforme será tratado neste texto. Consequentemente ficou revogada a Súmula n. 619 do STF.

4.4. Sistema de incorporação após a Emenda Constitucional n. 45/2004

Duas questões são colocadas: 1ª) da hierarquia dos tratados, frente ao ordenamento interno; 2ª) da mudança havida quanto à incorporação automática dos Tratados com conteúdo de Direitos Humanos no ordenamento interno.

À segunda hipótese responde-se de forma mais simples. Ou seja, não há incorporação automática, muito embora, mesmo antes da Emenda, esta situação de incorporação automática não tenha ocorrido na prática. Excelentes defensores ainda persistem na teoria da incorporação automática dos Tratados Internacionais com conteúdo de direitos humanos.

Após a Emenda citada, para que o Tratado Internacional com conteúdo de Direitos Humanos se incorpore ao ordenamento interno, enquanto equivalente à Emenda Constitucional, deverá contar com a aprovação do Congresso, em cada uma das suas casas, em dois turnos, com maioria de 3/5. Trata-se do chamado devido processo legislativo.

Defende-se que na hipótese de o Tratado não obter a aprovação com o *quorum* especial, poderá o mesmo ser submetido a um novo procedimento de aprovação sob o rito ordinário, o que o levaria, caso fosse aprovado, a ser incorporado ao ordenamento jurídico interno na condição de lei ordinária.

Em outras palavras, até o presente momento tem-se que Tratados Internacionais somente se incorporam ao ordenamento jurídico interno, na condição de normas constitucionais (estaria no mesmo nível das emendas), quando aprovados por maioria de 3/5.

A questão é que várias teorias ainda tentam explicar a localização dos Tratados Internacionais referentes a Direitos Humanos. Vale enumerar:

1 – Os Tratados com conteúdo de Direitos Humanos possuem natureza supranacional (Celso Albuquerque de Mello);

2 – Os Tratados com conteúdo de Direitos Humanos possuem natureza supralegal (ministro Sepúlveda Pertence), abaixo da Constituição e acima da lei;

3 – Os Tratados de Direitos Humanos com natureza de lei ordinária (ministro Xavier de Albuquerque), podendo haver conflito entre a norma internacional e a norma interna, prevalecendo sempre a posterior, por estarem no mesmo patamar.

Tudo indica que o procedimento estabelecido no art. 5º, § 3º, da Constituição Federal leve, conforme já foi mencionado, posição de norma constitucional, por conta de que se adotou o mesmo posicionamento, quanto à sua aprovação, da Emenda Constitucional. De acordo com este preceito, tornar-se-á norma constitucional e, sendo assim, cláusula "pétrea", na forma do art. 60, § 4º, IV, da CF. Contudo, tal posicionamento ainda não foi endossado pelo STF, embora pareça que seja esta a via a seguir.

Quanto ao controle de constitucionalidade de Tratado desta natureza, deve prevalecer o que socorrer melhor a vítima (conflito com o ordenamento interno), defendido por Piovesan sem, contudo, novamente contar com o STF.

5. Convenção n. 158 da OIT (Organização Internacional do Trabalho)

Um dos princípios do Direito do Trabalho é o da continuidade da relação de trabalho (ou de emprego), considerando que o trabalhador tem na venda do seu trabalho, na maioria das vezes, a única maneira de sobrevivência, dentro do modo capitalista de produção. Sendo assim, retirar dele a possibilidade ou oportunidade de venda desta força de trabalho é restringir a sua própria sobrevivência.

A própria Constituição Federal prevê a proteção contra dispensa arbitrária ou sem justa causa, nos termos de lei complementar, que preverá indenização compensatória, dentre outros direitos (art. 7º, I, da CF).

Ocorre que esta Lei Complementar a que se refere o texto acima ainda não foi editada, e acredita-se que não o será tão logo. Isso porque no art. 10, I, da ADCT, apresentou-se um texto provisório, impondo ao empregador que dispensa o seu empregado desmotivadamente o pagamento de uma multa que incidirá sobre a quantia depositada a título de FGTS. Esta matéria, inclusive, já foi debatida em tópicos anteriores, onde restou demonstrada a necessidade de dar a real interpretação ao referido dispositivo constitucional.

A questão aqui foi deixar que um tratamento provisório se transformasse em definitivo, com o intuito de atender, diante da omissão do legislador ordinário, ao preceito contido no art. 7º, I, da Constituição.

Na prática, nem uma coisa nem outra aconteceu. O texto provisório (tapa-buraco) está em descompasso com a própria Constituição. Haja vista que ele não evitou na prática que as demissões desmotivadas continuassem existindo no Brasil. E tudo indica que não será do Congresso Nacional que virá qualquer proteção neste sentido.

A questão aqui defendida é que o texto constitucional (art. 7º, I) é de eficácia plena, tratando-se de uma verdadeira garantia constitucional, significando dizer que a partir do momento em que um empregado é demitido sem justificativa, sem explicações, sem motivação, está se violando o princípio da dignidade da pessoa humana, contido no art. 1º, III, da mesma Constituição. Trata-se de um direito fundamental, tendo aplicação imediata e podendo ser exercido pelo empregado a qualquer tempo.

No plano do Direito Civil, pode-se afirmar que a demissão desmotivada, ou seja, sem justa causa, também viola o contido em seus arts. 421 e 422 do Código Civil, que elevam os princípios da função social do contrato e da boa-fé, quer seja na sua execução, como na sua terminação. Portanto, não cabe qualquer discussão sobre a aplicação do contido no art. 7º, I, da CF, o qual deve ser aplicado de imediato, sem necessidade de regulamentação, por se tratar de matéria relativa a direito fundamental, o que significa que restou proibida a demissão desmotivada.

Contudo, este não é o posicionamento jurisprudencial, o que significa que, em regra, o empregado pode ser demitido desmotivadamente.

Estudando as diferentes variáveis que podem suportar uma dispensa, Jorge Souto Maior as classifica da seguinte maneira:[199]

1 – dispensa imotivada (que é a dispensa arbitrária), proibida constitucionalmente, dando direito à reintegração ou conversão em indenização compensatória;

---

(199) MAIOR, Jorge Luiz Souto. *Convenção 158 da OIT*. Dispositivo que veda dispensa arbitrária é autoaplicável. Disponível em: <http://jus2.uol.com.br/doutrina/texto.asp?=58208p=1> Acesso em: 10 jul. 2008.

2 – a motivada (sem justa causa, em que se tem um motivo, ainda que não pautado no descumprimento pelo empregado de suas obrigações), dá ao empregado o direito à multa do FGTS;

3 – a dispensa com justa causa (aquela em que o empregado cometeu faltas, contidas no art. 482 da CLT e demais legislações esparsas), não cabe ao empregado qualquer direito a título de indenização;

4 – a dispensa discriminatória (podem ser citados como exemplo as situações previstas na Lei n. 9.029/1995 e outras ainda que não regulamentadas, mas que se incluem no conceito de discriminação), proibida, dando direito à reintegração ou indenização compensatória.

A conclusão a que o autor chega é que não é possível dizer que a dispensa arbitrária, sem qualquer fundamentação, possa dar ensejo tão somente ao empregado no direito à multa dos 40% sobre o FGTS.

O art. 165 apresenta os parâmetros para entender o significado de dispensa arbitrária, valendo citar: os titulares da representação dos empregados nas CIPAs não poderão sofrer despedidas arbitrárias, entendendo-se como tal a que não se fundar em motivo disciplinar, técnico, econômico ou financeiro.

Desta feita, não acabou ainda a proibição contra a dispensa arbitrária, como muitos autores defendem. Observe que a reintegração ao emprego é o modo de se rechaçar com a dispensa arbitrária. Essa somente deve ser convertida em indenização na hipótese de ser desaconselhável o retorno do empregado ao cargo que antes ocupava (ver art. 469 da CLT, aplicável analogicamente ao caso). Também, na hipótese da demissão discriminatória está prevista a reintegração ao emprego e/ou, substitutivamente, a indenização compensatória.

A indenização acaba erroneamente sendo vista como a primeira forma de se ressarcir aquele que foi prejudicado, enquanto deveria ser entendida como uma maneira substitutiva, quando não recomendável a primeira forma, no caso, a devolução do emprego.

Após toda esta exposição, não é possível deixar de dar tratamento àquilo que é o ponto central da discussão. Ou seja, a Convenção n. 158 da OIT, a qual trata efetivamente do tema, que é a proibição da despedida arbitrária do empregado.

Conforme já foi dito em partes anteriores, o Direito do Trabalho, principalmente após a primeira grande guerra, partiu formalmente para a sua internacionalização. Não se sabe com o intuito primeiro de expandir a proteção aos direitos sociais ou de limitar a concorrência entre os mais diversos países, considerando que o valor da mão de obra pode significar o início de uma concorrência desleal entre diversas regiões políticas, como já foi tratado no início. Talvez a concorrência econômica possa ter tido grande peso na internacionalização do Direito do Trabalho ou das regras de proteção social, dependendo do ângulo que se avalie.

Com o Tratado de Versailles, também já estudado, foi criada a OIT (1919), sendo que após a segunda grande guerra (1944), tem-se a ampliação das regras internacionais de proteção ao trabalho, dando novo rumo ao trabalho, sendo ele agora dotado de valorização humana e não só como mercadoria. A OIT se consagrou, principalmente em sua Assembleia Geral, por ter a representação de três segmentos dentre os Estados-membros daquele órgão: a representação do governo, dos trabalhadores e dos empregadores. Esta talvez seja a fórmula mais precisa que se podia inventar em termos de busca da legitimidade na representação, embora haja uma sobreposição do primeiro e do último sobre o segundo.

As normas que são produzidas pela OIT se plasmam por recomendações ou por Convenções. As primeiras dizem respeito às metas a serem atingidas e as segundas visam a criar obrigações para os Estados que fazem parte do referido órgão internacional.

A partir do momento em que a Convenção (Tratado) internacional é aceita, aprovada pelo Poder Legislativo e ratificada pelo Executivo, depositada junto à Repartição Internacional do Trabalho — OIT, e doze meses após o depósito, a Convenção entra em vigor no Estado signatário. No Brasil, adota-se a necessidade da existência do chamado Decreto de Promulgação da Convenção.[200]

No caso da Convenção n. 158, houve o cumprimento de todos os requisitos para sua entrada em vigência no Brasil: 1) Decreto legislativo n. 68, de 16 de setembro de 1992, aprovou; 2) Foi ratificada e depositada junto à OIT em 5 de janeiro de 1995; e 3) foi promulgada por Decreto n. 1.855, de 11 de abril de 1996. Doze meses depois entrou em vigência.

Ocorre que, como é sabido, através do Decreto n. 2.100, de 20 de dezembro de 1996, publicado em 23 do mesmo mês e ano, a referida Convenção foi denunciada (retirada sua vigência, tornada inválida a partir de então). A questão que se coloca é: como pode para a sua aprovação contar necessariamente com a aprovação do Congresso e, para a sua denúncia, não precisar da aprovação do Congresso?

A coparticipação existe para a aprovação, devendo existir também para a denúncia. Ou não? Existe dispositivo expresso na Constituição Federal que atribui tal poder ao presidente da República? Caso exista, onde está?

Algo que poderia ser levantado, só que perante o Supremo Tribunal Federal, é quanto à inconstitucionalidade da Convenção aprovada. Porém, a referida Convenção é a expressão viva do contido no art. 7º, I, da CF quanto à proteção ao trabalho e não houve por parte do STF manifestação a respeito de possível inconstitucionalidade.

Alguns autores da época alegaram que a proteção contra despedida arbitrária somente poderia acontecer por Lei complementar e não por Convenção. Não precede tal afirmativa, por conta de que a Lei complementar tem neste caso como atributo regular o contido na Constituição Federal, e o texto que regula não pode circunscrever

---

(200) Toda a matéria já foi estudada nos tópicos anteriores (procedimento para aprovação).

o alcance do texto regulado. Nem precisa aqui ser dito que se trata de Direitos Humanos e, sendo assim, com a aplicação do art. 4º, II, da Constituição Federal, fica difícil fundamentar esta denúncia.

Não se sabe ao certo a razão do não empenho político dos partidos que se dizem de esquerda para reverter esta denúncia junto ao Supremo Tribunal Federal. A denúncia, sim, foi inconstitucional.

Encontram-se diante de uma crise que ainda, segundo os técnicos do assunto, não está delimitada a sua extensão. Quer dizer que as demissões no mundo não pararão. A pergunta é: como elas estão ocorrendo, mesmo diante de países que, diferente do Brasil, adotaram a Convenção n. 158 da OIT?

O que a Convenção n. 158 da OIT proíbe é a dispensa arbitrária, dando todos os parâmetros para se estabelecer o seu significado, embora, no nosso caso, conforme já dito, esteja também definida em normas internas. Também a mesma Convenção se pronuncia a respeito de dispensa coletiva.

Em fevereiro de 2008, a mesma Convenção foi encaminhada ao Congresso Nacional para nova aprovação e, quem sabe, nova ratificação. Basta agora esperar, mas não se sabe até quando. Não é possível que situações como esta, a da denúncia da Convenção n. 158 da OIT, ainda possam passar em completo silêncio.

6. O Contrato Internacional de Trabalho

Não pode ser confundido contrato internacional de trabalho com Direito Internacional do Trabalho. Embora possa haver uma relação, o contrato internacional de trabalho está contido no campo privado e o seu estudo centra foco principalmente no que diz respeito a se estabelecer a legislação que será aplicada para regular determinada relação de trabalho, principalmente quando um dos sujeitos é estrangeiro ou quando o lugar da sua execução se dá em território diferente daquele da sua celebração.

Neste caso, o estudo que aqui se pretende fazer está afeto ao campo do Direito Internacional Privado.

Com a globalização, houve um incremento na circulação de trabalhadores no mundo. Os meios tecnológicos disponíveis no momento, a nova compreensão que se tem de fronteiras políticas, a criação de blocos de Estados, a expansão das empresas pelo mundo fizeram com que uma maior atenção se voltasse para o estudo dos contratos de trabalho internacionais.

A existência do chamado elemento estraneidade, em que um dos sujeitos que pactua é estrangeiro, faz surgir dúvidas quanto às normas que serão aplicadas para regular determinada relação de trabalho.

Para apresentar de forma mais objetiva o problema que se pretende aqui abordar, vale citar o art. 9º da Lei de Introdução ao Código Civil que, de maneira direta, estabelece que a norma que regerá as obrigações são a do país em que elas se constituíram. Ou seja, as leis do local onde o contrato foi celebrado é que regerão a sua realização.

Contudo, existem outros elementos chamados de conexão que devem também ser levados em conta. Vale citar o local da execução do contrato, a nacionalidade das partes ou pelo ordenamento que as partes elegeram (eleição de foro).

A questão é esclarecer, dentre os variados elementos de conexão, qual ou quais deles devem ser apreendidos para solucionar questões práticas de regramento de contratos internacionais de trabalho. Para tanto, leva-se em conta as características especiais que rodeiam o contrato internacional do trabalho, principalmente no que diz respeito à desigualdade jurídica existente entre as partes que celebram o contrato. Isto faz com que a doutrina estabeleça, por exemplo, que não é possível aplicar a regra disposta no art. 9º da CLT para tratar sobre a forma de se regular um contrato internacional do trabalho.

Uma outra questão que se coloca é que boa parte da legislação trabalhista brasileira é composta por normas de ordem pública, o que significa que qualquer outro regramento estrangeiro que vier a contrariar normais internas trabalhistas será afastado. Poder-se-ia trazer à baila também o *status* do Direito do Trabalho e, por assim dizer, a sua parte positivada compor o conjunto dos chamados direitos fundamentais, que, por sua vez, faz parte do rol de direitos humanos já tratados no decorrer deste estudo.

A primeira condicionante ou elemento definidor que se pode ressaltar neste aspecto é o princípio da territorialidade, fundado no art. 17 da Lei de Introdução, no art. 198 do Código de Bustamant e no Enunciado n. 207 do TST. Portanto, regra geral, foi adotado o critério da territorialidade.

Acontece que a aplicação da lei da execução do contrato pode comportar exceções. No estudo dessas exceções, podem ser citadas:

a) transferência temporária do empregado — quando a transferência é provisória, justifica-se que continue o contrato sendo disciplinado pela lei do local em que o trabalho foi prestado com habitualidade. Agora, a questão que sobra é saber quando a transferência é temporária e quando é definitiva. Parece que precisa ser examinado caso a caso, para saber se houve ou não mudança do eixo territorial de prestação de serviço. Caso a transferência tenha sido de forma definitiva, será aplicada a legislação referente ao local da prestação de serviço. Alguns autores defendem a tese de que neste caso não poderia ser negado aquilo que favorecesse o empregado, advindo do local primeiro da execução do contrato, ou seja, do local de antes da transferência (Sussekind). Não me parece apropriado, embora defendido por vários autores, a tese da norma mais benéfica, no caso de comparação com legislação estrangeira.

José Affonso Dallegrave Neto, citando Maria Helena Diniz, reforça o posicionamento da possibilidade de comparação entre normas trabalhistas de dois Estados quando houver concorrência, observando-se as limitações de ordem pública e aplicando-se o princípio do "favor *laboris*", originado da Constituição da OIT. Defende-se a aplicação do mencionado art. 19, VIII, da Constituição da OIT na seara dos contratos internacionais de trabalho.[201]

---
(201) DALLEGRAVE NETO, José Affonso. *Contrato Internacional de Trabalho*. Disponível em: <http://www.apej.com.br/artigos_doutrina_jadn_03.asp> Acesso em: 10 jul. 2009.

Esta questão de envolver a Constituição da OIT é um fundamento muito forte. E a comparação aqui se deu por força da imposição da Carta Magna da OIT aos Estados--membros e não por simples comparação.

b) a hipótese do art. 651, § 2º, da CLT. O art. 651, § 2º, da CLT trata em parte sobre o tema, que se trata daquela situação em que o empregado seja brasileiro e a empresa também brasileira (não colocado expressamente no referido artigo esta última parte referente à empresa ser brasileira), embora o serviço seja executado no estrangeiro, tendo o empregado sido contratado no Brasil.

Deve-se tomar cuidado com situações um pouco diferentes, como, por exemplo, a do empregado estrangeiro, que trabalha uma parte do seu contrato de trabalho no Brasil, após ter trabalhado em várias outras localidades, sendo a empresa estrangeira. Neste caso, não havendo convenção internacional dispondo em contrário, somente o período em que trabalhou no Brasil será da competência da justiça brasileira, pelo princípio *ratione loci* ou do local da prestação de serviços.

> JURISDIÇÃO. COMPETÊNCIA TERRITORIAL. JUSTIÇA DO TRABALHO. ART. 651, *CAPUT* E § 3º, DA CLT. PRESTAÇÃO DE SERVIÇOS EM DIFERENTES PAÍSES. OPÇÃO DO EMPREGADO. 1. Determina o exercício da jurisdição trabalhista a lei do local da execução do serviço (*lex loci executionis*), o que é consentâneo com o escopo protetivo das normas trabalhistas. 2. Ao empregado estrangeiro cujo contrato foi celebrado e rescindido no exterior, bem assim que, por conta de transferências, ora trabalhou no Brasil, ora na Argentina, ora na República Dominicana, é lícito demandar perante o Estado brasileiro para solver o litígio concernente ao período em que prestou serviços no Brasil. 3. "Embargos parcialmente conhecidos e providos para limitar o exercício da jurisdição trabalhista ao período em que o contrato de trabalho foi executado no Brasil."[202]

Vale ressaltar que na hipótese de brasileiro ter prestado serviço, através de empresa brasileira em território estrangeiro, na verdade, poderá ele optar por promover sua ação trabalhista ou no território estrangeiro, pelo princípio da territorialidade, ou no território brasileiro, embora nacional, por uma questão até de segurança jurídica, apresentando-se com melhor tom o ajuizamento da referida ação no território brasileiro.

A segunda questão refere-se à aplicação do direito material. Ou seja, pelo simples fato de se promover a ação competente perante a Justiça do Trabalho brasileira, autoriza--se que seja aplicado o direito material pátrio também?

Para se chegar a um posicionamento, é interessante estudar o aresto a seguir transcrito:

> EMENTA. CONFLITO DE LEI NO ESPAÇO. CLT. LICC. CÓDIGO DE BUSTAMANTE. Ao empregado brasileiro, residente nos Estados Unidos da América, tendo sido contratado e prestado serviços no território alienígena, cuja empresa também tem sede neste território nacional, é conferida a faculdade de ajuizar sua demanda naquele ou neste País, pois a competência está fixada em norma especial, a consolidada, art. 651, § 2º, e também na geral, LICC, art. 9º, além de prevista no Código de Bustamante, sendo-lhe, contudo, aplicada a *lex loci executionis*, que deve ser provada pelas partes, inclusive no que se

---

(202) TST – E-RR n. 478.490/1998.9 – Ac. SBDI1 – Rel. João Oreste Dalazen – DJ em 3.2.2006, p. 665.

refere ao prazo prescricional do direito perseguido. Da r. sentença de fl. 247, cujo relatório adotou, que julgou improcedente o pedido, decidindo pela extinção do feito com julgamento do mérito, nos termos do art. 269, IV do CPC, recorre o reclamante, consoante as razões de fls. 303/310, pretendendo a reforma da r. sentença ao argumento de que nunca teve relação trabalhista com o Brasil e que o Juízo a quo aplicou, incorretamente, a prescrição bienal prevista no ordenamento jurídico brasileiro. Aduz que a ré não comprovou a prescrição com base na lei estrangeira.

(...)

3. Mérito

Da prescrição aplicável ao caso

Antes de adentrar ao mérito, impõe-se proceder à retificação do nome da recorrida, como requerido à fl. 251. Providencie a Secretaria. Já na petição inicial o autor, ao aduzir suas pretensões, fê-lo com base na legislação alienígena. Descreve a preambular que o recorrente residente na cidade de Miami, estado da Flórida, nos Estados Unidos da América, prestou serviços à ré, no período de 1º. 7.1998 a 30.7.2000, tendo sido lá contratado. A reclamada, por sua vez, alegou, preliminarmente, a prescrição bienal, apontando, ainda, exceção de incompetência em razão do lugar, fls. 250/256, juntando documentos vários — preenchidos pelo próprio empregado — que noticiam sua ida para Miami em julho de 1994 e, portanto, que já morava naquele território antes de sua contratação pela TAM, tendo, inclusive, prestado serviços a outras empresas, fls. 274/289, não negando, a empresa, os fatos articulados na peça de estreia. Portanto, é incontroverso que o autor, brasileiro, residente nos Estados Unidos da América há alguns anos, em 1998 fora contratado lá para também lá prestar seus serviços. Diante do quadro apresentado, conclui-se pela razão do recorrente. É que a lei brasileira, a CLT, no caso, é expressa quando dispõe no art. 651, § 2º:

"A competência das Varas do trabalho, estabelecida neste artigo, estende-se aos dissídios ocorridos em agência ou filial no estrangeiro, desde que o empregado seja brasileiro e não haja convenção internacional dispondo em contrário". A simples literalidade do texto consolidado, por si, já define a competência, sobrepondo-se à Lei de Introdução ao Código Civil, sobretudo, por se tratar, aquela, de lei especial e esta, genérica, que dispõe em seu art. 9º:

"Para qualificar e reger as obrigações, aplicar-se-á a lei do país em que se constituírem". Assim, ainda que se definam os preceitos contidos na LICC como normas de sobre direito, a aplicação seria a da lei alienígena.

Não bastasse referidos diplomas, em 1929, antes mesmo da edição do Decreto-lei n. 4.657, de 4.9.42 (LICC), o ordenamento jurídico brasileiro, através do Decreto n. 18.871, recepcionou as regras do Código de Bustamante, ao ratificar o Tratado de Havana, seguindo-o na fixação de suas regras. Pondere-se, por oportuno, que o Código Civil de 1916 permitia escolher a lei a ser aplicada, o que mudou, justamente em 1942, com a edição da LICC recepcionando as regras do Código de Bustamante, cujo art. 198 assim dispõe: "é territorial a legislação sobre acidentes do trabalho e proteção social ao trabalhador" (transcrição feita de Francisco Gérson Marques de Lima, Lei de Introdução ao Código Civil e aplicação do Direito do Trabalho, Editora Malheiros, 1996. Nada obstante, Valentin Carrion, acompanhando Arnaldo Süssekind, no particular, defende que: "... ao trabalhador assiste o direito de opção entre a jurisdição estrangeira e a brasileira". Pois bem, definido que a competência para o julgamento do caso pode ser ou da justiça americana ou da justiça brasileira, por se tratar de nacional o demandante, e, considerando que o autor entende ter acostado aos autos as normas relativas aos direitos que pretende ver apreciado nesta Justiça, competiria à ré, ao aduzir a prescrição bienal — tema genuinamente de direito material —, também trazer aos autos a disciplina de tal instituto na lei alienígena, encargo do qual não se desincumbiu. Sendo assim, é de ser afastada a extinção do processo com julgamento do mérito, nos termos do art. 269, IV do CPC, eis que se trata de direito material brasileiro inaplicável à espécie, tampouco comprovado seu teor na legislação americana aplicável ao caso, distanciando-se do princípio da *lex loci executionis*, privilegiado pela Súmula n. 207 do C. TST.

Caso análogo é o da ementa que abaixo transcrevo, da lavra da Juíza Convocada — Relatora, no RR n. 567.200/99, publicado em 22.2.2002:

"RECURSO DE REVISTA — COMPANHIA DE NAVEGAÇÃO LLOYD BRASILEIRO — CONTRATAÇÃO E SERVIÇOS NO EXTERIOR — CONFLITO DE LEIS NO ESPAÇO — LICC ART. 9º — CÓDIGO DE BUSTAMANTE, ART. 198 — ENUNCIADO N. 207 DO TST. A decisão regional aplicou ao caso dos autos, em que o empregado foi contratado e sempre prestou serviços em Nova York, a legislação brasileira, contrariando, dessa forma, os dispositivos e o Enunciado em epígrafe. Recurso conhecido e provido para julgar improcedentes os pedidos feitos na inicial, todos baseados na legislação pátria." Afasto a prescrição acolhida e determino o retorno dos autos ao MM. Juízo de origem, para que imprima ao feito o iter procedimental compatível. Do exposto, conheço do recurso e, no mérito, DOU-LHE PROVIMENTO, para afastar a prescrição e determinar o retorno dos autos ao MM. Juízo de origem, para que imprima ao feito o iter procedimental compatível, nos termos da fundamentação. Retifique a Secretaria o nome da ré, para fazer constar TAM — LINHAS AÉREAS S.A., como requerido à fl. 251.[203]

O que se tentou obter no escólio transcrito foi a conciliação entre o direito processual com o direito material. Primeiro respeitou-se a regra estabelecida no art. 651, § 2º, da CLT, possibilitando a propositura da ação perante a Justiça do Trabalho brasileira. Porém, limitou-se a aplicação pela justiça brasileira do direito material do local da prestação de serviço, conciliando-se assim com a Súmula n. 207 do TST: "207 – Conflitos de leis trabalhistas no espaço. Princípio da *lex loci executionis*. A relação jurídica trabalhista é regida pelas leis vigentes no país da prestação de serviço e não por aquelas do local da contratação". No aspecto prático, qual outro cipoal esta solução poderá ocasionar na medida em que o órgão jurisdicional local estará interpretando direito material estrangeiro?

c) Contrato de trabalho formado com ente de direito público internacional. Precisa-se saber neste caso se o Estado estrangeiro ou ente de direito público estrangeiro desempenha ato de império ou de gestão. Neste sentido, o Supremo Tribunal Federal decidiu sobre a inexistência de imunidade de jurisdição de Estado estrangeiro em causa de natureza trabalhista (é a chamada imunidade relativa). Vale citar o exemplo da empregada brasileira que promove ação trabalhista contra Embaixada. Competência da Justiça do Trabalho brasileira, aplicando-se o direito material

---

(203) Processo TRT n. 00158.2003.056.02.00-4 Recurso Ordinário da 56ª vt de São Paulo, Recorrente: Carlos Alberto da Silva. Recorrido: TAM – Linhas Aéreas S.A. *Revista Consultor Jurídico*, 17 de agosto de 2005. Disponível em: <http://conjur.estadao.com.br/static/text/37139,1> Acesso em: 11 set. 2009.

brasileiro, o que não significa com isso que bens da embaixada (Estado estrangeiro) venham a sofrer restrições por força de decisão da justiça brasileira. Neste último caso, estar-se-ia atentando contra a soberania do Estado estrangeiro. Deve-se levar em conta que os serviços prestados ocorreram em território internacional, dentro da embaixada, porém, aplica a legislação brasileira e será competente a justiça brasileira para resolver o conflito.

d) Outra situação é a da Lei n. 7.064/1982, que trata da situação dos brasileiros que prestam serviços no Brasil em empresas de engenharia ou congêneres e que são transferidos para prestarem serviço no exterior. Tem-se também empregados contratados no Brasil para trabalharem para empresas brasileiras no exterior. Segundo o seu art. 3º, deve ser aplicada a lei do território da execução do contrato, somando-se os direitos contemplados na referida lei, sendo que se esta for mais benéfica, será aplicada em relação à lei da localidade estrangeira de execução do contrato. A partir de 3.7.2009, com a entrada em vigor da Lei n. 11.962 de 2009, que alterou a Lei n. 7.064/1982, as regras estabelecidas antes somente para regular a situação de operários das empresas de engenharia passaram a valer para todos os empregados.

e) Decreto-lei n. 691/1969. É a situação inversa do que acima foi tratado. Trata-se de técnicos domiciliados no estrangeiro que são contratados para executarem serviços provisórios e específicos no Brasil, com recebimento em moeda estrangeira.

Trata-se da celebração de um contrato específico, realizado no Brasil, com um termo certo estipulado (não se admite a hipótese de contrato por prazo indeterminado), aplicando-se quando da rescisão os dispositivos constantes dos arts. 479 a 481 da CLT. Existem os chamados direitos mínimos assegurados pelo referido Decreto. Uma questão importante e descabida é que fica vedado para os estrangeiros, contratados nestas condições, o direito de participarem dos lucros da empresa. Não parece haver coerência nesta proibição.

Embora as exceções aqui apresentadas se constituam em marcos de casos singulares, o interessante é saber que a concentração cada vez maior do capital e o rompimento das fronteiras políticas através do fenômeno da globalização estão gerando a necessidade da construção de normas internacionais de proteção ao trabalho humano, capazes de assegurar, em qualquer parte da superfície do planeta, que os direitos mínimos para quem trabalhe sejam assegurados, assim como o direito ao trabalho para aquele que não o possui.

Precisa nascer um grande movimento internacional capaz de suplantar regimes políticos e econômicos, crenças religiosas e preconceitos, que estabeleçam padrões de vida em desacordo com a dignidade daquele que trabalha.

Este regramento internacional protetivo, quando não cumprido, daria ensejo a sanções pesadas, como as que já ocorrem na hipótese de não proliferação de armas nucleares. Por que não existe até os dias atuais um tratamento sério contra Estados soberanos que admitem relações de trabalho sem qualquer proteção social, chegando a situações análogas à de trabalho escravo? Talvez porque a igualdade no trabalho ainda não tenha sido de fato reconhecida e, por consequência, também não reconhecida a dignidade humana.

Referências Bibliográficas

ACCYOLI, Hildebrando *et al*. *Manual de Direito Internacional Público*. 15. ed. São Paulo: Saraiva, 2002.

ANDRADE, Everaldo Gaspar Lopes de. *Princípios de Direito do Trabalho*. São Paulo: LTr, 2008.

ANTUNES, Ricardo. *Adeus ao trabalho?* Ensaio sobre as metamorfoses e a centralidade do mundo do trabalho. Campinas: Cortez, 2003.

BARASSI, Ludovico. *Tratado de Derecho del Trabajo*. Buenos Aires: Alfa, 1953.

BERNARDES, Hugo Gueiros. O desenvolvimento da negociação coletiva no Brasil. *Revista LTr*, São Paulo, v. 54, n. 12, p. 1.446-1.449, dez. 1990.

_____. Negociação coletiva no Brasil: a derrubada dos mitos. *Revista LTr*, São Paulo, v. 57, n. 1, p. 20-25, jan. 1993.

BARROS, Alice Monteiro de. *Curso de Direito do Trabalho*. 5. ed. São Paulo: LTr, 2009.

BOBBIO, Norberto. *A era dos direitos*. 9. ed. Rio de Janeiro: Campus, 1992.

BRISOLA, Simone Esteves; OLIVEIRA, Lourival José de. Trabalho terceirizado no Direito Brasileiro: sinônimo de modernidade? *Revista Unopar Científica*, v. 9, mar. 2008.

CANOTILHO, José Joaquim Gomes. *Direito Constitucional e Teoria da Constituição*. 2. ed. Lisboa: Almedina, 1998.

_____. *Direito Constitucional*. Lisboa: Almedina, 2007.

CAIRO JÚNIOR, José. *O acidente do trabalho e a responsabilidade civil do empregador*. 2. ed. São Paulo: LTr, 2005.

CATHARINO, José Martins. *Tratado jurídico do salário*. São Paulo: LTr, 1994.

CATTANI, Antônio David. *Trabalho e autonomia*. Petrópolis: Vozes, 1995.

CHAUÍ, Marilena. Introdução. In: LAFARGUE, P. *O direito à preguiça*. São Paulo: Hucitec, 2000.

COMPARATO, Fábio Konder. *A reforma da empresa*. São Paulo: Saraiva, 1990.

COUTINHO, Aldacy Rachid *et al*. (Coords.). *Transformações do Direito do Trabalho*. Curitiba: Juruá, 2003.

CUEVA, Mario de La. *El Nuevo Direcho Mexicano del Trabajo*. México: Porrua, 1972.

DALLEGRAVE NETO, José Affonso. *Responsabilidade civil no direito do trabalho*. 3. ed. São Paulo: LTr, 2008.

DAMASCENO, Fernando Américo. *Equiparação salarial*. São Paulo: LTr, 1995.

DELGADO, Mauricio Godinho. *Curso de Direito do Trabalho*. São Paulo: LTr, 2007.

_____. *Capitalismo, trabalho e emprego*. Entre o paradigma da destruição e os caminhos da reconstrução. São Paulo: LTr, 2005.

DE MASI, Domenico. *O ócio criativo*. Tradução de: Lea Manzi. Rio de Janeiro: Sextante, 2000.

DINIZ, Maria Helena. *As lacunas no Direito*. 4. ed. São Paulo: Saraiva, 1997.

GIGLIO, Wagner D. *Justa causa*. 7. ed. São Paulo: Saraiva, 2000.

GIORDANI, Francisco Alberto da Motta Peixoto. O princípio da proporcionalidade e a penhora de salário. *Revista do TRT da 15ª Região*, n. 27, 2005.

_____. O princípio da proporcionalidade e a penhora de salário. *Revista do TRT da 15ª Região*, n. 27, 2008.

GIUGNI, Gino. *Curso de Derecho del Trabajo*. 8. ed. Barcelona: Ariel, 1982.

GOMES, Orlando; GOTTSCHALK, Élson. *Contrato Individual de Trabalho*. 16. ed. Rio de Janeiro, 2002.

GOTTSCHALK, Élson. *A participação do empregado na gestão da empresa*. São Paulo: LTr, 1996.

GRAU, Eros Roberto. *A ordem econômica na Constituição de 1988*. 10. ed. São Paulo: Malheiros, 2005.

HESPANHA, António M. *Panorama histórico da cultura europeia*. Lisboa: Publicações Europa-América, 1997.

HESSE, Konrad. *A força normativa da Constituição*. Tradução de: Gilmar Ferreira Mendes. Porto Alegre: Fabris, 1991.

HOBSBAWM, Eric. *Da Revolução Industrial inglesa ao imperialismo*. São Paulo: Forense Universitária, 2000.

HUNGRIA, Nélson. *Comentários ao Código Penal*. 3. ed. Rio de Janeiro: Forense, 1956. v. I.

JAVILLIER, Jean-Claude. *Manual de Direito do Trabalho*. São Paulo: LTr, 1988.

JORGE NETO, Francisco Ferreira; CAVALCANTE, Jouberto de Quadros Pessoa. *Curso de Direito do Trabalho*. São Paulo: Atlas, 2009.

LEITE, Carlos Henrique Bezerra. *Direito e processo do trabalho na perspectiva dos direitos humanos*. Rio de Janeiro: Renovar, 2003.

MAIOR, Jorge Luiz Souto. A terceirização sob uma perspectiva humanista. *Revista do TST*, Brasília, v. 70, n. 1, jan./jul. 2004.

MARANHÃO, Délio et al. *Instituições de Direito do Trabalho*. São Paulo: LTr, 2005. v. I.

MARTINS, Sérgio Pinto. *Direito do Trabalho*. 22. ed. São Paulo: Atlas, 2006.

MARTINS FILHO, Ives Gandra da Silva. *Os direitos sociais na Constituição (síntese de palestra)*. Disponível em: <http://www.neofito.com.br/artigos/art01/const23.html> Acesso em: 15 dez. 2008.

MAZZONI, Giuliano. *Relações Coletivas de trabalho*. Tradução de: A. Lamarca. São Paulo: RT, 1972.

MELHADO, Reginaldo. Globalização, terceirização e princípio da isonomia salarial. *Gênesis Revista do Direito do Trabalho*, Curitiba, n. 60, out. 1996.

MENDES, René. *Medicina do trabalho*: doenças profissionais. São Paulo: Sarvier, 1980.

MORAES FILHO, Evaristo de. *A justa causa na rescisão do contrato de trabalho*. Tese de docência livre. 3. ed. São Paulo: LTr, 1996.

NASCIMENTO, Amauri Mascaro do. *Curso de Direito do Trabalho*. 19. ed. São Paulo: Saraiva, 2004.

NEUVILLE, Jean. La sécurité syndicale. *Etudes Sociales*, n. 12, Office General du Livre, Paris, 1957.

NUNES, António José Avelãs. *Neoliberalismo e direitos humanos*. Rio de Janeiro: Renovar, 2003.

_____. *Teoria econômica e desenvolvimento econômico*. Lisboa: Editorial Caminho, 1988.

OLIVEIRA, F. A. de. Da terceirização e da flexibilização como estágio para a globalização. *Gênesis Revista do Direito do Trabalho*, Curitiba, n. 61, jan. 1998.

OLIVEIRA, Lourival José de. *Direito do Trabalho*: organização de trabalhadores & modernização. Curitiba: Juruá, 2003.

PAMPLONA FILHO, Rodolfo. *Questões controvertidas no novo Código Civil*. São Paulo: Método, 2003.

PEDREIRA, Luiz de Pinho. Autonomia coletiva profissional. In: ROMITA, Arion Sayon. *Sindicalismo*. São Paulo: LTr, 1986.

PEREIRA, Caio Mário da Silva. *Instituições de Direito Civil*. Rio de Janeiro: Forense, 1976. v. I.

PIOVESAN. Flávia. *Direitos Humanos e o Direito Constitucional Internacional*. 7. ed. São Paulo: Saraiva, 2006.

PRUNES, José Luiz Ferreira. *Justa causa e despedida indireta*. Curitiba: Juruá, 2003.

REZEK, José Francisco. *Direito Internacional Público*. São Paulo: Saraiva, 1996.

ROBORTELLA, Luiz Carlos Amorim. Terceirização. Tendências em doutrina e jurisprudência. *Gênesis Revista do Direito do Trabalho*, Curitiba, n. 69, set. 1998.

RODRIGUES, Aluisio. In: PINTO, José Augusto Rodrigues (Coord.). *Noções atuais de Direito do Trabalho*: estudos em homenagem ao professor Élson Gottschalk. São Paulo: LTr, 1995.

RUPRECHT, Alfredo J. *Princípios do Direito do Trabalho*. Tradução de: Adilson Alkmin Cunha. São Paulo: LTr, 1995.

RUSSOMANO, Mozart Victor. *Curso de Direito do Trabalho*. 6. ed. Curitiba: Juruá, 1997.

SINGER, Paul. A cidadania para todos. In: PINSKY, Jaime *et al* (Coords.). *História da cidadania*. São Paulo: Contexto, 2003.

SÜSSEKIND, Arnaldo. *Direito Internacional do Trabalho*. 3. ed. São Paulo: LTr, 2000.

_____; MARANHÃO, Délio; VIANNA, Segadas; TEIXEIRA, Lima. *Instituições de Direito do Trabalho*. 21. ed. São Paulo: LTr, 2003. v. 2.

TRINDADE, José Damião de Lima. *História social dos direitos humanos*. São Paulo: Peirópolis, 2002.

VIANNA, Segadas. Antecedentes históricos. In: MARANHAO, Délio; SÜSSEKIND, Arnaldo; TEIXEIRA, Lima; VIANNA, Segadas. *Instituições de Direito do Trabalho*. 16. ed. São Paulo: LTr, 1996.

VIEIRA, Maria Margareth Garcia. *A globalização e as relações de trabalho*. Curitiba: Juruá, 2001.

VIEIRA, Oscar Vilhena. *A Constituição e sua reserva de justiça*. São Paulo: Malheiros, 1999.

Sites pesquisados:

A-RR-655-2000-071-02-00.2. Disponível em: <http://secure.jurid.com.br/new/jengine.exe/cpag?p=jornaldetalhejornal&ID=74880> Acesso em: 19 jan. 2010.

BRASIL. TST, 4ª Turma, RR 1768-2001-113-03-00. Recurso de Revista, Rel. Min. Milton de Moura França, julgado em 23.10.2002, DJ 8.11.2002.

CONSULTOR JURÍDICO de 8 de setembro de 2007. Disponível em: <http://www.conjur.com.br/static/text/59286,1> Acesso em: 19 ago. 2008.

CAMPANHA contra o trabalho aos domingos. Disponível em: <http://www.cntc.com.br/docs/campanhas/domingo.htm> Acesso em: 24 maio 2005.

COSTA FILHO, Mário Pinto Rodrigues. Interpretação das normas coletivas do trabalho e o princípio do conglobamento. *Jus Navegandi*, ano 5, n. 49, fev. 2001. Disponível em: <http://jus2.uol.com.br/doutrina/texto.asp?id=1188> Acesso em: 12 ago. 2008.

DALLEGRAVE NETO, José Affonso. *Contrato internacional de trabalho*. Disponível em: <http://www.apej.com.br/artigos_doutrina_jadn_03.asp> Acesso em: 10 jul. 2009.

DECISÕES DO TST ESTABELECEM HIPÓTESES DE FLEXIBILIZAÇÃO. Disponível em: <http://ext02.tst.gov.br/pls/no01/no_noticias.Exibe_Noticia?p_cod_noticia=1421&p_cod_area_noticia=ASCS> Acesso em: 10 ago. 2008.

ENUNCIADOS aprovados na 1ª Jornada de Direito Material e Processual na Justiça do Trabalho em 23.11.2007. Disponível em: <http://www.anamatra.org.br/jornada/enunciados/enunciados_aprovados.cfm> Acesso em: 10 fev. 2010.

E-RR 658074/2000 e RR 00169/2000. Disponíveis em: <http://ext02.tst.gov.br/pls/no01/no_noticias.Exibe_Noticia?p_cod_noticia=691&p_cod_area_noticia=ASCS> Acesso em: 12 out. 2008.

E-RR-586320/1999. Disponível em: <http://ext02.tst.gov.br/pls/no01/no_noticias.Exibe_Noticia?p_cod_noticia=3988&p_cod_area_noticia=ASCS> Acesso em: 10 ago. 2008.

Disponível em: <http://ext02.tst.gov.br/pls/no01/no_noticias.Exibe_Noticia?p_cod_noticia=3447&p_cod_area_noticia=ASCShttp://ext02.tst.gov.br/pls/no01/no_noticias.Exibe_Noticia?p_cod_noticia=3447&p_cod_area_noticia=ASCS> Acesso em: 6 ago. 2008.

Disponível em: <http://www.fenac.org.br/fenac_mg_contribuicao_sindical_patronal_2005.htm> Acesso em: 10 out. 2008.

Disponível em: <http://www.direitovirtual.com.br/artigos.php?details=1&id=181> Acesso em: 20 mar. 2007.

Disponível em: <http://www.cni.org.br/adins/1659.htm> Acesso em: 10 dez. 2008.

Disponível em: <http://peticao.trt6.gov.br/2002/RO067312002906060080RTF> Acesso em: 2 maio 2006.

Disponível em: <http://www1.ethos.org.br/EthosWeb/pt/1342/destaque_home/participe/preencha_os_indicadores_ethos.aspx> Disponível em: 20 nov. 2009.

INSUCESSO em rescisão indireta não pressupõe abandono de emprego. Disponível em: <http://ext02.tst.gov.br/pls/no01/no_noticias.Exibe_Noticia?p_cod_noticia=5540&p_cod_area_noticia=ASCS> Disponível em: 10 nov. 2007.

MAZZONI, Giuliano. *Relações coletivas de trabalho*. Tradução de: A. Lamarca. São Paulo: RT, 1992. Disponível em: <http:jus2.uol.com.br/doutrina/texto.asp?id=5127> Disponível em: 10 maio 2008.

MAIOR, Jorge Luiz Souto. *Convenção n. 158 da OIT*. Dispositivo que veda dispensa arbitrária é autoaplicável. Disponível em: <http:jus2.uol.com.br/doutrina/texto.asp?=58208p=1> Acesso em: 10 jul. 2008.

MANUS, Paulo Teixeira. Acórdão n. 19990517420 — processo n. 02980528271 — ano 1998 — Turma 5ª — data de publicação 15.10.1999.

OLIVEIRA, Bárbara da Costa Pinto. *Organização Internacional do Trabalho*: aspectos institucionais, poder normativo e atuação. Disponível em: <http://direito.newtonpaiva.br/revistadireito/docs/prof/bkp/PROFES0402.DOC> Acesso em: 19 fev. 2009.

OIT. *OIT mantém escritório no Brasil*. Disponível em: <http://www.oit.org.br/news/nov/ler_nov.php?id=3186%20>.

ON LINE VALOR. *O novo controle da jornada de trabalho*. Disponível em: <http://www.fenacon.org.br/pressclipping/noticiaexterna/ver_noticia_externa.php?xid=2475> Acesso em: 30 jan. 2010.

PARANÁ "ON LINE". *Diarista não tem direito a vínculo de emprego*. Disponível em: <http://www.paranaonline.com.br/canal/direito-e-justica/news/371563/> Acesso em: 21 jan. 2010.

PROCESSO TRT n. 00158.2003.056.02.00-4 — Recurso Ordinário da 56ª VT de São Paulo — Recorrente: Carlos Alberto da Silva — Recorrido: TAM Linhas aéreas S.A. *Revista Consultor Jurídico*, 17 ago. 2005. Disponível em: <http://conjur.estadao.com.br/static/text/37139,1> Acesso em: 11 set. 2009.

PROCESSO: 01015.2007.005.14.00-5 – Classe: Recurso Ordinário, Relatora: Juíza Vania Maria da Rocha Abensur — Revisora: Juíza Elana Cardoso Lopes Leiva de Faria. Disponível em: <http://www.trt14.gov.br/acordao/2008/Agosto_08/Data13_08_08/01015.2007.00514.00-5_RO.pdf> Acesso em: 22 out. 2009.

PROC. n. TST-E-ED-RR-792.593/2001.8, rel. Min. Aloysio Corrêa da Veiga, publ. em 4.5.2007. Disponível em: <http://www.prt22.mpt.gov.br/artigos/trabevan40.pdf> Acesso em: 4 jan. 2010.

PROC. n. TST-RR-2077/2004-051-11-00.9, rel. Min. Barros Levenhagen, publ. em 4.5.2007, Disponível em: <http://www.prt22.mpt.gov.br/artigos/trabevan40.pdf> Acesso em: 19 jan. 2010.

PROCESSO 00203.2008.401.14.00-4 — Classe: Recurso Ordinário, Órgão Julgador: 1ª Turma, Relatora: Juíza Elana Cardoso Lopes Leiva de Faria. Disponível em: <http://www.trt14.gov.br/acordao/2008/Setembro_08/Data22_09_08/00203.2008.401.14.00-4_RO.pdf> Acesso em: 15 maio 2009.

RAMOS FILHO, Irineu. *Enquadramento sindical*: o conceito de categoria diferenciada. Disponível em: <http://www.sengesc.org.br/enquadramentosindical.htm> Disponível em: 10 out. 2008.

RR 586273/1999.0. Disponível em: <http://ext02.tst.gov.br/pls/no01/no_noticias.Exibe_Noticia?p_cod_noticia=4592&p_cod_area_noticia=ASCS> Disponível em: 15 abr. 2007.

RO 02241.2001.291.02.00-0. *Revista Consultor Jurídico*, 14 fev. 2005, Disponível em: <http://conjur.estadao.com.br/static/text/32898,1> Acesso em: 2 jun. 2007.

RR 49652/2002-900-02-00.5. TST, 24 maio 2005. Disponível em: <http://professores.unisanta.br/valneo/artigostecnicos/Esclarecimentos%20sobre%20concess%C3%A3o%20do%20adicional%20de%20periculosidade.htm> Acesso em: 10 jul. 2007.

RR 368/2001-005-13-00.8. *Justilex, 28 set. 2006*. Disponível em: <http://www.jusbrasil.com.br/noticias/12433/tst-firma-precedente-sobre-sucessao-decorrente-de-privatizacao> Acesso em: 10 out. 2009.

RR 10109/02. Disponível em: <http://ext02.tst.gov.br/pls/no01/no_noticias.Exibe_Noticia?p_cod_noticia=3990&p_cod_area_noticia=ASCS> Acesso em: 10 fev. 2008.

RR 423305/1998. Disponível em: <http://ext02.tst.gov.br/pls/no01/no_noticias.Exibe_Noticia?p_cod_noticia=2252&p_cod_area_noticia=ASCS> Acesso em: 30 nov. 2008.

RR 543048/99. *Dirigente sindical*: estabilidade depende do aviso de sua candidatura. Disponível em: <http://ext02.tst.gov.br/pls/no01/no_noticias.Exibe_Noticia?p_cod_noticia=1787&p_cod_area_noticia=ASCS> Acesso em: 8 out. 2008.

RR 381/2004-061-03-40.7. Disponível em: <http://ext02.tst.gov.br/pls/no01/no_noticias.Exibe_Noticia?p_cod_noticia=5553&p_cod_area_noticia=ASCS> Disponível em: 10 jun. 2009.

RR 663217/200. Disponível em: <http://ext02.tst.gov.br/pls/no01/no_noticias.Exibe_Noticia?p_cod_noticia=4041&p_cod_area_noticia=ASCS> Acesso em: 10 jul. 2007.

SOUZA, Zoraide Amaral. *Organização Internacional do Trabalho*. Disponível em: <http://www.fdc.br/Arquivos/Mestrado/Revistas/Revista09/Artigos/Zoraide.pdf> Acesso em: 23 out. 2008.

TRABALHADOR temporário não faz jus à estabilidade provisória. Disponível em: <http://ext02.tst.gov.br/pls/no01/no_noticias.Exibe_Noticia?p_cod_noticia=4929&p_cod_area_noticia=ASCS> Acesso em: 12 jun. 2008.

TRIBUNAL SUPERIOR DO TRABALHO. Disponível em: <http://www.tst.jus.br/iframe.php?url=http://www.tst.jus.br/jurisprudencia/brs/genep.html> Acesso em: 20 jun. 2008.

TST. *TST livra ferrovia de passivo trabalhista da Rede*. Disponível em:<http://www.analiseauditoria.com.br/site/ver_noticia.asp?cod_noticia=17> Acesso em: 24 jan. 2010.

TST. *TST desconsidera sucessão em privatização de estatal*. Disponível em: <http://www.eletrosul.gov.br/gdi/gdi/cl_pesquisa.php?pg=cl_abre&cd=knifbY7;/Xjh> Acesso em: 2 ago. 2008.

TST. *TST confirma redução salarial pedida por empregado de escola* (Notícias TST). RR 805/2003-007-10-00.4. Disponível em: <http://www.fiscosoft.com.br/main_radar_fiscosoft.php?PID=3000867> Acesso em: 10 jul. 2007.

TST — E-RR — 713081/2000.0 — Data de publicação: 28.10.2005 — Proc. N. TST-E-RR-713.081/2000.0 fls.1 — Proc. N. TST-E-RR-713.081/2000.0 — Acórdão. Disponível em: <http://br.vlex.com/vid/67725328> Acesso em: 12 out. 2008.